현대소설교육론

현대소설교육론

2023년 2월 27일 초판 1쇄 펴냄
2023년 8월 18일 초판 2쇄 펴냄

지은이 김성진·정래필·김근호·정진석·이인화·우신영·오윤주·홍인영

펴낸이 권현준
편집 이소영·정세민·김혜림·조유리
디자인 김진운
본문조판 토비트
마케팅 김현주

펴낸곳 ㈜사회평론아카데미
등록번호 2013-000247(2013년 8월 23일)
전화 02-326-1545
팩스 02-326-1626
주소 03993 서울특별시 마포구 월드컵북로6길 56
이메일 academy@sapyoung.com
홈페이지 www.sapyoung.com

ISBN 979-11-6707-093-7 93700

현대소설교육론

김성진·정래필·김근호·정진석·이인화·우신영·오윤주·홍인영 지음

사회평론아카데미

머리말

현대소설은 전례 없는 물질적 풍요를 가져온 근대의 문명화 과정이나 자유롭고 평등한 개인의 중요성에 대한 인식의 확대를 특징으로 하는 근대 자본주의와 밀접한 관련을 맺고 있다. 그로 인해 현대소설은 다른 문학 장르에 비해 인간의 삶과 직접적인 관련을 맺고 있으며, 현대소설 교육은 이야기가 주는 즐거움을 바탕으로 세상을 새롭게 바라보면서 삶의 좌표를 찾는 데 도움을 줄 수 있다는 생각이 탄생했다. 과연 현대소설의 어떤 특징이 이러한 가정을 가능하게 했는가, 또 문학의 중요성을 당연한 것으로 받아들이지 않는 지금도 이러한 인식이 지속될 수 있는가는 두고두고 생각거리가 될 것이다. 이 책은 현대소설 교육의 가능성과 한계 그리고 앞으로의 변화 방향에 대한 집필진 모두의 숙고를 담고 있다.

이를 위해 이 책은 먼저 현대소설 장르의 다양한 내적 특징을 정리하였다. 소설론을 공부하려는 독자에게 이 내용이 도움을 줄 것이다. 또한 이 책은 현대소설의 특징과 속성에 대한 지식이 현대소설 감상 및 창작 교육,

교육과정과 제재 선정 및 평가 설계와 만나는 지점을 찾아봄으로써 현대소설 교육의 실천에 기여하고자 했다. 현실에 근거하지 않는 이론이 독단에 빠질 수 있는 만큼이나, 이론적 성찰 없이 전개되는 맹목적 실천도 경계의 대상이다. 이 책이 기여하고 싶은 실천의 지점은 구체적인 교수·학습 방법에서부터 교육과정에 대한 진단 및 향후의 교육과정 개편에 대한 근거 제공에 이르기까지 다양하다. 이러한 문제의식을 실현하기 위해 이 책을 크게 3부로 구성하였다.

이 책의 1부에서는 현대소설의 장르적 특징과 현대소설 교육의 목표 그리고 현대소설 교육을 바라보는 관점을 다루었다. 먼저 1장에서는 근대를 배경으로 출현한 현대소설의 장르적 특징을 설명하고, 현대소설이 중요한 사회적 담론으로 자리 잡는 과정을 살펴보았다. 2장에서는 현대소설 교육의 목표를 인식, 윤리, 심미의 차원에서 규정하고 그 세부 내용을 살펴보았다. 3장에서는 현대소설 교육의 본질과 대상에 따른 관점을 살펴보고 이를 바탕으로 현대소설 교육의 내용 범주를 지식, 경험, 태도로 나누어 제시하였다.

2부에서는 현대소설의 내적 특징을 살펴보고 소설론에 기반한 교육 방향을 탐색하였다. 먼저 4장에서는 현대소설에 등장하는 인물의 특징을 정리하면서 인물 중심 읽기의 지향점을 제시하였다. 5장에서는 현대소설의 시·공간적 배경이 갖는 의미와 기능을 살펴보고 그동안의 현대소설 교육에서 배경을 다룰 때 생겼던 문제점을 반성하면서 새로운 교육 방향을 찾아보았다. 6장에서는 플롯과 이야기 문법을 중심으로 소설에서 사건을 서술하는 방법을 설명하고 플롯 구성을 중심으로 한 소설 창작과 비평 활동이 어떻게 가능한지를 보여 주었다. 7장에서는 서술 이론과 관련된 여러 개념을 정리하고 서술 이론의 교육 수용 양상을 평가하면서 이후 교육 방향을 찾아보았다. 8장에서는 리얼리즘, 모더니즘, 포스트모더니즘에 따른 소설의 변천 양상과 디지털 미디어로 대표되는 사회 변화가 가져온 새로운 소설의 출현을 살펴보고 그에 따른 교육의 방향을 제안하였다.

3부에서는 학교 교육을 중심으로 한 현대소설 교육의 실천과 활동을 다루었다. 먼저 9장에서는 독자의 수용 활동을 해석, 감상, 비평으로 범주화하고 교육과정과 교과서에서 이들이 구현된 사례를 정리한 뒤 실천 방법을 제시하였다. 10장에서는 창작 교육의 출발점으로 기존 소설에 대한 꼼꼼한 읽기에 기초한 재구성 활동을 강조하고 그 세부 활동을 제시하였다. 완성형 소설 창작에 대해서는 수행 단계에 따른 창작 교육의 모형을 제시하고 창작 활동의 유형 및 각종 장르 형식, 기법을 활용한 새로운 창작 교육의 방향도 탐색하였다. 11장에서는 현대소설 교육이 매체의 변화를 수용하면서 교육의 목표와 내용을 조정하는 모습을 살펴보았다. 12장에서는 1차 교육과정기부터 2022 개정 교육과정에 이르기까지의 현대소설 교육 내용 변화를 교육과정, 작품 선정 기준, 제재를 중심으로 살펴보았다. 13장에서는 기존의 교수·학습 방법을 비판적으로 성찰하면서 학습자의 주체성과 창의성, 의미 있는 배움을 위한 현대소설 교수·학습 방법의 틀을 제시하였다. 14장에서는 현대소설 교육 평가의 원리와 실제를 다루었다. 최근의 교육 평가 패러다임 속에서 새로운 현대소설 평가의 방향을 모색하는 한편, 현대소설 평가에 적용할 수 있는 평가 유형과 방법을 구체적 사례를 통해 검토하였다.

돌이켜 보니 이 책의 기획과 집필은 거의 코로나 시기에 이루어졌다. 책의 방향과 작업 방식을 논의한 첫 회의 이후, 모임은 거의 온라인을 통해 이루어졌다. 매체에 따른 소통 방식의 변화가 현대소설뿐만 아니라 우리의 삶에도 큰 변화를 가져올 수 있음을 체감하는 시간이었다. 대면 토론이 주는 유대감이 떨어질 수밖에 없는 상황에서도, 집필진은 정보 손실을 최소화하기 위한 기지를 발휘하여 서로의 의견을 교환하고 그 결과를 원고에 반영했다. 변화하는 환경에 따라 현대소설도 내용과 형식에서 변화를 거듭할 것이다. 현대소설 교육 역시 그에 맞는 길을 찾아 진화하기를 기대하며, 집필진은 교육 방향 탐색에 일조하는 책이 되도록 원고를 작성했다.

이 책은 집필진의 이름으로 출판되지만 많은 학자와 교사들의 선행 연구를 바탕으로 한 '협동 작업'의 산물이다. 이 책의 토대를 만들어 준 많은 연구자와 실천가의 이름을 일일이 기록하기에는 지면이 부족할 것이다. 원고를 꼼꼼하게 검토하면서 값진 조언을 해 준 정세민 선생을 포함한 사회평론아카데미 편집진에게도 감사드린다. 이 책이 다시 새로운 세대의 연구와 실천을 촉진하는 촉매가 될 수 있기를 기대한다.

2023년 2월
저자 일동

차례

III부   활동 중심 현대소설 교육의 내용

I부

현대소설 교육의
목표와 지향

1장

현대소설의 장르적 특징

　학교에서 현대소설을 가르치는 이유는 무엇인가? 그리고 현대소설 교육을 통해 달성하고자 하는 목표는 무엇인가? 이러한 질문에 답하기 전에, 이 장에서는 우선 현대소설이라는 장르의 특징에 대해 다루고자 한다. 현대소설 작품과 그것을 읽는 학습자, 이 둘은 현대소설 교육의 양대 축이다. 교육 목표와 이를 달성하기 위한 공학적 설계에 치우쳐 현대소설 장르의 주요 특징을 살리지 못한다면, 현대소설의 교수·학습은 공허한 활동이 되기 쉽다. 현대소설 교육에서 현대소설 작품은 단순한 교육 자료를 넘어, 교육의 목표와 내용 그리고 때로는 방법의 근간을 제공하는 중심축이 되어야 한다.

　뿌리 깊은 나무가 계절의 변화 속에서도 풍성한 결실을 맺듯이, 현대소설의 장르적 특징에 기반한 교수·학습의 내용을 추구할 때 현대소설 교육은 숨 가쁘게 변화하는 사회에서 계속해서 자신의 존재 의의를 인정받을 수 있다. 문제는 현대소설이 끊임없이 변화하는 비규범적 장르라는 데 있다.[1] 현대소설은 시대와 지역에 따라 다양한 변모를 보이는 '열린 장르'의 속성을 지닌다. 웹툰이나 그래픽 노블(graphic novel)처럼 기존의 문자 서사를 넘어서 멀티미디어와 결합된 서사 장르는 지금 이 순간에도 계속해서 변화하며 새로운 변이형을 낳고 있다. 이 장은 인쇄 기술의 보급을 배경으로 탄생한 근대소설에 초점을 맞추고 있어 그러한 변화를 모두 포괄하기 어렵겠지만, 변화를 이해하기 위한 좌표 역할을 수행할 것으로 기대한다.

1 소설의 서사성과 허구성

현대소설은 허구적 서사문학 장르의 하나이다. 서정(lyric), 서사(epic), 극(drama)처럼 시대와 지역을 초월하여 보편적으로 나타나는 문학 양식을 기본 장르라 부르는데, 이 구별에 따르면 현대소설은 서사에 속한다. 서사는 과거에 벌어진 사건을 서술하는 장르이며, 이야기(story)와 서술자(narrator)를 기본 요소로 한다(Scholes & Kellogg, 1966/2001: 13). 서사의 본질로 '자아와 세계의 대결'이 꼽히는 것에서 알 수 있듯이(조동일, 1977), 서사는 인류의 역사에서 피할 수 없었던 전쟁, 이별, 경쟁의 세계를 다룬다. '아프냐, 나도 아프다'로 요약될 수 있는 감정이입의 태도로 세상을 대하는 서정과 달리, 서사와 극은 '타자, 그것은 지옥이다'[2]라는 명제에서 출발한다.

....

1 미하일 바흐친(Mikhail Bakhtin)은 근대 장편소설의 본질적 특징이 다성성(多聲性)과 언어적 다양성이라고 주장하면서 소설 장르의 비규범성을 강조하였다. 자세한 내용은 바흐친의 「서사시와 장편소설」(Bakhtin, 1981/1988)을 참조할 수 있다.
2 이 문장은 프랑스의 철학자 장폴 사르트르(Jean-Paul Sartre)가 쓴 희곡 〈닫힌 방(Huis clos)〉의 대사로, 원문은 'L'enfer, c'est les autres'이다.

1) 서사 장르로서의 현대소설

서사 장르의 주인공은 자신을 둘러싼 세계와 대립하고 갈등하면서 목표를 달성하고 세상 속에 자신의 영토를 개척하고자 한다. 20세기 모더니즘 소설이 등장하기 전 대부분의 현대소설이 주인공의 성장 이야기와 밀접한 관련을 맺고 있는 이유는 바로 성장이 서사의 본질과도 같기 때문이다. 〈일리아드(Iliad)〉에서 아킬레우스는 용맹함을 타고났으나 타인을 이해하지 못하는 결함을 가져, 가는 곳마다 불화의 씨앗을 뿌리는 인물이다. 그랬던 아킬레우스는 자신과의 대결에서 패해 죽은 헥토르의 시신을 찾기 위해 그리스 진영으로 몰래 찾아온 헥토르의 아버지를 만나면서 타인의 슬픔을 이해하게 된다. 〈만세전〉(1924)에서 한가로운 동경 유학생활을 하던 부잣집 도련님 이인화는 아내의 임종을 지키기 위해 조선으로 돌아오는 길에 자신이 진정 누구인지를 깨닫게 된다. 조화로운 세계의 파괴를 거쳐, 갈등을 해결하는 모험을 겪고, 최종적으로 한 단계 발전하여 인간으로서 성숙해지는 주인공의 이야기를 읽는 독자는 그 과정에서 혼란스러운 세상을 이겨 낼 심리적 안도감을 얻는다. 우리가 이야기 문학을 읽거나 가르치는 근본적인 이유 중 하나는 이러한 성장 서사가 주는 만족감이다.

서사의 기본 요건이 이야기와 서술자라면, 호메로스(Homeros)의 〈일리아드〉와 헤로도토스(Herodotos)의 『역사(*Histories Apodexis*)』는 모두 서사에 속한다. 에드워드 카(Edward Carr)의 말처럼 역사에 대한 서술은 '과거의 사실과 현재의 역사가의 대화'로서, 사건을 단지 연대기적으로 나열하는 것이 아니라 현재의 역사의식을 바탕으로 서술하기 때문에 서사문학과 겹치는 점이 많다. 그러나 역사적 기록은 실제로 있었던 사건을 다루어야하는 반면, 서사문학은 반드시 그럴 필요가 없다. 진수(陳壽)의 역사 서술 『삼국지(三國志)』와 달리, 나관중(羅貫中)의 소설 〈삼국지연의(三國志演義)〉

에는 유비, 관우, 장비의 도원결의처럼 정사(正史)에는 기록되지 않아 실제로는 없었던 것으로 추정되는 다양한 일화를 꾸며 낼 자유가 허락된다. 〈삼국지연의〉와 같은 소설을 역사 서술과 구별해 주는 용어가 바로 '허구적 서사(narrative fiction)'이다. 현대소설과 고소설은 모두 실제 벌어진 사건에 구애받지 않고 상상력에 기반한 허구의 이야기를 독자들에게 전달한다.

2) 허구와 진실의 관계

소설의 세계에서 허구성은 진실과 대립하는 것이 아니라, 진실을 더 잘 표현할 수 있는 수단으로 받아들여진다. 아리스토텔레스(Aristoteles)는 『시학(Peri Poietikes)』에서 "시는 보편적인 것을 말하는 경향이 더 강하고, 역사는 개별적인 것을 말하기 때문"에 "시는 역사보다 더 철학적이고 진지하다"라고 말한 바 있다(Aristoteles/천병희 역, 2017: 371). 여기서 그가 말한 '시'는 극이나 서사시를 포함한 문학 일반을 지칭한다. 이 말에 따르면 소설은 일어난 일이 아니라 일어날 법한 일을 이야기함으로써, 역사 서술보다 삶과 시대의 보편적 진실을 전달하기에 더 적합할 수 있다. 일어날 법한 일, 즉 개연성이 있는 허구가 현실의 표면에서는 잘 드러나지 않는 실체적 진실을 더 명확히 보여 줄 수 있기 때문이다. 마치 사탕수수를 정제한 설탕이 사탕수수에 비해 단 것처럼 말이다. 역사적 사실 여부에 구애받지 않고 가공의 인물이나 사건을 자유롭게 꾸며 낼 수 있는 허구성은 특히 근대소설 이후 삶의 진실을 드러내는 수단으로 높이 평가되었다.

그러나 소설의 허구성이 늘 존중받았던 것은 아니다. 중세, 특히 동양 중세의 글쓰기 전통에서 시와 달리 소설은 거짓이나 허무맹랑함과 연결되어 부정적인 평가를 받았다. 시에 대해 '사무사(思無邪, 생각함에 사특함이 없다.)'라는 말을 남긴 공자 이래, 지배층 문인은 시를 짓는 능력을 관리가 되는 데 중요한 자질로 생각했다. 반면 '소설을 꾸며 이름나기를 바란다'라는『장자 (莊子)』의 구절이 말해 주듯이 소설은 '쓸데없는 의견'이나 '변변치 못한 잡담' 정도로 인식되었다(조동일, 1977: 69).[3] 관원들이 숙직 중 몰래 소설을 읽는 것이 발각되어 문제가 되었다는 정조 시기의 기록[4]은 조선의 글쓰기 문화에서 소설이란 '문장과 경학에 뜻을 둔 유학자들'은 멀리해야 할 저급한 글이었음을 알려 준다. 조선 후기 영웅 소설이나 군담 소설의 상당수가 식자층에 의해 창작되었음을 말해 주는 표지는 많지만, 작가의 실명이 밝혀진 작품은 드물다는 점 역시 근대 이전 소설의 위상을 짐작할 수 있게 해 준다. '소설(小說)'이라는 용어조차 소설에 대한 멸시의 의미를 담고 있다. 이는 동아시아에 국한되지 않는데, 서구에서 소설의 기원과 관련된 '로맨스(Romance)'라는 용어에도 신성한 언어인 라틴어가 아닌 속된 지역 방언으로 기록된 모험담, 연애담이라는 부정적 의미가 담겨 있다(Watt, 1996/2004: 92).

중세 후기를 거쳐 근대로 이행하는 시기, 점점 많은 독자층을 확보하기 시작한 소설은 허구와 진실의 관계를 대립적이기보다는 상보적인 것으로 파악하게 된다. 근대에 들어 소설이 허황된 이야기가 아닌 현실에 대해 말하고 이야기의 재미를 활용하여 풍속을 계량할 수 있는 가치 있는 글쓰기로 변모한 것이다. 신소설 작가 이해조가 〈화의 혈〉(1911)에서 사용했던 '빙공착영(憑空捉影)'이라는 구절은 허구성의 위상이 변화했음을 나타내는 하나의 지표이다. '허공에 의지하여 현실의 그림자를 포착한다'는 뜻을 지닌 이 말은 허구를 통해 현실을 반영할 수 있다는 발상의 전환을 보

....

3 『논어』위정편(爲政篇)에는 "공자가 말하길《시경》삼백 편의 뜻을 한마디로 요약할 수 있으니 '생각에 사특함이 없다'는 것이다[子日 詩三百 一言以蔽之 曰思無邪]"라고 나와 있다. 또한『장자』외물편(外物篇)에는 "소설을 꾸며 큰 이름을 얻으려 하는 것은 큰 뜻과는 거리가 멀다[飾小說以干縣令 其於大達亦遠矣]"라는 구절이 있다.
4 『정조실록(正祖實錄)』에는 관료인 이상황과 김조순이 숙직할 때 소설 〈평산냉연(平山冷燕)〉을 읽다가 정조에게 들켜 문책을 받았다는 기록이 있다.

여 준다. 나아가 소설 속의 허구는 현실 속의 진실을 반영하여 독자에게 영향을 끼칠 수 있는 긍정적 수단으로 재평가되었다. 이인직, 이해조와 같은 신소설 작가에서 시작되어 이광수의 〈무정〉(1917)을 거치면서 허구적 서사로서의 소설은 현실을 알려 주는 동시에, 독자를 깨우쳐 바람직한 현실을 만들 수 있는 힘을 가진 것으로 이해되기 시작한다. 이제 소설은 더 이상 자질구레한 '작은' 이야기가 아니라 인간과 사회의 진실, 흔히 '거대 담론'이라 불리는 주제 의식을 품은 큰 이야기, 김지하의 표현을 빌리자면 '대설(大說)'로 받아들여지게 된다. 데이비드 허버트 로렌스(David Herbert Lawrence)가 근대소설에 대해 "갈릴레오의 망원경보다 훨씬 위대한 발명"이라고 말했던 이유 역시 소설에서 인간의 실체적 진실을 탐구할 힘을 보았기 때문일 것이다.

2 장편소설의 역사적 맥락, 근대 자본주의

허구적 서사는 현대소설뿐 아니라 고대 그리스의 서사시와 조선 후기의 영웅 소설은 물론이고, 신화나 전설, 민담에 이르는 모든 서사문학의 특징이다. 그렇다면 근대 자본주의 태동기를 거치며 서사문학을 대표하게 된 장편소설은 이전 시기의 서사문학과 어떻게 달라졌을까? 여러 학자가 장편소설을 근대 이전의 서사문학과 비교하면서 근대소설의 특징을 밝히려 시도했다. 그중에서 죄르지 루카치(György Lukács)는 고대 그리스 서사시와, 바흐친은 고대의 풍자문학이나 민속 희극과 근대소설을 비교하면서 근대소설의 장르적 특징을 설명했다. 여기서는 루카치가 장편소설의 본질을 해명하고자 했던 『소설의 이론(Die Theorie des Romans)』(1916)을 중심으로 근대소설의 특징을 살펴보도록 하자.

1) 고대 서사시의 후계자로서의 장편소설

장편소설의 장르적 특징을 근대 자본주의나 시민 사회의 전개와 연결하여 해명한 루카치의 '사회학적 시학'은 근대소설이 탄생하고 발전하는 역사적 맥락 속에서 소설을 이해하는 데 많은 도움을 준다. '문제적 개인', '신으로부터 버림받은 세계의 서사시'와 같은 용어 역시 장편소설을 넘어 현대소설 전체를 관통하는 중요한 특징을 말해 주고 있다.

루카치에 따르면 장편소설의 특징은 〈일리아드〉나 〈오디세이아(Odysseia)〉 같은 고대 그리스 서사시와 비교할 때 잘 드러난다.

> 별이 총총한 하늘이 갈 수 있고 또 가야만 하는 길들의 지도인 시대, 별빛이 그 길들을 환히 밝혀주는 시대는 복되도다. 그 시대에는 모든 것이 새롭지만 친숙하며, 모험에 찬 것이지만 뜻대로 할 수 있는 소유물이다. 세계는 넓지만 마치 자기 집과 같은데, 영혼 속에서 타오르고 있는 불이 하늘에 떠 있는 별들과 본질적 특성을 같이하기 때문이다. 세계와 나, 빛과 불은 서로 뚜렷이 구분되지만, 서로 영구히 낯설게 되는 일은 결코 없다.
>
> (Lukács, 1916/2007: 27)

그는 호메로스의 서사시를 탄생시켰던 역사적 조건을 인용문의 비유적 표현처럼 일종의 '황금시대'로 바라보고 있다. 그에 따르면 고대 그리스에서 '존재와 운명', '모험과 완성', '삶과 본질'은 동일한 개념이며, '영혼에 대립하는 타자' 역시 존재하지 않는다. 고대 그리스 사회는 현상과 본질의 대립, 자아와 세계, 내면성과 외면성, 공적인 것과 사적인 것의 구별

죄르지 루카치(1885~1971)
헝가리의 문예 사상가이자 철학자.
헤겔에 기반한 마르크스주의 해석을
바탕으로 장편소설과 리얼리즘 미
학에 대한 깊이 있는 논의를 펼쳤다.
ⓒBundesarchiv

이 출현하지 않았던 '조화로운 총체성'의 세계이다. 이러한 시대를 배경으로 탄생한 서사시는 공동체를 대표하는 영웅과 영웅 간의 대결을 중심으로, 영웅적 주인공이 자신에게 부여된 과제를 해결하는 과정을 보여 준다. 물론 노예제에 기반했으며 여성의 참정권이 원천적으로 배제되었던 고대 그리스가 과연 그렇게 이상적인 사회였는가에 대해서는 여러 반론이 제기되어 왔다.[5] 그런 점에서 루카치가 생각한 고대 그리스는 실제 역사 속의 그리스라기보다 근현대에 들어 발생한 다양한 문제를 좀 더 극적으로 드러내기 위한 일종의 '이념형'으로 보는 것이 적절하다(Fehér, 1986: 23-24).

18세기 이후 서구를 중심으로 본격화된 근대 자본주의 사회는 이와 대비되는 '균열의 세계', '소외의 시대'로 제시된다. 산업과 과학의 발전으로 물질문명이 풍요로워지고 합리적 이성이 진보했지만, 이와 동시에 인간이 만든 산물이 인간을 배제하고 지배하고 위협하는 것으로 변화해 버리는 '소외' 혹은 '사물화'가 확산되었다. 종교적 비유를 쓰자면 근대는 '죄업이 완성된 시대'이다(Lukács, 1916/2007: 183). 과연 근대의 어떤 면모에 주목했기에 이런 비관적 평가가 나오는 것일까?

2) 근대 사회의 명암 속에서 탄생한 장편소설

『소설의 이론』은 워낙에 시적인 문체로 근대의 어둠을 묘사하고 있어 이

....

5 대표적으로 프레드릭 제임슨(Fredric Jameson)은 루카치의 소설 분석 전체가 '일종의 문학적 향수, 곧 희랍 서사시에서 보이던 서술의 황금시대 내지 잃어버린 유토피아라는 관념'에 의존하고 있다고 비판한다(Jameson, 1974/1984: 187-188).

책만으로는 그 논리 구조를 명확히 파악하기가 쉽지 않다. 따라서 근대의 특징을 설명한 다른 철학자, 역사학자, 사회학자의 설명을 참조할 필요가 있다. 레이먼드 윌리엄스(Raymond Williams)에 따르면, 'modern'이라는 영어의 어원은 라틴어 'modo'인데, 이 말은 '최근', '지금', '당대'를 뜻했으며 원래는 전통과 대립되는 부정적인 인상을 전달하는 의미로 사용되었다(Williams, 1976/2010: 315-316). 서양 중세 문헌에는 현대인의 사고와 정반대로 현재와 지금을 부정적으로 평가하거나 과거를 현재보다 우월한 것으로 생각하는 구절이 쉽게 발견된다(Gumbrecht, 1978/2019: 20-23).

이러한 사고가 역전되는 결정적 계기는 계몽주의였다. 계몽주의가 대두한 이후 19세기를 거치며 'modern'이라는 말은 '개선', '만족', '효율' 등의 긍정적인 의미로 변화하였다. 위르겐 하버마스(Jürgen Habermas)에 따르면 근대인은 계몽주의를 거치면서 사회의 도덕적 개선을 향한 지식의 무한한 진보에 대해 확신하게 되었고, 이에 따라 더 이상 고대를 가치 있는 모범으로 인식하지 않게 되었다. 이 시기를 지나며 '근대적', '근대성'은 오늘날의 새로움에 질적으로 우월한 가치를 부여한 의미를 지니게 된다. 이제 옛것은 더 이상 따라야 할 규범이 아니라 지나간 과거의 사실에 불과하며, 전통을 따르지 않아 새롭다는 이유만으로 경원시되거나 야만시될 이유가 없다는 인식이 확산되었다(김성기 외, 1994: 23-36).

근대의 새로움에 대한 가치평가가 이렇게 변화하게 된 물적 토대는 산업혁명이 가져온 경제적 발전이다. 근대가 낳은 물질적, 정신적, 제도적 진보는 인류에게 지금까지 경험하지 못한 유토피아를 약속하는 것처럼 보였다. 인간은 엄격한 신분제와 위계질서 그리고 비합리적 믿음에서 벗어나 개인의 자유와 평등의 가능성을 확보하게 되었다. 그러나 동시에 이러한 '진보'는 새로운 퇴행을 가져오기도 했다. 노동자에 대한 경제적 착취와 빈부 격차의 심화, 사회적 약자에 대한 무관심, 개인과 개인이 원자처럼 겉돌며 공동체를 이루지 못하는 사회의 파편화, 모든 것을 숫자로 환원하는 합리성의 원칙 등이 근대 자본주의가 낳은 대표적 병폐로 꼽힌다. 근대 자본주의의 물질문명은 경제적·신분적 구속에서 인간을 해방시킬 수 있는 가능성을 낳았지만, 한편으로 '모든 고정된 것이 흔적도 없이 사라지는' 급격한 변화는 그 구성원들에게 심각한 혼란과 불안, 좌절과 분노를 함께 가져다주었다(Anderson, 1984/1993: 144).

루카치는 근대 자본주의에 대해 인류가 성취한 최고의 업적이자 최악의 재난이라는 양가적 평가를 내린다. '신으로부터 버림받은 세계'란 개인과 공동체가 분리되고, 개인이 삶의 의미를 찾기 어려운, 분열이 지배하는 근대 사회의 어둠을 강조하는 표현이다. 그리고 이러한 시대를 배경으로 탄생한 이야기 문학이 장편소설이다.

3) 소설의 주인공으로서의 문제적 개인

우리에게 익숙한 소설의 주인공은 목표를 위해 일로매진(一路邁進)하는 영웅이 아니다. 그는 현실과 화해하지 못하고 불안에 시달리다 궁극적으로는 실패하는 평범한 개인이다. 반면 서사시의 주인공은 영웅이며, 그는 자신이 속한 공동체의 이상을 대표한다. 아킬레우스는 그리스, 헥토르는 트로이의 대표자와 같다. 서사시의 주인공은 타인과 대립하는 자기만의 주관성이나 내면성으로 인해 고통받지 않는다. 그들의 심리적 갈등은 주로 행동으로 나아가기 위한 짧은 망설임에 그친다. 그리스 연합군 총사령관의 지위를 이용해 자신에게 모욕을 가한 아가멤논에게 분노하는 순간, 아킬레우스는 이미 칼자루에 손을 대고 있다. 〈조웅전(趙雄傳)〉이나 〈유충렬전(劉忠烈傳)〉 같은 조선 후기 영웅 소설에서도 〈광장〉(1960)의 이명준처럼 '광장'과 '밀실'의 가치 어느 편에도 속하지 못하는 주인공의 내적 분열은 나타나지 않는다. 그들의 운명은 공동체의 운명, 삼강오륜의 이념과 직결되어 있기 때문이다. 이들 영웅은 숱한 모험과 재난 그리고 전쟁을 경험하지만, 최종적으로는 '신들의 궁전'에 도달하는 승자이다. 아킬레우스처럼 전장에서 죽음을 맞이한다고 해도 서사시의 주인공은 불멸의 명예를 얻어 영원한 삶을 누리게 된다.

그에 비해 근현대소설의 주인공은 대부분 승자가 아니라 패자에 가깝다. 파리 사교계에서 살아남기 위해 아버지의 임종을 외면하고 실세 귀족 부인의 파티장으로 향하는 정부(情婦)를 바라보는 시골 출신 대학생 라스티냐크의 이야기 〈고리오 영감(Le Père Goriot)〉(1834)은 승자의 해피엔딩과 무관하다. '사당'과 '열쇠'로 표현되는 사적 개인의 욕망에 전적으로 구속되지 않고 양심적 지식인으로 살고 싶지만, 이를 쉽사리 허용하지 않는 1920년대 후반 식민지 현실 앞에서 현기증을 느끼는 조덕기가 등장하는 〈삼대〉(1931)의 결말 역시 쓸쓸하기 짝이 없다. 이들이 현실에서 패배하는 것은 개인적으로 무능하기 때문이 아니다. 소설의 주인공은 '주체와 객체 그리고 현상과 본질 사이에 건널 수 없는 심연이 가로놓인 세계'에 살고 있기 때문이다. '속물적 산문성'이 지배하는 근대 자본주의 사회에서 주인공이 생각하는 진정한 이상을 사회에서 실현하기란 어렵기 짝이 없다. 타락한 현실의 맹목적 명령을 그저 따르지 않고, 자신의 내면에 담긴 영혼의 속삭임을 중시하는 주인공이 현실에서 패배하는 것은 당연하다.

루카치는 르네상스 시기 인간의 이상으로 표현되었던 '전인(全人)'의 경지에 도달하고 싶은 욕망이 근대인에게도 완전히 사라지지 않았음을 강조하였다. '서사시에 대한 향수'란 분업화된 노동과 상품 경제에 지배당하는 분열된 인간에게도 여전히 남아 있는 '큼과 펼침과 온전함'에 대한 갈망을 뜻한다. "개처럼 살기보다 영웅처럼 죽고 싶다."를 되뇌는 과거 홍콩 누아르 영화의 주인공이나, 자신에게 주어진 작은 원을 벗어나 더 큰 세상으로 나아가는 주인공의 행동이 독자의 시선을 사로잡는 이유는 기계처럼 반복되는 일상을 벗어나 자신을 온전하게 완성하고 싶은 어떤 부름이 우리 모두의 내면에 여전히 숨 쉬고 있기 때문이다(김경식, 2015: 23).

서사시에서는 자신의 목표를 실현하고 싶은 욕망이 주인공의 외적 행동으로 구현되지만, 현대소설에서는 주인공의 이런 갈망이 행동을 통한 사건과 줄거리로 나타나지 못한다. 대신 주인공은 내면심리와 같은 자신만의 세계로 침잠하거나 의미 있는 행동이 아닌 무의미한 방황을 한다. 서사시의 영웅이 보여 주는 '총체성에의 지향'은 소설 주인공의 마음 한구석에 남아 있으나, 그것은 현실에서 실현될 수 없다. '신으로부터 버림받은 세계의 서사시'라는 표현은 현대소설의 주인공이 겪는 이상과 현실의 분열을 강조한다.

소설은 신에게서 버림받은 세계의 서사시이다. 소설 주인공의 심리는 마성적이다. 소설의 객관성이란, 현실 속에 의미가 결코 완전히 스며들 수는 없지만 의미가 없으면 현실은 아무런 본질도 없는 무로 붕괴하고 말리라는 것을 꿰뚫어 보는 남성적인 성숙한 통찰이다.

(Lukács, 1916/2007: 102)

현대소설의 주인공은 타락한 현실에 순응하기에는 아직 순수한 영혼을 가지고 있으나, 현실에서 자신의 이상을 적극적으로 실현할 자기 확신도 대결 의식도 부족한 어중간한 인물이다. 이처럼 분열된 주인공의 심리 상태는 '마성적(demonic)' 경향을 보인다. 뤼시앵 골드만(Lucien Goldmann)은 루카치가 설명한 분열된 현대소설의 주인공을 '문제적 개인(problematic individual)'이라고 명명했다. 태어날 때부터 완전한 영웅과 달리, 어떤 결함과 문제를 가진 불완전한 '문제적 개인'은 자신의 목표를 정상적인 방법으로는 실현할 수 없기 때문에 때로는 범죄와 사기, 기만의 방식에 의존한다. 그리고 타락한 사회에서 타락한 방법으로 진정한 가치를 추구하는 문제적 개인의 행동(Goldmann, 1964/1982)은 뜻하지 않게 그가 속한 사회나 집단의 문제점을 드러내기도 한다.

3 리얼리즘과 근대소설

'문제적 개인'이라는 용어가 말해 주는 것처럼 근대소설은 이전 시대의 서사문학과 다르게 영웅이 아닌 평범한 개인을 형상화한다. 18세기 영국에서 소설이 어떤 과정을 거쳐 출현하게 되었는가를 살펴본 이언 와트(Ian Watt)의 연구는 소설의 근저에 근대 특유의 개인주의가 깔려 있음을 강조한다(Watt, 1957/2009). 즉, 장르의 규칙을 철저히 준수하는가보다 개인적 경험을 얼마나 충실하게 그려 내는가가 근대소설에서는 더 중요하게 취급되기 시작한다.

1) 평범한 개인의 중요성

중세에는 문학을 포함한 예술에서 종교적 성인이나 역사적 영웅 혹은 신화나 전설 속의 캐릭터만을 다루어야 한다는 믿음이 일반적이었다. 그러나 집단의 관습이나 전통보다 개인의 생생한 경험을 중시하게 되면서, 소설은 이야기의 주된 원천을 역사나 신화 속 영웅들의 공적이고 비범한 행동에 국한시키지 않게 되었다. 대신 평범한 개인과 그가 속한 현실을 더 중요한 이야기 소재로 삼았다. 평범한 사람의 신념과 행동, 그리고 그가

쿠르베의 〈돌 깨는 사람들〉(1849)

19세기 리얼리즘 화가 귀스타브 쿠르베(Gustave Courbet)는 천사나 요정 같은 아름다운 소재가 아닌 농민이나 노동자 같은 소재에 집착한다는 비난에 대해 "나에게 천사를 보여 준다면 내가 그것을 그려 보겠다."라고 답했다. 이 말에는 인간이 경험할 수 있는 사건이나 풍속을 기록하는 것이 예술의 책무라는 생각의 변화가 담겨 있다.

살고 있는 일상의 현실을 다루는 것이 중요하며, 이에 대한 상세한 기록이 역시 평범한 개인인 독자의 이목을 끌게 된다는 생각은 근대소설에서 현실의 반영과 이에 집중하는 리얼리즘이 중요해진 이유를 설명해 준다.

그렇다면 평범한 개인을 형상화하기 위해 필요한 방식은 무엇일까? 자신의 속마음을 알려 주는 자전적 회고나, 개인 간의 내밀한 의사소통 방식을 보여 주는 서간체가 개인의 경험을 전달하기에 가장 적합한 글쓰기 양식으로 평가된다(Watt, 1957/2009: 257-306). 특히 편지는 그것을 쓰는 이의 내밀한 삶의 증거로 받아들여졌는데, 귀스타브 플로베르(Gustave Flaubert)는 이를 '쓰인 리얼리티(written reality)'라 불렀다. 주인공의 자전적 회고나 서간체 소설은 한국 근대소설의 형성에서도 큰 비중을 차지하였다. 김동인의 〈약한 자의 슬픔〉(1919)이나 염상섭의 〈표본실의 청개구리〉(1921), 〈암야〉(1922), 〈제야〉(1922)처럼 개인의 괴로움을 토로하는 '고백'의 이야기가 근대소설 형성기에 여러 편 등장하는 것에서 이를 확인할 수 있다.

2) 일상과 현실의 반영

일상과 현실을 다루는 것이 중요하다는 믿음이 소설의 내용과 형식에 가한 변화는 아래 두 편의 소설 〈유충렬전〉과 〈만세전〉의 도입부를 비교해 보면 확연히 드러난다.

대명국(大明國) 영종황제(英宗皇帝) 즉위(卽位) 초에 황실이 미약하고 법령(法令)이 행해지지 않는 중에 남만(南蠻), 북적(北狄), 서역(西域)이 강성하여 모역할 뜻을 두었다. 이런 까닭에 천자가 남경(南京)에 있을 뜻이 없어 다른 곳으로 도읍을 옮기고자 하시었다. 이때 마침 창해국(蒼海國) 사신이 오니, 성은 임이요 명은 경천이라 하는 사람이었다. 천자 반가워서 그를 불러 만나 보시고 접대한 후에 도읍 옮기는 문제를 의논하시니.

— 작자미상, 〈유충렬전〉

동경 W대학 문과에 재학중인 나는 때마침 반쯤이나 보던 연종시험(年終試驗)을 중도에 내던지고 급작스레 귀국하지 않으면 안 될 일이 생겼다. 그것은 다름 아니라, 그해 가을부터 해산 후더침으로 시름시름 앓던 아내가 위독하다는 급전(急電)을 받았기 때문이었다.

내가 동경에서 떠나오던 날은 마침 시험을 시작한 지 둘쨋날이었다. 그날 나는 네 시간 동안이나 시험장에서 추운 데 휘달리다가 새로 한시가 지나서 겨우 하숙으로 허덕지덕 나아오려니까, 시퍼렇게 언 찬밥덩이(생기기도 그렇게 생겼지마는, 밤낮 찬밥덩이만 갖다가 주는 하녀이기에 내가 지어 준 별명이다)가 두 손을 겨드랑이에다 찌르고 뛰어나오는 것하고, 동구 모퉁이에서 딱 마주쳤다.

"앗! 리상, 지금 오세요? 막 금방 댁에서 전보환(電報換)이 왔던데요. 한턱 내셔야 합넨다, 하하하."하고 지나쳐 간다.

— 염상섭, 〈만세전〉

대표적인 조선 후기 영웅 소설 중 하나인 〈유충렬전〉은 명나라 시기 중원을 시공간적 배경으로 하여 주인공의 탄생과 관련된 이야기로 작품을 시작하고 있다. 17세기 후반~18세기 조선의 식자층이 창작한 것으로 추정되는 많은 영웅 소설 작품이 이처럼 지나간 시대의 중국을 배경으로 삼은 이유는 무엇일까? 바흐친에 따르면 서사시는 작가와 독자가 속한 당대의 현실과 분리되는 '절대적 거리'를 필요로 한다. 이를 통해 평범한 개인의 경험이 아니라 영웅이 대변하는 불변의 이념과 가치를 형상화할 수 있기 때문이다(Bakhtin, 1981/1988: 29-32). 세상의 혼돈을 바로잡고 질서를 세우는 영웅의 활약상이 펼쳐질 배경으로는 독자들이 살고 있는 당대의 조선보다, 송(宋)이나 명(明)처럼 상상 속에서 떠올릴 수 있는 지나간 과거가 더 적합하다. 다만 이러한 시공간은 역사적으로 실재했던 경험 세계의 송과 명이 아니라, 이데아의 세계이며 초월적 세계이다.

〈유충렬전〉이 탄생한 시대의 독자들에게 이러한 배경 설정은 지극히 자연스럽게 받아들여진 것으로 보인다. 이것이 당시 작가와 독자가 공유하는 이야기의 관습 혹은 규칙이다. 마치 중세 서양에서 제대로 된 회화라면 그리스 신화의 신이나 역사적 영웅 혹은 종교적 성인을 그려야 했듯이, 조선 후기에는 소설이라면 모름지기 중원(中原)을 배경으로 해야 했던 것이다. 물론 〈춘향전〉이나 〈심청전〉 같은 판소리계 소설처럼 조선의 현실을 배경으로 한 소설도 존재한다. 그러나 이 작품들에 나타나는 조선이나 남원 등의 시대적·공간적 배경은 그 시기를 살아가는 사람들의 현실이나 삶을 '반영'한다기보다 사건이 펼쳐지는 '무대'에 가깝다고 보아야 할 것이다. 〈박씨전〉처럼 청(淸)에 대한 상상 속의 복수를 다룬 이야기에서도 주인공의 일상은 큰 의미를 지니지 못한다.

그에 비해 〈만세전〉은 동경 유학 중인 주인공 이인화가 하숙집에 도착한 전보를 받는 장면으로 이야기를 시작한다. 잘 알려져 있다시피 이 작품은 동경에서 출발하여 고베, 시모노세키, 부산, 김천을 거쳐 경성에 있는 집

《시대일보》에 연재되었던 〈만세전〉

〈만세전〉은 처음 1922년 '묘지'라는 제목으로 《신생활》에 연재되었으나, 3회 만에 조선총독부의 검열로 중단되었다. 이후 이 소설은 1924년 〈만세전〉이라는 제목으로 2개월에 걸쳐 《시대일보》에 완결까지 연재되었다.

으로 돌아가는 '나'의 여정을 바탕으로 하고 있다. 3·1 운동 직전이라는 시간대에 이인화가 목격하는 세계는 평범하고 속된, 식민지 조선인의 암담한 현실이다. 이 현실은 이야기가 전개되는 단순한 무대 역할을 넘어 작품의 근간이자 주제가 된다. 또한 이형식과 신우선이 경성 안국동 파출소 앞에서 영어 개인교습과 청국 요릿집에 대해 대화하는 〈무정〉의 도입부에서도 영웅주의의 흔적은 찾아볼 수 없다. 이 작품들은 모두 평범한 개인의 일상을 벗어나지 않는 가운데 사건을 만들어 낸다.

인간의 삶과 현실에 대한 반영이나 작품과 작품이 그려 내는 현실 사이의 상응 관계에 대한 요청은 과거의 서사시나 영웅 소설에서는 제기되지 않았다. 영웅의 시적 이상이 아닌 평범한 개인의 인간적 진실을 전달해야 한다는 태도는 근대소설이 리얼리즘이라는 문학 양식과 밀접하게 연관되는 이유를 짐작할 수 있게 해 준다. 여기서 리얼리즘은 '사회주의 리얼리즘'과 같은 특정 정치 이념과 결부된 문학적 교조를 뜻하지 않는다. 와트는 소설이란 "인간 경험에 대한 완전하고 진솔한 보고서이며, 따라서 관련 등장인물들의 개인적 면모나 사건이 일어난 시간과 공간의 자초지종 같은 이야기의 상세 설명"으로 "독자들을 만족시켜야 할 의무"가 있는데, 이를 내러티브로 형상화한 것이 리얼리즘이라고 주장하였다(Watt, 1957/2009: 46). 신화나 태곳적 인물을 다루던 과거의 이야기 문학과 달리 근대소설은 특정한 시공간적 환경에 속한 개인의 경험을 강조하고, 이에 따라 '현실에 대한 반영'은 근대소설의 본질적 특징으로 각인된다. 청일전쟁이 한창인 평양에서 뿔뿔이 흩어지는 가족의 이야기 〈혈의 누〉(1906)로 대표되는 신소설이 근대의 이야기 문학으로 받아들여지는 이유는 바로 그러한 평범한 개인의 경험을 보여 주기 때문이다.

근대소설과 현대소설

근대소설과 현대소설은 어떻게 구별되는가? 둘은 겹치면서도 다른데, 'modern'이 한국어로는 '근대'로도 '현대'로도 번역될 수 있기 때문이다. 근대소설은 자본주의가 본격적으로 태동해서 정착되는 18~19세기 이야기 문학에 나타난 질적 변화(평범한 개인의 강조, 현실에 대한 반영 등)와 그러한 변화가 나타나는 시기를 강조하는 의미를 담고 있다. 그에 비해 현대소설은 그러한 변화를 겪은 이후 현재 발표되는 소설의 '당대성'을 강조하는 용어이다. 즉, 현대소설에서 현대는 'contemporary'에 가까운 의미이다. 그런 이유로 이광수의 〈무정〉과 최은영의 〈밝은 밤〉은 모두 근대소설의 특징을 공유하고 있지만 1917년에 발표된 〈무정〉은 근대소설이라 부르고, 2021년에 발표된 〈밝은 밤〉은 '현대소설'이라 부르는 것이 상례이다.

4   근대소설의 두 지향, 즐거움과 예술성

소설을 읽는 근본적인 이유 중 하나는 '재미'가 있기 때문이다. 소설에 대한 진지한 이론적 성찰과 이를 바탕으로 한 현대소설 교육의 설계는 이러한 출발점을 망각하곤 한다. 그러나 현대소설은 작가의 개성적 기법이 강조되는 언어 예술인 동시에, 독자를 즐겁게 하는 일종의 감성적 오락이기도 하다.

1) 읽을거리로서의 소설

웨인 부스(Wayne Booth)는 소설을 읽으며 구하는 세 가지 즐거움으로 '① 진실을 발견하고자 하는 독자의 욕망, ② 소설 속에 등장하는 인물에 대한 인간적 관심, ③ 어떤 패턴이 예상대로 전개되는 과정을 지켜보고 싶은 욕망'을 든 바 있다(Booth, 1961/1987: 141-151). 이 중 세 번째는 많은 문학 장르 중에서 소설이 근대에 들어 상업 출판물의 총아가 되고 가장 번성한 장르로 자리하게 된 이유를 설명해 준다.

15세기 서양에서는 활판 인쇄의 발명과 시민 계급의 성장이 맞물려 책에 대한 수요가 급증했다. 급속도로 확장된 시민의 지식욕과 학문에 대한 관심은 독서 열풍을 가져왔고, 잡지를 비롯한 서적 공급과 유통을 통해 돈을 벌려는 상업 출판 역시 서서히 시장을 확장하였다. 여기에 기름을 부은 것이 기사도 로맨스를 비롯한 이야기 문학이었다. 책을 읽으며 시간을 보내는 재미를 구하는 독자들의 수요가 늘어나자 출판업자들은 새롭게 떠오르기 시작한 근대소설이 지닌 상품적 가치에 주목하였다.

중국, 일본, 조선에서는 목판 기술을 활용하여 대량으로 책을 출간하는 방각본(坊刻本)을 통해 책이 상품으로 자리 잡았다. 그중에서도 가장 큰 비중을 차지한 책은 재미있는 이야기를 담고 있는 소설 부류였다. 18세기 들어 조선 사회는 자본주의의 맹아가 싹텄다는 역사가들의 평을 받을 정도로 상품 경제가 발전하고 도시의 규모가 커졌는데, 여기서 소설을 이용해 돈을 버는 직업들이 탄생하게 된다. 소설을 읽어 주는 강담사, 책을 빌려주는 세책업 등이 그것이다(이윤석, 2016: 38-45). 강담사가 들려주는 소설을 들던 사람이 이야기에 너무 빠져든 나머지 영웅을 괴롭히는 악인과 강담사를 동일시하여 칼로 살해한 민간의 사건이나, 소설에 빠져 공적인 문서에 소설식 문장을 쓰는 관리들을 꾸짖고 소설을 금하려 한 정조의 '문체반정(文體反正)' 등은 당시의 소설 열풍이 어느 정도였는지를 보여 준다.

동양이든 서양이든, 광범위한 독자층을 확보하고자 했던 상업 출판업자들은 독자의 호기심을 만족시키는 모험 소설이나 연애 소설 같은 '통속 소설'을 선호하였다. 이렇듯 소설에 대한 대중의 열광이 늘어나는 만큼 그 반작용으로 소설에 대한 비난 또한 강화되었다. 소설이 독서 대중의 도덕성을 타락하게 만든다는 개탄, 학생들이 소설에 빠져 정작 중요한 책을 읽지 않으니 소설을 멀리하게 만들어야 한다는 훈계가 그것이다. 〈삼국지연의〉를 읽기 위해 언문을 배웠다는 기록과 〈삼국지연의〉 때문에 발생하는 폐해를 심각하게 논하는 글이 함께 발견되는 것에서 열광과 비난을 오가는 소설 열풍의 실체를 짐작할 수 있다.

소설을 흥미 위주의 읽을거리 정도로 취급하던 분위기는 서양에서 월터 스콧(Walter Scott), 찰스 디킨스(Charles Dickens) 등을 거치며 서서히 변화하였다. 이들의 작품은 재미있으면서도 인생의 교훈과 도덕적 가치를 제공하는 고급스러운 교양 오락물로 받아들여졌고, 소설의 위상 역시 자연스럽게 높아졌다. 19~20세기 서구에서는 신문사나 잡지사가 작가에게 원고료를 지급하면서 소설을 연재하여 독자층을 확보하는 것이 공식처럼 되었다. 20세기 초 이인직이나 이해조의 신소설에서 이광수의 〈무정〉에 이르는 시기를 거치며, 이 땅의 소설 역시 '재미와 풍속 개량'이라는 두 가지 목표를 동시에 추구할 수 있게 되었다.

가라타니 고진(柄谷行人, 2005/2006: 51)은 근대소설이 지식인과 대중을 '공감'을 통해 하나로 만듦으로써 상상의 공동체인 네이션을 형성하는 기반이 되었다고 평한다. '감성적 오락을 위한 단순한 읽을거리'로 출발했던 소설이 '철학이나 종교와는 다르지만, 보다 인식적이고 도덕적인 가능성'을 지닌 것으로 재평가되는 과정에 주목한 의견이라 할 수 있다. 웹툰과 같은 인터넷 매체의 이야기 장르에 비해 대중성은 조금 떨어지지만, 여전히 소설은 삶에 대한 통찰과 지침을 줄 수 있는 대표적인 교양서이며 읽는 재미를 추구하는 독자를 유혹하는 상업 출판물의 중요한 자리를 유지하고 있다.

2) 기법에 대한 자각과 예술성의 추구

작가는 자신의 이름을 걸고 상상력을 발휘해 독창적으로 작품을 창작하며 작품에 대해 전적인 권리와 책임을 갖는다는 생각은 지금 시점에서는 너무나 당연하게 여겨진다. 때로 작가는 남과 구별되는 '천재성'을 가진 존재로 부러움의 대상이 되기도 한다. 그러나 작가가 남다른 영감과 창조성을 가지고 있다거나 하늘이 그러한 재능을 부여한 것이라는 믿음의 역사는 그리 길지 않다. 18세기 이전의 예술가는 오랜 시간 자신의 일에 종사하면서 그 분야의 제작 방식에 통달한 장인 혹은 기술자로 받아들여졌다. 18세기 이후가 되어서야 소설가를 포함한 예술가가 독창성과 창의성, 특히 권위를 지닌 존재로 인식되기 시작하였다.

조선 시대에 탄생한 소설 작품의 상당수가 그 창작자를 확인할 수 없다는 사실에서 알 수 있듯이, '작가'라는 개념은 근대의 개인주의 및 사적 소유권의 확립과 더불어 나타난 것이다. 문학 작품을 시장에서 상품으로 유통시켰던 출판업자들은 저작권을 명목으로 작가의 배타적 권위를 제도적으로 정착시키는 데 큰 역할을 했다. 현대의 독자들이 당연하다고 여기는 작가의 개성과 창조성은 근대 출판업자의 등장 이전에는 대단히 낯선 것이었다. 예를 들어 17세기 영국에서 책의 판권은 신을 대신해서 국가를 통치하는 국왕에게 귀속되었고, 국왕은 이를 다시 출판업자 조합에 위임했다.

이 시기에 윌리엄 셰익스피어(William Shakespeare)의 극본은 누구나 활용하고 개선할 수 있는 '공동체 공유 재산'으로 받아들여졌다. 셰익스피어 연극 공연은 언제나 극단 측의 자유로운 각색을 전제로 한 것이었고, 그렇기에 지금 기준으로는 원작 훼손에 가까운 과감한 변형이 가능했다. 이 시기에는 〈햄릿(Hamlet)〉(1603)이 천재 작가 셰익스피어 개인의 창작물이라는 생각이 확립되지 않았던 것이다(이현석, 2003: 29-61). 18세기 들어 셰익스피어의 '원작'을 확정하고 '작가의 원래 의도'가 무엇이었는지를 밝히려는 연구가 활발히 진행되면서 셰익스피어의 권위가 상승했으며 텍스트를 생산한 작가를 그 텍스트의 유일한 소유자로 인정하는 분위기가 형성되었다. 또한 사적 이윤을 추구하는 출판업자들이 책의 가치를 발생시키는 주체로 작가를 지목하고 작가와 계약을 통해 독점적 출판권을 획득함에 따라, 이 권리를 침해하는 해적판 출판자를 처벌해야 한다고 주장할 수 있게 되었다(이현석, 2003: 227-246).

　이 과정에서 작품에 대한 권리와 책임이 전적으로 작가에게 있으며 작가가 상상력을 발휘해 독창적으로 만들어 낸 세계는 작가 개인의 것이라는 사고가 점차 보편화되었다. 19세기 들어 시인과 소설가를 포함한 예술가들은 근대 부르주아 사회의 이상을 구현한 존경의 대상이 되었고, 예술 작품 역시 천재적 개인의 독창적 산물로 받아들여졌다(김성진, 2021: 43-45). 이러한 흐름 속에서 20세기의 소설가들은 '예술가로서의 자의식'을 바탕으로 독특한 기법을 구사하면서 소설을 단순한 읽을거리가 아닌 '이야기의 예술'로 자리매김하고자 노력했다. 자신만의 기법을 통해 독자에게 자신을 각인시키려는 경향은 20세기의 단편소설에서 두드러지게 나타난다. 이야기의 반전 구조를 통해 독자를 사로잡는 오 헨리(O. Henry)의 단편소설은 예술적 기교를 중시하는 현대소설의 한 흐름을 잘 보여 준다. 그의 단편 〈마녀의 빵(Witches' Loaves)〉(1904)은 오래되어 딱딱해진 저가의 빵을 사가는 허름한 옷차림의 화가에게 노처녀 제과점 주인이 베푼 친절을 소재로 한 단일한 사건을 독자에게 전달한다. 작가는 압축된 이야기를 보여 주는 가운데 독자로 하여금 헛다리를 짚게 만든 뒤 독자가 전혀 예상하지 못했던 결말에 도달하는 반전의 미학을 구사한다.

예상하지 못했던 의외의 결말, 아이러니의 미학, 독특한 서술자의 설정, 남과 구별되는 문체 등 20세기 소설에서 만개한 예술적 기법은 이러한 작가 의식의 산물이었다. 1919년 '순문예지'를 표방하면서 《창조》를 창간한 김동인이 장편소설에 주력한 이광수와 자신을 차별화하기 위해 예술로서의 소설을 내세우면서 일원묘사, 다원묘사, 순객관적 묘사와 같은 용어로 나름의 '시점 이론'을 모색한 것도 마찬가지 흐름이었다. 이야기 전달 방식을 최대한 낯설게 하기 위한 노력은 〈소설가 구보씨의 일일〉(1934)로 대표되는 박태원의 모더니즘 소설을 거치며 더욱 다양한 기법 실험으로 전개되었다.

소설가다운 온갖 망상을 즐기며, 이튿날 아침 구보는 이내 여자를 찾았다. 우입구 시래정(牛込區 矢來町). 그의 주인집은 신조사(新潮社) 근처에 있었다. 인품 좋은 주인 여편네가 나왔다 들어간 뒤, 현관에 나온 노트 주인은 분명히…… 그들이 걸어가고 있는 쪽에서 미인이 왔다. 그들을 보고 빙그레 웃고, 그리고 지났다. 벗의 다료 옆, 카페 여급. 벗이 돌아보고 구보의 의견을 청하였다. 어때 예쁘지. 사실, 여자는, 이러한 종류의 계집으로서는 드물게 어여뻤다. 그러나 그는 이 여자보다 좀더 아름다웠던 것임에 틀림없었다.

어서 옵쇼. 설렁탕 두 그릇만 주우. 구보가 노트를 내어놓고, 자기의 실례에 가까운 심방(尋訪)에 대한 변해(辯解)를 하였을 때, 여자는, 순간에, 얼굴이 붉어졌었다. 모르는 남자에게 정중한 인사를 받은 까닭만이 아닐 게다. 어제 어디 갔었니. 길옥신자(吉屋信子). 구보는 문득 그런 것들을 생각해 내고, 여자 모르게 빙그레 웃었다. 맞은편에 앉아, 벗은 숟가락 든 손을 멈추고, 빤히 구보를 바라보았다.

— 박태원, 〈소설가 구보씨의 일일〉

박태원은 이 짧은 구절에서 의식의 흐름이나 영화의 몽타주 기법 같은 당시 모더니즘 소설의 대표적 기법을 총동원하고 있다. 이러한 시도를 통해 사상성과 정치성을 내세웠던 기존의 카프 문학과 자신을 '예술가'의 이름으로 차별화려고 했다. 이제 많은 소설가에게 새로운 기법은 언어 예술가로서 자신의 정체성을 드러내는 '시그니처'처럼 받아들여지고 있다.

지금까지 살펴본 것처럼 재미있는 이야기를 원하는 독자의 욕망에 바탕을 두면서 자신이 전달하려는 바를 작품에 녹여 내려는 경향과 작가 자신의 예술적 자의식을 강조하면서 새로운 기법을 추구하는 경향은, 때로는 대립하고 때로는 협력하면서 현대소설의 다양한 변이형을 만들어 왔다. 현

이상이 그린 〈소설가 구보 씨의 일일〉 삽화
〈소설가 구보씨의 일일〉은 《조선중앙일보》에 1934년 8월 1일부터 9월 19일까지 연재되었다. 이상은 '하융(河戎)'이란 이름으로 이 소설의 삽화를 그렸는데, 위 그림은 8월 22일 자에 실린 삽화이다.

대소설이 계속해서 발전하고 있는 미완성의 장르이자 완결된 규범을 갖지 않은 문학 장르라는 평을 받는 이유 역시 두 경향의 팽팽한 긴장 관계에서 비롯된다. 소설이란 우리에게 어떤 의미를 가지는가를 생각할 때, 그리고 소설 교육의 목적, 방향, 내용을 고민할 때도 이 두 경향을 모두 시야에 넣어야 할 것이다.

참고문헌

김경식(2015), 「루카치 장편소설론의 역사성과 현재성」, 황정아(편), 『다시 소설이론을 읽는다: 세계의 소설론과 미학의 쟁점들』, 창작과비평사.

김성기 편(1994), 『모더니티란 무엇인가』, 민음사.

김성진(2021), 「문학교육은 저자성의 변화를 어떻게 수용할 것인가?」, 『국어교육』 173, 29-56.

이윤석(2016), 『조선시대 상업출판』, 민속원.

이현석(2003), 『작가 생산의 사회사: 윌리엄 셰익스피어와 문학 제도의 형성』, 경성대학교출판부.

조동일(1977), 『한국 소설의 이론』, 지식산업사.

柄谷行人(2006), 『근대문학의 종언』, 조영일(역), 도서출판b(원서출판 2005).

Anderson, P.(1993), 「근대성과 혁명」, 『마르크스주의와 포스트모더니즘』, 유재덕(역), 이론과실천(원서출판 1984).

Aristoteles(2017), 『수사학/시학』, 천병희(역), 숲(원서출판 미상).

Bakhtin, M. M.(1988), 『장편소설과 민중언어』, 전승희·서경희·박유미(역), 창작과비평사(원서출판 1981).

Booth, W. C.(1987), 『소설의 수사학』, 최상규(역), 한신문화사(원서출판 1961).

Fehér, F.(1986), "Is the Novel Problematic". In A. Heller & F. Fehér(eds.), *Reconstructing Aesthetics*, Basil Blackwell.

Goldmann, L.(1982), 『소설사회학을 위하여』, 조경숙(역), 청하(원서출판 1964).

Gumbrecht, H. U.(2019), 『코젤렉의 개념사 사전 13: 근대적/근대성, 근대』, 원석영(역), 푸른역사(원서출판 1978).

Jameson, F.(1984), 『변증법적 문학이론의 전개』, 여홍상·김영희(역), 창작과비평사(원서출판 1974).

Lukács, G.(2007), 『소설의 이론』, 김경식(역), 문예출판사(원서출판 1916).

Scholes, R. & Kellogg, R. L.(2001), 『서사의 본질』, 임병권(역), 예림기획(원서출판 1966).

Watt, I.(2004), 『근대 개인주의 신화』, 이시연·강유나(역), 문학동네(원서출판 1996)

Watt, I.(2009), 『소설의 발생』, 강유나·고경하(역), 강(원서출판 1957).

Williams, R.(2010), 『키워드』, 김성기·유리(역), 민음사(원서출판 1976).

2장

현대소설 교육의 목표

자이니치(在日) 주인공의 성장담 〈Go〉(2000)로 나오키 문학상을 받은 가네시로 가즈키(金城一紀)는 이 작품에서 "혼자서 묵묵히 소설을 읽는 인간은 집회에 모인 백 명의 인간에 필적하는 힘을 갖고 있어."라는 말로 소설의 가치에 대한 믿음을 드러낸다. 이처럼 소설이 그저 말초적 즐거움을 주는 읽을거리에 그치는 것이 아니라, 진실을 탐구하는 가운데 인간을 이롭게 할 힘을 가진다고 여기기 때문에 우리는 학교에서 소설을 배우고 가르친다.

교육과정 역시 문학이 인식적이고 윤리적이며 미적인 차원에서 '인간의 정신 발전에서 중요한 역할을 하며, 다양한 문학 활동 속에서 삶의 질을 향상'시킬 수 있음을 강조하고 있다. 이번 장에서는 1장에서 살펴본 현대소설의 장르적 특징을 바탕으로 현대소설 교육의 목표를 '세계에 대한 인식의 확장, 윤리적 삶의 가능성 탐색, 심미적 경험의 확대'라는 세 가지로 규정하고 그 자세한 내용을 살펴보려고 한다.[1]

1 세계에 대한 인식의 확장

인간이 전인적으로 성장하기 위해서는 자신이 속한 사회와 세상을 폭넓게 이해할 필요가 있다. 교육 현장에서 교실 내 학습을 넘어 삶의 다양한 면모에 대한 학습자의 체험이 강조되는 이유 역시 체험의 축적 속에서 자신과 다른 삶을 이해하면서 성장을 도모할 수 있기 때문이다. 하지만 인간의 체험이 곧장 세계에 대한 인식의 폭을 넓혀 성장의 계기로 변화하는 것은 아니다. 여행지에서 보고 들은 새로운 문물이나 낯선 사람과의 만남이 당시에는 생생하고 신선한 충격으로 다가오지만, 시간이 흐르면서 일회적 체험에 머물거나 기억에서 사라지는 경우도 흔하다. 또한 새로움이 가져온 충격이 타자에 대한 이해로 귀결되지 않고 자신과 타인의 벽을 더 단단하게 만들기도 한다. 자신의 체험을 절대시하여 다른 배경이나 가치관을 가진 타인의 존재를 인정하지 못하는 독선에 빠지지 않으려면 체험에 대한 성찰이 필요하다. 현대소설이 지니는 인식적 가치는 소설이 인간의 체험에 대한 성찰적 인식을 제공한다는 것에 뿌리를 두고 있다.

1) 형상적 인식의 구체성

현대소설은 다양한 인간의 삶을 형상화하며, 이는 독자가 직접체험의

---

1 2022 개정 교육과정 고등학교 문학 영역에서는 문학을 통해 "경험의 한계를 확장하고, 바람직한 삶에 대해 고민하며, 언어 예술의 아름다움을 누리는 일"이 가능하다고 규정했다. 이처럼 인식, 윤리, 심미라는 문학의 기능이 어떻게 근대 문학의 본질과 연결되는가에 대해서는 김성진(2022)을 참조할 것. 한편 임경순(2003)은 서사 교육의 기능으로 세계 인식 능력 신장, 자아 정체성 형성, 윤리적 주체 형성, 유희적 향유 능력 신장을 든 바 있는데, 이 역시 문학의 기능과 관련된다.

한계에 빠지지 않고 구체적인 시간과 공간에서 살아가는 인간의 삶을 환경과의 관계 속에서 살필 수 있게 돕는다. 다양한 역사적 배경과 사회문화적 맥락 속에서 각양각색의 동기와 욕망을 지닌 채 고뇌하고 행동하는 인물이 등장하는 작품을 읽으면서 학습자는 삶의 다양성을 이해할 수 있다. 많은 현대소설 작품은 MBTI식의 인간 유형화와는 비교가 되지 않는 정교한 인간 탐구 능력을 보여 준다. 한국전쟁의 참화가 가시지 않은 해방촌을 배경으로 방황하는 인간 군상의 모습을 그려 낸 이범선의 〈오발탄〉(1959)은 독자로 하여금 도덕규범을 획일적으로 적용하는 것이 얼마나 어리석은지를 깨닫게 한다. 인생에 대한 순진한 낙관주의를 받아들일 수 없는 삶과 그러한 삶을 만연하게 만든 한국전쟁 직후의 신산한 풍경을 읽는 가운데 삶에 대한 독자의 시야는 확대된다.

1장에서 살펴본 것처럼 현대소설에서 허구성은 현실과 무관한 허황된 공상이라는 의미가 아니라, 인간과 삶의 진실을 더 잘 표현할 수 있는 수단으로 받아들여진다. 하근찬의 〈수난이대〉(1957)에 등장하는 부자의 모습은 실존 인물을 있는 그대로 재현한 것이 아니다. 일제의 징용과 한국전쟁을 거치며 각각 팔과 다리를 잃은 부자는 작가가 허구적으로 형상화한 인물, 즉 '가상적' 인물이다. 그러나 이 두 인물은 한국 근현대사를 거치며 평범한 사람들이 겪어야 했던 수난의 실상, 다시 말해 현실 안에 숨 쉬고 있는 진실을 압축적이면서도 생생하게 전달한다. 이렇듯 작품에 등장하는 이들의 말과 행동은 작가가 창작한 것이지만, 실존 인물의 육성 증언이나 통계 수치보다 삶의 진실을 훨씬 구체적으로 독자에게 전달한다. 이에 대해 게오르크 헤겔(Georg Hegel)은 '감각 작용과 외적 대상의 직접성'에 사로잡힌 단순한 관찰에 비해, 소설을 포함한 예술이 그려 내는 가상의 세계가 현실 속 진실을 더 잘 전달할 수 있다고 주장했다(Hegel, 1835/1996: 37). 허구의 세계, 가상의 세계가 진실을 더 효과적으로 전달할 수 있는 이유는 무엇일까?

한국전쟁 시기에 벌어진 비극적 가족사를 다룬 작품들로 유명한 박완서는 자신이 소설을 쓰기 시작했던 이유를 다음과 같이 말하고 있다.

전쟁 때 죽은 이들도 전사자 얼마 얼마, 민간인 희생 얼마 하는 통계 숫자로 일목요연하게 정리돼 있을 때였다. '잘 살아보자'는 민족적 열망은 자식도 남편도 가슴에 묻기보다는 통계 숫자 안에 안착을 시켰다. 나 혼자만 당한 일이 아니라는 게 위로가 될 수도 있다는 건 모르지 않으면서도 나는 바로 그 점이 더 괴로웠다. 내 피붙이가 나에게 특별한 것처럼 죽어간 내 피붙이는 각자 고유하고 특별한 자기만의 세계를 가지고 있었다. 그들만의 세계는 아무도 함부로 할 수도, 바꿔치기할 수도 없는 그들만의 우주였다. 하나의 생명의 소멸은 그들에게 있어서는 우주의 소멸과 마찬가지이다. 어떻게 몇백만 분의 일이라는 숫자 안에 도매금으로 넘길 수 있단 말인가.

— 박완서, 〈못 가본 길이 더 아름답다〉

작가는 여기서 "통계 숫자"로 요약될 수 없는 "그들만의 우주"를 드러내고 싶은 열망을 강조하고 있다. 현대소설이 강조하는 구체적 현실 인식이 뜻하는 바를 이보다 잘 보여 주는 대목을 찾기란 쉽지 않아 보인다. 박완서의 〈엄마의 말뚝 2〉(1981)는 바로 "우주의 소멸"처럼 느껴졌던 혈육의 죽음을 형상화하고 있다. 그토록 잘생기고 명민하여 집안의 영웅과도 같았던 오빠가 전쟁을 겪으며 육체와 정신이 망가지고 결국은 후퇴하는 인민군 군관의 총탄에 목숨을 잃는 과정에 대한 회상이나 오랜 세월에 걸쳐 '나'의 엄마를 지배하고 있던 트라우마가 표출되는 장면은 '전쟁의 참화'라는 상투어로 대체될 수 없다. 이 작품은 통계 수치나 증언은 물론이고 역사 연구로도 대체될 수 없는 허구적 형상의 구체적 인식 능력을 잘 보여 준다.

이처럼 소설은 예술에 특화된 구체적 형상 및 이에 바탕을 둔 형상적

박완서(朴婉緒, 1931~2011)
40세의 나이에 〈나목〉으로 등단한 뒤 한국전쟁 중에 겪었던 혈육의 죽음을 모티프로 한 소설을 발표했다. 이 외에 대도시 중산층의 허위의식이나 여성 문제를 다룬 소설들로 독자와 비평가들로부터 큰 호응을 얻었다.
ⒸLTI Korea

인식을 통해 독자들이 시대와 인간을 생생하게 접하고 느낄 수 있게 한다. 소설은 개념이나 범주 혹은 논증이나 설명에 의존하는 학문의 인식적 시도와 구별되는 구체적 인식의 힘을 가진다. 테리 이글턴(Terry Eagleton)의 말처럼 문학은 "철학이나 정치학같이 활력 없는 학문은 경쟁도 할 수 없는 방식으로 인간성을 독특하게 생생한 형태, 즉 각 감각으로 느낄 수 있는 형태로 요약"해 준다(Eagleton, 2016/2021: 164). 독자는 소설에 나타난 구체적 형상을 읽는 가운데 살아 있는 한 명의 인간을 존중하고, 그러한 인간을 탄생시킨 시공간적 맥락을 고려하며 인간을 이해할 기회를 얻게 된다. 현대소설 교육의 첫 번째 목표로 세계에 대한 인식의 확장을 설정하는 이유도 소설의 형상적 인식이 가지는 힘에 대한 믿음에서 비롯된다.

2) 인식과 허구 세계 창조에 작용하는 상상력

문학의 자율성을 강조했던 근대 낭만주의 전통 이후 상상력은 문학의 본질을 설명하는 중요한 특징으로 손꼽히게 되었다. 상상력은 지금까지 없던 새로운 것을 생각해 내거나 현실적으로 불가능한 일을 꾸며 낼 수 있는 능력으로 이해되곤 하며, 문학이나 예술 분야에 특화되어 작용하는 힘이라고 여겨지기도 한다. 그러나 상상력은 허황된 일을 마음대로 꾸며 내는 공상과 동일한 것이 아니다. 또 문학과 같은 예술을 넘어서 인간이 세계를 인식하기 위해 필요한 정신 작용 전체에 걸쳐 작용한다. 그러한 이유로 상상력은 "정서와 지성, 때로는 감각을 중심으로 하여 여러 체험 요소를 종합하고 조직해서 새로운 초월적 가치를 창조하는 능력"으로 정의된다(권영민,

2004). 상상력이란 지성의 창조적인 능력 전반에 걸쳐 중요성을 가지는 능력인 것이다. 이는 상상력의 어원인 고대 그리스어 '판타시아(φαντασία)'에서도 확인되는데, 이 말은 '대상을 마음속에서 현전시키는 힘'을 뜻한다 (김수현, 2012: 187).

인간의 인식 일반에서 상상력이 차지하는 중요성을 본격적으로 논의한 사람은 이마누엘 칸트(Immanuel Kant)이다. 그는 상상력을 '직관에 포착되는 현상의 다양(多樣)을 선험적 도식을 통하여 종합하는 능력'으로 규정했다. 감각을 거쳐 인간의 마음에 주어지는, 그 자체로는 복잡하고 혼란스러운 정보가 상상력의 매개를 거쳐 특정한 도식으로 축약되거나 포섭되고, 그 과정에서 지성이 이를 인식으로 전환한다는 것이다(Kant, 1781/2006: 335-385). 칸트는 감각이 포착한 대상에 대한 잡다한 정보를 특정한 도식으로 통일하여 정리하는 것이 상상력의 역할이며, 이 과정에서 지식이 생산된다고 보았다. 칸트의 설명을 통해 상상력이 문학이나 예술에 국한되지 않고 인식 일반에서 중요한 역할을 한다는 생각이 보편화되기 시작했다. 칸트가 말한 '상상력(Einbildungskraft)'을 '구상력'이라는 용어로 번역하기도 하는데, 그 이유는 인간의 인식에 작용하는 상상력의 역할을 고려하기 위함이라 할 수 있다.

칸트의 논의를 이어받은 새뮤얼 테일러 콜리지(Samuel Taylor Coleridge)는 상상력을 '이성을 감각적인 심상(心像)과 합체시키는 능력으로서 이념화하고 통일화하려는 노력'으로 규정하면서 상상력이 예술 창작에서 차지하는 중요성을 본격적으로 강조했다. 그는 상상력(imagination)과 공상(fancy)을 구별했는데, 그에 따르면 공상은 시공간의 질서로부터 해방된 무질서한 기억으로서 이미 주어진 소재를 선택하여 조합하는 소극적인 작업이다. 그에 비해 상상력은 무한한 창조주의 영원한 창조 행위를 인간의 유한한 정신 속에서 반복하는 창조적 힘과 관련된다(장경렬 외, 1997: 19-55).

이후의 논의를 통해 상상력은 인식에 도달하기 위해 제거해야 하는 혼란이나 단순한 공상이 아니라, 인간의 인식 및 새로운 문화와 예술의 창조를 가능하게 하는 정신적 능력으로 받아들여지게 되었다. 오랫동안 상상력은 문학이나 예술에서 감각적 쾌락 또는 장식적 기능을 제공한다는 제한적인 역할만을 인정받았으나, 이제는 인간이 새로운 세계를 꿈꾸고 구상하도록 만드는 중요한 정신적 능력이라는 평가를 받게 된 것이다. 이러한 상상력은 인식론이나 예술 창작과 관련하여 두 가지 의미를 내포하고 있다. 먼저 인간의 인식에서의 역할을 강조할 경우, 상상력은 외부의 세계를 마음속에 다시 나타내는, 즉 표상(Vorstellung)을 가능하게 하는 주관의 인식 능력을 뜻한다. 또한 예술에서 새로운 형상을 만들어 내는 창조의 의미를 강조할 경우, 상상력은 현실 세계가 아니더라도 가능한 세계, 심지어 현실에서는 불가능한 세계, 상상 속에서만 존재하는 대상을 그려 내는 허구 창조 능력(facultas fingendi)을 뜻한다(김수현, 2012: 187-188).

상상력의 두 요소인 인식 능력과 허구 창조 능력은 대립된다기보다 연속성을 가진다. 이를 〈무정〉(1917)의 예로 확인해 보자. 〈무정〉에는 1910년대 중반 실제로는 한자리에서 만날 가능성이 높지 않았던 다양한 지역과 계층의 인물들이 자리 잡고 있다. 가족을 구하기 위해 기생이 된 영채와 장로의 무남독녀로 태어나 곱게 자란 신여성 선형은 경성에 살고 있다는 것 외에 공통점이 거의 없다. 당시에는 이들을 우선이나 형식과 같은 남성 지식인과 동급의 인간으로 생각하는 것도 쉽지 않았을 것이다. 이광수는 각기 다른 신분과 처지에 있으며 다양한 가치관과 행동을 보여 주는 잡다한 인간 군상을 허구적 이야기 안에 '하나의 통일체'로 묶어 놓았다. 삼랑진에서 수재민을 돕기 위한 음악회를 열며 형식, 우선, 영채, 선영은 이 불쌍한 조선 사람들을 위해 무언가를 해야 한다는 책무를 나누는 동등한 인간으로 묶이고, 수재를 당한 사람들 역시 이들과 미래의 운명을 같이할 공동체로 묶이게 된다. 작가는 이 다양한 인물을 동질적인 하나의 집단, 다시 말해 민족으로 인식하는 상상력을 발휘하여, 이를 형식-영채-선형을 중심으로 한 애정과 갈등이라는 허구의 드라마 속에 녹여 냈다. 인식적 상상력과 허구 창조의 상상력이 〈무정〉에서 하나를 이루며 새로운 작품 속 현실을 창조한 것이다.[2] 이처럼 상상력은 분열된 것들을 통합하는 힘이자 이질적인 것들의 유사성과 공통성을 추출하여 종합적 형상을 만들어 내는 힘이다.

문학 교육에서 다루어야 할 상상력을 '문학을 통해 세계를 인식하고 인간의 경험을 조직하는 인식적 상상력, 인간을 사로잡고 있는 거짓된 신화나 이데올로기를 비판하는 조응적 상상력, 새로운 세계에 대한 비전을 마련하는 초월적 상상력'으로 나누어 제시한 논의는 세계 인식과 허구 창조 사이의 연속성을 강조함으로써 상상력이 현대소설 교육의 인식적 차원의 목표로 받아들여질 수 있는 근거를 제공한다(구인환 외, 2007: 49-56). 상상력을 목표로 한 소설 교육에서 학습자는 소설에 제시된 허구적 상상의 이야기를 통해 여러 인간과 세계의 구체적 모습을 인식하고, 그 과정에서 자신이 따르는 가치관을 성찰함으로써 인간과 세상을 바라보는 폭넓은 시야를 기를 수 있다.

3) 타자에 대한 인식과 다문화 교육

현대소설의 인식적 기능은 다른 문화와 종교권에 속한 사람들이 일자리를 찾아 국경을 넘어 이주하는 것이 자연스러운 다문화 시대에 들어 그 중요성이 더욱 강조된다. 다문화 교육은 ① 한국으로 이주한 다른 민족 출

....
2 베네딕트 앤더슨(Benedict Anderson)은 이질적인 인물 집단을 동질적이고 공유되는 시공간 속에 자리 잡은 사회적 유기체인 '민족'으로 상상하게 하는 데 근대소설이 중요한 역할을 수행했다고 보았다(Anderson, 1991/2002: 48).

신의 공동체 구성원을 대상으로, ② 이들이 겪는 사회적 차별을 최소화하고, ③ 구성원 전체가 이들의 문화적 다양성을 인정하는 공동체 문화를 이루는 것을 목표로 한다. '다문화'에서 '다(多)'는 무엇보다 '다양성'을 뜻하는데, 다문화 교육의 문제의식은 인종을 넘어 성, 계급, 신체적 장애 등 소수자 문제 전반으로까지 확장되어 서로 다른 문화가 가지는 차이를 인정하고 다양성을 존중하는 '다문화주의'를 목표로 한다(장인실, 2006). 즉, 다문화 교육은 서로 다른 문화적 배경을 가진 사람들이 모여 살게 되면서 벌어지는 크고 작은 갈등을 인식하고 이를 합리적으로 해결하기 위한 지혜를 찾고자 한다. 갈등의 전개와 해소를 장르의 본질적 특징으로 삼는 소설은 이러한 다문화 교육에서 중요한 역할을 담당한다.

주류 지배 집단의 문화와 인종적, 문화적, 언어적으로 구별되는 사람들의 집단을 형상화한 문학을 '다문화 문학'이라 부른다(Cai, 2002: 5-6). 그동안 문학 교과서에 수록된 작품 중에서 다문화 문학으로 분류되는 작품들은 주로 다문화 가정이나 이주민 노동자의 삶에 초점을 맞추었다. 예를 들어 김재영의 단편소설 〈코끼리〉(2004)는 네팔인 아버지와 조선족 어머니 사이에서 태어난 주인공의 눈으로, 여러 나라에서 온 가구 공단 이주 노동자의 신산한 삶을 관찰하고 유난히 피부색에 집착하는 한국의 편협한 인종차별주의를 고발했다. 박범신의 장편소설 〈나마스테〉(2005)는 주인공이 네팔 출신 이주 노동자 카밀과 연인이 되는 과정을 그리면서 인격을 갖춘 인간으로 대접받지 못하는 이주 노동자들의 현실을 형상화했다.

다문화 문학에 대한 과거 교과서의 학습 활동은 한국이 다문화사회로 접어들면서 발생한 문제점을 해결하기 위한 태도나 방안을 모색하는 데 중점을 두었다. 이주민이 겪는 고통과 차별의 감소라는 목표를 지향했다는 점에서 긍정적이지만, 이주 노동자의 모습을 정형화해서 그림으로써 학습자에게 또 다른 선입견을 심어 줄 수 있다는 한계를 보이기도 한다. 차별의 해소와 상호이해라는 선한 목표에서 출발한 작품과 학습 활동이 문화 간 대화를 통해 동등한 입장에서 다른 민족의 문화를 이해하고 존중하려는 다문화주의의 본래 문제의식을 훼손시킬 수 있는 것이다.

다문화 교육은 다양한 민족이 동등한 입장에서 다른 민족의 고유문화를 이해하고 존중하는 상호문화주의를 강조하는 방향으로 변화하고 있다(오정은, 2012: 41). 상호문화주의는 다문화주의와 마찬가지로 인종적·문화적 다양성을 강조하지만, 문화의 다원성을 그저 인정하는 문화상대주의에 그치는 것이 아니라 서로 다른 문화 간의 대화와 소통을 통해 공통의 문화를 형성하려는 '역동적 관계' 형성을 강조한다. 이런 문제의식에서는 이주민의 고통을 그리거나 차이를 용납하지 못하는 현실을 고발하는 것을 넘어서, 그들이 가진 문화의 우수한 부분을 수용하고 문화 간 대화를 통해 새로운 문화를 형성하려는 열린 자세를 강조하게 된다.

요한 볼프강 폰 괴테(Johann Wolfgang von Goethe)는 민족의 범위를 넘어 보편적인 인간성을 추구하는 문학으로서 세계 문학의 개념을 구상했는데, 이를 통해 상호문화주의에 입각한 '역동적 관계' 형성의 모형을 그려볼 수 있다. 괴테는 페르시아의 시인 하피즈(Hafez)의 시를 읽고 영감을 받아 《서동시집(West-östlicher Divan)》(1819)이라는 연시집을 발표했다. 여기서 그는 '유쾌한 방식으로 서양과 동양, 과거와 현재, 페르시아적인 것과 독일적인 것을 서로 연결하고 그 양쪽의 풍속과 사고방식을 서로 겹치'려 시도했다(장희창, 2008: 25). 이러한 경험을 바탕으로 괴테는 세계 문학이 '민족 문학들과 민족들 사이를 중개하고 각 민족의 정신적 자산을 교환하는 문학'이 되어야 함을 주장하였다. '여러 국민들이 문학적인 방법으로 서로 알고 이해하고 평가를 내리고 존중하고 허용하도록 배우게 하는 모든 것'이 세계 문학이라는 것이다(윤태원, 2005: 287-288).

상호문화주의의 시각에서 바라본 세계 문학은 흔히 이해되는 것처럼 세계적인 수준의 문학이나 세계를 대표할 만한 작품이 아니라 '상호이해와 존중을 가능하게 하는 매개체' 역할을 하는 역동적 관계를 뜻하게 된다(김성진, 2015: 51-54). 다문화 교육은 이주민이 겪는 고통과 차별에 대한 인식을 담은 소설을 제대로 활용하는 것에 국한되지 않고, 이주민의 문화를 대표하는 문학에 대한 이해와 수용을 통해 문화 간 대화와 소통을 촉진하는 교육이 되어야 한다. 현대소설 교육의 인식적 목표는 개인의 성장 차원을 넘어서, 다양한 민족 문학 사이의 교류와 소통을 강조함으로써 서로의 문화에 대한 인식을 넓히려는 다문화 교육의 내용을 포괄한다.

2 윤리적 삶의 가능성에 대한 탐색

문학 작품은 작가의 도덕적·윤리적 가치가 언어 표현의 방식으로 실천된 것이기도 하다. 문학 교육에서는 작품에 내재된 윤리적 가치를 인식하고 평가하며 내면화하는 능력을 신장하는 것이 언제나 중요한 문제로 취급되어 왔다(김대행 외, 2000: 204-208). 윤리는 좋은 삶, 행복한 삶을 목표로 하는데, 문학의 오랜 화두가 바로 '인간에게 좋은 삶, 행복한 삶이란 무엇인가'이기 때문이다. 특히 다른 장르에 비해 소설의 윤리적 효용은 문학 연구자는 물론이고 윤리학자들에게도 오래전부터 주목의 대상이 되어 왔다.

1) 윤리적 소설과 소설 교육의 윤리

도덕에 대한 내러티브 접근법은 상황과 맥락을 고려하지 않는 도덕적 추론만으로는 개인이 윤리적 판단에 이르는 과정을 제대로 설명할 수 없으며, 인간의 경험이나 사회적 맥락이 개인의 도덕 경험에서 중요한 역할을 수행한다고 주장한다(박진환·김순자, 2008: 301-305). 이 접근법에서는 감정과 구체적 상황 및 도덕적 상상력이야말로 도덕 판단의 요체임을 강조한다. 이를 반영하여 최근의 도덕 교육은 모방할 만한 덕성을 갖춘 인물이 등장하거나 도덕적 딜레마가 담긴 이야기를 읽고 역할 추론을 해 보는 활동, 자신의 도덕 경험을 이야기로 표현해 보는 활동 등 서사문학을 적극적으로 활용하고 있다.[3] 인간의 도덕적 행위는 도덕 덕목에 대한 지적·논증적 접근이 아니라, 감동을 유발하는 이야기 형식에 의해 추동된다고 보기 때문이다. 이러한 윤리 교육의 동향은 현대소설 교육의 목표가 윤리의 문제를 포괄해야 함을 말해 준다.

소설의 장르적 특징에 대한 설명 역시 소설이 언제나 윤리의 문제를 자신의 내적 요소로 포함해 왔음을 강조한다. 다른 장르에서는 윤리가 단순히 전제 조건에 불과하지만, 근대소설에서 윤리적 의도는 작품을 구성하는 본질적 요소이며 그런 점에서 소설은 '반(牛)예술'일 수밖에 없다는 주장은 소설 장르에서 윤리 문제가 차지하는 위상을 말해 준다(Lukács, 1916/2007: 82). 소설 교육의 목표로 윤리적 삶에 대한 탐색을 설정하는 이유는 좋은 소설이란 어떤 방식으로든 윤리적 가치와 연결된 문제를 다루고 있고, 학습자가 이를 읽고 학습하는 과정을 통해 '좋은 삶이란 무엇인가'를 생각해 볼 수 있기 때문이다.

인간으로서 우리가 어떻게 살아야 하는지, 그리고 우리가 속한 집단이나 사회가 바람직한 공동체가 되기 위해 무엇이 필요한지를 밝히고자 하는 작품을 쉽게 떠올릴 수 있을 것이다. 특히 계몽주의 소설은 사회 구성원

....

3 서사윤리학이라 불리는 윤리학의 흐름은 도덕 경험을 '갈등이나 딜레마적 상황에 직면하여 모종의 도덕적 결정이나 행위가 요구되는 도덕적 삶의 이야기'로 규정한다(박진환·김순자, 2008).

에게 보편적으로 적용될 수 있는 윤리적 가치가 존재하며, 소설이 이를 형상화하여 독자의 삶에 감화를 가져올 수 있다는 것을 전제로 한다. 이광수의 〈흙〉(1932)에서부터 심훈의 〈상록수〉(1935)에 이르기까지, 자신이 옳다고 믿는 사회적 가치나 신념을 위해 헌신하는 주인공의 모습은 독자들에게 긍정적인 감화를 준다. 작품에 등장하는 숭고한 인간의 모습은 모방의 대상이 되거나, 비록 그 경지에 도달할 수 없을지라도 더 나은 삶을 성찰하게 해 주는 별자리와 같은 역할을 하면서 독자의 도덕성 발달에 기여한다. 한편 채만식의 〈태평천하〉(1938)에 등장하는 윤 직원처럼 자신의 성공과 욕망을 모든 것에 우선하는 인물의 경우, 독자가 거리를 두고 비판적으로 수용함으로써 반면교사의 방식으로 독자에게 영향을 끼치기도 한다. 이렇듯 독자는 작가가 형상화한 인물에 대해 동화 혹은 거리두기를 하면서 자신의 삶에 대한 방향성을 형성할 수 있다(최인자, 2001: 66-74). 한 시대나 사회를 대표하는 고전의 자리에 오른 소설 작품이 독자의 윤리관 형성에 긍정적인 자극을 줄 수 있다는 믿음은 소설 교육의 윤리적 목표 설정에서 여전히 중요하게 받아들여지고 있다.

사회는 점점 가치 다원성을 당연하게 여기는 방향으로 변화하고 있다. 이제 소설 교육에서 '작품에 형상화된 가치를 수용할 것인가, 거부할 것인가'라는 양자택일의 논리로 윤리 문제에 접근하는 것은 과거에 비해 효용이 많이 떨어지게 되었다. 소설 교육의 윤리적 목표를 공동체가 추구해야 할 도덕적 덕목이 형상화된 작품, 다시 말해 긍정적인 가치관이나 주제를 품고 있는 소설을 읽고 그것에 영향을 받는 것으로 좁혀 이해하면 소설 교육의 윤리적 내용이 앙상해진다. 최근의 현대소설 교육은 독자가 작품 속에 형상화된 다양한 가치 사이의 갈등과 충돌을 경험하면서 윤리적 사고의 과정을 거치고 이를 통해 윤리적 실천에 도달할 수 있음을 강조한다(정진석, 2014: 117-144). 문학이 인간의 윤리성 함양에 큰 역할을 할 수 있음을 꾸준히 주장해 온 마사 누스바움(Martha Nussbaum)은 상반된 가치 사이에서 갈등하는 인물의 행동과 선택을 중심으로 소설을 읽는 체험을 할 때, 독자가 윤리적 판단력과 윤리적 사고력을 기르고 이를 통해 도덕성을 함양할 수 있다고 보았다(Nussbaum, 1995/2013: 12-21).

독자의 윤리적 판단을 중시하는 소설 교육의 윤리적 목표 설정은 현대소설이 윤리 문제에 접근하는 방식과도 궤를 같이한다. 많은 현대소설 작품에서 윤리는 특정한 가치관이나 사상을 가르치려는 목적이 뚜렷한 '윤리적 소설' 혹은 '도덕적 소설'을 통해 구현되지 않는다. 현대소설의 윤리는 '인간을 풍요롭게 만드는 것은 무엇인가, 좋은 삶이란 무엇인가'를 찾으려는 주인공의 끊임없는 탐구 과정을 통해 실현된다. 소설 교육의 윤리적 목표 역시 학습자가 좋은 삶이 무엇인지를 계속해서 탐구하는 과정, 그 종결 없는 여행을 본질로 한다. 학습자는 작품에 제시된 모범적 삶을 수동적으로 모방하는 것이 아니라, 처음 만나는 낯설고 두려운 세계에 자신을 개방하고 작품과의 대화 속에서 좋은 삶에 대한 좌표를 스스로 모색함으로써 자신의 윤리관을 형성해 나간다. 즉, 현대소설 교육의 윤리는 어떠한 정답도 전제하지 않는 '좋은 삶이란 무엇인가'라는 질문과 그에 대한 학습자의 종결되지 않는 응답의 과정을 통해 실현된다.

2) 문제적 개인의 윤리성

현대소설은 사회 구성원 다수가 수용하는 가치관 및 도덕과 불화하거나 이를 거부하는 개인의 고뇌를 중요하게 다룬다. 따라서 현대소설에서 윤리의 문제는 고전소설에 비해 복잡하게 나타날 수밖에 없다. 사회학자 김홍중(2009)은 신실성과 진정성이라는 개념을 활용하여 전근대와 근대의 도덕적 가치 사이에 나타난 차이를 날카롭게 분석한 바 있다. 그의 논의에 따르면 신실성(sincerity)은 자신에게 거짓되지 않은 동시에 타인에게도 진실하기를 원하는 태도로서, 이를 추구하는 자는 내면과 외면의 분리나 모순을 겪지 않으며, 사회가 요구하는 규범적 의무와 자신이 실제로 욕망하는 바 사이에서 어떠한 단절이나 간극을 느끼지 못한다. 반면 진정성(authenticity)은 개인주의적 가치를 내면화한 근대적 인간이 공동체로부터 주어지는 역할과 자신의 '진정한' 욕망 간에 괴리를 발견하고 이를 주체적으로 극복하는 과정에서 등장하는 새로운 이상을 뜻한다. 진정성을 추구한다는 것은 타인과 자신 모두에게 선하고 진실한 태도를 취하는 것이 아니다. 진정성을 추구하는 자는 자신의 참된 자아를 실현하고자 하는 열정을 가로막는 사회적 힘, 예를 들어 전통이나 규범 혹은 타인과의 대립을 마다하지 않는다(김홍중, 2009: 25-28).

이러한 설명은 개인의 운명이 공동체의 운명과 밀접하게 연결되어 있던 전통 사회의 이야기 문학과, 주체와 객체 또는 나와 타자 사이의 균열을 전제로 한 근대 사회의 이야기 문학을 대비함으로써 현대소설의 특징을 설명하는 논의와 유사한 생각을 담고 있다. 1장에서 살펴본 것처럼 진정성 있는 가치를 오직 주체의 내면에서 발견하려는 소설의 주인공은 외부세계의 규범에 쉽사리 적응하지 못하는 '문제적 개인'이다. 그는 자신의 참된 내면을 세계에 실현하기 위해 분투하지만, 이러한 시도는 세상에서 좌절할 가능성이 크다. '자신의 영혼을 증명'하기 위해 분투하는 주인공의 모험은 필연적으로 도덕규범과 갈등을 빚게 된다. 문제적 개인의 윤리적 가치는 그러한 갈등에서 발견된다.

현대소설의 주인공, 곧 '문제적 개인'은 '타락한 현실에 순응하기에는 아직 순수한 영혼을 가지고 있으나, 현실에서 자신의 이상을 적극적으로 실현할 자기 확신도 대결 의식도 부족한 어중간한 인물'이다. 속물도 영웅도 아닌 불완전한 '문제적 개인'은 공동체의 가치, 사회적으로 통용되는 가치와 불화를 일으킨다. 〈만세전〉(1924)은 동경에서 유학 중이던 주인공 이인화가 조선으로 급히 귀국하는 길에 그간 망각하고 있던 식민지인으로서의 정체성을 깨닫게 되는 여행의 과정을 담고 있다. 주인공이 조선의 암담한 현실을 목격하고 자신도 결국 식민지인임을 확인했으나, 자신을 고통스럽게 만드는 조선을 떠나 동경의 대학에 돌아갈 결심을 하는 것으로 종결되는 이 소설은 원점회귀형 여로 서사로 분류된다. 주인공 이인화는 독자들에게 삶의 전범으로 받아들여지기에는 부족함이 많다. 그러나 선뜻 실천에 나설 수도 없고, 더 이상 과거의 '철부지 도련님'으로 살 수도 없을 주인공의 모습은 독자들에게 '나라면 어떻게 했을까', '주인공은 왜 동경으로 되돌아가는 선택을 하게 되었을까' 등을 생각할 기회를 제공한다. 작품이 제공하는 갈등 상황에 대한 독자의 경험과 그에 대한 독자의 사고 과정이 문제적 개인의 원점 회귀형 여로 서사 구조 속에서 자연스럽게 촉발되는 것이다.

이인화는 물론이요, 1930년대 초의 조덕기(〈삼대〉), 한국전쟁기의 이명준(〈광장〉)처럼 한국의 현대소설에는 이상이나 양심과 현실 사이에서 방황하며 좌충우돌하다 궁극적으로는 좌절하는 문제적 개인이 자주 나타난다.

현실을 이겨내기 위해 영혼의 비현실적인 이상성을 포기하고 이상과는 거리가 먼 세계에 의도적으로 적응하는 것은 저열한 패배라는 것도 파악하고 있는 것이다. 그리고 반어는 현실을 승자로 형상화하는 과정에서, 패자 앞에서 그 승자는 아무런 가치도 없다는 것을 드러낼 뿐 아니라 이 승리가 결코 궁극적인 승리일 수 없고 이념의 새로운 봉기에 의해 거듭 뒤흔들리게 되리라는 것도 드러낸다.

(Lukács, 1916/2007: 98-99)

위 구절은 현대소설에 숱하게 등장하는 문제적 개인의 방황과 실패가

가지는 윤리적 함의를 설명하고 있다. 주인공은 세상에서 인정받기 위해 양심으로 대표되는 '비현실적 이상'을 포기해야 하는 선택에 자주 내몰린다. 그러나 이상과 거리가 먼 속물들의 세계에 적응하는 것 역시 '저열한 패배'이기는 마찬가지이다. 지배적인 가치의 힘을 보여 주는 '현실의 승리'는 다른 가치관이 대변하는 '이념의 새로운 봉기'에 의해 언제 어느 때 흔들리게 될지 모르는 미약한 것일 수도 있다. 이처럼 이러지도 저러지도 못하는 문제적 개인의 방황을 통해 독자는 익숙한 믿음과 가치관을 다른 각도에서 살펴볼 기회를 얻는다.

현대소설은 주인공의 실패담을 통해 현실의 부조리함을 드러내는 데 성공하는 이야기, 주인공은 목표 달성에 실패하지만 독자는 윤리적 물음에 도달하는 데 성공하는 이야기이다. 현대소설의 기본 정신이 '반어(反語)'의 정신이라는 말은 바로 이런 주인공의 실패를 통한 독자의 의문 획득이라는 성공의 측면을 강조하고 있다. 현대소설 교육 역시 모두가 당연하다고 받아들이는 가치관이나 도덕관을 독자가 다른 각도에서 살펴보는 '기존 가치와 도덕에 대한 낯설게 하기'를 중요한 윤리적 목표로 삼는다.

3) 확장된 현대소설의 윤리: 인간의 경계에 대한 탐구

소설에서 우리가 살아가야 할 삶의 방향을 찾고자 하는 사람들에게 알베르 카뮈(Albert Camus)의 〈이방인(L'Étranger)〉(1942)이나 이상의 〈날개〉(1936) 그리고 손창섭의 〈미해결의 장〉(1955) 등의 작품은 당혹스러움을 안겨 줄 가능성이 높다. 〈이방인〉은 "오늘 엄마가 죽었다. 아니 어쩌면 어제. 양로원으로부터 전보를 한통 받았다. '모친 사망, 명일 장례식, 근조(謹弔)'. 그것만으로써는 아무런 뜻이 없다. 아마 어제였는지도 모르겠다."라는 유명한 문장으로 시작된다. 이는 선량한 독자들에게 당혹감을 주기에

충분하다. 마지막 순간까지 회개를 거
부하는 주인공을 둘러싼 일화는 소설
의 윤리 문제나 소설 교육의 윤리적 목
표 설정에 대한 지금까지의 논의를 골
동품과 같은 과거의 유산으로 치부하
고 싶은 유혹을 불러일으킨다. 현실과
단절된 채 무기력과 도덕적 무감각으
로 점철된 삶을 보여 주는 〈날개〉 역시
마찬가지이다. 한국전쟁 직후 미국 유
학이라는 그 시대 만인의 꿈을 조롱하
고 어린아이를 지구를 병들게 하는 병
균이라 냉소하는 주인공을 그린 〈미해
결의 장〉도 소설의 윤리, 소설 교육의
윤리적 목표 설정에 대해 많은 생각을

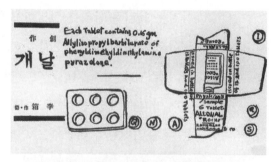

이상이 그린 〈날개〉의 삽화
소설 〈날개〉는 1936년 《조광》 9월호에 발표되었는데, 여기에는
이상 자신이 직접 그린 삽화가 실렸다.

하게 만드는 작품이다. 현대소설에 흔히 등장하는 이런 '배덕자(背德者)'의
형상은 문학에서 윤리적 기능이란 부차적인 것에 불과하며, 소설의 현대성
이란 오로지 심미적 기능에 충실함으로써 확보된다는 주장의 근거가 되기
도 한다.

　현대소설이 제기하는 윤리에 대한 물음은 인간의 모습을 이러저러한 것
이라 규정하는 것이 아닌 '인간에 대한 탐구' 자체로 확장해서 이해할 필요
가 있다. "인간이란 넓어, 너무도 넓어, 나는 차라리 축소시켰으면 싶어."라
는 이반 카라마조프의 탄식처럼, 인간은 쉽게 규정될 수 없는 너무나 다층
적인 면모를 가진다. 과연 열 길 물속은 알기 쉬워도 한 길 사람 속은 알기
어렵다.

　인간의 내면에 동물보다 더한 야수성이 자리 잡고 있을지 모른다는 회

의는 낯선 것이 아니다. 지크문트 프로이트(Sigmund Freud)는 제1차 세계 대전에 참전한 뒤 신경증에 시달리는 환자를 치료하는 과정을 반추하면서 인간에게는 죽음을 향한 충동이 내재해 있을지도 모른다는 비관적인 진단을 내렸다(Freud, 1933/2003: 349-351). 여기서 굳이 성선설과 성악설을 둘러싼 결론 없는 논쟁을 떠올려야 하는 것은 아니다. 다만 인간에게 어두운 본성이 존재할 수 있다는 생각을 용납하지 않거나 그러한 본성이 있다면 원천적으로 제거되어야 한다고 믿는 '선한' 신념이 최악의 결과에 도달한 사례를 기억해 둘 필요는 있다. 인간의 도덕성 함양이나 역사의 진보 혹은 천년왕국이라는 명분으로 행해진 야만은 역사에 뚜렷한 자취를 남긴 바 있다. 중세의 마녀사냥, 히틀러의 인종청소, 스탈린의 집단수용소, 최근의 종교적 극단주의까지, 이들을 관통하는 광기는 모두 이상적 인간상의 실현과 유토피아 건설이라는 도덕적 명분을 바탕으로 발휘되었다. 인간성의 어떤 부분을 병리적인 것으로 규정하고 그것을 제거하려는 시도는 인간을 천사로 만들기는커녕 인간 도살장을 정당화하는 방향으로 자주 귀결되었다.

현대소설의 윤리적 가치를 모범적 인간상에 대한 옹호와 그러한 인간이 되기 위해 필요한 덕(德)의 형상화로 국한하지 않고, 때로는 납득하기 어려운 인간의 모습, 심지어 인간 내면의 심연을 보여 주며 인간의 경계를 탐구하는 것까지 확장할 필요성은 이와 같은 맥락에서 제기된다. 예를 들어 1950년대 손창섭의 소설들은 한국전쟁의 상처 속에서 모든 희망을 버리고 동물과 크게 다르지 않은 삶을 살아가는 인간의 모습을 허무주의적으로 표현하거나 인간에 대한 불신을 노골적으로 그려 냈다. 이 작품들이 갖는 윤리적 의미는 주어진 가치관을 대체할 답을 제시하는 것이 아니라, 주어진 가치 이면의 어둠을 응시하며 던지는 물음 자체에 있다. 이러한 작품을 통해 '인간이란 과연 어떤 존재이며, 인간을 여전히 인간으로 볼 수 있게 하는 근거는 무엇인가'라는 물음을 계속해서 던지는 것 또한 현대소설이 담당해야 할 윤리의 몫이다. 현대소설 교육의 윤리적 목표는 최종적으로 세상의 다양한 모습, 나와 다른 타인의 삶을 있는 그대로 바라보고 기존의 제한된 시야를 확장하는 능력을 기르는 것과 연결되기 때문이다.

3 심미적 경험의 확대

아랍의 유명한 서사문학 〈천일야화(千一夜話)〉는 신부를 맞이했다가 다음 날 아침이 되면 죽이는 일을 반복하는 술탄의 삐뚤어진 마음을 바로잡는 과정을 뼈대로 삼아 흥미로운 일화들을 전달한다. 미치광이 술탄조차 다음 사건이 어떻게 전개될지 궁금한 나머지 이야기를 들려주는 재상의 딸을 계속 살려 둔다. 〈천일야화〉는 인간은 이야기가 주는 즐거움의 유혹을 뿌리칠 수 없으며 그러한 즐거움이 인간을 긍정적으로 변화시킬 수 있다는 가정을 담고 있다. 소설 교육의 목표로 심미적 경험의 확대를 설정하는 이유는 현대소설 역시 옛날의 이야기와 마찬가지로 독자를 사로잡는 이야기의 재미를 바탕으로 소통되기 때문이다.

1) 소설 감상의 즐거움과 심미적 경험

독자는 주인공의 운명이 변화하거나 복잡하게 뒤얽힌 갈등이 심화되었다가 해결되는 이야기를 읽으면서 고양된 정서를 맛본다. 아리스토텔레스(Aristoteles)는 '카타르시스(katharsis)'라는 용어를 통해 독자가 겪는 정서적 변화의 긍정적인 효과를 설명했다. 관객은 비극의 주인공이 겪는 비참한 운명을 지켜보면서 연민과 공포의 감정을 느끼고, 이를 통해 정념을 순화할 수 있다는 것이다(Aristoteles/천병희 역, 2017: 361). 독자가 소설을 읽으며 경험하는 정서적 변화 역시 삶을 한 단계 높은 차원으로 끌어올리는 데 기여할 수 있다. 소설 작품이 독자에게 불러일으키는 정서적 변화, 그중에서도 작품이 주는 다양한 차원의 아름다움을 경험하는 것을 심미적 경험이라 한다(오윤주, 2018: 32-33). 소설 감상을 통해 느낄 수 있는 정서는 규칙과 조화에 기반한 아름다움에서부터 추함과 그로테스크가 주는 혼돈의 정서 그리고 골계미가 주는 웃음에 이르기까지 다양하다. 소설 교육에서 심미적 경험의 확대라는 목표는 독자가 소설을 감상하며 느낄 수 있는 여러 정서적 변화와 그러한 정서적 변화를 가져오는 소설의 구성 요소들을 파악하는 능력을 갖추는 것을 포함한다.

심미적 차원의 목표가 가지는 중요성은 지난 2015 개정 국어과 교육과정에서 '심미적 감성 역량'을 핵심역량으로 제시했던 것에서도 확인할 수 있다. 여기서 심미적 감성 역량은 '인간에 대한 공감적 이해와 문화적 감수성을 바탕으로 삶의 의미와 가치를 발견하고 향유하는 역량'으로 정의된다. 지금까지 인지적 차원에 지나치게 몰두해 온 교육을 반성하면서, 정서나 감성으로 대표되는 정의적 차원의 능력 역시 학습자에게 강조되어야 하며, 대상에 관한 평가나 이해를 논리적 사고의 과정으로만 설명하기보다 감정이나 감각과 연결된 육체의 반응과 종합하여 진행해야 한다는 인식이 심미적 감성 역량을 설정했던 이유이다(박은진·최영인, 2020). 변화하는 교육의 추세를 반영하기 위해서라면 소설 교육에서 심미적 차원은 인식이나 윤리 차원의 목표만큼 중시되어야 할 것이다.[4]

....

4 2022 개정 국어과 교육과정에서는 '비판적·창의적 사고 역량, 디지털·미디어 역량, 의사소통 역량, 공동체·대인 관계 역량, 문화 향유 역량, 자기 성찰·계발 역량'을 국어과 역량으로 설정하였다. 이는 2022 개정 교육과정 총론에서 제시한 '자기 관리 역량, 지식정보처리 역량, 창의적 사고 역량, 심미적 감성 역량, 협력적 소통 역량, 공동체 역량'을 국어과 특성에 맞게 재구성한 것이다. 비록 심미적 역량이 명시적으로 드러나지는 않지만, 문학 영역이나 선택 과목 성취 기준에서 심

문제는 '심미적인 것'에 대한 인식이 학자마다 다르고, 어디까지를 심미적인 것으로 볼 것인가에 대해서도 이견이 대단히 많다는 것이다. '미학(Aesthetica)'이라는 용어를 처음 사용한 알렉산더 고틀리프 바움가르텐(Alexander Gottlieb Baumgarten)은 미학을 '감정학' 혹은 '감성학'으로 규정하였다. 그러면서 대상에 대한 명료한 인식을 방해하는 혼란으로 치부되던 감정이나 감성의 영역 역시 철학의 대상이 될 수 있음을 주장하였다. 이와 달리 헤겔은 미학을 예술의 영역에 국한시켜야 하며, 미학은 예술 작품이 불러일으키는 다양한 감정을 탐구하는 것이 아니라 예술 작품 자체의 아름다움을 숙고하는 철학임을 강조하였다. 헤겔에 따르면 '아름다움'에 대한 학문으로서의 미학은 자연미를 배제하고 오직 인간 정신의 산물인 예술미만을 다루어야 하며, 그런 점에서 미학은 '예술철학'과 동일한 것이다(Hegel, 1835/1996: 25-27). '주체의 감정을 중시할 것이냐, 예술 자체를 중시할 것이냐'는 지금도 미학에서 중요한 대립 축을 이루고 있다. 이러한 이유로 '심미적인 것'은 주관적 판단과 관련된 '감성적'이라는 의미와 '아름다운 예술(fine art)'의 특징이라는 의미를 두루 포괄하는 용어로 사용된다.

심미적인 것이 인간 정신에서 인식이나 윤리와 구별되는 독립적인 영역이자 무시되어서는 안 되는 중요한 영역으로 받아들여지는 데는 칸트의 역할이 컸다.[5] 칸트는 '비판 삼부작'에서 인간 정신 능력을 인지적 능력, 실

....

미성은 중요하게 취급되고 있다.

5 막스 베버(Max Weber)에 따르면 근대에 들어와 종교와 형이상학을 지배하던 실체적 이성은 과학, 도덕·종교, 예술이라는 세 가지의 자율적인 영역으로 분화된다. 칸트의 철학체계 구상은 근대 문화 구조의 이러한 분화 현상을 반영하고 있다. 위르겐 하버마스(Jürgen Habermas)는 문화의 세 가지 차원이 지니는 내재적 구조를 인식적-도구적 합리성, 윤리적-실천적 합리성, 심미적-표현적 합리성의 구조로 나누면서, 각각의 구조가 다른 사람들보다 해당 분야를 더 논리적으로 다룰 수 있다고 여겨지는 전문가들의 통제에 놓이는 현상을 근대의 합리성이라 설명하고 있다. 칸트의 철학체계 구상에 이미 근대 이성의 분화를 포괄하고자 하는 문제의식이 들어 있다고 보는 설명으로는 로더릭(Roderick, 1986)과 하버마스(Habermas, 1985)의 논의를 참조할 수 있다.

천적 능력, 미감적 능력으로 나누어 각각의 특징과 한계를 논했다. 삼부작 중 첫 번째 책인『순수이성비판(*Kritik der reinen Vernunft*)』(1781)은 인과율을 중심으로 하는 자연과학이 신학과 어떻게 구별되는지를 밝히면서 순수이성의 이름으로 인식의 문제를 다루었다. 두 번째 책인『실천이성비판(*Kritik der praktischen Vernunft*)』(1788)은 인과율에 의해 지배되지 않는 도덕적 판단의 문제를 실천이성의 이름으로 살폈다. 마지막『판단력비판(*Kritik der Urteilskraft*)』(1790)은 1부의 취미 판단에 대한 부분에서 과학이나 도덕과 구별되는 심미적 능력의 독자성 및 그 의미를 탐구했다.

칸트는 심미적 판단을 '주체 안에서 일어나는 쾌락의 감정과 관련되는 주관적 판단'으로 규정하였다. 그는 이를 다시 장미의 향기나 포도주의 맛처럼 '대상이 주는 쾌감에 종속되는 감각적 쾌'와 '대상의 형식에 대한 반성과 관조를 통해 도달하게 되는 미적 만족(Wohlgefallen am Schönen)'으로 구별했다. 칸트에 따르면 본격적인 심미적 판단은 후자의 영역에 속한다(Kant, 1790/1974: 57).[6] 감각적 쾌와 미적 만족 모두 주관적 판단이지만, 반성과 관조라는 지성의 작업을 거친 후자에 대해서만 다른 사람의 동의를 구할 수 있다. 문학이나 예술과 관련된 심미적 판단은 감정이나 즐거움과 관련된 주관적 판단이지만, 타인과 의견을 공유할 수 있다는 점에서 상호 주관적 판단이다.[7] 소설 교육의 심미적 목표는 감상자의 즉물적 즐거움이 아니라, 소통 가능한 상호 주관성을 가지는 심미적 판단과 관련된다.

....

6 칸트는 취미를 혀와 입 등의 미각과 관련된 '감관 취미'와 자연미와 예술미를 판정하는 능력인 '반성 취미'로 구분한 뒤, 전자는 엄밀한 의미에서 취미라 할 수 없고 후자만이 심미적 판단력의 반성 활동에 기초한다고 설명한 바 있다(坂部惠·黑崎政男 외 편, 1997/2009: 422).

7 칸트는 "어떤 대상이 아름답다고 하는 나의 개인적인 판단이 다른 사람의 동의를 요구한다는 것을 나는 무슨 권리로 상정할 수 있는가?"라는 물음을 제기하였는데, 이를 통해 '이것은 아름답다'는 판단 역시 다른 사람의 동의를 요청할 수 있다는 상호 주관성을 가짐을 보여 주고자 했다. 이에 대한 자세한 논의는 크로퍼드(Crawford, 1974/1995)의 3장「칸트의 취미 판단 연역」을 참조할 수 있다.

요컨대 소설 교육이 심미적 경험의 확대를 목표로 설정할 수 있는 이유는 심미적 경험이 단순한 감각적 쾌락 이상의 내용을 지니기 때문이다. 독자가 소설을 읽으며 경험하는 정서적 변화는 작품에 내재한 형식적 장치와 밀접한 관련이 있다. 따라서 소설에 대한 독자의 심미적 판단은 교육의 대상이 된다. 또한 작품이 촉발한 정서적 변화는 의견 교환이 가능한 상호 주관적 판단이므로, 그러한 판단을 비교하고 소통하는 가운데 심미적 경험을 확충하는 것 역시 소설 교육의 목표를 이룬다.

칸트의 심미적 판단

흔히 칸트의 'aesthetic judgment'라는 개념을 '심미적 판단'이라고 번역하지만, 이때의 '심미적(aesthetic)'은 미/아름다움(beauty)과 겹친다. 이를 해결하기 위해 'aesthetic'을 '미감적'이나 '감성적'으로 번역해야 혼란이 덜하다는 의견도 있다. 바움가르텐의 구상에 따르면 '미학'으로 번역되는 'the aesthetics'는 감성과 미와 예술의 이론을 모두 포괄하는 것이었으나, 헤겔을 거치며 미학은 아름다운 예술에 대한 철학, 즉 '예술 철학'으로 변화한다. 최근의 질 들뢰즈(Gilles Deleuze)나 자크 랑시에르(Jacques Rancière)의 번역에서는 헤겔에 맞서는 의미를 강조하기 위해 '감성학'을 선호하기도 한다.

2) 심미적 경험과 의식의 각성

칸트는 심미적 만족이 식욕과 같은 일차적 감각 차원의 욕구 충족은 물론, 도덕적 선(善)을 향한 의지가 충족되는 데서 오는 만족과도 구별된다고 주장하였다(Kant, 1790/1974: 64-66). 그는 대상을 향한 소유욕이나 대상의 실용성에서 비롯된 관심과는 다른 '무관심적 관심'에 의해 심미적 만족이 가능해지며, 대상의 형식을 관조하면서 '상상력과 지성의 자유로운 유희'

를 즐기는 태도를 통해 심미적 경험에 이를 수 있다고 보았다. 물론 독자가 소설을 읽으며 '좋다' 혹은 '나쁘다'와 같은 즉물적 감정에 머무르거나, 특정 인물의 행동과 생각에 자신을 동일시하면서 대리체험을 통해 자신의 소망을 상상적으로 충족하는 것도 소설을 즐기는 방식 중 하나이다. 또 소설에 나타난 주제와 사상이 어떻게 사회 변화에 기여할 것인가를 물으며 소설을 읽는 것도 소설을 즐기는 나름의 방식이다.

그러나 좀 더 고양된 차원의 심미적 경험을 위해서라면, 작품이 '재미있다'거나 '내용이 어려워서 지루하다' 등의 단순하고 즉각적인 만족 여부를 넘어설 필요가 있다. 또한 작품이 부조리한 사회를 변화시키는 데 얼마나 도움이 되는지를 따지는 정치적 유용성에 갇혀 작품을 읽는 태도 역시 작품에 대한 심미적 경험을 가로막는다. 작가는 서술자의 목소리나 시점 등의 이야기 전달 기법을 통해 독자가 다른 인물과의 관계 속에서 주인공에게 반응하도록 조정한다. 소설을 깊이 있게 읽는 독자는 특정 인물에 꽂혀 자신을 쉽게 동일시하지 않는다. 한 인물에 몰입하기도 하지만, 때로는 거리감을 느끼는 등 복합적인 정서적 반응을 보이거나 다양한 등장인물의 관계를 종합적으로 비교하면서 소설을 읽을 때 소설 속 인물에 대한 심미적 경험이 확충된다. 〈광장〉(1960)을 예로 들면 주인공 이명준의 철부지 같은 모습에 염증을 느끼는 것에 그치지 않고, 그의 인간적 결함이 남북을 오가며 많은 것을 관찰하게 만드는 서사 구조 형성에 어떻게 기여하는지를 조망하는 것이 심미적 독서에 가깝다. 소설을 심미적으로 읽는 독자는 당장의 실용성에 거리를 두는 가운데 작품의 이모저모를 들여다보면서 작품의 각 요소가 어떻게 하나의 전체로 통합되었는가를 살피는 재미를 느낄 수 있다. 칸트는 심미적 경험을 위해서는 즉각적 실용성에 거리를 두면서 '대상의 형식'을 관조하는 태도가 필수적이라고 주장했다(Kant, 1790/1974: 58-60).

칸트의 설명은 문학의 심미성과 그에 바탕을 둔 예술의 효용성을 해명하는 데 중요한 실마리를 제공한다. 현대소설은 오직 '말하려는 바', 즉 내용이 중요한 교통 표지판이나 설명문과 달리, '말하는 방식', 즉 형식도 내용만큼이나 중요하다. 이효석의 〈메밀꽃 필 무렵〉(1936)은 우연히 자신과 인연을 맺었던 여성을 떠올리는 허 생원의 기억이 이야기의 중심에 자리 잡고 있다. 가십거리로 소비되기 쉬운 애욕의 사건이 그저 추잡하게 읽히지 않는 이유는 메밀꽃이 하얗게 핀 달밤에 대한 서정적이면서도 시적인 문체가 욕망을 승화하고 있기 때문이다.

> 이지러는 졌으나 보름을 가제 지난 달은 부드러운 빛을 흐붓이 흘리고 있다. 대화까지는 칠십 리의 밤길 고개를 둘이나 넘고 개울을 하나 건너고 벌판과 산길을 걸어야 된다. 길은 지금 긴 산허리에 걸려 있다. 밤중을 지난 무렵인지 죽은 듯이 고요한 속에서 짐승 같은 달의 숨소리가 손에 잡힐 듯이 들리며, 콩 포기와 옥수수 잎새가 한층 달에 푸르게 젖었다. 산허리는 온통 모밀밭이어서 피기 시작한 꽃이 소금을 뿌린 듯이 흐붓한 달빛에 숨이 막힐 지경이다. 붉은 대궁이 향기같이 애잔하고 나귀들의 걸음도 시원하다. 길이 좁은 까닭에 세 사람은 나귀를 타고 외줄로 늘어섰다.
> ― 이효석, 〈메밀꽃 필 무렵〉

〈메밀꽃 필 무렵〉은 동이와 동이 어머니의 내력을 들은 뒤 제천으로 향하기로 결심한 허 생원이 왼손잡이인 동이를 바라보는 것으로 끝난다. 독자는 이 소설의 결말을 읽으며 허 생원의 생각과 행동이 얼마나 비과학적인가를 따지지 않는다. 그 이유는 소설이란 내용만을 문제로 삼는 유전학 관련 보고서가 아니라, 문체나 비유 같은 문학적 장치에 의해 내용이 표현되는 수사적인 글이기 때문이다. 이 소설에 대한 심미적 경험은 바로 그러한 소설의 형식을 음미하면서 독자가 자신의 상상력을 펼쳐 두 사람의 인생 유전을 그려 보는 자유를 누리는 가운데 실현된다.

작품의 실질적 목적에 거리를 두는 무관심적 관심이나 형식에 대한 관조만을 강조할 경우, 소설을 독자의 삶과 분리된 자폐적 영역으로 만들 수 있다는 비판도 있다. 또 교육받은 소수만이 소설을 즐길 수 있다는 엘리트주의로 귀결될 위험성도 지적된다(김성진, 2020: 77-81). 그러나 소유욕과 실용성에 대한 집착에서 벗어난 무관심적 관심으로 인해 '상상력과 지성의 자유로운 유희'가 가능해지며, 이를 통해 '나와 대상의 표상 및 이러한 표상의 관계'를 확대함으로써 개방성, 자율성, 창의성이 활성화될 수 있다(Wenzel, 2005/2012: 111). 예술 교육에서 심미적 체험을 강조했던 맥신 그린(Maxine Greene)은 '심미적(aesthetic)'의 반대는 '마취 상태(anesthetic)'라고 주장하였다. 심미적 체험을 통해 수용 주체나 표현 주체가 무감각과 정서적 무능 상태에서 벗어나 널리 깨어 있게 되며 획일적이지 않은 다양한 관점을 공유할 수 있게 된다는 것이다(Greene, 2001/2017: 196-197).

테오도어 아도르노(1903~1969)
독일의 철학자이자 문예비평가. 서구 자본주의 사회의 문제점을 지적한 프랑크푸르트학파의 '비판 이론'을 대표하는 학자이다. 『계몽의 변증법』, 『미학 이론』, 『부정변증법』 등의 저술을 통해 헤겔 변증법을 새롭게 해석하고 전위 예술의 미적 부정성을 옹호했다. ⓒJeremy J. Shapiro

자율성을 강조하는 심미적 경험은 소설을 비롯한 문학이 기성의 가치관이나 도덕을 정당화하는 '종노릇'에 갇히지 않고 상상력을 발휘하게 하며, 새로운 예술 형식을 창안하여 그 속에서 인간과 세계를 새롭게 바라볼 수 있는 자유를 열어 준다. 테오도어 아도르노(Theodor Adorno)는 예술의 자율성이란 물신화된 예술의 다른 표현에 지나지 않는다고 비판하면서도, 무관심적 관심이나 목적 없는 합목적성을 중심으로 한 자율적 미학을 완전히 포기할 수는 없다고 하였다. 이는 심미적 경험을 통해 세상에 대한 '낯설게 하기'의 태도가 보존될 수 있다고 생각했기 때문이다(Adorno, 2009/2014: 290-292). 아도르노의 말처럼 실용적 목적에 종속되지 않는 심미적 경험은 인간에게 정서적 만족뿐만 아니라, 새로운 시야를 제공할 수 있다. 소설 교육이 학습자의 심미적 경험을 중시하는 이유도 소설을 즐기는 경험을 통해 세계를 바라보는 안목을 넓힐 수 있다고 보기 때문이다.

참고문헌

구인환·우한용·박인기·최병우(2007), 『문학교육론』(5판), 삼지원.

권영민(2004), 『한국현대문학대사전』, 서울대학교출판부.

김대행·우한용·정병헌·윤여탁·김종철·김중신·김동환·정재찬(2000), 『문학교육원론』, 서울대학교출판부.

김성진(2015), 「상호문화주의와 세계 문학 교육」, 『문학교육학』 49, 35-58.

김성진(2020), 「예술교육으로서의 문학교육에 대한 시론: 창작교육을 중심으로」, 『문학교육학 66』, 73-103.

김성진(2022), 「'근대 문학의 종언'과 문학교육: 읽기 중심주의에 대한 성찰」, 『문학교육학』 76, 87-112

김수현(2012), 「예술가의 상상력, 그 다양한 층위」. 『민족미학』 11(2), 183-223.

김홍중(2009), 『마음의 사회학』, 문학동네.

박은진·최영인(2020), 「핵심역량으로서 '심미적 감성 역량'의 재개념화를 위한 방향 탐색」, 『한국초등교육』 31(1), 213-231.

박진환·김순자(2008), 「누스바움의 문학텍스트를 활용한 도덕 판단 교육」, 『윤리교육연구』 16, 299-318.

오윤주(2018), 「심미적 문식성 신장을 위한 소설 교육 경험 연구」, 서울대학교 박사학위논문.

오정은(2012), 「유럽의 상호문화정책 연구: 상호문화도시 프로그램을 중심으로」, 『다문화와 평화』 6(1), 38-62.

윤태원(2005), 「세계화 개념을 통해서 본 괴테의 "세계 문학"」, 『독어교육』 33, 277-298.

임경순(2003), 『국어교육학과 서사교육론』, 한국문화사.

장경렬·진형준·정재서(1997), 『상상력이란 무엇인가』, 살림.

장인실(2006), 「미국 다문화 교육과 교육과정」, 『교육과정연구』, 24(4), 27-53.

장희창(2008), 「괴테의 『서동시집』과 세계시민주의의 전망」, 『괴테연구』 22, 21-38.

정진석(2014), 『소설의 윤리와 소설 교육』, 사회평론아카데미.

최인자(2001), 『서사문화와 문학교육론』, 한국문화사.

坂部惠·黑崎政男 외 편(2009), 『칸트 사전』, 이신철(역), 도서출판 b(원서출판 1997).

Adorno, T. W.(2014), 『미학 강의 1』, 문병호(역), 세창출판사(원서출판 2009).

Anderson, B.(2002), 『상상의 공동체』, 윤형숙(역), 나남(원서출판 1991).

Aristoteles(2017), 『수사학/시학』, 천병희(역), 숲(원서출판 미상).

Cai, M.(2002), *Multicultural Literature for Children and Young Adults*, Greenwood Press.

Crawford, D. W.(1995), 『칸트 미학 이론』, 김문환(역), 서광사(원서출판 1974).

Eagleton, T.(2021), 『문화란 무엇인가』, 이강선(역), 문예출판사(원서출판 2016).

Freud, S.(2003),「왜 전쟁인가」,『문명 속의 불만』, 김석희(역), 열린책들(원서출판 1933).

Greene, M.(2017),『블루 기타 변주곡』, 문승호(역), 커뮤니케이션북스(원서출판 2001).

Habermas, J.(1985), "Modernity: Incomplete Project". In H. Foster(Ed.), *Postmodern Culture*, Pluto.

Hegel, G. W. F.(1996),『헤겔미학 1: 美의 세계 속으로』, 두행숙(역), 나남(원서출판 1835).

Kant, I.(1974),『판단력비판』, 이석윤(역), 박영사(원서출판 1790).

Kant, I.(2006),『순수이성비판 1』, 백종현(역), 아카넷(원서출판 1781).

Lukács, G.(2007),『소설의 이론』, 김경식(역), 문예출판사(원서출판 1916).

Nussbaum, M.(2013),『시적 정의』, 박용준(역), 궁리(원서출판 1995).

Roderick, R.(1986), *Habermas and the Foundation of Critical Theory*, Macmillan.

Wenzel, C. H.(2012),『칸트 미학』, 박배형(역), 그린비(원서출판 2005).

3장

현대소설 교육의 관점과 내용

　현대소설 교육의 관점에 따라 교육의 방향과 내용도 달라진다. 현대소설 교육은 그 본질에 따라 실체 중심, 속성 중심, 활동 중심으로 구분되며, 그 대상에 따라 정전(正典) 중심, 학습자 중심으로 구분된다. 즉, 현대소설 교육은 작품과 작가, 소설의 구성 요소, 학습자의 활동 중 무엇을 강조하는가에 따라 다른 양상을 띤다. 또한 텍스트와 학습자 중 어디에 중심을 두는가에 따라 교육의 내용과 방법도 달라진다. 본질과 대상에 따른 관점 외에도 현대소설 교육의 관점에는 소설 교육의 문화적 실천을 강조하는 문화 중심, 소설 교육의 다양성과 융·복합성을 지향하는 통합 중심 등이 있다. 현대소설 교육의 내용은 문학의 본질에 해당하는 '지식', 수용과 생산과 같은 '경험', 성찰이나 내면화 등 학습자의 '태도'로 범주화된다. 학습자가 지식을 바탕으로 다양한 문학적 경험을 수행하고, 그 과정에서 태도를 형성하는 문학 활동 현상을 반영한 것이다.

1 현대소설 교육의 관점

1) 현대소설 교육의 본질에 따른 구분

현대소설 교육이 현대소설 작품을 매개로 전개되는 교사와 학습자의 소통 과정이라고 한다면, 그 내용은 현대소설 텍스트의 본질 및 현대소설의 교육 원리와 방법 등을 고려해 구성된다. 이는 곧 현대소설 교육이 어디에 초점을 맞추는가에 따라 교육 내용이 달리 구성된다는 것을 뜻한다. 따라서 현대소설 교육의 내용을 마련하기 위한 전제로서 현대소설 교육의 관점을 탐구할 필요가 있다. 현대소설 교육의 관점은 문학과 문학 교육의 본질을 규정하는 방향에 따라 실체 중심, 속성 중심, 활동 중심 등으로 나뉜다(김대행 외, 2000: 10-20).

(1) 실체 중심

실체 중심은 현실적으로 존재하는 실체인 '현대소설 작품'과 '현대소설 작가'를 바탕으로 교육 내용을 구성하는 관점이다. 실체 중심의 소설 교육은 현대소설사와 현대소설의 장르적 특징에 대한 교육 내용 등으로 구체화된다. 현대소설사는 현대소설 작품의 역사적 의미와 가치, 현대소설 작품에 반영된 사회문화적인 성격, 작가와 시대의 관계 등에 주목한다. 현대소설의 장르적 특징은 시나 극 등 여타 문학 장르와 구분되는 소설 장르의 성격, 근대 이전의 고전소설과 구분되는 현대소설 장르의 특성 등과 관련된다.

실체 중심의 현대소설 교육은 작가와 작품을 중심에 두고, 현대소설의 문학사와 장르적 특징 등을 교육 내용으로 제시한다. 예컨대 염상섭의 〈삼대〉(1931)에 반영된 보수적 현실주의와 자본주의의 본질을 규명하여 작품이 갖는 근대소설의 위상을 탐구하는 방식이다. 이 관점은 작가와 작품이라는 실체를 강조한다는 점에서 정전 이해 중심의 교육으로 진행되기 쉽다는 문제가 있다. 하지만 학습자가 현대소설 이해에 필요한 지식을 체계적으로 갖추어 교양인으로서 문학적 문화를 풍요롭게 영위할 수 있게 돕는다는 장점도 있다.

(2) 속성 중심

속성 중심은 현대소설을 구성하는 본질에 주목해 교육 내용을 구성하는 관점이다. 속성 중심의 소설 교육은 소설 구성의 본질이라 할 수 있는 인물, 사건, 배경 등의 요소를 이해하고, 이를 바탕으로 소설 텍스트를 분석하고 해석하는 것을 교육 내용으로 삼는다. 〈삼대〉를 예로 들자면 등장인물을 '조씨 일가의 인물군', '이념적 인물군', '퇴폐적 인물군'으로 나누어 각 인물군이 작품 구성에서 차지하는 의미를 발견하는 방식, 삼인칭 전지적 시점의 특성을 고려해 각 장면의 시점 주체와 그의 지각 내용을 확인하면서 작품의 의미를 탐색하는 방식 등이 해당한다. 이처럼 속성 중심은 소설 텍스트를 구성 요소로 분석하고 그 의미를 끌어내는 방식으로 구체화된다.

속성 중심의 현대소설 교육은 현대소설을 비평하고 창작하는 학습자의 세계관이나 가치관을 고려하지 않는다는 점, 소설의 인문학적 가치나 학습자의 성장을 도외시한다는 점에서 한계가 있다. 다만 현대소설의 구성 요소를 활동 차원으로 재개념화한다면, 기존의 지식과 분석 중심의 교육관을 넘어설 수 있는 잠재력을 지닌 관점이다.

(3) 활동 중심

활동 중심은 실체와 속성의 핵심인 현대소설 작품보다는 '이해와 감상' 혹은 '비평과 창작'이라는 학습자의 활동을 바탕으로 교육 내용을 구성하는 관점이다. 예컨대 학습자는 〈삼대〉를 읽고 조 의관, 조덕기, 김병화 등 각 인물의 가치관을 선택해 내면화하는 비평적 에세이를 쓰거나 결말 이후 의 이야기 이어 쓰기를 통해 작품을 재구성할 수 있다. 또한 학습자는 다양 한 경험을 바탕으로 자서전이나 평전을 쓸 수도 있고, 허구적 상상력을 바 탕으로 소설을 창작할 수도 있다.

활동 중심의 현대소설 교육은 현대소설의 문학사나 구성 요소에 관한 지식의 수용보다는 현대소설 중심의 실제적 문학 활동에 주목하기 때문에 개념적 지식보다 경험적 지식과 절차적 지식 등을 강조한다. 그러다 보니 현대소설을 이해하고 더 심층적인 활동을 하는 데 필요한 기본적인 개념 적 지식이나 사실적 지식을 간과하는 우를 범하기도 한다. 그럼에도 불구 하고 활동 중심의 현대소설 교육은 소설 텍스트의 분석을 중시하던 기존 의 방식을 넘어 학습자가 더욱 능동적이고 실천적으로 문학 활동에 참여 하도록 이끌 수 있다.

2) 현대소설 교육의 대상에 따른 구분

현대소설 교육의 관점은 텍스트와 학습자 중 어디에 중심을 두는가에 따라 정전 중심과 학습자 중심으로 구분할 수 있다. 정전 중심 관점에서는 정전 텍스트의 분석을 중심으로 교육 내용을 구성하고, 학습자 중심 관점에 서는 텍스트를 수용하는 학습자의 반응을 중심으로 교육 내용을 구성한다.

(1) 정전 중심

정전(正典)은 오랜 세월에 걸쳐 전승된 작품이면서 문학 비평가나 연구 자, 교육자에 의해 승인된 작품을 말한다. 그만큼 정전은 소설 교육의 장에 서 늘 언급되기에 공동체 구성원에게 공시적·통시적으로 영향을 미친다.

또한 정전은 작품의 선택과 배제를 통해 구축되므로 학습자에게 문학적 완성도가 높고 문학사적 위치가 확고한 작품을 제공한다는 점에서 의미가 있다. 대체로 교과서에는 정전으로 평가받는 작품들이 수록되며, 교사는 정전을 매개로 학습자와 교육적으로 소통한다.

정전 중심의 소설 교육은 정전으로 인정받는 소설 작품의 분석 및 이해에 필요한 기능과 전략을 중시한다. 정전 텍스트 분석을 주된 활동으로 하기 때문에 학습자는 현대소설의 구조와 구성 요소에 대한 지식을 갖추는 것이 필요하다. 이러한 점에서 정전 중심 교육은 속성 중심 교육과 상통하는 측면이 있으나, 정전 중심 교육에서는 특정 텍스트가 정전으로 인정받게 된 과정과 다른 소설 텍스트보다 정전 텍스트 분석을 통한 이해를 강조한다는 차이가 있다.

정전 중심의 현대소설 교육은 신비평과 구조주의 등 분석주의의 영향을 받았다. 신비평(new criticism)은 '꼼꼼히 읽기(close reading)'를 통해 작품의 내재적 의미를 규명하는 데 주력한다. 그리고 작품은 작품 자체의 의미를 갖고 있으며 작가의 의도 및 독자의 반응과는 무관하다는 입장을 취한다(정재찬, 1995).[1] 구조주의(structuralism) 역시 구성 요소의 서술적 기능이나 명제, 혹은 서사의 모티프[2]로 소설 텍스트를 분석하는 것을 강조한

....

1 신비평가인 윌리엄 윔샛(William K. Wimsatt)과 먼로 비어즐리(Monroe Beardsley)는 작가의 의도를 파악하여 작품의 의미를 찾으려 할 때 생기는 잘못을 '의도의 오류(intentional fallacy)', 독자에게 주는 심리적 효과에 주목할 때 생기는 잘못을 '감정의 오류(affective fallacy)'라고 했다(정재환, 1995).

2 모티프(motif)는 크게 두 가지 뜻으로 쓰인다. 첫째, 반복되어 나타나는 동일한 또는 유사한 낱말, 문구, 내용을 말한다. 이는 한 작품에서 나타날 수도 있고 한 작가, 한 시대, 또는 한 장르에서 나타날 수도 있다. 〈로미오와 줄리엣(Romeo and Juliet)〉(1597)의 모티프가 '원수진 가문에서 태어난 아이들의 사랑'이라고 할 때, 이 모티프는 다른 작품에서도 나타날 수 있다. 둘째, 더 이상 쪼갤 수 없는 이야기의 단위를 뜻한다. 이 개념은 블라디미르 프로프(Vladimir Propp)의 '기능(function)'이나 츠베탄 토도로프(Tzvetan Todorov)의 '명제(preposition)' 개념과 유사하다(김천혜, 1990: 163-164).

다(김천혜, 1990: 163-164). 이 관점에 따르면 텍스트는 지식과 정보를 담는 그릇이기 때문에 텍스트의 구성 요소를 분석해야 작품의 의미를 파악할 수 있다. 교육과정이 바뀌어도 교과서에 꾸준히 수록되는 현대소설의 정전인 〈난장이가 쏘아올린 작은 공〉(1978)을 예로 들어 보자. 학습자는 이 소설이 1970년대를 대표하는 작품이라는 점을 확인한 후 소설의 배경인 '낙원구 행복동'의 의미를 탐구한다. 또 인물의 성격과 가치관을 분석한 후 '난쟁이'가 상징하는 의미를 파악한다. 그리고 '낙원구 행복동'의 '난쟁이'를 둘러싼 여러 사건들의 전개 과정을 확인한 후 작품의 주제를 끌어낸다. 이처럼 텍스트 중심은 소설의 구성 요소인 인물, 사건, 배경 등을 분석해 작품의 의미를 탐색하는 것을 강조한다.

이에 따라 정전 중심은 학습자의 텍스트 분석 능력을 기르는 것을 현대소설 교육의 목표로 삼는다. 여기서 학습자의 분석 능력, 즉 분석력은 '소설에 관한 지식, 이해, 적용을 기초로 해서 작품을 분석하는 능력'(우한용 외, 1993: 58)을 가리킨다. 그러나 선택된 현대소설 정전만을 학습의 대상으로 삼기 때문에, 학습자가 정전에서 배제된 다양한 작품을 접할 기회를 갖지 못한다는 문제점도 있다. 최근 정전의 해체와 생성 논의가 활발히 이루어지는 것도 이러한 이유 때문이다.

(2) 학습자 중심

학습자 중심은 현대소설 텍스트를 비평하고 창작하는 학습자의 활동을 강조한다. 이 관점은 학습자가 현대소설 작품을 주체적으로 이해하고 자신의 생각과 느낌을 창조적으로 표현하는 능력을 기르는 것을 목표로 한다. 이 관점에 따르면 텍스트는 학습자의 의미 구성에 실마리 역할을 한다. 학습자는 단순히 텍스트를 분석하고 이해한다기보다 텍스트를 단서로 하여 능동적으로 의미를 생성한다. 따라서 학습자 중심은 틀에 박힌 텍스트 분석 방법이나 규범적인 해석이 아니라 학습자의 창조적 의미 생성을 중요시한다. 요컨대 학습자 중심은 정전의 획일화된 분석과 이해를 넘어서 정전을 바탕으로 '개성의 자각과 그에 따른 전범의 창조적 재구성, 정전의 자기화'를 지향한다(정재찬 외, 2014: 26).

학습자 중심의 소설 교육은 신비평 이후 등장한 수용 이론, 독자 중심의 해석학, 독자 반응 이론, 구성주의 등의 영향을 받았다. 전통적 현대소설 교육은 텍스트 내에 감춰진 작가의 의도나 진리를 찾아내고자 했다. 그만큼 텍스트의 권위와 중요성을 강조했던 것이다. 하지만 수용 이론이나 독자 반응 이론에 따르면 텍스트는 불확정성(미정성, Unbestimmtheit)을 지니기 때문에 작품의 의미는 독자의 수용에 의해 비로소 생성된다. 텍스트에 대한 독자의 능동적 역할을 강조한 로만 인가르덴(Roman Ingarden)은 독자에 의해 텍스트의 불확정성이 선명하게 드러난다며, 독서 과정을 텍스트의 구체화(Konkretisation) 과정이라 보았다(Ingarden, 1960/1985: 49-54). 이때 구체화는 개별 독자들에 의해 이루어지는 활동이므로 독자가 지닌 지식과 경험 등 다양한 조건에 따라 다르게 나타날 수밖에 없다. 물론 동일한 독자일지라도 첫 번째 구체화와 두 번째 구체화가 동일하지는 않을 것이다. 이러한 구체화의 개념은 볼프강 이저(Wolfgang Iser)의 독서행위로도 설명된다. 이저에 의하면 독서행위(Lesevorgang)란 독자가 능동적인 읽기를 통해 불확정성의 틈(빈자리, Leerstelle)을 채워 넣음으로써 텍스트를 구체화하는 것이다(Iser, 1976/1993: 189-191). 이 구체화된 실체가 바로 작품이며, 작품은 작가와 독자가 공동 창작한 결과물이다. 구성주의 역시 텍스트를 매개로 의미를 생성하고 구성하는 학습자의 역할을 강조한다.

이 이론들은 텍스트의 분석 방법이나 전략 등을 탐구하는 차원을 넘어 텍스트를 재구성해 독자가 의미를 생성하는 과정을 강조하는 방법을 제공했다. 예컨대 학습자는 〈난장이가 쏘아올린 작은 공〉을 읽으면서 1970년대 산업화 시대에 존재했던 '난쟁이 가족'의 문제를 확인한 후, 오늘날 경제적 양극화로 인해 발생하는 소외 계층의 문제와 연결하여 작품을 이해할 수 있다. 이는 작품의 주제가 현대 사회에서 어떤 방식으로 재현되고 있는지를 탐구하는 활동이다. 또한 학습자는 신문 기사나 TV 뉴스 등을 활용하여 현재의 사회문화적 맥락에서 작품을 재구성할 수도

1970년대 판자촌 모습
소설 〈난장이가 쏘아올린 작은 공〉은 산업화가 한창이던 1970년대 서울 재개발 지역의 판자촌을 배경으로 도시 빈민층의 삶을 사실적으로 묘사하고 있다.

있다. 이러한 활동들은 학습자가 텍스트 자체의 분석에 머무르지 않고 '지금, 여기'의 맥락에 따라 의미를 생성한다는 점에서 학습자 중심의 현대소설 교육 방법이다. 여기서 텍스트는 의미 구성의 실마리이자 단서 역할을 한다.

이에 따라 학습자 중심은 학습자가 현대소설 텍스트를 매개로 사고와 경험을 통해 의미를 구성하고 생성하는 것을 목표로 한다. 학습자는 텍스트에 제시된 의미를 일방적으로 수용하는 존재가 아니라, 텍스트의 의미를 바탕으로 자신의 지식과 경험에 따라 새로운 의미를 생성하는 적극적인 주체이다. 이는 단순히 학습자가 작가 중심이나 텍스트 중심의 해석에서 벗어남을 의미하는 것이 아니다. 학습자는 문학 소통 행위의 중요한 주체로서 텍스트의 의미를 통해 자신의 삶을 재조정하고 재구성할 수 있는 힘을 가져야 한다.

학습자 중심의 현대소설 교육은 동일한 텍스트라 할지라도 학습자에 따라 다양한 의미 구성이 가능하기 때문에, 모든 학습자의 결과물이 '바람직한' 해석이나 창작은 아닐 수 있다는 점에서 문제가 되기도 한다. 따라서 학습자들의 해석과 창작 활동의 다양성을 인정해 주되, 바람직한 방향으로

교육이 이루어지도록 교사가 지도할 필요가 있다.

3) 그 외의 관점들

교육이 과거와 현재의 문화를 전수해 새로운 문화를 창조하는 과정이
라는 점을 고려한다면, 현대소설 교육에도 문화적인 관점이 반영될 수밖에
없다. 그러므로 문화적 실천의 차원에서 현대소설 교육의 가치를 탐구하고
교육 방법을 모색할 수 있다. 또한 현대소설은 다성성(多聲性)과 복합성을
지닌 장르이기에 인접학문이나 교과, 혹은 다른 영역이나 장르 등의 경계
를 넘나드는 통합성을 지향한다. 즉, 통합의 관점에서 현대소설 교육의 의
미를 발견하고 교육 내용을 구성할 수 있다.

(1) 문화 중심

문화는 공동체 구성원들에 의해 창조된 것이면서, 그 공동체 구성원들
의 삶에 영향을 미친다. 공동체는 이전의 문화를 수용하는 동시에 현재의
문화와 통합해 새로운 문화를 창조한다. 그리고 교육은 문화를 전수하고
재창조하는 역할을 수행한다. 교육의 과정에서 인간은 전대의 문화를 수용
하고 변형하면서 문화적인 주체로 거듭난다. 이렇듯 교육은 이전의 문화를
학습하고 새로운 문화를 창조하는 과정에 개입하기 때문에, 교육과 문화는
불가분의 관계를 지닌다. 문화는 언어, 풍습, 종교, 학문, 예술, 제도 따위를
모두 포함하는데, 이 중에서 언어와 예술이 통합된 형태가 문학이다. 이러
한 문학은 존재의 근원에 대한 근본적인 성찰을 담고 있는 인간의 사고 양
식이며, 이것은 문화의 문제로 귀결된다(김대행, 2000: 73). 따라서 문학을
교육하는 행위에는 텍스트에 반영된 당대 문화를 이해하는 활동, 그리고
이를 바탕으로 새로운 문화를 생성할 가능성을 고려한 활동 등이 포함된

다. 이런 점에서 '문학 활동은 문화'이며, '문학 교육은 곧 문화 교육'이라는 관점이 설득력을 얻는다.

문화 중심은 텍스트를 문화적 산물로 보고, 사회문화적 존재로서 학습자의 역할을 중시하는 관점이다. 이 관점은 작품을 매개로 한 학습자의 문화 행위를 강조하고, 이를 바탕으로 소설 교육의 성격을 '문화적 실천'으로 규정한다(우한용, 2009). 따라서 현대소설 교육은 현대소설과 문화의 상호작용에 주목해 문화적 문식성을 기르는 방향으로 설계된다. 문화는 그 현상에 따라 '어떤 가시적인 소산물, 방식, 이데올로기, 소통' 등을 함의한다(박인기, 2008: 78-98). 현대소설 교육은 문화의 이러한 속성을 교육 내용에 반영해 구체적인 실천 방법을 모색한다.

이문구의 〈유자소전〉(1991)이나 성석제의 〈황만근은 이렇게 말했다〉(2000) 등은 한국 서사문학의 전통을 계승한 작품으로 평가받는다. 학습자는 두 작품과 고전문학 작품에 나타난 '전(傳) 양식'과 '웃음의 미학'을 비교하고, 이 과정에서 문학 전통의 계승이라는 문화적 의미를 발견할 수 있다. 나아가 현재의 문화적 맥락에 따라 '전'과 '묘비명'의 형식에 맞추어 자신이나 타자의 삶을 표현하는 활동을 할 수도 있다. 전통문화 계승의 의미를 탐구하는 과정에서 학습자가 수행하는 활동은 문화적 실천으로서 문화 행위이다. 한편, 공지영의 〈도가니〉(2009)를 읽은 학습자가 공론장에서 장애인 인권 문제에 대해 토론하거나 이 문제에 관심을 갖고 봉사활동에 참여하는 것도 현대소설의 문화적 실천에 해당한다. 김숨의 〈뿌리 이야기〉(2015)를 읽은 후 일본군 '위안부' 문제에 관심을 갖고 민족공동체의 정체성을 탐구하는 것도 현대소설을 문화적인 관점에서 접근하는 활동이다.

현대소설 교육의 문화적 관점은 다문화 소설에 대한 관심으로 이어지기도 한다. 2000년대 초반 다문화에 대한 관심은 2009 개정 교육과정기 이후 대부분의 문학 교과서에 이른바 '다문화 소설'을 수록하도록 했다. 다문화 소설은 학습자에게 결혼 이주 여성, 이주 노동자, 새터민 문제와 같은 사회적 쟁점에 대한 문제의식을 제공했으며, 다문화 존재의 주체성 문제를 제기함으로써 바람직한 공동체 문화를 모색하는 데 도움을 주었다. 공선옥의 〈명랑한 밤길〉(2005)에는 속물적인 도시 남자에게 버림받은 여성인 '나'가 밤길에 우연히 만난 외국인 노동자의 삶을 통해 위로받고 '명랑하게' 견뎌 내는 모습이 나온다. '나'는 외국인 노동자들의 아픔과 슬픔을 보며 막연하게 갖고 있던 두려움에서 벗어나 오히려 그들과 동질감을 느낀다. 이러한 동질감은 '나'와 그들이 근본적으로 다른 존재가 아니며 소통할 수 있는 관계라는 인식에서 비롯된 것이다. 최근에는 소수 집단의 비주류 문화라는 의미가 강한 다문화라는 용어보다 서로 다른 문화의 소통적 관계를 중시하는 '상호문화주의'라는 용어를 사용하여 다문화의 한계를 넘어서려는 시도도 있다(김성진, 2015: 47-49). 상호문화주의적 관점을 수용한 다문화 교육은 동화(同化), 역차별, 편견 등의 문제를 넘어 대화, 소통, 관계를 중시하는 방향으로 전환되고 있다.

지금까지 살펴보았듯 문화의 다양한 스펙트럼에 따라 현대소설 교육의 구체적 실천 방향도 달리 나타난다. 현대소설 교육은 문화 현상의 복합성과 역동성을 반영해야 한다는 점 때문에 타 학문, 타 교과, 타 영역, 타 매체 등과 연결될 수밖에 없는 운명을 지녔다. 이 연결은 통합 중심의 현대소설 교육관을 형성하기에 이른다.

(2) 통합 중심

통합 중심은 다성성과 복합성을 지닌 현대소설의 특징을 고려할 때 현대소설 교육의 본질적인 측면이기도 하다. 통합은 제반 학문의 독자적인 영역에서 벗어나 학문 간 경계를 넘어서는 융·복합 담론의 실천 개념에서 비롯된다. 융·복합 시대의 흐름에 맞게 현대소설 교육도 현대소설과 문학

의 다른 하위 갈래 간의 통합, 현대
소설과 국어 교육의 다른 하위 영역
(듣기·말하기·읽기·쓰기 등) 간의 통
합, 현대소설과 그 인접학문이나 타
교과 간의 통합, 현대소설과 다른
매체 간의 통합을 지향한다.

영화 〈소나기〉의 한 장면
황순원의 소설 〈소나기〉는 1979년 동명의 영화로도 제작되었다.

　　현대소설과 문학의 다른 하위 갈
래 간의 통합이란 시, 극, 수필 등 다
른 갈래와 결합해 현대소설의 교육 방법을 모색하는 것이다. 현대소설은
타 장르와 지속적으로 상호 교섭해 왔다. 예컨대 곽재구의 시 〈사평역에서〉
(1981)는 임철우의 〈사평역〉(1983)이라는 소설로 재구성되었다. 현대소설
은 드라마나 영화, 노래 등 다른 매체와 결합하기도 한다. 황순원의 소설
〈소나기〉(1953)는 동명의 드라마와 영화, 노래로 재구성되었다. 이렇듯 시
작품에서 모티프를 얻어 창작된 소설이나 소설을 원작으로 한 다른 매체 작
품을 비교하고 아우르는 활동은 통합 중심 현대소설 교육이라 할 수 있다.

　　현대소설 교육도 문학이라는 국어 교육의 한 영역에 속하기 때문에 국
어 교과 내 다른 영역 간의 통합이 이루어진다. 예컨대 소설을 읽고 비평적
에세이를 쓰는 활동은 문학과 읽기, 쓰기가 통합된 활동이며, 소설을 읽은
후 문학 토론이나 세미나를 하는 활동은 문학과 읽기, 듣기, 말하기가 통합
된 활동이다. 좀 더 구체적으로 말하자면, 채만식의 〈미스터 방〉(1946)을
읽으면서 느낀 점을 바탕으로 풍자에 관한 비평적 에세이를 쓰는 활동은
읽기와 쓰기가 통합된 활동이다. 〈미스터 방〉에서 인물을 희화화한 부분을
찾은 후 그렇게 생각한 까닭을 말해 보는 활동은 읽기와 말하기가 통합된
활동이라 할 수 있다. 또 〈미스터 방〉을 통해 현재 우리 사회의 '방삼복'은
누구인지 말해 보고, 삶을 대하는 그의 태도에 관해 토론하는 것은 읽기와

듣기, 말하기가 통합된 활동이다. 이러한 활동을 하는 동안 학습자는 〈미스터 방〉을 다양한 관점에서 비판적·창의적으로 생각하고, 이를 언어 행위로 구체화한다. 현대소설의 수용과 생산 과정에서 학습자의 사고와 언어 기능도 통합적으로 작동하는 것이다.

현대소설 교육은 현대소설의 인접학문이나 타 교과의 경계를 넘나드는 융·복합 교육을 지향한다. 문학은 역사, 철학과 함께 인문학의 범주에 속하며, 동시에 시대적·사회적 상황을 반영하기 때문에 사회학과도 연결된다. 또한 문학은 언어 예술로서 예술의 하위 범주로 인정받는다. 문학의 하위 갈래인 현대소설 역시 역사, 철학, 사회학, 예술 등과 깊은 관련을 맺는다. 이광수의 〈단종애사〉(1928)와 김동인의 〈대수양〉(1941)은 1453년 계유정난을 형상화한 소설인데, 학습자는 역사적 사실이 허구화되는 양상을 살피면서 현대소설과 역사의 관계를 탐구할 수 있다. 또한 학습자는 이상의 〈날개〉(1936)를 통해 현대인의 불안심리 등을 읽어 낼 수 있으며, 이는 현대소설과 정신분석 철학이 연결되는 부분이다. 〈아홉 켤레의 구두로 남은 사내〉(1977)를 통해 산업화 시대의 한국 사회를 탐구하는 과정에서는 현대소설과 사회학의 통합이 이루어지고, 이청준의 〈서편제〉(1976)를 읽으며 작가의 예술관을 확인하는 것은 현대소설과 예술의 통합이 가능함을 뜻한다. 이처럼 인문, 사회, 예술 등 인접학문이나 타 교과와의 상호성을 생각하며 현대소설 작품을 감상하는 것은 모두 통합과 관련된 활동이다.

최근 미디어 텍스트가 국어 교육의 장에 적극 수용되면서 현대소설과 미디어의 상호텍스트성에 주목해 융·복합 교육의 실천 방법을 모색하기도 한다. 실제로 오늘날 사람들이 접하는 대부분의 텍스트는 복합양식 문식성(multimodal literacy)에 의거하여 생산·수용되는 텍스트이기 때문에, 앞으로 이러한 텍스트들이 교육의 중요한 비중을 차지하게 될 것이다(박인기, 2016: 17-18).

2 현대소설 교육의 내용 범주

현대소설 교육은 국어 교육의 한 영역이기에 그 내용 범주 역시 국어 교육학의 논의와 궤를 같이한다. 7차 국어과 교육과정의 문학 영역 내용 체계는 '문학의 본질, 문학의 수용과 창작, 문학에 대한 태도, 작품의 수용과 창작의 실제'였고, 2009 개정 국어과 교육과정의 문학 영역 내용 체계는 '실제, 지식, 수용과 생산, 태도'였다. 2015 개정 국어과 교육과정의 문학 영역 내용 체계는 '문학의 본질, 문학의 갈래와 역사, 문학과 매체, 문학의 수용과 생산, 문학에 대한 태도'를 핵심 개념으로 제시하였다. 그리고 2022 개정 국어과 교육과정의 문학 영역은 '지식·이해, 과정·기능, 가치·태도' 등으로 내용을 범주화한다.

이렇듯 교육과정이 개정될 때마다 문학 영역의 내용 체계는 약간씩 변화가 있었다. 그러나 대체로 문학의 본질에 해당하는 '지식', 수용과 생산 등 학습자의 다양한 '경험', 성찰이나 내면화 등 문학에 대한 학습자의 '태도'를 문학 영역의 내용 범주로 제시해 왔다. 학습자가 지식을 바탕으로 다양한 문학적 경험을 하고, 그 과정에서 태도를 형성하는 문학 활동 현상을 반영한 것이다. 이에 따라 여기에서도 현대소설 교육의 내용 범주를 '지식, 경험, 태도'로 제시하고자 한다.

1) 지식

국어 교육에서 지식은 대체로 '명제적(개념적) 지식, 방법적 지식, 조건적 지식, 인격적 지식'을 말한다(임경순, 2003: 78). 현대소설 교육도 '무엇'에 해당하는 명제적 지식, '어떻게'에 해당하는 방법적 지식, '언제, 왜'에 해당하는 조건적 지식, 암묵적 인식에 토대를 두고 있는 인격적 지식 등으로 지식을 구체화할 수 있다.

명제적 지식은 어떤 사실이나 이론, 원리 등과 관련한 지식이다. 현대소설 교육에서 명제적 지식은 현대소설의 갈래적 특징, 소설사적 의의, 서술 방법, 시대별 대표 작품, 리얼리즘 소설과 모더니즘 소설의 특징 등으로 구체화된다. 예컨대 현대시와 현대소설의 공통점과 차이점을 아는 것, 현대소설사의 관점에서 염상섭의 1920년대 작품인 〈표본실의 청개구리〉(1921)와 1930년대 작품인 〈삼대〉의 관계를 아는 것, 김동인의 〈약한 자의 슬픔〉(1919)과 염상섭의 〈표본실의 청개구리〉에 사용된 고백체 양식의 차이점을 이해하는 것, 염상섭의 〈삼대〉와 박태원의 〈천변풍경〉(1936)의 비교를 통해 1930년대 리얼리즘 소설과 모더니즘 소설의 차이점을 이해하는 것, 1930년대 리얼리즘 소설의 대표 작품으로 염상섭의 〈삼대〉와 채만식의 〈태평천하〉(1938)가 있음을 아는 것 등이 명제적 지식에 해당한다.

방법적 지식은 과제의 절차 및 방법 등과 관련한 지식이다. 현대소설 교육에서 방법적 지식은 현대소설 텍스트를 수용하거나 창작하는 데 필요한 과정과 전략을 의미한다. 예컨대 학습자는 채만식의 〈치숙〉(1938)을 읽으며 신빙성 없는 화자에서 비롯된 서술의 역동성을 확인하고 이를 작품 해석에 활용할 수 있다. 〈치숙〉이 신빙성 없는 화자인 '나'의 눈으로 서술되고 있음을 아는 것, '나'가 사회주의 운동을 하다가 옥살이를 하고 나온 아저씨를 비판하는 내용을 확인하는 것, '나'의 비판이 오히려 아저씨에 대해 동정심을 갖게 하는 효과가 있음을 인지하는 것 등이 방법적 지식에 해당하며, 학습자는 이 지식을 활용해 〈치숙〉이 풍자 소설임을 이해하게 된다. 이러한 방법적 지식은 작품의 수용뿐만 아니라 재구성과 창작의 과정에도 활용된다.

조건적 지식은 주어진 상황에서 어떤 방법을 사용할 것인가와 관련한 지식이다. 현대소설 교육에서 조건적 지식은 과제를 인식하고 해결하는 활동에서 나타난다. 예컨대 현대소설 작품의 결말 이어 쓰기라는 과제를 수행한다고 할 때, 학습자는 황순원의 〈소나기〉를 이어 쓴 작품들을 읽으면서 그 방법을 이해할 수 있다. 전상국의 〈가을하다〉(2015)는 소녀가 죽은 지 2년 후 소년에 관한 이야기이다. 소년은 양평중학교 2학년 '현수'라는 인물로 등장해 새로운 인연을 만들어 간다. 서하진의 〈다시 소나기〉(2015)에서 소년은 '환'이라는 인물로 등장한다. 그는 죽은 소녀의 사촌인 '윤희영'을 만난 뒤 '갑자기 잃는 것과 갑자기 얻는 것' 중 어느 쪽이 더 힘들지를 고민한다. 이 작품들을 읽으며 학습자는 기존 등장인물의 이름을 바꾸고 새로운 인물을 등장시키면서 원작의 사건과 새로운 이야기를 결합하는 방법을 이해하고, 이를 다른 소설의 결말 이어 쓰기에 적용할 수 있다.

인격적 지식은 명시화할 수는 없지만 명제적 지식과 통합적으로 작용하여 학습자의 활동에 작동하는 지식을 말한다. 흔히 개념적 지식이나 명제적 지식이라 일컫는 것들은 근대 인식론에서 다루는 지식의 전형이다. 근대 인식론의 핵심적인 화두는 '인간의 주관적 인식으로 어떻게 세계에 관한 객관적 지식을 확보하는가' 하는 문제였으며, 이성(cogito)에 의해 규정되는 대상의 본질을 지식이라고 보았다. 그런데 사실 그 본질이라는 것은 대상 전체가 아니라 단지 이성에 의해 파악된 극히 일부분일 뿐이다. 예를 하나 들어 보자. 마르셀 프루스트(Marcel Proust)의 〈잃어버린 시간을 찾아서(À la recherche du temps perdu)〉(1913)에서 '나'는 마들렌 과자를 홍차에 적셔 먹다가 우연히 과거의 일들을 떠올린다. 마들렌 과자는 평소에는 떠오르지 않았던 '나'의 과거를 세세하게 일깨우는 감각적인 역할을 한다. 그 후각은 어린 시절 고모의 방을 시각화하여 보여 주고, 점점 마을의 장면까지 떠오르게 한다. 마들렌 과자의 향기가 과거의 기억을 재생시키는 현상, 다시 말해 특정한 후각적 자극이 과거의 일과 감정을 환기하는 '프루스트 현상'은 이성적 접근만으로 규명할 수 없다. 이처럼 인간의 활동에는 이성적 사고에 의해 규정된 명시적인 지식과 더불어 개인의 다양한 감각과 직관, 무의식 등에 의해 구성된 지식도 함께 작동한다. 즉, 인격적 지식이란 명제적 지식과 결합하여 작동하는 모든 지식을 가리키며, 명제적 지식의 범주로는 설명할 수 없는 개인과 공동체의 경험적 지식을 포함한다.

2) 경험

존 듀이(1859~1952)
미국의 철학자이자 교육학자. 학습자의 실제적인 삶과 능동적인 경험을 중시하였으며, 지식 암기가 아니라 환경과 상호작용하는 경험을 통해 유의미한 학습이 이루어진다는 교육 원리를 제시하였다.

경험은 존 듀이(John Dewey)의 경험철학 이후 교육 일반뿐 아니라 교과 교육의 핵심 내용으로 언급된다. 경험은 학습자의 삶과 의식을 형성하는 데 영향을 미치며 학습자에게 반성과 성찰의 기회를 제공하기 때문에 교육학에서 중요한 개념으로 자리 잡았다. 국어 교육에서도 '경험'을 내용 범주의 하나로 설정해야 한다는 주장이 지속적으로 제기되어 왔다. 경험은 '언어를 통해 의미를 수용하며 그것을 구체화하고 그에 반응할 수 있는 능력'이며(김대행, 2002), '언어의 표현이나 수용 활동을 통해 획득하게 되는 형식적·내용적·문화적인 결정체'이다(임경순, 2003: 71). 이러한 경험은 대체로 문학의 수용과 생산에서 지식이나 활동과 통합되어 구체화된다. 지식이 경험을 의미 있게 하고 문학의 경험이 지식의 확실성을 보장하기 때문에 이 둘은 분리하여 논하기는 어렵다(우한용, 2009: 400).

『표준국어대사전』에 따르면 경험은 "자신이 실제로 해 보거나 겪어 봄. 또는 거기서 얻은 지식이나 기능.", "객관적 대상에 대한 감각이나 지각 작용에 의하여 깨닫게 되는 내용."이다. 이처럼 경험이 지식, 기능, 깨달은 내용 등의 폭넓은 의미 범주를 지닌 탓에 현대소설 교육에서도 경험에 대한 진술은 창작과 비평의 과정에 개입하는 지식, 활동을 통해 얻게 되는 인식의 확장 등 다양한 맥락으로 사용된다. 경험과 관련한 진술들을 살펴보면 다음과 같다.

> 문학은 인간이 경험할 수 있는 가능한 모든 세계를 취급한다. 문학 작품을 통하여 현실에 대한 눈을 뜬다는 것은 문학적 경험을 통하여 자신의 삶을 체계화한다는 의미이다. 그것은 곧 문학이 타인의 삶에 대한 대리경험이며, 자신의 삶의 객관화 과정임을 뜻한다. 이런 문학적 체험은 무질서한 경험에 질서를 부여하고 의미를 생성시킨다.
>
> (박인기, 1996: 87)

> 문학 교육에서는 적어도 많은 작품을 읽는 경험('읽기 경험')을 중요시해야 할 것이다. 최근 독서 연구에 의하면 독자가 가지고 있는 경험이나 사전 지식이 독해에 영향을 미친다고 한다. 어떤 글을 읽을 때에 그 글을 이해하려면 그 글을 이해할 만한 풍부한 경험이나 지식을 가지고 있어야 하며, 어떤 지적 수준에 도달해 있어야 한다.
>
> (한철우, 1996: 336)

> 교육이 기본적으로 그러하듯이 문학도 따지고 보면 경험을 보존하고 전파하며 나아가 전수하는 일을 한다. 설화 중 상당수가 역사적으로 실재했었던 사실들을 전해 주고 있음이 그러하다.
>
> (김대행 외, 2000: 260)

어느 집단의 준거를 바탕으로 하는 정서는 경험의 보편성으로 확대된다. 그런데 구성원 사이에 보편적 경험으로 승화된 정서를 지니게 됨으로써 집단의 정체성이 확보된다.

(김대행 외, 2000: 287)

이렇다 보니 동일한 논의 내에서도 경험의 의미가 달리 사용되기도 하고, 심지어 교육과정에서도 경험은 '지식과 경험을 토대로 내용을 예측', '읽기 학습 경험을 학교 학습과 일상생활에 적용', '자신의 삶과 경험을 바탕으로 독자에게 감동이나 즐거움을 주는 글을 씀', '동료들의 반응을 경험', '쓰기 경험을 갖도록 지도', '의미 있는 국어 학습 경험'과 같이 다양한 맥락으로 쓰인다(정래필, 2013: 396-397). 여러 논의를 종합해 여기에서는 현대소설 교육의 내용 범주로서 경험을 '실제 체험으로서의 경험, 비평과 창작에 동원되는 지식으로서의 경험, 비평과 창작 등의 수행적 경험, 의미 구성으로서의 경험'으로 구분하고자 한다.

'실제 체험으로서의 경험'은 유년 시절의 기억처럼 실제 학습자가 체험했던 내용에 해당한다. 학습자는 자신의 체험을 한 편의 소설로 창작하는 활동을 할 수 있다. 김소진의 〈쥐잡기〉(1991)는 작가의 유년 시절을 형상화한 소설이다. 그런데 이 소설에는 그의 수필 〈나의 가족사〉(1993)에 등장하는 아버지의 삶이 고스란히 나타나 있다. 소설 〈쥐잡기〉의 아버지 역시 〈나의 가족사〉의 아버지와 마찬가지로 한국전쟁 때 가족과 헤어졌고 남쪽에서 새로운 가정을 꾸렸으며 경제적 무능력자로 그려진다. 다만 소설에서는 서술자를 '민홍'으로, 아버지를 한국전쟁 당시 전쟁포로로 제시한다. 즉, 작가는 자신의 가족사 경험을 바탕으로 인물과 사건 등을 허구화함으로써 한 편의 자전적 소설을 완성한 것이다. 이처럼 소설의 내용은 학습자가 실제로 체험한 직접 경험은 물론, 타자나 매체를 통해 얻은 간접 경험으로도 구성될 수 있다.

'비평과 창작에 동원되는 지식으로서의 경험'은 비평과 창작을 위해 학습자가 갖추고 있는 현대소설의 다양한 이론적 지식을 가리킨다. 학습자의 지식은 언어 활동 과정에서 반복적으로 나타난다. 따라서 이전 활동에 적용한 지식은 학습자에게 하나의 경험이 되어 다음 활동에서 더욱 효과적으로 작동한다. 예컨대 김동인의 〈배따라기〉(1921)를 읽고 액자 구조에 대한 지식을 활용해 비평적 에세이를 쓴 경험이 있는 학습자가 있다고 가정하자. 이 학습자는 나중에 액자 구조를 지닌 다른 소설인 이청준의 〈병신과 머저리〉(1966)를 읽을 때에도 이전의 경험을 적용해 작품을 해석하고, 작품에서 스토리를 배치하는 방법에 따라 액자 구조도 달리 나타난다는 것을 확인할 수 있을 것이다.[3] 이 과정에서 학습자의 지식과 경험은 통합적으로 확장되고 심화된다.

'비평과 창작 등의 수행적 경험'은 비평적 에세이를 쓰거나 소설을 창작한 경험을 의미한다. 우리는 가끔 '고등학교 시절에 시나 소설 혹은 비평문을 써 본 적 있는가?'라는 질문을 받는다. 이는 문학 창작과 비평의 경험을 가리킨다. 학습자는 새로운 창작이나 비평 과제를 할 때 이전의 수행 경험을 적극 활용한다. 예컨대 아이러니를 중심으로 김유정의 〈만무방〉(1935)에 대한 비평문을 쓴 경험이 있는 학습자라면, 이후에 다른 소설에 대한 비평문을 작성할 때도 독서의 시작 단계부터 텍스트에 제시된 언어적 아이러니나 상황적 아이러니에 주목할 것이다. 이전의 비평 활동 경험이 다음 활동에 영향을 미치기 때문이다.

'의미 구성으로서의 경험'은 비평과 창작 등의 활동 과정에서 얻는 앎과 깨달음, 내면화로서의 경험이다. 비평과 창작 등은 모두 의미 구성 활동이

---

3 〈배따라기〉는 처음과 끝에 외부 이야기가, 중간에 내부 이야기가 배치되어 있다. 이와 달리 〈병신과 머저리〉는 외부 이야기와 내부 이야기를 동시에 진행한다.

다. 학습자는 현대소설을 읽는 동안 발견한 인식적 가치, 심미적 가치, 윤리적 가치 등을 자신의 삶으로 전유한다. 그리고 작가와 서술자, 인물 등 다양한 주체와 소통하면서 몰랐던 사실들을 알게 되고, 사건이나 상황을 보고 감동하기도 하며, 삶의 지혜나 깨달음을 얻기도 한다. 이러한 경험이 축적되면서 학습자는 보다 심화된 문학 능력을 갖출 수 있다.

3) 태도

현대소설을 수용하고 생산하는 과정에서 학습자가 어떤 태도를 지니는가에 따라 그 활동 결과가 달라질 수 있다. 여기서 태도는 '특정한 대상에 대해 일관성 있는 반응을 야기하게 하는 인지적·정의적 상태'(서울대학교 국어교육연구소 편, 1999: 740)를 의미한다. 태도는 인지적 요소, 감정적 요소, 행동적 요소 등의 세 가지 요소로 구성되어 있다(차배근, 1985: 33). 이 중 인지적 요소는 '옳다/그르다' 등으로 표현되는 태도이고, 감정적 요소는 '좋다/싫다' 등으로 표현되는 태도이며, 행동적 요소는 외적 행동을 하려는 내적 의지를 말한다. 이러한 요소들은 통합적으로 작용하며 언어적 결과물의 양식이나 갈래에 따라 달리 나타난다. 현대소설 교육이 다성적 장르인 소설을 대상으로 하고, 인지적 사고와 정의적 사고의 통합하에 진행되는 비평과 창작 활동을 강조하기 때문에 그 과정에서 나타나는 태도의 양상도 역동적이다. 현대소설 교육에서 태도는 '가치평가와 관련한 윤리적 태도, 자신과 타인의 삶을 성찰하는 태도, 문학의 생활화를 내면화하는 태도' 등으로 구분된다.

'가치평가와 관련한 윤리적 태도'는 현대소설의 인물, 사건, 상황 등에 대한 학습자의 관점 및 평가 등을 의미한다(임경순, 2003: 87). 현대소설을 수용하는 동안 학습자는 인물이나 사건에 대해 지속적으로 평가한다. 학습자는 채만식의 〈치숙〉에 등장하는 '나'에게 분노할 수도 있고, '아저씨'를 동정할 수도 있다. 또는 배경이 되는 시대적 상황에 대해 안타까움이나 비판의 시선을 보낼 수도 있다. 이러한 가치평가는 학습자의 윤리적 태도로 이어진다. 학습자는 작품을 읽으면서 인물들의 가치관과 사건에 내재된 윤리적 문제를 고민하고 판단하며, 이 과정에서 자신의 윤리적 태도를 형성한다. 그리고 이러한 학습자의 윤리적 태도는 해석 공동체와 교섭하면서 성찰의 대상이 되며 다른 구성원의 소설 읽기에 영향을 미친다(정진석, 2014: 75). 이런 점에서 윤리적 태도는 개인의 가치이면서 공동체에 공유되는 가치이기도 하다.

'자신과 타인의 삶을 성찰하는 태도'는 현대소설을 읽으면서 공동체와 소통하고 자아 성장을 도모하는 태도이다. 소설 읽기는 근본적으로 나와 다른 타자의 삶을 이해하고, 이를 통해 자신을 성찰하고 반성하는 과정이다. 학습자는 소통의 주체로서 작가, 서술자, 인물 등과 대화적 관계를 형성하여 의미를 발견한다. 이는 텍스트를 읽고 쓰는 것을 넘어 텍스트의 의미와 학습자의 의미가 소통하면서 발생하는 상호작용적 대화 국면까지를 포함한다. 학습자는 김애란의 〈도도한 생활〉(2007)의 '나'를 보며 자신과 다른 타인의 삶을 확인한다. 또 반지하방이 비에 잠겨 가는 절망적인 상황에서 피아노 건반을 누르는 '나'의 행위가 자신의 '도도한 생활'을 지키려는 의미라는 것을 발견한 후, 동일한 상황에서 나라면 어떻게 행동했을지 상상해 본다. 이를 통해 학습자는 타자의 삶의 방식과 가치관을 이해하게 된다. 나아가 학습자는 2000년대를 살아가는 청년들의 궁핍한 현실에 주목해 그 원인과 해결 방안에 대해 토론하는 등 자신이 발견한 의미를 다른 학습자와 공유함으로써 좀 더 설득력 있고 깊이 있는 의미로 발전시킬 수 있다. 이 과정에서 현대소설 교육의 학습자는 인간과 세계를 총체적으로 이해하고, 공동체의 문화 발전에 기여하는 태도를 형성하며, 적극적이고 자발적인 주체로 성장한다.

'문학의 생활화를 내면화하는 태도'는 일상에서 꾸준히 현대소설을 비평하고 창작하는 활동을 함으로써 자아 성장과 공동체의 문화 발전에 능동적으로 기여하는 태도이다. 최근 '한 학기 한 권 읽기'를 강조하는 것도 학습자 스스로 책을 찾아 읽는 습관을 길러 문학의 생활화를 실천하기 위함이다. 학습자는 이러한 읽기 경험을 바탕으로 지역의 문학 관련 행사에 참여하거나 온라인상에서 현대소설을 매개로 타인과 소통하는 등 일상적으로 문학 활동을 할 수 있으며, 이는 현대소설의 문화적 실천이기도 하다.

참고문헌

김대행(2000),『문학교육 틀짜기』, 역락.

김대행(2002),「국어교과학을 위한 언어 재개념화」,『선청어문』30, 29-54.

김대행·우한용·정병헌·윤여탁·김종철·김중신·김동환·정재찬(2000),『문학교육원론』, 서울대학교출판부.

김성진(2015),「상호문화주의와 세계 문학 교육」,『문학교육학』49, 35-58.

김천혜(1990),『소설 구조의 이론』, 문학과지성사.

박인기(1996),「문학교육과정 개념의 이론적 함의」, 문학과문학교육연구소(편),『문학교육의 탐구』, 국학자료원.

박인기(2008),「문화와 문식성의 관계 맺기」, 노명완 외,『문식성 교육 연구』, 한국문화사.

박인기(2016),「국어교육의 융·복합교육 기능과 작용」,『국어교육』152, 1-34.

서울대학교 국어교육연구소 편(1999),『국어교육학사전』, 대교출판.

우한용(2009),『한국 근대문학교육사 연구』, 서울대학교출판부.

우한용·박인기·구인환·김용재·김상욱·박대호·김동환(1993),『소설 교육론』, 평민사.

임경순(2003),『국어교육학과 서사교육론』, 한국문화사.

정래필(2013),「서사화에서 경험의 구체화 방법 연구」,『문학교육학』40, 393-418.

정재찬(1995),「문학교육의 지배적 담론과 신비평」,『현대 비평과 이론』10, 83-107.

정재찬·최인자·김근호·염은열·이지영·최미숙·김혜련·박용찬·남민우·김성진·조희정·박기범(2014),『문학교육개론 1: 이론편』, 역락.

정진석(2014),『소설의 윤리와 소설 교육』, 사회평론아카데미.

차배근(1985),『태도변용이론: 설득커뮤니케이션의 기본원리』, 나남.

한철우(1996),「문학교육과 독서교육」, 문학과문학교육연구소(편),『문학교육의 탐구』, 국학자료원.

Ingarden, R.(1985),『문학예술작품』, 이동승(역), 민음사(원서출판 1960).

Iser, W.(1993),『독서행위』, 이유선(역), 신원문화사(원서출판 1976).

Marcel, P.(1998)《잃어버린 시간을 찾아서 1》, 김창석(역), 국일미디어(원서출판 1913).

II부

현대소설의 특징과
현대소설 교육의 접근

4장

인물 형상화 원리와 인간 탐구

이 장에서는 현대소설의 인물이 갖는 서사론적 본질을 바탕으로, 현대소설 교육의 장에서 학생들이 소설의 인물을 유의미하게 읽어 나가는 원리와 교육적 모형을 설명하고자 한다. 현대소설의 인물은 그 자체로 고정적인 실체가 아니라, 작품 속에서 특정한 요소로 기능하는 작용태이다. 그러므로 독자가 인물을 정당한 방식으로 읽고 이해한다는 것은 다른 서사 구성 요소들과의 관계적 작용 속에서 인물을 파악한다는 것을 의미한다. 즉, 현대소설의 인물 읽기는 작품에 형상화된 인물의 성격적 특징을 종합적으로 파악하는 것에서 시작하여 시점이나 플롯, 서술 방식 등으로 나타나는 인물 형상화의 원리와 특징을 분석하고 해석하는 활동으로 이어진다. 이처럼 소설의 인물을 읽는 과정은 그 인물이 성격화된 방식을 풀어 가며 실현되기 때문에 본질적으로 인물 형상화 읽기가 된다. 따라서 현대소설 교육의 장에서 작품 속 인물을 탐구하기 위해서는 인물 형상화의 원리를 제대로 파악하는 것이 중요하다.

1 인간 탐구로서의 소설 인물 읽기

소설을 창작하는 작가의 중요한 과업 중 하나는 작품의 고유성을 높여 주는 자기만의 독특한 캐릭터, 즉 인물을 창조해 내는 일이다. 소설을 읽는 독자에게도 작품 속 주인공은 중요한 관심사이다. 독자는 소설을 읽으며 주요 등장인물, 특히 단편소설의 경우 주인공이라 불리는 특별한 인물의 행동과 사유 과정을 관찰하고 공감하며 비판하는 등의 수용 활동을 한다. 그리고 주인공과 주요 인물들, 기타 여러 인물들의 관계를 복합적으로 읽고 이해하면서 특정 인물의 행위와 그로 인해 발생하는 사건이 갖는 의미를 전체 서사의 맥락을 바탕으로 해석해 낸다. 이러한 소설 읽기를 능동적으로 수행한다면 능숙한 소설 독자일 것이고, 인물의 행위와 사건을 표피적으로 따라가기에 급급하다면 미숙한 소설 독자라 할 것이다. 미숙한 독자를 능숙한 독자로 만들고자 하는 교육적 과업은 결국 인간에 대한 깊은 관심과 사랑에서 비롯된다. 바로 이것이 소설을 쓰고 또 읽는 이유이기도 하다.

소설은 서사의 하위 장르이다. '서사(敍事)'라는 용어를 한자 그대로 풀어 보면, 사건을 순서 짓는 행위 또는 그러한 행위에 따른 결과물을 의미한다. 이러한 점에서 서사의 근대적 문학 유형인 소설은 여러 사건을 일정한 방식으로 조합하고 구성한 과정과 결과를 문자 매체로 구현한 언어체(言語體)라 할 수 있다. 따라서 소설의 핵심은 사건이다. 그런데 소설에서 사건은 누군가에 의해 발생한 것이다. 사건을 일으키는 주체가 있어야 사건이 생성된다. 그리고 그 사건은 그다음 사건을 생성하는 조건이 된다. 요컨대 사건이란 어떤 행위 주체가 특정한 욕망이나 동기에 따라 특정한 행위를 함으로써 이전 상태와는 다른 상태로 전환될 때, 바로 그 변화 현상을 의미

한다.[1]

이러한 사건을 생성하는 근본 원인이 되는 행위 주체를 소설과 소설 이론에서는 '인물(character)'이라 부른다. 소설과 같은 서사문학에서 인물은 현실의 실제 인간이 아니며, 설령 실존 인물에 기반했다 하더라도 작가가 허구적으로 상상하고 해석하여 특정한 성격과 역할을 부여한 가공된 인격체일 뿐이다. 이렇듯 인물은 단순히 작품 속 여러 대상 중 하나로서의 인간이 아니라 전체 서사 구도에서 의미와 가치를 갖는 인격체이다. 작가의 인간관이나 가치관, 욕망과 이념 등이 투영되어 있는 특정한 성격의 인격체, 즉 성격화된 인격체가 바로 인물인 셈이다. 이는 인물과 성격을 뜻하는 영어 표현이 모두 'character'인 이유이기도 하다.

소설의 인물은 작품 속에 구현되고 독자의 읽기를 통해 종합되는 인격적 특질들의 총체이다(최시한, 2010: 200). 그렇기에 인물을 파악하고 그 의미를 해석하기 위해서는 인물에 부여된 혹은 인물을 둘러싼 여러 특질과 그 특질들의 맥락을 이해하는 것이 중요하다. 인물은 현실에 존재하는 구체적인 실체가 아니라 작가의 욕망이 투영되어 가공된 허구적 인격체이므로 나름의 미적 상징성을 지닌다. 상징은 해석을 부르는바, 독자의 적극성과 능동성의 수준에 따라 인물에 대한 이해와 해석의 양상 역시 달라질 수밖에 없다. 소설 교육에서 인물을 다룰 때는 이 점에 유의해야 한다.

....

1 사건(event)이란 인간이 이해하고 설명할 수 있는 존재 상태의 변화를 의미한다. 합리적 지성으로 이해 또는 설명하기가 매우 어렵거나 불가능한 상태 변화는 사고(accident)라는 용어로 달리 지칭할 수 있다. 들뢰즈(Deleuze, 1990/1999: 124)는 사건과 사고를 두고 "하나는 탈물질적 연쇄이고 다른 하나는 현실적으로 불완전한 연쇄"라고 규정하였다. 그리고 사건과 사고는 서로 다른 대상을 지칭하는 표현이 아니라, 단일한 것을 두고도 탈물질적 본성과 시공간적 현실화에 대해 주체가 인식하는 방식과 결과의 차이에 따라 구분되는 것이라고 주장하였다. 이러한 논리에 따르면, 옛이야기 중에서 인간의 지성으로 납득하기 어려운 스토리는 엄밀히 말해 사건이라기보다 사건에 사고를 불안정하게 조합한 결과물이라 할 수 있다.

2 인물 유형론과 형상화 방법

여기서는 오랜 역사를 지닌 인물 유형론을 개괄한 다음, 성격화 또는 인물 창조라는 용어를 쓰기도 하는 인물 형상화 방법의 원리를 설명할 것이다. 인물 유형론은 소설 교육에서 필요한 지식이지만 지나친 유형 분류 작업으로만 귀착되어서는 안 되며, 오히려 인물 탐구의 배경지식이나 참조체제 정도로 그 쓰임새를 이해하는 것이 적절하다.

1) 기능적 행위자로서의 인물

소설 이론의 인물에 관한 용어 중 '주인공'은 사람들 사이에서 광범위하게 사용되고 있다. 워낙 대중적으로 널리 쓰이는 말이라 다른 용어를 사용하자고 주장하기가 쉽지 않고, 그 말의 용법이 쉽게 바뀌지도 않을 것이다. 하지만 '주인공'이라는 용어의 의미와 한계를 알 필요는 있다.[2]

'주인공(hero)'이라는 말은 영웅을 연상시킨다. 그런데 근대 이후 서사문학의 총아인 소설은 영웅이 아닌 보통 사람을 주요 인물로 다루는 것이 특징이다. 즉, 평범한 대중들의 일상 이야기에서 모순된 논리와 세계의 폭력 그리고 인간다움을 지키기 위한 분투와 갈등 등을 보여 주는 데 주력한다. 설령 영웅을 다루는 경우조차도 그를 한계 많은 인간의 위치에 놓아 서사화하려는 경향을 보인다. 예를 들어 김훈의 〈칼의 노래〉(2001)는 오랫동

---

2 소설이나 영화 등 서사예술에 등장하는 주요 인물을 '주인공'이라 부르는 관행이 굳어져 있는 상황이기 때문에, '주인공'이라는 용어의 사용은 불가피한 측면이 있다. '주인공'이라는 용어를 폐기할 필요까지는 없겠으나, 이 용어의 의미를 현대소설 이해와 읽기에 제한적으로 적용할 수 있는 판단력을 갖추는 것은 중요하다.

안 구국의 위인으로 추앙받아 온 '이순신'의 비범하고 영웅적인 외적 행동보다 고뇌하며 갈등하는 내면세계를 충실히 그림으로써 그를 완벽한 영웅이 아닌 한 명의 인간으로 형상화하였다. 이러한 점에서 소설에서는 '주인공'보다 '주역(leading character)' 또는 '중심인물(main character)' 등의 용어가 더 적절하다.

소설에서 서사 전개의 주역이 되는 중심인물의 가치를 파악할 때는 그 주변의 인물들도 파악해야 한다. 여러 인물이 사건의 연쇄를 만들어 가는 과정이 소설의 서사이기 때문이다. 우선, 중심인물의 주변부에 속하는 인물로 '부수적 인물(minor character)'을 상정할 수 있다. 부수적 인물이란 전체 서사의 주요 핵심 사건을 일으키거나 주도하지는 않지만, 이야기 흐름상 빠져서는 안 되는 정도의 부차적 역할을 담당하는 인물을 지칭한다. 이는 사건의 유형을 분류할 때 '중심사건(kernel)'과 '주변사건(satellite)'으로 구분하는 것과 마찬가지의 원리이다.

그런데 주변부에 속하면서 중심인물의 행동을 방해하거나 중심인물과 갈등을 일으키는 존재도 있다. 중심인물의 대척점에 있는 이러한 존재는 단순히 부수적인 역할을 하는 것이 아니라, 서사 전개에서 중요한 역할을 수행한다. 이를 고려하면 소설에 등장하는 인물 유형을 '주동자(protagonist)'와 '반동자(antagonist)'로 구분할 수 있다. 주동자는 사건 전개의 중심에 자리하여 행동을 주도하는 인물이고, 반동자는 주동자의 행위에 대립하고 투쟁하는 훼방꾼 같은 인물이다. 이광수의 〈무정〉(1917)을 예로 들면 이형식과 박영채 등에 맞서는 배학감과 김현수 등이 반동자 유형에 속한다. 주동자와 반동자는 서로 맞물려서 작용하는 관계이다. 따라서 이 둘의 개념을 기계적인 대칭 또는 분리로 인식하고 구분하기보다는 상호 관계 속에서 그 역할과 의미를 파악하는 것이 중요하다.

이와 유사한 맥락으로, 작품 전체의 서사 구조에서 인물의 행동이 갖는 기능에 보다 몰두한 작업 성과가 있었다. 오래전 아리스토텔레스가 예술가는 "행동하는 인간을 모방하는데, 행동하는 인간은 필연적으로 선인이거나 악인이다."라고 말했다(Aristoteles/천병희 역, 2017: 30). 여기서 중요한 것은 '행동하는 인간'이라는 표현이다. 같은 맥락에서 러시아 형식주의자와 구조주의 서사 이론가들은 서사 속 인물을 기능적 행위자로 보았다. '기능적 행위자'란 자신에게 주어진 임무와 역할을 수행하는 대리자(agent) 또는 요원(要員)을 의미한다. 소설과 같은 서사문학에서 인물이란 스스로 살아 움직이는 주체로서의 실제 인물이 아니라, 작가가 어떤 의도와 목표를 가지고 전체 이야기 안에서 특정한 역할을 수행하도록 만들어 놓은 모종의 대리적 장치 같은 것이라고 보았던 것이다. 러시아 형식주의 및 구조주의 서사 이론은 이러한 입장을 바탕으로 그 논리를 심화하고 발전시켜 갔다.

우선 이야기 전체 구조에서 차지하는 인물의 기능에 관한 대표적인 이론가는 블라디미르 프로프(Vladimir Propp)이다. 그는 저서 『민담 형태론(*Морфология сказки*)』(1928)에서 100개의 러시아 민담을 분석해 유사한 서사 패턴을 발견하고, 등장인물에 의해 반복적으로 수행되는 행위를 '기능(function)'이라 규정하였다. 그리하여 그는 '부재, 금지, 위반, 기만, 악

인물과 플롯의 관계

츠베탄 토도로프(Tzvetan Todorov)는 소설을 '인물 중심 소설'과 '플롯 중심 소설'로 나눈 바 있다(Todorov, 1971/2003). 그러나 주동자나 반동자의 성격을 구분하면서 자연스럽게 알 수 있듯이, 소설 교육에서는 인물 중심과 플롯 중심을 대립적이거나 완전히 분리된 관계로 보아서는 안 된다. 오히려 '인물은 어떻게 플롯화한 결과물인가' 또는 '플롯은 누구의 플롯인가' 하는 문제로 보도록 가르치는 것이 바람직하다. 이광수의 〈무정〉을 다시 예로 들면, 이형식이나 박영채의 성격화 과정은 곧 작품 전체의 플롯 구조와 그 효과 자체이기도 하다는 점을 인식해야 한다.

행, 투쟁' 등 서른한 가지 기능을 찾아내고, 그러한 기능에 근거하여 '적(villain), 증여자(doner), 조력자(helper), 탐색자(sought-for person and her father), 파견자(dispatcher), 주인공(hero), 가짜 주인공(false hero)'이라는 일곱 가지 일반적인 인물 유형을 도출하였다(Propp, 1928/2013: 132-138). 하지만 프로프가 제시한 인물 유형을 일일이 외울 필요는 없다. 등장인물이 이야기에서 갖는 역할과 기능에 따라 접근하는 지적 논리가 있음을 이해하되, 민담과 같은 구비서사문학을 대상으로 한 연구인 만큼 소설의 분석과 해석에서는 하나의 참고사항 정도로 받아들이는 것이 마땅하다.

　인물이 보이는 행위의 유형에 따라 보다 세밀한 유형론을 펼친 연구도 등장했다. 20세기 중후반 구조의미론과 기호학의 발전에 큰 영향을 미쳤던 알기르다스 쥘리앵 그레마스(Algirdas Julien Greimas)가 개념화한 작업인데, 그에 따르면 소설과 같은 서사문학의 인물은 다음처럼 대립 개념으로 구조화할 수 있다(우한용, 1996: 25).

　　① 발신자(destinateur) ― 수신자(destinataire)

　　② 주체(sujet) ― 대상(objet)

　　③ 협조자(adjuvant) ― 반대자(opposant)

　이러한 대립 관계는 서사물 내에서 인물의 행위가 갖는 기능과 역할을 의미하는 '행위소(actant)'와 행위를 수행하는 주체인 '행위자(acteur)'라는 개념을 통해 인물이 펼치는 여러 행위를 유형화한 것이다. 여기서 중요한 것은 행위자의 기능과 역할이다. 그레마스의 인물 유형은 인물의 행위가 갖는 기능과 역할 그리고 행위자의 상호 관계에 따라 도출한 일종의 관계 도식이다. 이를 주체가 대상을 욕망하는 하나의 구조로 정리한다면, 다음과 같은 도식이 성립할 수 있다(우한용, 1996: 26).

행위자 모형

하지만 이러한 그레마스의 이론은 프로프의 경우와 마찬가지로 인물의 행위가 갖는 역할과 기능을 인물 간의 관계 속에서 파악하는 시각과 태도의 중요성을 시사하는 것으로 보아야 하지, 모든 현대소설이나 서사문학에 두루 적용되는 보편 원리로 이해해서는 곤란하다. 이론은 항상 가설적인 속성을 갖고 있기 때문에 문학 이해에서는 해석의 중요한 참조체제, 즉 해석 수단으로서의 가치를 갖는다. 추상적 도식을 구체적 현실에 기계적으로 대응하거나 적용하는 일은 언제나 문제가 된다.

2) 내면과 세계의 매개자로서의 인물

소설의 등장인물을 서사 구조에서 갖는 역할과 기능이라는 내재적 차원이 아니라, 현실 세계와의 관련성 속에서 이해하려는 노력도 오래전부터 있어 왔다. 헤겔주의적 입장의 산물이라 할 터인데, 카를 마르크스(Karl Marx) 이후 대표적인 이론가로 죄르지 루카치(György Lukács), 발터 베냐민(Walter Benjamin), 뤼시앵 골드만(Lucien Goldmann) 등을 들 수 있고, 최근에 와서는 약간의 이론적 변형이 가해진 페터 V. 지마(Peter V. Zima) 같은 이론가도 들 수 있다. 이 중 루카치에 의해 구체화된 '문제적 개인'과 베냐민에 의해 정립된 '산책자(flaneur)'라는 인물 유형은 특기할 만하다. 이 입장들은 주인공의 성격적 특징을 중심으로 그 인물이 주변 환경에서 드러내는 태도나 역할에 따라 서사 구조가 형성되어 가는 원리에 주목한다.

(1) 전형적 인물과 개성적 인물

우선 소설의 리얼리즘을 추구하는 마르크스주의에서는 전형적 인물을 내세운다. 프리드리히 엥겔스(Friedrich Engels)는 소설가 마거릿 하크니스(Margaret Harkness)에게 보낸 편지에서 "내 생각에 리얼리즘은 세부의 충실성 이외에도 전형적 상황에서 전형적 성격들의 충실한 재현을 의미하지."라고 말하면서 전형적 상황과 함께 전형적 성격, 즉 전형적 인물이 리얼리즘 소설의 본질적 요소라고 주장했다(Marx & Engels, 1973/2015: 162). 이 개념은 리얼리즘 문학론의 주개념으로 자리하면서 근대소설의 인물이 사회학적으로 지향하는 중요 지표가 된다.

이러한 전형적 인물에 맞서는 개념으로 개성적 인물이 거론되어 왔다. 전형적 인물이 특정 집단이나 계층의 대표적이고 공통적인 성격을 보이는 인물이라면, 개성적 인물이란 특수한 기질과 성품을 통해 독특한 존재감을 뿜어내는 인물이라는 것이다(권영민, 2006: 133). 그러나 실제 소설에서는 전형적이면서도 개성적이고, 개성적이면서도 전형적인 인물이 많기 때문에 이러한 개념적 구분에 유의해야 한다. 작품성이 뛰어난 소설은 두 인물 유형의 통합적 면모를 보여 줄 가능성이 높다. 예컨대 염상섭의 〈삼대〉(1931)에 등장하는 조 의관, 조상훈, 조덕기는 각 세대의 전형적이면서도 개성적인 성격을 구현하고 있다.

(2) 문제적 개인과 산책자

인물의 심리적이고 사회적인 성격을 통합적으로 매개하는, 좀 더 진일보한 소설의 인물 유형으로 루카치의 문제적 개인이나 베냐민의 산책자 개념을 들 수 있다. 우선 루카치의 문제적 개인을 살펴보면, 그가 근대소설의 주인공이 처한 환경으로 주목하는 것은 자본주의이다. 그에 따르면 근대소설이 다루는 세계는 자본주의의 확장과 발전으로 인해 삶의 본질적 가치가 대부분 좌절되고 훼손된 세계이다. 개인과 세계와의 조화로운 통일이 상실되면서 개인은 궁극적으로 총체성의 상실을 경험한다. 하지만 그러한 세계에서도 본질적 가치를 포기할 수 없는 개인이 소설의 주인공이 되는데, 그가 바로 문제적 개인이다. 루카치는 자신의 주저인 『소설의 이론(*Die Theorie des Romans*)』(1916)에서 "예술은—삶과의 관계에서—언제나 '그럼에도 불구하고(trotzdem)'의 태도를 취한다. (…) 소설의 경우에는 이러한 불협화음을 인정한다는 것은 형식 그 자체이다."라고 말했다(Lukács, 1916/2007: 82). 그리하여 아이러니가 소설의 본질 구조로 성립되고 내적 형식을 이루게 된다. 이는 길 또는 모험의 내적 형식으로 구체화되어 나타난다. 다시 말해 인물의 심리 구조가 행동을 통해 드러나는 사건 및 플롯의 구조와 맞닿아 있는 것이다. 요컨대 문제적 개인은 그러한 근대 자본주의 이후 인간이 처한 아이러니적 실상을 문제로 인식하며 그 해결의 길을 찾아 나가지만 결국 실패나 좌절의 아이러니에 도달하게 되는 전형적인 인물이다.

다음으로 산책자 개념을 설명하고자 한다. 이 개념을 쉽게 이해하기 위해 한국 소설에 적용한 경우를 살펴보자. 박태원의 〈소설가 구보씨의 일일〉(1934)의 주인공 화자인 구보에 대해 산책자 개념으로 접근한 연구가 대표적인 사례이다. 최혜실(1988) 이후 흔히 박태원의 구보를 두고 베냐민의 용어를 빌려 산책자라고 명명해 왔다. 하지만 박태원의 구보가 최인훈의 구보(1969~1972)를 거쳐 주인석의 구보(1995)로 거듭 재탄생되는 과정에서 점차 분명해지는 면모를 더 엄밀히 따져 볼 필요가 있다. 구보는 근대 도시의 풍경을 관찰하면서 비판적 식견을 자유롭게 드러내는 베냐민적 의미의 산책자라고만 보기는 어렵다. 한국 소설에서 구보는 암울하고 불합리한 사회를 살아가는 예술가적 자의식의 한 표식으로서, 가장된 명랑과 우울의 상반된 감정을 양가적으로 지닌 채 도시 곳곳을 돌아다니며 세태를 관찰한다. 그는 유희적 태도를 보이는 동시에 소설가로서의 고유 임무를 수행하는 노동자적 자의식도 보인다. 이러한 점을 고려할 때, 답답한 전체주의적 혹은 속물적 현실에 부닥쳐 자신의 예술적 글쓰기가 목적이 아닌 수단으로 변질되는 과정을 자각하는 소설가의 자의식이 있고, 그에 따라 도달하게 된 현실과의 감정적 불화와 현실에 대한 미적 저항이 구보의 산책이 갖는 본질적 의미라고 규정할 수 있다(김근호, 2017). 리얼리즘 소설에서 자본주의의 소외 문제를 고민하고 극복하고자 하는 이상적 인물로 자리한 문제적 개인과 달리, 산책자는 도시 공간에 대한 매우 구체적인 감각과 감정의 편린을 나열하는 방식으로 서사적 육체가 형성되는 특징을 지닌다. 한국의 현대소설사에서 구보는 그러한 산책자가 소설가 본연의 모습이자 소설의 형식으로 구체화된 결과물이다.

(3) 평면적 인물과 입체적 인물

문제적 개인이나 산책자라는 개념에서 확인한 것처럼, 소설 교육에서는 단순히 인물의 유형을 분류하는 것에서 나아가 내면과 세계의 매개 주체로서 인물을 이해하는 것이 매우 중요하다. 하지만 아직도 현실에서는 분류를 위한 분류에 그치는 경우가 더러 있는 듯하다. 인간을 기질과 성격에 따라 유형화하려는 시도는 일찍부터 있었는데, 예를 들어 히포크라테스는 사체액설(다혈질, 우울질, 담즙질, 점액질)을, 조선 후기의 한의학자 이제마는 사상체질(태양인, 소양인, 소음인, 태음인)을 제시한 바 있다. 같은 맥락에서 최근에는 소설의 등장인물을 혈액형으로 분류하는 놀이도 있다. 하지만 그 같은 분류는 과학적 근거가 전혀 없고 작품 이해에도 그다지 도움이 안 되는 경우가 많다. 이렇듯 공시적 차원에서 인물의 특성에 따라 유형을 분류하는 것이 소설의 인물 이해에 전혀 무용하지는 않겠지만, '소설'의 인물을 적절하게 설명할 수 있는가 하는 의문 앞에서는 설득력이 부족하다. 소설의 인물은 소설 속에서 유의미한 특징과 가치를 지니기 때문이다. 즉, '소설'의 인물에 관한 물음에는 '소설'의 장르적 본질에 입각한 대답이 필요하다. 노스럽 프라이(Northrop Frye)가 『비평의 해부(*Anatomy of Criticism: four essays*)』(1957)에서 정식화한 인물 유형, 즉 '사기꾼(alazon), 자기 비하자(eiron), 익살꾼(bomolochos), 촌뜨기(agroikos), 속죄양(pharmakos)' 역시 인물 유형의 원형을 모색하는 작업이었기에(Frye, 1957/2000), 그 논리 자체가 공시적 특질에 국한되었다는 한계가 있다. 소설에 등장하는 인물의 유형은 소설이라는 장르의 특성에 기반하여 훨씬 더 넓고 유기적으로 조직된 참조체제의 틀 속에서 형성되고 구축되는 개념이라고 보아야 한다.

이러한 점에서 오랫동안 회자되어 온 E. M. 포스터(E. M. Forster)의 인물 유형론과 그 수사학적 핵심 원리에 주목할 필요가 있다. 소설가이기도 한 포스터는 자신의 소설 창작 경험을 바탕으로 인물을 '평면적 인물(flat character)'과 '입체적 인물(round character)'로 유형화했다(Forster, 1927/1990). 이는 인물 유형론에 시사하는 바가 많다. 소설 전체의 서사적 맥락에서 인물이 지닌 성격의 역할과 변화 여부를 기준으로 삼았기 때문이다. 아울러 이러한 유형 분류는 작가가 소설 창작 과정에서 인물을 형상화할 때 고려하는 지점뿐만 아니라 독자가 소설 독서 과정에서 인물에 대해 느끼는 놀라움의 감정, 즉 '경이감(驚異感)'을 바탕으로 삼았기에 더욱 유의미한 접근이다. 포스터에 따르면 평면적 인물은 싫증과 권태를 유발하기 쉽지만, 입체적 인물은 독자들을 감동시켜 어떤 감정에도 빠져들 수 있게 하는 역동성을 갖는다(Forster, 1927/1990: 81-82). 특히 입체적 인물은 평면적 인물과 달리 작품 속에서 무궁한 인생을 보여 주면서 독자를 놀라게 하는 특징을 지닌다(Forster, 1927/1990: 87). 이러한 포스터의 인물 유형은 서사 전개에서 인물 성격의 변화라는 측면에 국한되어 있기 때문에, 인물의 심리와 사회적 맥락을 포괄하기에는 한계가 있다. 하지만 작품 내적 서사 구조와 독자의 수용을 함께 고려하여 작품에 나타난 인물의 특징을 추출하고 종합적으로 구성해 낸 결과물이 소설의 인물이라는 인식은 매우 소중한 발견이라 할 수 있다.

지금까지 대개 평면적 성격은 단편소설에 흔하고, 입체적 성격은 장편 소설에 흔하다고 설명해 왔다. 예를 들어 평면적 인물은 김동리의 소설에 서 자주 나타나는데, 〈무녀도〉의 주요 인물들이 그러한 면모를 잘 보여 준 다. 특히 초판본(1936)에서 한낱 살인자이자 근친상간을 범한 패륜아에 불 과했던 욱이를 기독교적 순교자로 탈바꿈시킨 개작본(1947)을 보면,[3] 모 화와 욱이는 각자 자신의 신념을 꺾지 않고 끝까지 밀고 나가며 그 결과 둘 다 죽음의 길을 택한다. 입체적 인물은 염상섭의 〈만세전〉(1924)의 주인공 인 이인화 같은 인물에게서 확인할 수 있다. 이인화는 동경 유학생 시절에 는 자신의 현실에 대해 그다지 문제의식이 없는 인물이지만, 식민지 조선 인이라는 자기 안의 타자를 발견하고 깊이 고뇌하게 되면서 삶에 대한 태 도와 자기 정체성을 새롭게 정립해 나가는 주체로 변화하고 성장한다. 하 지만 장편소설에서도 평면적 인물이, 단편소설에서도 입체적 인물이 발견 된다. 김동인의 단편소설 〈감자〉(1925)에 나오는 주인공 복녀는 환경에 따 라 성격이 변화하고 결국 파멸로 치닫게 되는 입체적 인물이다. 따라서 작 품의 분량보다는 작품의 서사 구조 속에서 인물이 갖는 위상과 의미를 이 해하는 것이 중요하다.

....

3 〈무녀도〉는 1936년 5월 《중앙》에 발표되었고, 1947년 을유문화사에서 출간한 단편집에 수록될 때 대폭 개작되었으며, 이후 1978년 〈을화〉라는 제목의 장편소설로 다시 개작되었다.

이처럼 현대소설의 인물 유형론에서 주안을 두어야 하는 것은 단순히 서사물 내부에서의 기능과 역할이 아니라, 사회적 서사 형식이라는 소설 장르의 본질에 입각한 인물 이해이다. 따라서 한 개인으로서의 심리적 내면성과 사회적 존재로서의 사회성이 통합된 인격체로 소설의 인물을 이해할 필요가 있다. 아울러 소설이 서사인 만큼, 그러한 인물이 서사 구조 속에서 지니는 역할과 기능을 동시에 파악하는 방향으로 나아가야 한다. 즉 심리, 사회, 구조의 삼각관계에 놓인 인물의 의미를 파악하는 것이 이상적이다. 예를 들면 염상섭의 〈삼대〉에서 조덕기라는 어정쩡하지만 합리적인 성격의 인물이 어떻게 1930년대 식민지 조선의 중산층을 대표하고, 조부와 부친의 갈등을 조정하며, 집안의 재산을 외부세력으로부터 지켜 내는 인물로 제 역할을 수행하는지를 파악하는 것이 한 가지 사례가 될 수 있다.[4]

참고로 비슷한 맥락에서 인물의 성격을 가능하게 하는 요소를 총칭하여 '성격소'라고 하면서, 그 성격소를 세 가지로 구분할 수 있다는 입장이 등장하기도 했다. 이를테면 개인 측면에서는 '심리와 욕망의 소유자'라는 심리적 성격을 담지하는 인물 유형, 사회 측면에서는 '이념과 가치의 모색자'라는 사회적 성격을 지향하는 인물 유형, 서사 구조 측면에서는 '기능과 역할의 행위자'라는 기능적 성격에 따른 인물 유형 등으로 구분하고자 했던 작업이 바로 그것이다(최시한, 2010: 200). 첫 번째는 프로이트적 심리학의 발전에 대응하고, 두 번째는 루카치 이후의 소설사회학적 성과에 대응하며, 세 번째는 구조주의 서사이론의 심화된 시각에 따른 것이다. 그러나 앞서도 밝혔듯이 인물 유형론은 단지 구분에만 몰두할 것이 아니라, 한 걸음 더 나아가 각각의 매개 개념을 바탕으로 인물 이해가 가급적 통합되는

----

4 같은 맥락에서 최인훈의 〈광장〉(1960)에 나타난 주인공 이명준의 가치를 중도적인 매개 인물로 보아 장편소설의 내용과 형식의 통합적 읽기를 모색한 김성진(2012)의 논의를 참고할 수 있다.

방향을 모색하는 것이 마땅하다. 작품에 등장하는 인물이란 한 명의 개인인 동시에 사회적 존재이며, 작품 전체의 서사 구조 속에 용해되어 존재하고, 독자에 의해 통합적으로 파악되고 구축되는 과정에서 구체적으로 성격화되는 실체이기 때문이다.

3) 인물 형상화 방법

앞서 인물 유형론을 살펴보았지만, 소설 교육에서는 인물 자체의 특징에 따른 유형 분석보다 인물의 형상화에 대한 탐구와 해석이 보다 중시되어야 한다. 그 까닭은 인물 유형론이 갖는 이론 성립의 어려움과 현대소설의 장르적 특성 때문이다. 소설에서 인물의 유형을 나누는 일은 소재 혹은 제재 중심의 임의적인 작업이 될 위험이 크며, 작품 속 인물의 역할과 그에 대한 작가의 인식 및 태도 등을 다루기 어려울 수 있다. 소설은 문자로 이루어진 서사예술인 만큼 소설의 형식이란 내용이 문자 언어로 구체화된 것이다. 즉, 소설에서 '무엇'은 반드시 '어떻게'를 통해 드러나며 '어떻게'조차 '무엇'의 세계에 용해되어 인식된다. 문학에서 내용과 형식은 서로 맞물리며 작용하는바, 특히 소설에서의 인물은 진공 상태의 대상이 아니라 전체 서사 속에서 기능하고 작용하며 구체화되는 존재이다.

구조주의 서사 이론에서 주된 관심은 서사물의 구조이다. 이 때문에 인물은 '행위자'라는 한낱 기능소(機能素) 정도로 인식되어 왔으며, 작가나 서술자의 서술 행위 또는 소통적 맥락에서의 서사적 수행과 관련된 논의는 별로 진전되지 않았다. 하지만 이제 구조주의 서사 이론을 넘어 소통의 맥락에서 작가와 서술자의 서술 행위나 서사적 수행이 독자에게 미치는 영향에 주목해야 한다. 이를 위해 인물 형상화 방법에 관한 이해 및 유관성을 지닌 자질과 요소를 묶어 내는 사고가 필요하다. 서사적 소통 맥락을 기반으로 한 '내용형식'이라는 관점이 중요한 것이다.

(1) 명명법

소설의 인물 형상화 방법으로 등장인물의 이름에 주목한 적이 있다. 어떤 소설가는 소설을 쓰기 위해서는 우선 작명가(作名家)가 되어야 한다고까지 주장하였다(전상국, 2003: 152). 실제로 작가는 소설 속 인물의 처지나 삶을 그대로 반영하여 이름을 짓기도 하고, 현실과 정반대의 의미를 담은 아이러니한 이름을 부여하기도 한다. 또 인물의 이름 짓기에는 작가의 욕망이나 세계관, 정체성 등이 투영되기도 한다. 박경리의 대하소설 〈토지〉 (1969~1994)에 등장하는 주요 인물들의 이름에는 작가의 욕망이 투영되어 있는데, 온갖 민족적 고난을 뚫고 밝은 미래를 여는 주역이 되라는 뜻이 담긴 '길상(吉祥)'이 그러한 사례 중 하나이다.[5] 전광용의 〈꺼삐딴 리〉(1962)에 등장하는 주인공 '이인국'의 이름이 '異人國'을 함의한다고 읽는다면(전상국, 2003: 153), 해방과 동시에 남북이 분단되면서 '월남작가'라는 전대미문의 존재가 되어 버린 작가의 정체성이 투영된 이름으로 볼 수 있다. 같은 맥락에서 전광용은 자신의 마지막 장편소설 〈창과 벽〉(1967)에서 한민족 (韓民族)을 상징하도록 주인공에게 '한민(韓民)'이라는 이름을 부여했다. 이 작품은 대학교수인 한민이 1965년 한일협정의 정국과 그로 인한 대학사회의 혼란 속에서 민주적 정치 질서를 열망하고 국토 전반을 사랑하는 민족주의자로서 겪는 고뇌를 보여 준다.

....

5　장차 길상의 부인이 되는 최서희의 이름을 두고 이렇게 생각해 볼 수도 있다. 식민지 근대로 접어드는 과정에서 몰락한 최 씨 집안의 무남독녀 최서희는 작품에 '서희(西姬)'로 표기되어 있지만, 상서롭고 흥성하다는 뜻의 '서희(瑞熙)'로 바꾸어 읽음으로써 길상의 이름과 유사하게 이해해 보는 것이다. 참고로 한국 현대소설사를 통틀어 가장 분량이 많은 소설인 〈토지〉는 주인공이 따로 없다. 각계각층의 인물들이 자신의 위치에서 서로 연대하여 민족사의 어둠을 힘차게 헤쳐 나가는 의지와 행동에 기반한 운동성의 서사이기 때문이다.

인물 형상화 방법으로서 명명법은 현대로 올수록 그 역할과 의미가 퇴색하여[6] 이제는 인물 형상화에 막중한 역할을 하지는 못한다고 보아야 한다. 하지만 사람의 이름이 그의 개성과 성격적 특징을 환기할 때가 있듯이, 소설의 등장인물이 갖는 이름도 가끔 유의할 필요가 있음을 상기하는 선에서 정리하면 되겠다.

(2) 인물 형상화의 대상

기존의 소설론에서 인물 형상화는 기법으로 설명되는 경우가 많았다. 하지만 앞서 언급했듯이 예술적 형식에 대한 설명은 그 안에 내용을 포함해야 한다. 그러므로 이제는 '인물을 어떻게 형상화하는가'라는 물음을 '인물의 어떤 측면을 어떤 방법으로 꾸며서 성격화하는가'라는 물음으로 전환해야 한다. 이렇듯 형상화 기법뿐 아니라 인물의 형상 표지, 즉 형상화의 대상에 초점을 맞추어야 '무엇'과 '어떻게'를 통합적으로 사유하는 논리를 마련할 수 있다. 그렇다면 소설에서 인물의 형상화는 어떤 논리적 구도를 갖는가? 아직 인물 형상화와 관련된 소설론 혹은 서사론은 만족할 만한 수준까지 진척되지 못한 것으로 보인다. 물론 구조주의 서사론에서도 시모어 채트먼(Seymour Chatman)이나 제라르 주네트(Gérard Genette) 등 서사 구성 측면에 관심을 기울이는 방향으로 나아간 논의가 있기도 했다. 그러나 이들 역시 인물 형상화와 관련된 구체적인 이론을 내놓지는 못했다.

슬로미스 리먼케넌(Shlomith Rimmon-Kenan)은 '인물 구성(성격화, characterization)'이라는 용어를 통해 소설과 같은 서사문학에서 인물이 성격

----

6 초기 근대소설에서도 이름에 큰 의미를 두지 않은 인물들이 종종 등장했다. 염상섭은 초기 3부작 〈표본실의 청개구리〉(1921), 〈암야〉(1922), 〈제야〉(1922)에서 인물의 이름을 P, E 등 영문 이니셜로 제시하였다. 현진건의 〈B사감과 러브레터〉(1925)나 유진오의 〈김강사와 T교수〉(1935)에 나오는 B사감, T교수 역시 무색무취한 이름이다.

화되는 방식을 탐구했다. 그는 소설 텍스트에 나타나는 인물의 성격화 지표, 즉 일종의 서술 기법을 '직접 한정(direct definition)'과 '간접 제시(indirect presentation)'로 구분하였다. 여기서 직접 한정은 이른바 '말해 주기(telling)'에 해당하고, 간접 제시는 '보여 주기(showing)'에 해당한다. 그는 간접 제시로 서술해야 하는 대상 요소를 '행동(action), 말(speech), 외양(external appearance), 환경(milieu)' 등으로 세분화하였다. 그리고 직접 한정 및 간접 제시와는 별개로 인물 구성을 강화하는 형식으로서 '유비(analogy)'를 들었다(Rimmon-Kenan, 1983/1999: 109-126). 그런데 인물의 행동과 외양은 직접 한정으로도 서술할 수 있다. 게다가 말과 행동은 인물의 내면을 드러내기도 하는데, 이때 간접 제시와 직접 한정이 모두 가능하다. 이러한 점에서 리먼케넌의 주장은 한계가 있으나, 그가 제시한 행동, 말, 외양, 환경 등은 인물 형상화의 대상 차원에서 참고할 만하다.

여기에서는 인물 형상화의 대상 차원을 구체화하여 그 구성 요소를 명료하게 정리해 보기로 한다. 비유적으로 표현하자면 소설이란 허구의 이야기로 쓰는 인간학이다. 그러므로 소설에서 인물의 형상화는 작가가 인물에게 인간다움의 자질, 곧 인격(personality)을 부여하여 인간답게 만들어 가는 작업이라 할 수 있다. 그렇다면 인간을 인간답게 하는 특수한 자질로는 무엇을 거론할 수 있는가? 이 인간다움의 자질들은 각각 독립적 세계에 속하는 동시에 서로 유기적인 연관성을 가져야 할 것이다. 이 부분이 구체적으로 밝혀져야 유기체인 인간을 종합적으로 고찰할 수 있는 길이 열리고, 이른바 인물 형상화 이론의 기본 체계가 성립될 수 있다. 그러자면 인간을 인간답게 해 주는 형상 표지에 주목해야 한다. 요컨대 인물 형상화의 대상은 작품 속에서 인물이 형상으로 실현되는 과정에 작용하는 가장 기본적인 형상적 자질이다.

여기서는 이러한 인물 형상화의 대상을 내면과 외면으로 나누고, 외면은 다시 행동과 말, 그리고 외양으로 나누고자 한다. 이에 따라 정리하면, 인물 형상화의 대상은 첫째 마음(mind), 둘째 행동(action), 셋째 말(speech), 넷째 외양(outward appearance)이다.[7] 소설의 인물 형상화에서 이 네 가지 중 어떤 것도 없어서는 안 되는데, 각각은 독립적인 인간다움의 요소이면서 유기적으로 연결되어 있다. 이 네 가지 대상 가운데 특히 외양을 제외한 나머지는 인간을 다른 동물과 구별 짓게 하는 특수한 자질이라는 점에서 주목할 만하다. 인물 형상화의 네 가지 대상은 원리상 구분되긴 하지만, 독자가 인물을 이해하고 탐구하는 과정에서는 유기적으로 종합되어 파악된다.

(3) 직접적 방법과 간접적 방법

작가는 소설을 창작할 때 특정한 초점자나 서술자를 내세워 인물 형상화의 대상 요소를 서술한다. 이러한 서술 방식에는 크게 직접적 방법과 간접적 방법이 있다. 직접적 방법은 인물의 특성, 성격과 기질, 내면세계 등을 작중 화자가 직접적으로 설명하거나 요약하는 방식이다. 흔히 '말해 주기'라고 불리며, 설명적 방법, 해설적 방법, 분석적 방법이라고도 한다. 직접적 방법의 예는 다음과 같다.

그는 일을 저지른 후로 요즈음 와서는 늘 이런 막가는 마음을 먹는다. 그러고 나면 걱정이 되고 속 답답하던 것이 후련해지곤 하던 것이다.

일을 저질렀다는 것은 다름이 아니라, 항용 있는 재정의 파탈로, 남의 돈에 손을 댄 것이다.

그는 작년 봄 경성에 있는 본점으로부터 이곳 군산지점으로 전근해 오

....

7 에른스트 카시러(Ernst Cassirer)의 『인간이란 무엇인가(*An Essay on Man*)』(1944)를 종합적으로 검토해 보면, 인간을 다른 존재와 분별하는 기준으로 마음, 행동, 언어에 주목할 수 있다. 여기서 사용된 '마음'이라는 말은 영혼, 내면, 감정, 지성 등을 종합한 것이다(Cassirer, 1944/1988).

면서부터 주색에 침혹하기를 시작했다.

　그는 얼굴 생긴 것도 우선 매초롬한 게 그렇거니와, 은연중에 그가 서울서 전문학교를 졸업했고, 집안은 천여 석 하는 과부의 외아들이고, 놀기 심심하니까 은행에를 들어갔던 것이 이곳 지점에까지 전근이 되어 내려온 것이라고, 이러한 소문이 떠돌았었고, 그런데 미상불 그러한 집 자제로 그러한 사람임직하게 그의 노는 본새도 흐벅지고, 돈 아까운 줄은 모르는 것 같았다.

　그러던 결과, 반년 남짓해서 육십 원의 월급으로는 엄두도 나지 않게 빚이 모가지까지 찼다.

— 채만식, 〈탁류〉

이 소설의 화자는 고태수라는 인물의 됨됨이를 독자가 쉽게 파악할 수 있도록 잘 정리해서 알려 주고 있다. 독자는 화자의 설명을 통해 그가 곱상한 외모에, 남의 돈에 손을 댔다가 친척 하나 없는 군산으로 전근 왔으며, 이후 주색잡기에 빠져 돈을 함부로 쓰고 있는 방탕한 인물이라는 점을 어렵지 않게 알 수 있다. 그리하여 그와 정 주사네 초봉의 혼사가 진행될 경우 예상되는 위험한 미래까지도 염려하게 된다. 이러한 직접적 방법은 작품의 생생한 현장감을 떨어뜨린다는 약점이 있지만, 상황을 일일이 보여 주는 묘사 과정에서 발생하는 서사적 낭비와 독자가 느낄 수 있을 독서의 피로를 막아 준다는 장점도 있다. 따라서 작가는 소설 쓰기에 이 방법을 적절하게 구사한다.

　반면 간접적 방법은 인물의 말과 행동을 제시함으로써 독자가 해당 인물의 성격을 파악하도록 하는 방식이다. '보여 주기'라고도 불리는 간접적 방법은 인물을 타인이나 주변 환경과의 상호작용 속에서 형상화한다는 점에서 직접적 방법보다 예술성이 높다고 볼 수 있으며, 근대소설이 지향하는 형상화 방식으로 평가받아 왔다. 간접적 방법의 예는 다음과 같다.

> 우리학교 담당인 학사 출신의 이순경은 한바탕 너털웃음을 한 다음 곧장 진지한 표정이 되었다. 그는 이렇게 말했다.
>
> "오선생님 앞에서 한 사람의 시민으로서의 의무를 강조할 생각은 없습니다. 다만 친절한 이웃이 돼주십사고 부탁드리는 겁니다."
>
> "권씨의 동태를 일일이 사직 당국에 고자질해야만 권씨의 친절한 이웃이 되는군요."
>
> "그렇다마다요." 하고 말하면서 이순경은 다시 너털웃음을 터뜨렸다.
>
> — 윤흥길, 〈아홉 켤레의 구두로 남은 사내〉

이 글에서 주인공 화자는 자신을 비롯한 등장인물들의 내면을 구체적으로 드러내거나 확정하여 설명하지 않는다. 오직 인물들이 하는 행동과 말을 객관적으로 보여 줄 뿐이다. 이 경우 독자는 인물의 내면심리와 성격적 특징을 적극적이고 능동적으로 추론해 내야 한다. 그렇기에 간접적 방법은 직접적 방법에 비해 소통의 역동성이 고조되는 효과가 있다. 또 독자가 특정 장면에 함께 있으면서 그 장면을 관찰하는 듯한 심리적 환상을 창조해 내는 효과도 있다. 하지만 소설에서 모든 부분을 간접적 방법으로 일관할 수는 없기 때문에, 작가는 서사 전개의 상황이나 인물의 성격을 드러내는 의도에 따라 직접적 방법과 간접적 방법을 조절하고 조화시킨다.

한편 인물의 의식 상태를 있는 그대로 드러내어 독자에게 보여 주는 이른바 '의식의 흐름(stream of consciousness)' 기법도 간접적 방법에 속한다. 의식의 흐름은 미국의 심리학자 윌리엄 제임스(William James)가 1890년대에 처음 사용한 심리학 개념인데, 이후 이 개념은 20세기 초반 모더니즘 소설의 서술 방식을 설명하는 데 원용되어 왔다. 소설 기법으로서 의식의 흐름은 인물의 내면에 있는 무질서한 생각과 비논리적 사고, 감각적 이미지, 기억의 단편 등을 다듬지 않고 그대로 서술하는 방식이다. 한국 현대소설사 초창기에 의식의 흐름 기법과 연관이 깊다고 할 만한 작가로는 박태원(〈소설가 구보씨의 일일〉, 〈성탄제〉), 이상(〈날개〉, 〈종생기〉) 등을 들 수 있고, 분단문학사 이후 이 기법은 최인훈(〈광장〉), 오상원(〈유예〉), 최인호(〈타인의 방〉), 이인성(〈낯선 시간 속으로〉), 정영문(〈겨우 존재하는 인간〉) 등 많은 작가에 의해 계승·발전되었다.

인물의 내면에서 일어나는 자유연상을 있는 그대로 노출하고 문자화는 서술 방식은 다른 서사예술, 예컨대 영화나 TV 드라마 같은 장르에서 시도하기 어려운 부분을 소설이 감당할 수 있음을 입증했다. 예를 들어 일찍이 박태원은 쉼표의 의식적이고 의도적인 잦은 사용을 보여 주었다. 〈소설가 구보씨의 일일〉의 초반부에는 "어머니는 다시 바누질을 하며, 대체, 그 애는, 매일, 어딜, 그렇게, 가는, 겐가, 하고 그런 것을 생각하여 본다."라는 표현이 나오고, 중반부에도 "그들은, 모두, 지금, 무엇들을 하고 있을꾸."와 같은 대목이 나온다. 쉼표의 빈번한 사용은 이 작품뿐 아니라 〈천변풍경〉 (1936) 등 그의 다른 작품들에서도 자주 나타난다. 이러한 표현은 당시 세계 문학과 예술의 흐름을 잘 알고 있던 박태원이 의식의 흐름을 작품에 구체적으로 표상하기 위해 선택한 방법이라 볼 수 있다. 그는 의식의 단위나 형태를 기호화함으로써 진지하고 사색적인 인물인 구보의 내면세계 및 그와 연관된 성격을 형상화해 냈던 것이다.[8]

인물의 내면심리에 관한 묘사는 현대소설로 올수록 증가했고, 이는 인물을 플롯의 구속으로부터 해방하는 결과를 낳았다. 내면심리의 묘사가 독

---

8 박태원은 이러한 구두점 활용을 일부러 시도했으며, 다른 작가들이 그 중요성을 잘 모르는 것 같아서 안타깝다는 소회를 「표현·묘사·기교: 창작여록」(1934) 등 당시 여러 산문에서 밝힌 바 있다.

자로 하여금 '소설이 어떻게 구성되어 있는가'보다 '소설 속 인물이 어떤 사람인가'에 더 주목하게 함으로써, 인간 중심의 서사를 만드는 데 기여한 것이다. 소설은 근대적 서사문학이고 근대는 개인이 세계의 주체임을 지향하는바, 그런 점에서 심리 묘사의 증가는 불가피한 현상이라고 해석할 수도 있다.

3 현대소설 인물 읽기의 교육적 모형

'문학 교육의 내용'이 포괄하는 범위는 넓다. 우선 문학 교육과정이 지향하는 성취기준이 교육 내용이 된다. 또한 국어 교육의 다른 영역과 달리, 문학 교육에서는 제재로 선정된 작품 자체가 하나의 교육 내용이다. 그리고 해당 작품이 지닌 내용과 형식 등의 가치론적 요소가 교육 내용에 포함된다. 즉, 원칙적으로 문학 교육의 장에서 작품은 수단성과 목적성을 동시에 지닌다. 따라서 현대소설 교육에서도 작품의 고유한 장르적 가치, 작품의 개별적 가치, 소설 교육의 이념적 지표 및 구체적 목표 등이 어우러져 교육 내용을 구성하게 된다.

이러한 점을 고려할 때, 앞서 살폈던 인물 유형론과 인물 형상화 방법 등은 현대소설의 인물을 교육하는 데 응당 필요한 내용이다. 이에 더해 개화기에 모색된 다양한 서사적 양식, 일제강점기 리얼리즘 소설, 모더니즘 소설, 전후 소설, 분단 소설, 1960~1970년대 산업화 시대의 소설, 1980년대 노동 소설, 그 이후 사회 변동에 따라 등장한 여러 실험적 성격의 소설 등도 그 자체로 일정 수준의 교육 내용을 갖는다. 이들 작품 각각은 고유의 교육 내용과 교육 방법이 있고, 이는 소설 교육에서 매우 중요한 부분이다. 그러나 개별적 특수성에 따른 교육 내용과 방법을 다 설명하기는 어렵기 때문에, 현대소설의 인물 형상화 원리 및 인간 탐구라는 범위에 한정하여 인물 교육의 보편적 원리를 설명하는 선에서 그치고자 한다. 특히 여기에서는 현대소설 인물 읽기의 교육적 모형이라는 용어로 소설 교육의 내용과 방법의 통합적 국면을 응축하고자 한다. 단, 교육에서 모형(model)이란 이상적 상황을 전제한 핵심 내용의 체계화인 만큼 작품별 특수성이나 단원의 학습 목표 그리고 구체적인 교육 상황 등에 따라 얼마든지 변용과 첨삭이 가능하다는 점을 밝혀 둔다.

소록도와 국립소록도병원
〈당신들의 천국〉은 한센병 환자들이 살고 있는 소록도를 배경으로 한 소설이다. ⓒ국립소록도병원한센병박물관·한국문화정보원

독자의 효과적인 이해를 위해, 작품 속 주요 인물들을 읽어 가는 방법을 이청준의 〈당신들의 천국〉(1974)을 중심으로 설명하고자 한다.[9] 이 작품은 대부분의 서사가 소록도라는 제한된 공간에서 진행되며, 다각적인 초점자의 시선을 통해 주인공인 조백헌 원장을 중층화하여 서술한 장편소설이다. 구체적으로 살펴보면 총 3부로 이루어진 이 작품에서 1부에 해당하는 '사자의 섬', '낙원과 동상'은 이상욱의 시선으로 조백헌을 서술하는 부분이 주를 이룬

....

9   이청준의 〈당신들의 천국〉은 1974~1975년《신동아》에 총 21회분이 연재된 후, 약간의 수정을 거쳐 1976년 문학과지성사에서 단행본으로 출간되었다. 이 작품은 2000년 열림원 출판사에서 전집의 일부로 출간되었다가 다시 2005년 문학과지성사에서 5판으로 출간되었다. 현재 최종판은 작가 사후에 전집의 일부로 발행된 〈당신들의 천국〉(문학과지성사, 2012)이라고 할 수 있다.《신동아》연재분과 그 이후 단행본으로 거듭 출간된 판본들을 검토해 보면, 표기 등에서 약간의 변화가 있으나 작품의 근본적인 주제 의식이나 내용 구성, 체계 등에는 그다지 큰 변화가 없다. 여기에서는 단행본으로 맨 처음 발간된 1976년 판본을 기준으로 설명하고 인용하였다.

다. 2부인 '출소록기', '배반 1', '배반 2'는 조백헌 원장의 시선에 따른 서사가 중심이다. 그리고 3부에 해당하는 '천국의 울타리'에서는 소록도로 다시 돌아온 조백헌을 신문 기자 이정태의 시선으로 관찰하고 그에 관한 서사를 풀어낸다. 또한 이 작품은 특정 인물과 주변 인물들의 관계, 그에 따른 스토리 전개, 인물과 스토리의 서술 방식 등이 다층적이어서 인물의 질적 변화에 대한 독자의 능동적 읽기와 지적 사유를 요청한다. 즉, 소설 〈당신들의 천국〉은 초점자를 세 가지로 다각화하여 조백헌의 마음과 행동, 말을 보여 주고 그의 '신념에 찬 희망-절망-공감-성찰-신념과 성찰의 조율' 등의 순서로 서사를 구성함으로써, 주인공의 성장에 따른 성격 변화를 풍요롭게 읽어 낼 수 있게 하였다.

인물 읽기의 교육적 모형을 구상하기 위해서는 앞서 논의한 소설의 인물론에 바탕하되, 소설 교육의 또 다른 중요한 매개변수인 독자 층위를 포함해야 한다. 이를 고려하면 인물 읽기 활동은 '작품 내적 읽기'와 '작품을 둘러싼 소통 맥락 차원의 읽기'로 나뉜다. 작품 내적 읽기는 다시 '내용 차원의 읽기'와 '형상화 방법 읽기'로 나눌 수 있으며, 이 둘을 조응시킬 때 작품의 참된 주제 해석으로 나아갈 수 있다. 그리고 작품을 둘러싼 소통 맥락 차원의 읽기는 '작중 인물의 사회문화적 의미 읽기', '작가와의 대화적 교섭을 통한 인물 읽기', '인물 읽기를 바탕으로 생성된 가치를 자신의 삶에 적용하기' 등으로 단계화할 수 있다. 나아가 이러한 활동은 인물 읽기 과정에서 발견한 가치에 대해 비평하고, 이를 자기화하거나 새로운 가치를 모색하는 데까지 이르게 된다. 요컨대 인물 이해 중심의 소설 교육은 독자가 소설 읽기를 통해 인간상에 대한 탐구, 다양한 가치의 비평 및 자기화에 도달해야 그 교육적 취지가 완성된다고 할 수 있다. 1970년대 산업화 시대의 문제와 그 속에 잠복된 한국적 근대성의 역사적 전개에 대한 깊은 고민을 알레고리적으로 서사화한 이청준의 〈당신들의 천국〉을 인물 중심으로 읽는 경우를 상정하면 다음과 같은 읽기 모형이 가능하다.

1) 내용 차원의 인물 읽기

소설 교육의 실천을 위해서는 작품 중심 독서 과정에서 독자가 인물을 읽어 나가는 데 기본적으로 작용하는 공감적 읽기 및 거리두기적 읽기, 그리고 두 읽기 방식의 조절과 균형을 고려해야 한다. 독자는 이와 같은 작품 내적 읽기를 충실히 수행하면서 인물의 성격적 특징을 파악한다.

(1) 인물에 대한 공감적 읽기

독자는 소설을 읽으며 주요 인물과 주변 인물들을 구분한다. 그런 후 각 인물의 처지에 자신을 놓아 보면서 스토리와 상황을 간접적으로 체험하는, 이른바 추체험(追體驗)을 경험한다. 이렇듯 독자가 인물의 상황에 몰입하여 자신을 대입하며 읽어 가는 방법이 공감적 읽기이며, 다른 말로 감정이입적 읽기라고도 한다. 소설 독서를 즐기고 적극적으로 임하는 독자는 공감적 읽기에 능숙하다. 하지만 그렇지 못한 독자도 있기 때문에 문학의 즐거움을 느낄 수 있는 가장 기본적인 읽기 방법인 공감적 읽기를 터득하도록 교육할 필요가 있다.

〈당신들의 천국〉의 주요 인물은 조백헌 원장이다. 전라남도의 외딴섬 소록도에 병원장으로 부임한 그는 나환자(癩患者)들의 자력갱생을 도울 수 있는 지도자 같은 사람이 되고자 한다. 하지만 공동체 구성원의 자발적인 참여 의지가 없는 낙토(樂土) 건설의 꿈은 좌절될 수밖에 없다는 진실을 맛보면서 그의 시도는 실패한다. 그리고 그는 이러한 좌절의 원인과 극복 방안, 삶의 가치를 이상욱이나 황 장로 등의 주변 인물들을 통해 확인하고 이해하게 된다. 다음은 상황을 묵묵히 지켜보다가 2부에서 본격적으로 조백헌 원장에게 깨우침을 주는 황 장로가 조백헌의 행적에 대한 공감적 이해를 바탕으로 그를 평가하는 대목이다. 이 부분은 마치 독자가 조백헌에 대해 갖는 태도 및 감정과 유사해 보인다.

　　"원장은 그래도 하느라고 했거든. 지금 와서 보면 원장이 이 섬에서 행해온 것은 모두가 사랑으로 해서였던 게란 말야. 그 원장을, 원장과 함께 사랑으로 행할 수 없었던 못난 문둥이들이 받아들일 수가 없었던 게야. 그 알량한 자유 하나로 모든 것을 행하려 한 옹졸스런 문둥이들이 외려 그 원장을 용납할 수가 없었던 게란 말씀야. 일이 왼통 거꾸로만 되어왔던 심이지. 그렇다고 뭐 그동안 원장이 이 섬에서 행해온 일들이 오늘로 모두 허사가 되어버릴 수는 또 없을 게야. 이 황량한 문둥이들의 가슴 속에 원장은 그래도 제법 훈훈한 사랑을 보여 주려 했거든."

　　언제부턴가 다시 길을 천천히 걸어가고 있는 노인의 입에서는 마치 무슨 신이라도 내린 듯 거기서도 아직 한동안이나 더 혼잣말이 계속되어 나오고 있었다.

　　"그건 아마 모처럼 이 섬에 남겨진 사랑의 동상이 될 게야. 눈에는 잘 보이지 않겠지만, 이 섬에선 그래도 처음으로 제 손으로 제가 지어 지니게 될 그런 동상, 아무도 목을 매어 끌어내리고 싶어할 자가 없는, 이 섬이 우리 문둥이들의 것으로 남아 있는 한 오래오래 이곳에 남아 있어야 할 단 하나의 사랑의 동상으로 말씀야……."

　　　　　　　　　　　　　　　　　　— 이청준, 〈당신들의 천국〉, 334쪽

　　황 장로는 조백헌 원장을 낯설게 보다가 그의 행적에 담긴 진정성을 알아차리고는 그의 신념과 의지는 물론 한계까지도 공감하고 이해하는 모습을 보인다. 이는 독자가 조백헌을 읽어 가는 과정과도 유사하다. 독자 역시 처음부터 조백헌 원장의 인물됨에 공감하기는 어렵겠지만, 독서 과정에서 인물의 처지에 자신을 놓아 보며 점차 그의 신념과 의지, 그리고 좌절에 공감할 수 있게 된다. 새로운 환경에 사명감을 갖고 임하는 조백헌 원장의 태도는 독자에게 낯설면서도 긍정적으로 다가올 것이다. 독자는 조백헌 원장의 입장에 자신을 대입한 채 독서를 수행하고, 그리하여 작품을 이해하는 단초를 스스로 마련해 나간다. 거듭된 좌절의 사건들은 독자에게 혼란과 고민을 불러일으키지만, 독자는 주변 인물들의 말과 행동에 조금씩 눈과 귀를 열어 가며 조백헌의 진정성을 확인하고 공감하게 된다. 또한 이 과정에서 독자는 조백헌뿐만 아니라 주변 인물들에게도 감정이입을 하게 된다.

소설 교육의 장에서 교사는 학습자가 인물에 대해 공감적 읽기를 구체적으로 수행할 수 있도록 유도해야 한다. 공감적 읽기를 통해 인물들의 상황과 처지를 보다 깊고 넓게 이해할 때, 작품 전반에 대한 이해가 더욱더 탄탄해지기 때문이다. 아울러 학습자는 주요 인물을 넘어 다른 주변 인물에게 공감을 확장하는 경험을 하면서 인간 이해와 공감 능력을 신장할 수 있다.

(2) 인물에 대한 거리두기적 읽기

성장하는 인물에 대한 독서든 그렇지 않은 인물에 대한 독서든, 공감적 읽기에 그치지 않아야 독자가 인간과 세계를 폭넓게 이해하고 자신의 윤리적 가치를 고양할 수 있다. 즉, 작품에 등장하는 여러 인물에 대한 공감적 읽기를 확장하는 것을 중시하되, 독자의 주체적 판단에 따른 인물 이해와 평가 또한 소설 독서에서 필수적이고도 유의미한 과업임을 염두에 두어야 한다. 허구 세계인 소설에 몰입하기만 하고 비판적 거리두기를 하지 못한다면, 마치 드라마나 영화에 등장하는 배우를 실재하는 사람으로 착각하는 것과 다를 바 없다. 또 그러한 독서 태도는 특정 인물에 대한 호감도 파악에 머무는 옹졸한 읽기로 낙착될 우려가 있다. 인물에 대한 거리두기를 통한 비판적·분석적 읽기가 이어져야 보다 넓고 지혜로운 소설 독서가 가능하다.

소설의 인물에 대한 거리두기적 읽기를 위해 교사는 학습자가 타인의 시선과 입장에서 인물을 비판적으로 읽어 보도록 유도해야 한다. 인물과 상반되는 입장을 지닌 다른 인물의 시각을 찾고 그에 따라 비판적 질문을 만들어 본다든지, 여러 인물들 간의 대화 상황을 구성해 본다든지, 독자 자신의 입장에서 인물을 평가해 보는 등의 활동이 가능하다. 〈당신들의 천국〉에서 조백헌 원장에 대한 비판적 시선을 보여 주는 인물은 이상욱이다. 다음 두 대목은 그가 낙토 건설이라는 신념을 포기하지 않는 조백헌 원장에 대해 보이는 의심의 시선과 태도를 보여 준다.

원장이 그걸 이해할 리 없었다. 그는 한민을 위해서도 똑같은 낙토를 꾸미려한 사람이었다. 섬을 나가래도 나가지 않은 사람과, 죽음의 위험까지 무릅써가며 바다를 헤엄쳐나가는 사람들이 똑같이 이 섬사람들이라는 것은 아직은 이해할 수 없는 원장이었다. 어디서부터 어째서 그런 배반이 일어나고 있는지를 알아차리지 못하고 있는 원장이었다. 그는 다만 이 섬이 아직은 낙토로 여겨지지 못하고 있다는 것, 그래서 그들에게 새로운 낙토를 약속하고, 그 약속을 이행해주기만 하면 그런 모순들은 저절로 해소될 줄로 믿고 있을 그런 원장이었다. 그 원장의 눈에 한민의 자살까지가 하나의 단순한 탈출 행위로 조여지는 것은 나무랄 수가 없는 일이었다.

— 80쪽

"오늘 나하고 고흥 좀 나갑시다."

원장에겐 역시 각본이 미리 다 준비되어 있었다. 그는 모든 일을 그 각본대로 진행하고, 각본에 예정된 결과를 얻고 있었다. 섬 안에 축구를 보급

시키고 시합에서 우승을 거둔 것들 모두가 그 원장의 각본에 의한, 각본에 예정되어 있던 성과 그대로였을 뿐이었다.

그가 새로 시작하고자 한 일 역시 지금까지 진행되어온 각본의 계속 부분이었다.

그는 상욱과 함께 나룻배로 섬을 빠져나온 다음 각본의 다음 번 진행지를 비로소 상욱에게 설명했다.

바다를 잘라 막자는 것이었다.

— 145쪽

이상욱은 낙토 건설이라는 신념 하나로 전진하고 있는 조백헌 원장의 노력이 그저 일방적인 행위이며 각본에 의한 움직임이라고 평가절하하고 있다. 조백헌의 노력은 소록도 병원 사람들의 상황과 역사에 대한 충분한 이해의 결과물도, 공동체 구성원 모두의 자발적이고 주체적인 소통의 결과물도 아니기 때문이다. 이상욱은 지도자의 일방적인 신념과 행동은 그것이 선한 의지에 바탕을 두었다 하더라도 해당 구성원에게 폭력으로 작용할 수 있음을 간파해 내고 있다. 이러한 이상욱의 시선을 통해 독자는 조백헌의 인물 됨됨이에 거리를 두면서 읽을 수 있다. 또한 독자는 이상욱의 말과 행위에 대해서도 거리두기적 읽기를 하면서, 조백헌과 이상욱 사이에 형성된 팽팽한 긴장관계의 양상과 그 이유를 보다 객관적인 입장에서 읽어 나갈 수 있다. 이렇듯 거리두기적 읽기는 독자가 인물에 대한 공감을 조절하면서 냉정한 평가의 지점으로 한 걸음 더 나아갈 수 있게 한다.

(3) 인물의 성격적 특징 파악하기

앞서 인물의 마음, 행동, 말, 외양 등의 자질을 인물 형상화의 대상으로 설명한 바 있다. 그런데 대부분의 소설은 그러한 자질들을 장면이나 흐름에 따라 다르게 구현하기 때문에, 이를 전체 서사의 맥락에서 인식하고 종합해야 인물의 성격적 특징을 파악할 수 있다. 아울러 인물의 성격적 특징은 다른 인물들과의 관계 또는 특정한 시공간적 배경과의 관계 속에서도 파악될 수 있으며, 인물이 전체 플롯에서 갖는 기능과 역할에 따라 도출되기도 한다. 따라서 작품의 여러 국면을 두루 고려하여 인물의 성격적 특징을 파악해야 한다.

〈당신들의 천국〉의 조백헌 원장은 1부와 2부에서 행동과 마음이 거의 일치하는 인물로 형상화되어 있다. 그는 군인다운 외양에 생각하는 대로 말하고 행동하는 모습을 보인다. 조백헌 원장이 처음 등장하는 장면에서 그의 인상은 다음과 같이 묘사된다.

조백헌(趙白憲) 대령.

햇볕에 그을러서라기보다 피부 색깔이 원래 좀 그래 보이는 거무튀튀한 얼굴에, 여느 사람들에게서보다도 푸른색 유니폼이 훨씬 시원스럽게 어울려 보이는 이 장신의 현역 군인 원장은 이날 저녁 그의 보좌관 한 사람과 섬 위로 첫발을 올려딛기가 무섭게 벌써 심상찮은 기질을 엿보이고 있었다.

"저 사람들 다 뭐요?"

"웬 자동찰 다 끌고 나왔소?"

선창까지 마중 나온 병원 직원들과 자동차를 보고는 못마땅한 듯 머리를 절레절레 흔들어댔다. 영접인사나 자동차는 끝내 거들떠보지도 않고 의료부장 한 사람의 안내를 받아 저벅저벅 병원 지대로 걸어 올라가고 있는 그의 걸음걸이 또한 무뚝무뚝한 관서 사투리의 억양이 조금씩 섞여 나오는 말투만큼이나 퉁명스러워 보였다.

어딘지 만만치가 않아 보이는 원장의 첫인상이었다.

— 9~10쪽

서술자는 조백헌 원장의 외양부터 묘사하면서 그의 등장이 심상치 않은 사건들을 예비하고 있음을 보이고 있다. 조 원장은 영접인사를 나온 병원 직원들을 반가워하거나 따뜻한 인사로 맞는 것이 아니라, "저 사람들 다 뭐요?"라고 퉁명스럽게 말하며 못마땅한 듯 머리를 흔들거나 거들떠보지도 않는 행동을 한다. 독자는 이러한 묘사를 읽으며 조백헌이 불필요한 겉치레를 좋아하지 않는 원칙적이고 강단 있는 성격의 소유자임을 느낄 수 있다.

독자는 이상욱의 회의 어린 태도를 반영하는 말투나 행동의 특질을 종합하여 그의 비판적이고 냉소적인 성격을 파악할 수도 있다. 또한 평안도에서 태어나 상처 입은 유년기를 거치고 가난으로 인해 유랑하다가 우연히 나병(癩病)이 전염되면서 소록도에 들어와 살게 된 황 장로는 이 작품에서 가장 연륜이 깊은 인물이다. 독자는 그가 하는 말과 행동, 특히 조백헌 원장과 나누는 대화 장면을 통해 오랜 고통과 고립의 시간을 보내면서 삶의 지혜를 얻은 황 장로의 침착한 성격을 파악할 수 있다. 이처럼 독자는 인물의 마음, 행동, 말, 외양 등의 특질을 분석하고 그 결과를 종합적으로 판단하여 인물의 성격적 특징을 파악한다.

2) 형상화 방법 읽기

독자는 내용 차원의 읽기에 이어 인물 형상화 방법 읽기로 나아간다. 형상화 방법 읽기는 형식이 내용을 어떻게 매개하는가를 따져 보는 활동으로, 인물을 좀 더 지적이고 분석적으로 이해하는 읽기 방법이라 할 수 있다. 따라서 이를 위해서는 좀 더 많은 교육적 조처와 배려가 필요하며, 우선 인물 형상화 방법과 그 효과를 이해한 뒤 인물에 대한 서술자의 태도를 분석하는 단계적 접근이 유용할 수 있다. 두 활동을 차례로 살펴보자.

(1) 형상화 방법과 그 효과 이해하기

앞서 '인물의 성격적 특징 파악하기'를 다루었으나, 이는 인물 형상화의 대상 측면에 한정된 설명이었다. 물론 성격적 특징을 파악하는 활동은 인물을 이해하는 데 기초적인 작업이다. 다만 여기에 그치지 않고 그러한 인물의 성격적 특징을 작품에 형상화하는 방법과 그 효과를 이해하고 분석하며, 이것이 작품 전체의 주제 구현에 기여하는 바를 해석하는 활동으로 나아갈 필요가 있다. 그래야 내용과 형식의 양면을 함께 사유하고 서로 조응시켜 작품 전체의 참된 해석에 도달할 수 있기 때문이다. 앞서 인물 형상화 방법으로 명명법, 인물 형상화의 대상, 직접적 방법과 간접적 방법 등을 살펴보았다. 이 중에서 명명법은 오늘날의 소설에서 제한성이 있으므로, 여기서는 직접적 방법(말해 주기)과 간접적 방법(보여 주기)을 중점적으로 살펴본다.

말해 주기처럼 인물을 직접적으로 형상화하는 방법을 많이 쓰느냐 아니면 보여 주기처럼 간접적으로 형상화하는 방법을 많이 쓰느냐에 따라 인물 형상화의 효과를 분석해 볼 수 있다. 그러나 작품 전체에 걸쳐 두드러진 방법이 없을 때는 특정한 국면에서 인물을 어떻게 그려 내느냐에 주목하여 그 부분에 나타난 인물 형상화의 특징을 파악하고 그 효과를 해석해 보는 활동을 할 수 있다. 단편소설의 경우는 전자의 활동도 유용하겠지만, 〈당신들의 천국〉과 같은 장편소설의 경우는 대체로 후자의 활동이 실천 가능성과 교육적 효과가 높다. 아래에서는 〈당신들의 천국〉을 중심으로 직접적 방법 혹은 간접적 방법에 집중하여 인물 형상화의 특징을 파악하고 그 효과를 해석하는 활동을 설명한다.

조백헌 원장의 성격 형상화와 관련하여 이 작품의 초반부와 후반부는 매우 다른 면모를 보인다. 초반부에서 조백헌은 주로 자기 할 말만 하는데, 그것도 매우 짧은 발화인 경우가 많다. 하지만 이 작품의 후반부에서 그는 전보다 부드럽고 신중하며 타자에게 열려 있고 자기 성찰적이며 상황 분석력도 뛰어난 인물로 형상화된다. 자신에게 큰 깨달음을 준 황 장로처럼 훨씬 차분해진 말투와 태도를 보인다. 그것은 서술자가 직접적으로 인물의 성격 변화를 설명하는 방식이 아니라, 조백헌 원장의 장황해진 발화와 달라진 태도를 제시하는 방식, 즉 간접적 방법을 통해 드러난다.

조원장은 여전히 입가의 웃음기를 잃지 않고 있었다. 그 허심탄회하고 끈질긴 미소 속에 조원장은 그러나 실패를 거듭한 사람답게 필사적인 자제력이 담긴 목소리로 자신의 각오를 담담하게 말하기 시작했다.

"그야 물론 기다려야지요. 운명을 합하는 일이 실제로는 얼마나 어렵다 하더라도 난 그것으로 일단 섬사람들의 믿음의 씨앗만은 구할 수가 있었으니까요. 이제 다시 섬을 떠남으로써 모처럼 움터오른 그 믿음의 싹을 짓밟아버리고 떠날 수는 없어요. 믿음의 씨앗과 싹만 있으면 그 믿음 속에서 기다릴 수는 있는 거지요. 그것이 처음에는 아무리 작고 더디고 약한 것이라 하더라도 그것이 자라서 그 공동 운명의 튼튼한 가교로 이어질 때를 기다리면서……. 그것으로 우리가 이 섬 위에서 비로소 무엇을 이룩해낼 수 있을 때가 아무리 오랜 세월을 기다리게 한다고 하더라도 말이야요. 믿음은 이 섬에 관한 한 모든 것의 시작이니까."

(…)

"그리고 그렇게 하면서 이 섬은 그 자신의 힘을 기르면서 진실로 그의 자유와 사랑을 행하고 그들의 운명을 선택적으로 살아갈 수 있게 될 날을 참을성 있게 기다리는 것입니다. 그것을 위해서는 이형께서도 아마 이형 나름으로 힘을 보태야 할 일이 생길지도 모릅니다……."

― 405~406쪽

조백헌 원장이 소록도로 돌아왔다는 것은 그가 낙토 건설의 신념을 포기하지 않았다는 뜻일 것이다. 그러나 앞의 대목을 보면 그의 발화가 한층 차분해졌음을 확인할 수 있다. 게다가 그는 자신의 신념을 실현할 방법에 대해 이전과 판이한 태도를 보인다. 즉, 작품 초반에는 조 원장의 성격이 다소 직선적이고 단순했지만 후반부로 가면서 보다 사려 깊고 복잡해졌다고 평가할 수 있다. 작품의 초반부에서 조백헌 원장은 군인처럼 매우 짧게 툭툭 던지듯 말을 했고 행동 역시 그러했었다. 하지만 "자신의 각오를 담담하게 말하기 시작했다."라는 표현 이후에서 보듯이, 조백헌 원장의 발화는 훨씬 길고 자세해졌을 뿐만 아니라, 듣는 사람을 상당히 의식하거나 배려하고 있다. 조백헌 원장은 자신의 발화에서 공동체 구성원의 주체적 선택에 대한 믿음, 기다림, 참을성 등을 언급하기까지 한다.

이처럼 인물 형상화의 간접적 방법에 나타난 특징을 분석함으로써 인물의 성격 변화를 수월하게 파악할 수 있다. 이는 '신념에 찬 희망-절망-공감-성찰-신념과 성찰의 조율'로 이어지는 이 작품의 플롯 구조와 긴밀히 결부되는 것이기도 하다. 결국 인물의 성격 파악은 작품 전체의 형식과 구조의 맥락에서 종합되어야 하며, 교사는 학습자의 독서가 그러한 방향으로 나아갈 수 있도록 세심하게 신경 써야 한다.

(2) 인물에 대한 서술자의 태도 분석하기

다음은 인물에 대한 서술자의 태도를 분석하는 활동이다. 소설에서 서술자는 항상 존재하는 실체이지만, 서술자의 시각과 태도가 두드러진 작품도 있고 그렇지 않은 작품도 있기 때문에 간단한 활동은 아니다. 예컨대 작품에 따라 서술자의 태도가 굉장히 밋밋한 경우도 있고, 서술자가 마치 이야기꾼처럼 독자를 대단히 의식하며 서술하는 경우도 있으며, 인물에 대해 이런저런 논평을 가하면서 서술하는 경우도 있다. 또 작품의 부분마다 서술자의 태도가 달라져서, 한 편의 작품을 두고 서술자의 태도를 단정하기 어려운 경우도 있다. 서술자의 태도 이해와 관련해서는 〈치숙〉(1938)이나 〈태평천하〉(1938) 등 채만식의 소설들을 사례로 삼아 정리해 놓은 경우가 많다. 이 작품들에서 인물에 대한 서술자의 태도가 특히 뚜렷하게 나타나기 때문이다. 하지만 모든 소설이 채만식 소설 같지는 않으므로, 이 활동에 접근할 때는 각 작품이 갖는 서술자의 특성을 고려해야 할 것이다.

〈당신들의 천국〉에서는 서술자의 태도가 주로 초점자의 목소리와 시선에 얹혀서 구체화된다. 〈당신들의 천국〉은 주요 인물과 그를 둘러싼 여타 인물들의 시선 속에서 서술 방식을 중층화한 작품이다. 앞서도 언급했지만, 이 작품의 1부는 주로 이상욱이 회의적인 시선과 태도로 주인공 조백헌을 관찰하며 서술하는 이야기이고, 2부는 주로 조백헌의 시선에서 타자들을 깊이 체험하는 내용을 서술하는 이야기이며, 3부는 신문 기자 이정태의 객관적인 시선으로 조백헌을 관찰하는 이야기이다. 물론 이는 전체적인 차원에서 정리한 것이며, 구체적인 장면들에서는 약간의 편차가 있다.

독자는 이 작품을 읽으면서 서술자의 태도가 대체로 특정 초점자의 시선과 태도를 통해 구체화된다는 점을 인식해야 한다. 예를 들어 1부에서 독자는 이상욱이 일종의 낯선 손님인 조백헌 원장을 환대가 아니라 의혹의 시선과 태도로 관찰하고 기록하듯 서술하는 특징을 파악하고, 인물에 대한 서술자의 태도가 갖는 의미를 해석해야 한다. 2부는 주로 조백헌의 시선으로 그가 겪는 고뇌와 좌절을 그려 내는데, 이는 조백헌 자신이 초점자의 시선으로 서술하는 것이므로 독자는 그의 눈과 귀로 세계를 보고 그가 겪는 낭패의 경험을 추체험하게 된다. 이렇게 서술자가 인물 자신인 경우 비판적 거리는 약화될 수밖에 없다. 따라서 3부의 객관적인 시선과 태도가 필요해진다. 3부는 주로 이정태라는 신문 기자의 시선으로 조백헌과 그를 둘러싼 객관적 상황을 냉정하게 관찰하고 기록하는 방식으로 서사가 꾸려져 있다. 아래는 그러한 점을 대표적으로 보여 주는 예로서 차례대로 1부, 2부, 3부의 한 대목이다.

원장의 부임 연설은 아닌게 아니라 별로 달가운 편이 못 된 모양이었다. 상욱이 말한 것처럼 섬사람들이 다시 한번 그 원장에게서 옛날 주정수의 그림자를 보았는지 어쨌는지는 단언할 수 없는 일이었다. 하지만 그것은 적어도 원장 자신의 희망처럼 큰 신뢰와 새로운 용기를 심어줄 수는 없었던 것이 분명한 것 같았다.

— 70쪽

조원장은 일순 앞이 캄캄해왔다.
더 이상 입씨름을 벌이고 있을 필요가 없었다. 말로써는 불가능했다. 말로 되지 않는 일은 행동으로 이쪽 뜻을 지켜나갈 뿐이었다.
원장은 그만 섬으로 돌아가기로 작정했다. 하지만 그는 발길을 돌이키기 전에 마지막으로 다시 그의 각오를 분명히 해두지 않을 수 없었다.

— 193쪽

조원장의 목소리가 다시 한번 귓가에 쟁쟁하게 되살아났다. 과연 그것은 미래라는 것과는 거의 상관을 지을 수 없는 섬의 모습이었다. 미래보다는 당장의 현실이 그들의 삶에 무엇을 해줄 수 있는지가 더욱더 절실한 섬의 참모습이었다.

— 365쪽

낙토 건설이라는 꿈으로 가득 찬 조백헌이라는 주인공에 대해 이처럼 서술자의 시각과 태도를 다각화하여 서술한 작품이 〈당신들의 천국〉이다.

이와 같은 특성은 한 사람을 보이는 대로 혹은 한 측면에서만 보지 말고 다각적인 시선으로 보아야 한다는 작가의 주제 의식을 담고 있다고 해석할 수 있다. 특히 주인공에 대한 서술자의 지향성을 살피건대, 이 작품은 나(자아), 너(타자), 우리(공동체) 등으로 단계화하여 인물이 지향하는 가치와 행위를 살필 수 있도록 구조화해 놓았다고도 해석 가능하다.

서술자의 태도로 확인되는 이러한 서술 특성은 독자의 소설 독서 메커니즘에도 부합한다. 즉, 처음에 독자는 공감적 읽기를 통해 주변 인물들이 조백헌에게 보이는 시선과 태도를 내면화하면서 소설을 읽어 나간다. 그런 후 점차 조백헌의 입장으로도 자신을 전이시켜 주변 타자의 입장을 이해하고 자신의 행위와 말을 성찰해 보면서 전체적인 상황을 파악하고 종합한다. 나아가 전체 서사의 맥락에서 자신이 펼쳐 온 행적을 객관적인 시선으로 되돌아보는 조백헌의 모습을 조망하는 동시에 독자 자신의 객관적인 눈으로 인물에 대한 해석과 평가를 수행한다. 이는 3부로 마무리되는 이 작품의 구성과도 어울리는 효과를 낳는다. 소설 교육에서는 학습자가 이런 점을 이해하고 작품의 내용과 형식의 유기적 긴밀성을 파악할 수 있도록 지도해야 한다.

3) 작중 인물의 사회문화적 의미 읽기

당연한 말이지만, 소설 교육은 소설의 장르적 본질에 입각하여 기획되고 실천되어야 한다. 소설 교육에서 독자는 인물의 마음, 행동, 말, 외양 등의 요소를 분석하고 그 결과를 종합하여 인물의 성격적 특징을 파악할 수 있다. 또 이렇게 파악한 성격적 특징을 인물 형상화 방법의 분석을 통해 보강해 나갈 수 있다. 이러한 인물 이해는 작품의 내적 준거에 따른 것이므로 내재적 비평 방법에 속한다. 하지만 외재적 비평 방법에 따른 소설 읽기 또한 중요하다. 특히 소설은 특정한 사회문화적 맥락에서 생성되고 소통되어 온 근대적 서사문학이기 때문에, 이 부분에 소홀해서는 안 된다. 소설의 인물을 이해하고 인물의 성격적 특징을 파악하는 활동은 그 작품과 관련된 사회문화적 맥락에 접속시킬 때, 보다 풍요로운 이해를 도모할 수 있다.

작품과 관련된 주변 맥락의 단서가 충분하다면, 인물이 상징하는 사회문화적 전형성이나 시대적 관련성을 해석해 보는 활동을 시도할 필요가 있다. 예를 들어 〈당신들의 천국〉이 《신동아》에 연재된 시기가 1974~1975년이고 1976년에 단행본으로 출간되었다는 사실을 생각해 보는 것이다. 즉 이 무렵 작가는 〈떠도는 말들〉(1973), 〈자서전들 쓰십시다〉(1976), 〈서편제〉(1976) 등을 썼다. 이어서 작가는 이 작품들과 〈지배와 해방〉(1977), 〈몽압발성〉(1981) 등 10여 년 동안 간간이 발표한 작품들을 엮어 연작 소설집 《잃어버린 말을 찾아서: 언어사회학서설》(1981)을 펴냈다. 이 연작 소설집에 수록된 작품들은 주로 '말(언어)'이 정상적으로 생겨나지 않고 왜곡되며 검열되는 등 언론·출판의 자유가 유린당하던 1970년대 박정희 정권 시기의 음울한 소통 상황을 문제 삼고 있다. 1970년대 이청준의 소설세계는 김병익(1981: 283)의 말처럼 "'잃어버린 말'을 향한 집요한 탐구의 수련기"였다. 독자가 이런 점을 고려하여 당시 작가가 집필한 다른 작품들의 주제를 바탕으로 〈당신들의 천국〉을 읽는다면, 이 작품이 개발독재 시대의 타락한 소통 현상을 드러내고 바람직한 소통 공동체의 필요조건을 모색한 결과물이라고 해석할 수 있다. 바로 이 같은 맥락에서 조백헌 원장이라는 핵심 인물은 작품 전반에 걸쳐 말과 행동의 변화를 통해 단성적이고 독단적인 언어 및 소통의 담지자에서 다성적이고 대화적인 언어 및 소통의 주체로 성장해나가는 면모를 보여 준다.

한편 〈당신들의 천국〉이 당대 현실과 맺고 있는 사회사적 사안들을 고려하여 이 작품을 당시 정치적 상황에 대한 알레고리적 작품으로 본다면,

조백헌 원장과 그가 보인 행적의 상징적 의미를 1970년대 한국의 국가 지도자(군인 출신 박정희 대통령) 및 그의 개발독재 정책에 대한 비판적 문제 제기로 해석해 볼 수도 있을 것이다. 물론 이처럼 작품에 대해 다양한 해석을 시도할 때에도 반드시 타당하고 객관적인 근거를 고려해야 한다.

4) 작가와의 대화적 교섭을 통한 인물 읽기

앞에서는 독자가 공감적 읽기나 거리두기적 읽기를 통해 작중 인물과 소통하는 활동을 확인하였다. 이 부분이 좀 더 확장되면 작중 인물을 매개로 한 작가와 독자의 소통으로 이어질 수 있다. 사실 소설을 읽는다 함은 누군가가 생각하고 구성하고 창조한 세상을 읽는 것이다. 즉, 소설 독서란 그 자체로 창작 주체의 의식세계와 독자의 의식세계가 교섭하는 과정이라 할 수 있다. 그렇기에 독자가 소설을 읽으며 종종 작가의 위치에 자신을 놓고 '작가가 왜 인물을 이렇게 묘사했지?', '나라면 이렇게 쓸 수도 있었을 것 같아.' 등의 생각을 떠올리는 일은 자연스럽다. 소설 독서는 독자가 작가를 체험하는 과정이기도 한 것이다.

이러한 독자와 작가의 대화 과정을 보다 흥미로운 활동으로 구체화하면 소설 교육의 활기가 높아지리라 예상된다. 우선 독자가 작가의 북 콘서트나 간담회 등에 참석하여 직접 대화하고 질문하며 작중 인물에 대한 이해를 심화하는 활동을 생각해 볼 수 있다. 그러나 현실적으로 자주 기획하기가 쉽지 않고 이미 작고한 작가의 경우에는 아예 불가능하다는 한계가 있다. 따라서 소설 교육의 장에서는 직접 만남의 기회를 모색함과 동시에, 작가와 실제로 만나는 듯한 간접체험 활동을 도모할 필요가 있다. 다음은 그러한 간접체험 활동의 예시이다.

- 작가에게 가상으로 편지 쓰기
- 역할극 형식으로 작가 또는 인물 인터뷰하기
- 역할극 형식으로 작가 초청 문학 좌담회 진행하기

〈당신들의 천국〉을 예로 들면 독자는 작품의 등장인물 중 조백헌 원장을 중심으로 작가에게 가상 편지를 써 볼 수 있다. 조 원장에 대한 애정은 어떠한지, 조 원장이라는 캐릭터를 설정하면서 어떤 감정이나 어려움을 느꼈는지 등을 질문하고, 자신의 의견을 담은 편지를 쓰는 것이다. 작가 또는 인물을 인터뷰하거나 작가 초청 문학 좌담회를 진행하는 활동은 작가를 초청한 상황을 가정한 역할극 활동이다. 이를 위해서는 작가 또는 인물, 사회자, 인터뷰어, 독자 등의 역할을 미리 정해야 하며, 자신의 역할과 관련된 작중 인물을 개별적으로 탐구하는 시간이 필요하다. 이러한 활동들은 학습자가 작가와의 대화를 간접적으로 체험하고 인물에 대해 깊이 생각해 보며 작품을 더 꼼꼼히 읽는 기회가 된다. 다만, 작품 속 인물에 관해 작가와 소통하는 활동은 실제 비평가들이 하는 일이기도 한 만큼 지나치게 전문성을 요구하기보다 학습자에 맞추어 수준을 조정하는 것이 좋다.

5) 인물 읽기를 바탕으로 생성된 가치를 자신의 삶에 적용하기

소설 속 인물에 대한 이해는 작가가 말하고자 하는 인간에 대한 사상을 비판적으로 검토하고 자기 삶에 조회하여 가치 있는 인간상을 모색하는 일로 나아가야 한다. 소설은 독자의 내면에 여러 인간상을 생성하여 서로 대화하도록 도움으로써, 독자가 바람직한 인간상을 스스로 모색하는 데 기여한다. 즉, 인물 이해를 기반으로 한 소설 교육의 최종 목적지는 독자가 독서 과정에서 형성한 가치 기준을 자신의 삶에 적용하는 것이다. 이에 대해서는 최근의 소설 교육 논의를 포함하여 문학 교육계에서 그 중요성을 인정해 왔다. 예를 들어 2022 개정 국어과 교육과정의 선택 과목 '문학'에 나오는 성취기준 "[12문학01-10] 문학을 통하여 자아를 성찰하고, 타자를 이해하며 상호 소통한다."와 같이, 독자가 문학 활동의 결과를 자신의 삶과 연계하는 태도를 강조한 성취기준은 이전부터 교육과정에 자리 잡고 있었으며, 문학의 본질상 앞으로도 유지될 것이다.

소설 속 인물 읽기를 자기 삶에 적용하는 활동의 예를 들어 보자. 〈당신들의 천국〉의 독자는 조백헌이라는 중심인물과 그 주변 인물들을 이해하고 그들 각각의 모습에서 드러나는 인격적 특질과 삶의 태도를 자신의 삶으로 전이해 볼 수 있다. 자신은 조백헌처럼 단호하고 강인한 신념의 소유자인가, 이상욱처럼 의심이 많고 까다로운 지적 분석가인가, 혹은 후반부의 조백헌 원장처럼 상황을 통해 배우고 변화하기를 기꺼이 받아들이는 성격의 소유자인가 등을 스스로 질문하고 생각해 보는 것이다. 독자가 자신만의 답을 찾든, 끝내 찾지 못하고 새로운 질문을 던지든, 이러한 자기 대화의 과정에서 독자의 성찰과 자기 이해가 활성화된다. 그리고 독자는 이를 발판으로 삼아 바람직한 인간상을 주체적으로 모색하는 활동으로 나아갈 수 있다.

지금까지 살펴보았듯이, 소설 속 인물 읽기는 인물을 소설의 구성 요소로서만 읽는 것이 아니라 인물을 형상화하는 방법과 그 의의, (내포)작가의 의도까지도 읽어 내는 활동이다. 이 장에서는 그런 점에 주안을 두어 현대 소설 교육에 필요한 인물 형상화의 원리와 관련 이론들을 살펴보았고, 이청준의 〈당신들의 천국〉을 자료로 삼아 소설의 인물 읽기 모형을 검토해 보았다. 다시 강조하지만 소설 교육에서 특히 주의해야 할 것은 단순한 인물 유형 분류에만 귀착되지 않아야 한다는 점이다. 인물 유형 분류도 나름의 의미가 있겠으나, 소설 전체의 서사적 형상성 속에서 인물이 차지하는 위상과 역할을 파악하고 그 의미를 해석하는 것이 소설을 소설답게 읽는 방편이다. 따라서 소설 독서에서는 등장인물을 고립시켜 이해하지 않고 여러 구성 요소 그리고 작품의 형식 및 구조적 짜임새와 관련지어 읽어 나가는 관계적 사고가 매우 중요하다. 이 점은 소설 독서와 소설 교육에서 항상 강조되어야 한다.

또한 소설의 인물을 읽는 독자의 능동적인 역할과 참여도 중요하다. 등장인물에 대한 독자의 능동적 읽기는 타자에 대한 이해를 심화하는 방향으로 나아가야 하며, 동시에 자기 성찰로 이어져야 한다. 소설의 인물 읽기를 통한 타자 이해와 자기 성찰은 동전의 양면과 같다고 인식하는 것이 마땅하다. 이 두 측면 중 어느 한쪽으로 치우치지 않도록 독자 스스로의 노력과 경계, 그리고 교사의 안내자 역할과 균형 감각 모두가 필요하다. 소설 교육에서 인물 탐구를 인간과 삶에 대한 깊은 이해로 연결하는 것은 교과 분할주의에 치우친 근대 이후 학교 교육의 한계를 소설 교육이 주도적으로 극복하는 것이자, 유기적 인격체에 대한 신념을 바탕으로 보다 나은 인성을 모색하는 교육의 근본이념에 가닿는 것이기도 하다.

참고문헌

권영민(2006), 『한국 현대소설의 이해』, 태학사.

김근호(2017), 「소설가 구보씨의 산책과 불화 감정의 정치성: 박태원, 최인훈, 주인석 구보의 공통분모를 중심으로」, 『구보학보』 16, 252-280.

김병익(1981), 「말의 화해, 화해에의 변증」, 이청준, 《잃어버린 말을 찾아서: 언어사회학서설》, 문학과지성사.

김성진(2012), 「장편 소설 읽기에서 인물론의 역할」, 『문학비평과 소설 교육』, 태학사.

우한용(1996), 『한국현대소설담론연구』, 삼지원.

전상국(2003), 『소설 창작 강의』(2판), 문학사상사.

최시한(2010), 『소설, 어떻게 읽을 것인가』, 문학과지성사.

최혜실(1988), 「"소설가 구보씨의 일일"에 나타나는 '산책자(flâneur)' 연구: 모더니즘 소설의 전형에 대한 일고찰」, 『관악어문연구』 13(1), 191-207.

Aristoteles(2017), 『수사학/시학』, 천병희(역), 숲(원서출판 미상).

Cassirer, E.(1988), 『인간이란 무엇인가』, 최명관(역), 서광사(원서출판 1944).

Deleuze, G.(1999), 『의미의 논리』, 이정우(역), 한길사(원서출판 1990).

Forster, E. M.(1990), 『소설의 이해』, 이성호(역), 문예출판사(원서출판 1927).

Frye, N.(2000), 『비평의 해부』, 임철규(역), 한길사(원서출판 1957).

Lukács, G.(2007), 『소설의 이론』, 김경식(역), 문예출판사(원서출판 1916).

Marx, K. & Engels, F.(2015), 『마르크스 엥겔스 문학예술론』, 김대웅(편역), 미다스북스(원서출판 1973).

Propp, V.(2013), 『민담 형태론』, 어건주(역), 지만지(원서출판 1928).

Rimmon-Kenan, S.(1999), 『소설의 현대 시학』, 최상규(역), 예림기획(원서출판 1983).

Todorov, T.(2003), 『산문의 시학』, 유제호(역), 예림기획(원서출판 1971).

5장

시공간적 배경의 기능과 현실 이해

　이 장에서는 소설에서 시공간적 배경의 의미를 탐색하고, 그 기능을 실제 작품을 통해 탐구하며, 이에 기반하여 소설 교육에서 시공간적 배경의 문제와 교육 방향을 모색한다. 소설에서 시공간적 배경은 사회문화적·역사적·시적 상징성으로 가득 차 있기 때문에 이를 이해하는 작업은 소설을 깊고 넓게 이해하는 데 핵심적이다. 또한 소설에서 시공간적 배경의 기능은 물질적 배경으로서 분위기를 창조하는 것, 인물의 행동과 사건 전개에 개연성을 부여하는 것, 주제의 형상화에 기여하는 것 등 크게 세 가지로 분류할 수 있다. 마지막으로 소설 속 배경이 지니는 다층성을 반영한 교육 방향으로서 소설의 시공간적 배경에 대한 인지적 지도 그리기, 소설의 시공간에 대한 다층적 이해와 교섭적 읽기를 살펴본다.

1 소설에서 시공간적 배경의 의미

논자에 따라 다소 차이는 있겠으나, 소설에서 서사가 일어나는 배경으로 시간과 공간의 요소를 꼽는 것이 일반적이다. 흔히 소설의 세 가지 구성 요소를 '인물, 사건, 배경'이라 하는 데서 암시되듯 배경은 인물과 사건에 비해 서사론적으로 덜 주목받아 온 개념이라 할 수 있다. 하지만 명확한 시간이 특정되지 않은 설화나 공간이 모호하게 처리된 연극이 아니라면, 배경을 단순히 인물들을 위한 무대장치쯤으로 넘겨 버릴 수는 없다. 팥쥐 엄마가 콩쥐를 구박한 것이 몇 년도였고 콩쥐가 어디에 거주하는 여인이었는지는 〈콩쥐팥쥐〉의 주제 해석에 그리 치명적이지 않다. 반면 김승옥의 소설 〈서울, 1964년 겨울〉(1965)에서 인물들이 방황하는 밤거리가 1960년대 한국의 수도라는 점은 이 작품의 주제 해석에 핵심적이다. 작품의 시공간을 아예 제목으로 삼은 이 작품에서만 배경이 중요한 것은 아니다. 소설 속 모든 인물의 행위는 시간이라는 X축과 공간이라는 Y축 사이에서 일어나기 때문이다.

1920년대 봄 어떤 마름의 집(김유정, 〈봄·봄〉), 한국전쟁 후 월남민들의 화차 속(이호철, 〈탈향〉), 혹은 1970년대 한 난쟁이 가족의 낙원구 행복동 판잣집(조세희, 〈난장이가 쏘아올린 작은 공〉)이라는 시공간적 배경의 의미를 탐색하는 것 역시 해당 작품을 깊고 넓게 읽기 위해 반드시 거쳐야 하는 작업이다. 게다가 교과서나 한국문학전집에서 만나는 걸출한 한국 현대소설들의 시공간은 그 자체로 한국 현대사의 결정적 시간과 장소로 접속할 수 있는 통로나 다름없다. 이 접속을 통해 독자들은 자신을 둘러싼 시공간과 작품 속 시공간의 관계를 새로운 별자리로 배치해 갈 수 있다. 먼저 작품의 구체적인 대목을 통해 소설에서 시공간적 배경의 의미를 탐구해 보자.

1897년의 한가위.

원고지 3만 매가 넘는 방대한 분량의 소설 〈토지〉(1969~1994)는 위와 같은 문장으로 시작한다. 왜 작가 박경리는 대하소설의 시작점으로 연도와 명절을 지시하는 간략한 문장을 택했을까? 왜 1897년이어야 했고, 왜 한가위여야 했을까? 이러한 질문을 품고 서사의 종결까지 읽어 내려가다 보면 비로소 왜 이 소설이 대한제국 광무원년인 1897년 민초들이 장구를 치며 서러운 삶을 위무하던 한가위로 시작했는지를 이해할 단초를 얻게 된다. '1897년의 한가위'라는 시간적 배경이 구체화되어 있는 작품의 일부를 살펴보자.

팔월 한가위는 투명하고 삽삽한 한산 세모시 같은 비애는 아닐는지. 태곳적부터 이미 죽음의 그림자요, 어둠의 강을 건너는 달에 연유된 축제가 과연 풍요의 상징이라 할 수 있을는지. 서늘한 달이 산마루에 걸리면 자잔한 나뭇가지들이 얼기설기한 그림자를 드리우고 소복 단장한 청상의 과부는 밤길을 홀로 가는데—팔월 한가위는 한산 세모시 같은 처량한 삶의 막바지, 체념을 묵시(默示)하는 축제나 아닐는지. 우주 만물 그 중에서도 가난한 영혼들에게는.

— 박경리, 〈토지〉

1897년은 대한제국의 수립을 선포한 광무원년인 동시에 대한의 명운이 "한산 세모시 같은 처량한 삶의 막바지"와 같았던 역설적 시기이다. 그러한 시기이기에 한가위라는 날도 축제마냥 흥성대는 한편으로 서럽고 쓸쓸하다.

또한 〈토지〉는 지리산을 중심으로 서사가 전개된다. 주인공 서희의 집이 지리산 인근의 하동에 지어져야 했던 이유는 무엇일까? 이 작품의 서문에서 작가는 하동에서 열린 '토지문학제'에 참가해 지리산의 한에 대해 이야기하다 눈시울이 뜨거워지는 경험을 했음을 고백하며 다음과 같이 썼다.

오랜 옛적부터 지리산은 사람들의 한과 슬픔을 함께 해왔으며, 핍박받고 가난하고 쫓기는 사람, 각기 사연을 안고 숨어드는 생명들을 산은 넓은 품으로 싸안았고 동족상쟁으로 피 흐르던 곳, 하며 횡설수설하는데 별안간 목이 메이고 눈시울이 뜨거워졌다. 예상치 못한 일이 내 안에서 벌어졌던 것이다. 세월이 아우성치며 달겨드는 것 같았다. 뚝이 터져서 온갖 일들이 쏟아져내리는 것 같았다. 아아 이제야 알겠구나, 《토지》를 쓴 연유를 알겠구나 마음속으로 울부짖으며 나는 다시 말을 이어나갔다. 지도 한장 들고 한번 찾아와 본 적이 없는 악양면 평사리, 이곳에 《토지》의 기둥을 세운 것은 무슨 까닭인가. (…)

악양평야는 사방이 산으로 둘러싸여 외부에서는 넘볼 수 없는 호수의 수면 같이 아름답고 광활하며 비옥한 땅이다. 그땅 서편인가? 골격이 굵은 지리산 한자락이 들어와 있었다. 지리산이 한과 눈물과 핏빛 수난의 역사적 현장이라면 악양은 풍요를 약속한 이상향(理想鄕)이다. 두 곳이 맞물린 형상은 우리에게 무엇을 얘기하고 있는가. 고난의 역정을 밟고 가는 수없는 무리. 이것이 우리 삶의 모습이라면 이상향을 꿈꾸고 지향하며 가는 것 또한 우리네 삶의 갈망이다. 그리고 진실이다.

— 박경리, 〈토지〉 서문

〈토지〉의 공간적 배경인 하동은 "한과 눈물과 핏빛 수난의 역사적 현장"인 지리산과 "풍요를 약속한 이상향"인 악양평야가 맞물린 곳이다. 이상과 현실이 갈마드는 공간이자 인간 삶의 신성함과 짐승스러움이 넘나드는 곳, 그래서 하동은 삶의 진실이 모순 속에 있음을 드러내는 공간이다.

이처럼 소설에서 시공간이 갖는 의미와 그 상징적 가치는 다대하다.

그러므로 배경이 인물 설정이나 플롯에 비해 덜 중요하다는 명제는 모든 소설에 일반적으로 적용되기 어렵다(구인환·구창환, 2002). 소설에서 배경은 텅 빈 무대가 아니다. 사회문화적·역사적·시적 상징성으로 차 있으며, 그 자체가 하나의 세계로 존재한다. 그래서 레너드 데이비스(Lennard Davis)는 공간의 중요성이 인물과 플롯을 능가한다고 보았다. 그는 장소, 인물, 대화, 플롯 등의 구조적 특징을 통해 소설 속 이데올로기에 접근한 저서『저항하는 소설들(Resisting Novels)』(1987)에서 "하나의 인물과 플롯을 창조하기 전에 소설가가 해야 할 중요한 일의 하나는 인물들이 행동해야 할 하나의 또는 일련의 장소들을 설정하는 것"이라고 말했다(Davis, 1987: 53). 그는 특히 소설의 공간이 함의하는 상징성과 이념성을 강조하는데, 이 상징성과 이념성은 소설 속 공간이 소설 속 특정한 시간과 맞물리면서 역사화될 때 더욱 강화된다. 게다가 점차 공식화된 플롯을 해체하고 비범함에서 벗어난 인물을 설정하는 현대소설의 특성을 고려한다면, 소설의 시공간이 지닌 중요성은 더욱 강조될 수밖에 없다. 따라서 어떤 소설에서든 작품의 시공간이 갖는 의미를 외면하고 표면적인 서사 진행만을 따를 경우, 작품 해석에 있어 위험한 결론을 내릴 확률이 높아진다(유인순, 2000: 207).

2 소설에서 시공간적 배경의 기능

1) 물질적 배경으로서 분위기 창조

클린스 브룩스(Cleanth Brooks)와 로버트 펜 워런(Robert Penn Warren)

은 배경을 소설의 물질적 배경이며 장소의 요소로 규정한 바 있다. 즉, 배경은 물질성과 장소성을 지닌다. 물질은 감각의 원천이 되는 객관적 실재로서, 그 존재 형식이 바로 시간과 공간이다(Brooks & Warren, 1959: 647-649). 소설 속 특정한 시간과 공간은 나름의 특별한 성격을 가지며, 이는 소설의 일부 혹은 전체를 지배하는 일종의 분위기를 조성한다. 소설을 다 읽은 후 긴 시간이 지나면 소설의 구체적인 사건이나 문체에 대한 기억은 사라질 때가 많다. 하지만 그 소설이 풍기던 분위기만큼은 독자의 신체와 인식에 각인되어 지속적으로 환기되곤 한다. 가령 〈운수 좋은 날〉(1924)의 유명한 첫 문장을 떠올려 보자.

새침하게 흐린 품이 눈이 올 듯하더니 눈은 아니 오고 얼다가 만 비가 추적추적 내리었다.

— 현진건, 〈운수 좋은 날〉

눈이라도 푸짐하게 오면 좋으련만 비도 눈도 아닌 얼다 만 비만 "추적추적" 동소문에 흩뿌린다. 이 비는 김첨지의 불길한 예감과 조응하고 홀로 죽어 간 아내를 발견하는 결말의 급전에도 부합한다. 그리고 독자로 하여금 축축한 진창을 달리며 밥을 버는 1920년대 서민들의 삶을 감각적으로 느끼게 한다. 아마도 독자는 비가 흩뿌리는 겨울이 만들어 내는 이 작품의 을씨년스러운 분위기를 오랫동안 기억할 것이다.

이 작품의 공간은 김첨지의 인력거 운행을 따라 '전찻길-동광학교-남대문 정거장-인사동-선술집'으로 변화하다가 다시 집으로 돌아오는 원환적 구조를 띤다. 마침내 김첨지가 돌아온 공간인 집은 다음과 같이 묘사되어 있다.

하여간 김 첨지는 방문을 왈칵 열었다. 구역을 나게 하는 추기—떨어진 삿자리 밑에서 나온 먼짓내, 빨지 않은 기저귀에서 나는 똥내와 오줌내, 가지각색 때가 켜켜이 앉은 옷내, 병인의 땀 썩은 내가 섞인 추기가 무딘 김 첨지의 코를 찔렀다.

— 현진건, 〈운수 좋은 날〉

온갖 구역질 나는 냄새들이 침입해 오는 듯한 묘사를 읽으며 독자는 이 집이 풍기는 가난의 냄새, 나아가 이 작품이 풍기는 비극의 냄새를 김첨지와 함께 맡게 된다. 그리고 이때의 느낌은 〈운수 좋은 날〉이라는 작품을 떠올릴 때마다 재체험된다.

한편 손창섭의 〈비 오는 날〉(1953)은 '전후(戰後)의 비가 새는 판잣집'이라는 특정한 시공간을 배경으로 한다. 이는 1950년대 한국의 현실이라는 일반적 시공간을 압축적으로 상징하는 마이크로 시공간이자, 일종의 전시용 모형(presentation model)이라 할 수 있다.

이렇게 비 내리는 날이면 원구(元求)의 마음은 감당할 수 없도록 무거워지는 것이었다. 그것은 동욱(東旭) 남매의 음산한 생활풍경이 그의 뇌리를 영사막처럼 흘러가기 때문이었다. 빗소리를 들을 때마다 원구(元求)에게는 으레 동욱(東旭)과 그의 여동생 동옥(東玉)이 생각나는 것이었다. 그들의 어두운 방과 쓰러져가는 목조 건물이 비의 장막 저편에 우울하게 떠오르는 것이었다. 비록 맑은 날일지라도 동욱(東旭) 오뉘의 생활을 생각하면, 원구(元求)의 귀에는 빗소리가 설레고 그 마음 구석에는 빗물이 스며 흐르는 것 같았다. 원구(元求)의 머릿속에 떠오르는 동욱(東旭)과 동옥(東玉)은 그 모양으로 언제나 비에 젖어 있는 인생들이었다.

— 손창섭, 〈비 오는 날〉

손창섭의 다른 소설과 마찬가지로 〈비 오는 날〉에 등장하는 인물들은 우울한 배경 속에서 심신의 장애를 지닌 채 비정상적인 삶을 영위해 간다. 그들이 처한 곳은 "우중충한 동굴"(〈사연기〉), "빛 없는 동굴"(〈미해결의 장〉), "동굴 속 같이만 느껴지는 방"(〈인간동물원초〉) 등으로 표현되고, 이곳은 비에 젖은 판잣집처럼 습하여 살아 있다는 것 자체를 "그냥 견딜 수 없이 뻐근한 상태"(〈생활적〉)로 만든다. 이러한 뻐근한 분위기는 작품 자체를 관통하는 주저음(主低音)을 형성한다.[1] 동시에 이 분위기는 독자에게 전이되어 책장을 덮고 난 후에도 작품 속 비 오는 판잣집에서 빠져나오지 못한 듯한 갑갑함을 느끼게 한다.

이처럼 소설 속 세계에서 시간과 공간이 지닌 물질성은 작품의 분위기를 조성하는 데 크게 기여한다. 따라서 소설을 읽을 때는 그 배경이 작품 전체의 분위기를 조성하고 변화시켜 가는 과정과 효과에 주목할 필요가 있다.

2) 인물의 행동과 사건 전개에 개연성 부여

소설의 배경은 독자의 인식과 감각에 호소하는 동시에 소설이라는 세계를 살아가는 인물의 행동과 그 연쇄적 전개에 개연성을 부여한다. 개연성(probability)은 "사건이 현실화될 수 있는 확실성의 정도 또는 가능성의 정도"를 일컫는 용어이다(한국문학평론가협회 편, 2006). 인물의 행동과 사건에 대해 독자가 '충분히 그럼직하다'는 느낌을 받기 위해서는 배경 역시 그러한 행동과 사건에 걸맞게 조성되어야 한다. 그렇기에 소설의 시공간은

....
1 이와 관련하여 마이어 하워드 에이브럼스(Meyer Howard Abrams)는 『문학용어사전(*A Glossary of Literary Terms*)』에서 분위기(atmosphere, mood, ambience)란 작품 전체에 스며들어 있는 주조로서, 사건들의 진로에 대한 독자의 반응과 예상을 만들어 낸다고 한 바 있다(Abrams, 1957/1997: 30).

또 다른 구성 요소인 인물 및 사건과 밀접하게 관련된다. 예컨대 〈당신들의 천국〉(1974) 속 공간이 소록도가 아니었다면, 〈나목〉(1970) 속 시간이 한국 전쟁 중이 아니었다면, 조백헌과 이경의 행동, 나아가 작품 전체의 핵심 사건들은 달라졌을 것이다.

소설 속 배경이 인물의 심리와 행위 변화를 이끌어 가는 동역학을 섬세하게 보여 주는 작품 〈무진기행〉(1964)의 사례를 살펴보자.

무진에 명산물이 없는 게 아니다. 나는 그것이 무엇인지 알고 있다. 그것은 안개다. 아침에 잠자리에서 일어나서 밖으로 나오면, 밤사이에 진주해 온 적군들처럼 안개가 무진을 뼁 둘러싸고 있는 것이었다. 무진을 둘러싸고 있던 산들도 안개에 의하여 보이지 않는 먼 곳으로 유배당해 버리고 없었다. 안개는 마치 이승에 한이 있어서 매일 밤 찾아오는 여귀가 뿜어내 놓은 입김과 같았다. 해가 떠오르고, 바람이 바다 쪽에서 방향을 바꾸어 불어오기 전에는 사람들의 힘으로써는 그것을 헤쳐 버릴 수가 없었다. (…)

다른 어느 곳에서도 하지 않았던 엉뚱한 생각을, 나는 무진에서는 아무런 부끄럼 없이, 거침없이 해내곤 했던 것이다. 아니 무진에서는 내가 무엇을 생각하고 어쩌고 하는 게 아니라 어떤 생각들이 나의 밖에서 제멋대로 이루어진 뒤 나의 머릿속으로 밀고 들어오는 듯했었다.

— 김승옥, 〈무진기행〉

내포작가가 길게 설명하듯 무진은 여귀(女鬼)의 입김 같은 뿌연 안개로 둘러싸인 공간이다. 이 공간은 사람을 반(半)수면 상태로 몰아넣고 부끄러움을 잊게 한다. 주인공 윤희중은 제약회사의 예비 전무답게 무진의 공기로 수면제를 만들 수도 있겠다는 공상에 빠진다. 무진이라는 공간이 유도하는 반수면 상태는 윤희중이 살아갈 시간을 비일상의 시간으로 만든다.

무진이 실제 어떤 지명과 대응하는지 추리하는 것은 그리 중요하지 않다. 그저 일상인들의 합리적 삶 속에 이따금 출몰하는 신기루, 그것이 무진이기 때문이다. 그래서 소설가 김훈은 다음과 같이 말했다.

'무진'은 사람들의 일상성의 배후, 안개에 휩싸인 채 도사리고 있는 음험한 상상의 공간이며, 일상에 빠져듦으로써 상처를 잊으려는 사람들에게 '상처를 강요하는 이 삶이란 도대체 무엇인가'를 끊임없이 묻고 있는 괴로운 도시이다. 무진은 지도 위의 어느 곳도 아니면서 도처에 널려 있는 도시이고, 일상에 밀려 변방으로 쫓겨난 아득한 도시이면서도, 문득문득 삶의 한복판을 점령해 들어오는 신기루의 도시이다.

(김훈, 2001: 673)

김훈은 무진을 "음험한 상상의 공간"이라 명명한다. 일상의 배후에 도사리고 있으므로 상상의 공간이고, 겁 많은 이들에게 삶의 진실에 대한 질문을 던지므로 음험한 공간이다. 급기야 이 공간은 윤회중 속에 시들어 가던 본래적 시간을 일깨운다. 반수면 상태에서야 오히려 각성되어 있던 세속적 자아가 잠들고 생의 실상이 드러나는 것이다. 그래서 무진은 유토피아가 아닌 유토피아, 일종의 "역(逆)유토피아"라 할 수 있다(이어령, 2001: 616). 범속한 일상의 시간을 중지시키고 억압되어 있던 본래적 시간을 일깨운 것은 무진이라는 공간이다. 그리고 그 본래적 시간의 흐름에 따라 윤희중은 사고하고, 행위하고, 떠난다. 이러한 점에서 〈무진기행〉의 시공간은 윤희중이라는 인물의 행동에 일종의 개연성을 부여하는 기능을 한다. 무진이 아니었다면 실현되지 않았을 행동이 무진이라는 공간, 그리고 무진에서 보내는 시간을 배경으로 가능해진다. 즉, 이 소설은 무진을 여행하는 소설이기 때문에 윤희중의 무의식을 여행할 수 있는 소설이 된다.

이처럼 소설의 배경이 단순히 풍경처럼 '놓여 있는' 것이 아니라 인물의 행위와 사건의 연쇄를 추동하는 사례는 많다. 이효석의 〈메밀꽃 필 무렵〉(1936)을 보자. 제목부터 작품 속 세계의 시간을 지시하고 있는데, 이 시간은 몇 월 며칠, 무슨 요일로 특정되는 공식적인 시간이 아니다. '봉평 달밤에 메밀꽃이 필 무렵'이라는 느슨하고 서정적인 시간이다. 이러한 서정적 시공간에서 인물의 과거 회상이 이루어진다.

이지러는 졌으나 보름을 가제 지난 달은 부드러운 빛을 흐붓이 흘리고 있다. 대화까지는 칠십 리의 밤길 고개를 둘이나 넘고 개울을 하나 건너고 벌판과 산길을 걸어야 된다. 길은 지금 긴 산허리에 걸려 있다. 밤중을 지난 무렵인지 죽은 듯이 고요한 속에서 짐승 같은 달의 숨소리가 손에 잡힐 듯이 들리며, 콩 포기와 옥수수 잎새가 한층 달에 푸르게 젖었다. 산허리는 온통 모밀밭이어서 피기 시작한 꽃이 소금을 뿌린 듯이 흐붓한 달빛에 숨이 막힐 지경이다. 붉은 대궁이 향기같이 애잔하고 나귀들의 걸음도 시원하다. 길이 좁은 까닭에 세 사람은 나귀를 타고 외줄로 늘어섰다.

— 이효석, 〈메밀꽃 필 무렵〉

늦여름과 초가을 사이의 달밤이라는 시간적 배경이 서정적 분위기를 조성하고, 봉평과 대화 사이 팔십 리 길이라는 짧지 않은 공간의 이동이 인물로 하여금 화제를 떠올리게 하고 회상을 촉발한다. 회상의 주를 이루는 허 생원과 성 서방네 처녀 사이의 사건도 배경에 의해 개연성을 부여받는 것은 마찬가지다.

"장 선 꼭 이런 날 밤이었네. 객줏집 토방이란 무더워서 잠이 들어야지. 밤중은 돼서 혼자 일어나 개울가에 목욕하러 나갔지. 봉평은 지금이나 그

제나 마찬가지지. 보이는 곳마다 메밀밭이어서 개울가가 어디 없이 하얀 꽃이야. 돌밭에 벗어도 좋을 것을, 달이 너무나 밝은 까닭에 옷을 벗으러 물방앗간으로 들어가지 않았나. 이상한 일도 많지. 거기서 난데없는 성 서방네 처녀와 마주쳤단 말이네. 봉평서야 제일 가는 일색이었지."

"팔자에 있었나 부지."

— 이효석, 〈메밀꽃 필 무렵〉

평생 꼭 한 번 있었던 그 일조차도 장이 파한 밤, 무더운 날씨, 개울가 물방앗간이라는 배경 덕택에 이루어졌다. 그리고 동행하던 총각 동이가 그날밤 괴이한 인연의 결과일지도 모른다는 점 역시 배경으로 인해 밝혀진다. 작품에서 언급되듯 봉평에서 대화로 가기 위해서는 두 고개와 하나의 개울을 건너 벌판과 산길을 걸어야 하는데, 바로 이 개울을 건너는 과정에서 허생원은 동이의 탐탁한 등에 업혀 그가 왼손잡이임을 보게 되는 것이다. 이처럼 성 처녀와의 사건도, 동이와의 접촉도 달빛과 물소리가 감관에 호소하는 어느 달밤 개울가에서 일어났기 때문에 작품 속 인물에게도 독자에게도 '일어날 만한 일'로 수용될 수 있다.

작품의 개연성에는 사건 간의 논리적 연계나 인과 관계, 문화적 관습 등도 영향을 미치지만, 소설의 배경과 나머지 구성 요소(인물, 사건)의 관련성역시 크게 기여한다. 그러므로 독자는 작품 속 배경이 인물의 심리나 행위, 나아가 사건들의 연쇄 과정에 어떤 영향과 효과를 미치는지를 파악하며 소설을 읽을 필요가 있다.

3) 주제의 형상화에 기여

소설 속 시공간은 작품 전반의 분위기를 결정하고 다른 구성 요소에 대한 개연성을 부여하는 동시에 작품 전체의 주제와도 관련된다. 특정한 배경을 설정한 내포작가의 의도에 주목할 때, 우리는 작품의 주제 의식에 대한 새로운 통찰에 다다를 수 있다. 가령 경주 출신의 작가 김동리는 그의 많은 작품에서 영남 지방을 배경으로 삼고 있다. 작가 자신이 깊게 연루되어 있는 지역에 대한 구체적 정보들이 작품 전반에 걸쳐 짙은 로컬리티(locality)를 담보하는 것은 물론이다. 나아가 그러한 배경 설정은 작가가 드러내고자 했던 특정한 주제 의식, 즉 영남 지역의 전통적 정신체계를 보여주는 효과가 있다(최병우, 2015: 13). 논란이 되었던 이문열의 소설 〈선택〉(1996)은 안동, 그것도 조선 선조 때의 안동을 작품의 무대로 삼고 있다. 이같은 작가의 '선택'에서 작가가 제안하고자 했던 의고적(擬古的) 인간상과 가치관이 충분히 암시되고 있음은 물론이다.

'삼포'라는 가상의 공간을 제목에 포함하고 있지만, 정작 그 공간이 인물 행위의 무대는 아닌 독특한 소설 〈삼포 가는 길〉(1973)을 살펴보자. '숲이 울창한 바닷가 마을'이라는 뜻의 삼포(森浦)는 정 씨가 방황의 종착점으로 설정해 놓은 공간이자 그의 유년기가 담긴 장소이다. 그리고 이는 고향을 떠나온 모든 이방인이 간직하고 있는 마음의 고향을 상징한다. 하지만 대합실에서 만난 노인은 삼포가 훼손되었다는 것, 즉 모든 현대인은 귀향할 곳을 잃은 떠돌이일 수밖에 없음을 알려 준다.

"삼포에서요? 거 어디 공사 벌릴 데나 됩니까? 고작해야 고기잡이나 하구 감자나 매는데요."
"어허! 몇 년 만에 가는 거요?"
"십 년."
노인은 그렇겠다며 고개를 끄덕였다.
"말두 말우, 거긴 지금 육지야. 바다에 방둑을 쌓아 놓구, 추럭이 수십대

씩 돌을 실어 나른다구."

"뭣 땜에요?"

"낸들 아나. 뭐 관광호텔을 여러 채 짓는담서, 복잡하기가 말할 수 없데."

"동네는 그대루 있을까요?"

"그대루가 뭐요. 맨 천지에 공사판 사람들에다 장까지 들어섰는걸."

"그럼 나룻배두 없어졌겠네요."

"바다 위로 신작로가 났는데, 나룻배는 뭐에 쓰오. 허허, 사람이 많아지니 변고지. 사람이 많아지면 하늘을 잊는 법이거든."

— 황석영, 〈삼포 가는 길〉

결국 정 씨가 간직하고 있던 자신만의 시공간(유년기의 삼포)은 사라지고 근대적 경제논리가 지배하는 현실의 시공간만 남았다. 이 둘 사이의 거리는 감자밭과 관광호텔, 나룻배와 신작로 사이만큼이나 멀다. 어쩌면 이 작품의 제목은 '(1970년대) 삼포 가는 길(은 불가능하다)'의 앞뒤를 생략한 것이 아닐까? 여로형 소설 〈삼포 가는 길〉은 사실 삼포 가는 길이 사라졌다는 반어적 진실을 알리며 종결되고, 그 자리에는 시대적 현실이 훼손한 것들에 대한 작가의 문제 제기와 이에 대한 독자의 응답 책임만이 남는다.

죄르지 루카치(György Lukács)가 지적했듯 소설을 통해 우리는 '타락한 시간'과 '기억과 희망으로서의 시간'이라는 이중적 시간을 체험할 수 있다(Lukács, 1916/1998: 138-139). 의미와 삶이 분리된 시공간을 형상화함으로써 역으로 진정한 생의 가치가 무엇인지를 질문하는 양식이 소설이라면, 소설 속에 형상화된 시공간을 통해 작품이 던지는 질문을 읽어 내는 것 역시 소설 독자의 의무이자 즐거움일 것이다.

3 소설 교육에서 시공간적 배경의 문제와 교육 방향

2022 개정 국어과 교육과정의 문학 영역과 선택 과목 '문학'에서 시공간적 배경 개념과 관련 있는 성취기준을 일별해 보면 다음과 같다.

시공간적 배경과 관련된 교육과정 성취기준

학년(군)	성취기준
초등학교 3~4학년	[4국05-02] 자신의 경험을 바탕으로 작품 속 세계와 현실 세계를 비교하여 작품을 감상한다.
초등학교 5~6학년	[6국05-03] 이야기나 극을 읽고 인물, 사건, 배경을 파악한다.
중학교 1~3학년	[9국05-05] 작품에 반영된 사회·문화적 상황을 이해하며 작품을 감상한다.
고등학교 1학년	[10공국1-05-03] 작품 구성 요소의 유기적 관계와 맥락에 유의하여 작품을 수용하고 생산한다.
선택 과목 '문학'	[12문학01-04] 한국 문학에 반영된 시대 상황을 이해하고 문학과 역사의 상호 영향 관계를 탐구한다.
	[12문학01-06] 문학 작품에서는 내용과 형식이 긴밀하게 연관됨을 이해하며 작품을 수용한다.

그동안 소설 교육에서 시공간적 배경은 주로 작품을 구성하는 요소로서([6국05-03], [10공국1-05-03], [12문학01-06]), 또는 사회문화적 배경이라는 맥락적 지식으로서([4국05-02], [9국05-05], [12문학01-04]) 다루어져 왔음을 알 수 있다. 즉, 배경이라는 개념은 그 단어가 놓이는 자리에 따라 작품의 구성 요소나 형식으로 사용되기도 하고, 작품에 반영된 세계나 작품을 배태한 사회문화적 배경으로 사용되기도 한다. 이는 자칫 배경이라는 용어에 대해 학습자의 혼동을 낳을 수 있는 지점이지만, 소설의 배경이 지

닌 본래의 다층성을 감안하면 당연한 것이기도 하다.

　이 중 하나만을 강조하는 경우 각각 일정한 한계가 존재한다. 우선 배경을 소설의 구성 요소 중 하나로 다루는 경우 소설의 배경이 지닌 다양한 기능과 함의가 가려진다. 즉, 소설의 배경이 주로 인물의 행위나 사건의 발생 뒤에 무대처럼 놓인 정태적 요소로 이해되면서, 그것이 내포하는 상징성이나 현실 세계와의 상호 관계가 충분히 음미되지 못할 우려가 있다.

　배경을 사회문화적 맥락으로 다루는 경우에도 작품 속 시공간이 허구적 세계라는 것을 지나치게 강조한다는 문제가 있다. 예를 들어 초등학교 3~4학년 성취기준 [4국05-02]에서는 작품 속 세계와 현실 세계를 비교 대상으로 설정하고 있으며, 해당 성취기준 해설에서는 작품 속의 세계가 "허구적 세계로서 현실 세계와 구별된다는 점을 인식하며 작품을 감상할 수 있게" 하도록 주문한다.[2] 물론 문학의 허구성에 대한 인식이 아직 뚜렷하지 않은 학습자들에게 문학 속 배경과 현실 세계가 동일한 것이 아님을 알려 줄 필요는 있다. 하지만 단순히 작품 안팎의 세계를 비교하는 것이 아니라, 두 세계의 다층적 관계를 파악할 가능성을 차단한다는 점에서 아쉬움이 남는다.

　한편 선택 과목 '문학' 성취기준 [12문학01-04]에서는 문학과 역사의 영향 관계를 탐구하기 위해 이해해야 할 대상으로 문학에 반영된 시대적 배경이 소환된다. 이때 시대적 배경이 주로 작품 창작 당시의 사회문화적 맥락으로 이해되면서, 정작 중요하게 다루어져야 할 독자의 사회문화적 배경과 시공간이 충분히 참조되지 못하는 측면이 있다. 고전문학 교육 연구

　　　　　

2　성취기준 해설은 다음과 같다. "이 성취기준은 작품 속의 세계가 현실 세계를 반영한 것이지만, 허구적 세계로서 현실 세계와 구별된다는 점을 인식하며 작품을 감상할 수 있게 하기 위해 설정하였다. 작품 속의 인물·정서·상황·배경·분위기·사건 등을 이해할 때 자신의 경험을 바탕으로 경험과 상상, 사실과 허구를 비교하며 생각하게 하고, 허구적으로 표현한 부분에 대한 의견을 나누며 작품을 감상하도록 한다."

에서 강조되듯 독자는 소설 속 혹은 소설 창작 당대의 시공간과 자신의 시공간을 접촉시킬 때 새로운 현실 인식에 도달할 수 있다. 그러므로 작품 속 세계와 독자의 세계 간 접점을 간과하는 이러한 경향성은 보완될 필요가 있다. 아래에서는 소설 속 시공간적 배경이 지닌 다층성을 복원하고 이를 통해 독자의 현실 인식을 추동할 수 있는 두 가지 교육 방법을 제안한다.

1) 소설의 시공간적 배경에 대한 인지적 지도 그리기

〈삼포 가는 길〉, 〈무진기행〉 그리고 〈사평역〉(1983)을 읽다 보면 작품의 배경이 되는 '삼포'와 '무진', '사평역'이 어디인지 궁금해진다. 그럴 때 독자는 작가의 고향이나 작품의 서술 등을 참조해 이런저런 추론을 해 보기도 한다. 하지만 소설 속 삼포와 무진과 사평역은 어디까지나 독자의 인식 안에 건축된 공간이다. 그 공간을 흘러가는 작품 속 시간 또한 실제의 시간이라기보다 독자에 의해 체험되는 시간에 가깝다. 그러니 소설의 배경은 독자의 인지 과정에서 구축되는 다차원적 시공간이라 할 수 있다.

이처럼 소설을 읽으며 독자가 경험하는 시간의 흐름이나 공간의 특질, 그로 인한 현존의 감각 등은 인지적인 동시에 신체적이다. 다시 말해 독자마다 소설 속 크로노토프(chronotope)[3]에 살을 붙여 가는 과정이 다르기 때문에, 결과적으로 인지되고 상상된 크로노토프는 제각각이며 후행하는 경험 등에 의해 변화 가능하다. 따라서 이 과정은 일종의 인지적 지도 그리기(cognitive mapping)라 할 수 있다. 여기서 인지적 지도란 객관적 공간의 표상이라기보다 특정한 환경에 처한 주체의 위치에 대한 주관적 지도에 가

---

3 크로노토프란 시간(chronos)과 공간(topos)이 결합된 개념으로, 문학 작품 속에 예술적으로 형상화된 시간과 공간 사이의 내적 연관성이라 할 수 있다(김욱동, 1988: 209). 한국 현대소설의 크로노토프 양상과 관련해서는 나병철(2011), 최인자(2012) 등을 참조할 수 있다.

깝다(Ryan, 2003: 218-237). 즉, 독자는 소설 속 시공간이라는 허구의 가능세계를 인식하고 상상하면서 일종의 지도를 그리고, 이 지도에 사회적·역사적·상징적 특성을 부여한다.

조너선 컬러(Jonathan Culler)가 지적했듯 소설 속에서 언급되는 특정한 시공간은 실제 세계에 대한 지시가 아니라, 그것과 실제 세계의 관계를 해석하라는 요구이다(Culler, 1997/1999). 친구에게 "압구정동에서 6시에 만나자."라고 문자 메시지를 보낼 때, '압구정동'은 대한민국 서울특별시 강남구에 있는 면적 2.53km²짜리 동을 뜻하고 '6시'는 아마도 오후 6시 정각을 의미할 것이다. 약속 당일 친구에게 "압구정동엔 무지개가 뜨지 않는다."라고 문자 메시지를 보낸다면 그 말은 실제로 압구정동 하늘에 무지개가 뜨지 않았음을 가리키는 발화일 것이다. 하지만 한 소설가가 작품의 제목을 '압구정동엔 무지개가 뜨지 않는다'라고 짓는다면, 그 목적은 독자에게 압구정동 하늘의 상태나 무지개 유무를 알려 주는 것이 아니다. 가령 이상의 〈날개〉(1936)를 읽는 독자의 머릿속을 상상해 보자.

그 삼십삼(三十三) 번지라는 것이 구조가 흡사 유곽이라는 느낌이 없지 않다.
한 번지에 십팔(十八) 가구가 죽 어깨를 맞대고 늘어서서 창호가 똑같고 아궁이 모양이 똑같다. 게다가 각 가구에 사는 사람들이 송이송이 꽃과 같이 젊다. 해가 들지 않는다. 해가 드는 것을 그들이 모른 체하는 까닭이다. 턱살 밑에다 철줄을 매고 얼룩진 이부자리를 널어 말린다는 핑계로 미닫이에 해가 드는 것을 막아 버린다. 침침한 방 안에서 낮잠들을 잔다. 그들은 밤에는 잠을 자지 않나? 알 수 없다. 나는 밤이나 낮이나 잠만 자느라고 그런 것은 알 길이 없다. 삼십삼 번지 십팔 가구의 낮은 참 조용하다.

— 이상, 〈날개〉

일단 독자는 이 대목에서 '나'라는 인물이 거주하는 곳에 대한 정보를 얻는다. 허구 서사의 장르 관습에 익숙하다면 이 33번지가 실제 서울의 어느 구, 어느 동인지를 찾으려 하지는 않을 것이다. 대신 독자는 이 대목을 이루는 단어들에 의지하여 머릿속에 구체적인 시간과 공간을 그려 낸다. 33번지가 유곽을 닮은 구조로 되어 있고, 열여덟 가구가 비슷한 형태로 잇달아 있으며, 낮에는 조용하고 밤이 되면 흥성거린다는 텍스트의 정보에 의거하여 특정한 형태의 건축물을 떠올린다. 그리고 그 속에서 텍스트가 지시한 시간이 나름의 속도와 분위기를 가지고 흘러가게 한다.

소설 속 시공간에 대한 인지적 지도를 잠정적으로 그리고 난 뒤 독자는 작가 이상이 왜 이러한 시공간을 왜 이러한 서술로 형상화했는지 질문하고 그 답을 찾기 위해 다시 텍스트로 돌아간다. 그리고 텍스트의 안내에 따라 지속적으로 인지적 지도를 수정해 나간다. 이 시공간적 인식 결과와 상은 독자의 스키마나 사회문화적 조건, 읽기 환경 등에 따라 다를 것이라 예상할 수 있다. 학습자들로 하여금 〈날개〉의 결말부를 읽고 머릿속에 떠오른 시공간을 장면화해서 표현하도록 한 결과는 다음과 같다.[4]

C학생

…………

4   이 자료는 2018년 I대학교 국어교육과 문학 세미나에서 수합된 것으로, 학습자들의 동의를 받아 게재하였다.

W학생   K학생

동일한 소설 대목을 읽고도 학생들이 그린 인지적 지도는 상이하다. C학생의 경우 정오라는 시간에 주목하여 사이렌을 정교하게 묘사하고 사이렌 소리를 '뚜-우-'라는 문자로도 표현하였다. 또한 정오라는 시간과 인물의 변화를 한 장면 안에 넣어 동시적인 것으로 그리고 있는데, 인물은 이미 날개가 돋은 상태로 해독하기 힘든 표정을 짓고 있으며 그가 앉아 있는 공간은 좁고 모호하게 처리되어 있다. W학생의 경우 정오라는 시간은 표현하지 않았고, 비어 있는 얼굴의 인물이 서 있는 건물의 높이를 강조하고 있다. 한편 K학생의 경우 사이렌 소리를 표현한 것은 C학생과 유사하지만, 사이렌 소리 자체보다는 그로 인해 촉발된 '나'의 욕구에 초점을 맞추었다. 그래서 왼쪽에는 비상의 욕구를 느끼는 현재적 자아를 눈을 부릅뜬 모습으로 그렸으며, 오른쪽 위 생각 풍선 안에는 상상된 자아, 즉 날개가 다시 돋은 자아를 웃는 모습으로 그렸다. 이러한 자료들은 시간의 변화가 인물 내면의 변화로, 그리고 이것이 인물이 처한 공간의 (상징적) 변화로 이어지는 〈날개〉 속 시공간적 배경의 특징이 독자의 머릿속에서 지도처럼 그려지는 현상을 보여 준다.

따라서 소설의 시공간적 배경을 교육할 때 독자로 하여금 소설 속 크로노토프에 대한 독자 자신의 인지적 지도를 파악하고, 다른 독자들의 그것과 비교하여 왜 그러한 유사성과 차이가 발생했는지를 탐구하도록 할 수 있다. 나아가 학습독자들이 인지하고 상상한 크로노토프가 텍스트의 안내와 잘 조응하는지, 독자가 파악한 소설의 분위기나 주제 의식과 어떤 관련을 맺고 있는지 등을 다룰 수도 있다.

2) 소설의 시공간에 대한 다층적 이해와 교섭적 읽기

전술했듯 소설의 배경은 단순히 서사 전개 뒤에 세팅된 풍경이 아니며, 사회문화적 의미가 밀도 있게 들어찬 시공간이다. 시공간이 지닌 이러한 역사성과 잠재성에 대한 강조는 시간과 공간을 결합체로 바라본 미하일 바흐친(Mikhail Bakhtin)의 크로노토프 개념에 의해 가능해졌다 (Reichenbach, 1957/1986). 바흐친에게 크로노토프는 소설이 가진 강력한 예술적 재현 수단이자 소설의 역사시학적 가치를 증명하는 개념이다 (Bakhtin, 1981/1988: 277). 크로노토프의 힘으로

미하일 바흐친(1895~1975)
러시아의 사상가이자 문학 이론가. 장편소설이 가진 장르적 특성, 특히 대화성의 철학에 주목하여 이를 이론화하였다.

인해 추상적 관념들에 피가 돌고 살이 붙어 비로소 소설로 육화된다. 크로노토프란 현실 세계를 재현하면서 신체화하는, 소설의 장르적 특징이다.

또한 소설의 시공간은 사회적·역사적·문화적 관계망들의 장(場)이다. 가령 〈춘향가〉에서 단오 광한루라는 시공간은 일상적 시간을 벗어난 축제의 시간, 실제적 공간을 넘어선 광장의 공간으로 작동한다. 즉, 유교적 이념과 행동규범을 이탈할 수 있는 개인적 행위의 가능성을 소설의 시공간이 지원하는 것이다(박정아, 2016: 178-179). 어두운 밤 월매 집에서 몽룡이 사랑가를 부르고 "적막 옥방 찬 자리"에서 춘향이 쑥대머리를 부를 때, 각각

의 시공간은 단순한 배경이 아니라 나름의 가치와 관습, 역사성을 보유하면서 서사의 진행을 모양 짓는 틀이다.

이처럼 소설 속에 그려지는 시공간은 복수(複數)적이다. 이는 필연적으로 여러 시공간들, 그리고 그 속의 목소리들이 대화하고 투쟁하는 결과를 낳는다. 이러한 대화와 투쟁을 형상화하기에 적합한 장르로서 바흐친이 소설을 애호하는 것은 주지의 사실이다. 아울러 소설 소통의 전반적인 과정을 고려해 본다면 시공간들의 교섭 양상은 더욱 복잡해진다. 소설에는 작가를 둘러싼 시공간이 있고, 내포작가에 의해 재현된 시공간, 즉 소설 텍스트 내 인물들의 시공간이 있으며, 소설 읽기를 수행하는 독자를 둘러싼 시공간이 있다. 이 다양한 시공간들은 소설 읽기라는 행위를 통해 구체화되고 접촉된다.

그래서 최인자(2010)는 소설의 시공간이 작가, 작품, 독자, 현실을 통합적으로 매개하는 관계적 개념임을 강조하고, 이러한 시공간들을 대화하게 하는 교섭적 읽기를 소설 읽기의 한 방법론으로 제안하였다. 소설 속 시공간은 작가가 설정하는 것이기도 하지만, 독자가 자신의 가치체계와 행위규범을 투입하여 탐구하고 구체화하는 것이기도 하다. 다시 말해 시공간적 배경은 작가가 소설 속에 구현한 언어적 건축물인 동시에 독자의 인식적 구조물이다. 그러므로 소설의 시공간과 작가의 시공간, 독자의 시공간이 교섭적 대화를 나누는 활동을 함으로써 독자의 현실 인식을 성장시킬 수 있다.

소설의 시공간에 대한 주목이 독자의 현실 인식을 추동하는 사례로서, 〈소설가 구보씨의 일일〉(1934)에 대한 고등학생 학습독자들의 해석 텍스트를 살펴보자.[5] 많은 학생이 작품에 형상화된 현실과 자신들이 처한 '지

---

5 인용된 해석 텍스트들은 2014년 당시 고등학교 2, 3학년 학습자들이 정규 수업 시간에 작성한 내용을 수합한 것이다.

금, 여기'의 현실을 동일시하는 양상을 보였으며, 구보 씨의 모습 위에 현시대의 인간, 삶, 사회의 모습을 겹쳐 놓고 있었다.

소설은 100년 전 일제강점기를 배경으로 쓰였지만 현대의 젊은 '지식인'의 모습을 그대로 반영하고 있다고 볼 수 있다. 청년실업이 문제인 요즘의 상황을 그대로 반영하고 있는 듯하다. 고등교육을 모두 마친 후 취업이 되지 않아서 강제 백수 생활을 하는 청년들의 머릿속도 구보와 같은 것이다. 자격지심과 자기 비하, 노력한 만큼 성과가 눈에 보이지 않아 드는 무력함. 구보는 요즘 청년들의 모습을 비추는 거울 같다.

위 학습독자는 소설에 형상화된 시공간(100년 전 한국)에서 독자 자신을 둘러싼 시공간(현대의 한국)을 읽어 내고 있다. 그런데 독특한 것은 구보 씨의 현실 인식과 요즘 청년들의 현실 인식을 대응해 나가되, 그러한 작업이 현실에 대한 비판적 시각의 형성으로 귀결된다는 점이다. 이와 같은 비판적 인식은 소설 경험 전에 어느 정도 윤곽이 잡혀 있었으나 소설 경험을 통해 더 구체화되고 예각화된 것으로 보인다. 그래서 독자에게 구보는 소설 속 박제된 인물에 그치지 않고 오늘날 청년들의 민낯을 그대로 비춰 주는 거울로 기능한다. 이처럼 독자는 작품의 시공간적 배경과 그 속의 인물로부터 현재적 의미를 도출함으로써 자신을 둘러싼 시대 현실을 자각하고 새로운 성찰의 가능성을 획득할 수 있다.

아마 이 소설가가 구보가 돌아다니는 장소를 서울로 정한 이유는 도시화가 되면서 그 당시의 차가움, 서울의 냉랭함과 백화점 같은 소재가 나타내는 속물주의, 자본주의를 나타내기 위함이었던 것 같다. 작가는 아마 이

위 학습독자는 서울과 백화점이라는 공간이 중요하게 등장한다는 텍스트 내적 근거를 들어, 구보의 행위와 배경을 특정하게 설정한 작가의 의도가 자본주의화되는 현실을 비판하기 위함이라고 추론한다. 또한 독자는 작가가 당시의 현실을 형상화하는 작업을 통해 궁극적으로 동시대인들의 각성을 촉구하고자 했을 것이라는 의견을 조심스레 피력한다. 그리고 이 소설을 읽는 다른 독자들이 현실에 적극적으로 저항하기를 바라는 데까지 나아가고 있다. 이처럼 텍스트에 나타난 작가의 현실 인식을 섬세하게 재구성하는 과정에서 독자는 이를 공감적으로 수용하고 사유하게 된다.

할 수 있었다. 소설의 제목인 '소설가 구보씨의 일일'도 구보 씨가 일일 동안 느낀 점에 대해 함축적으로 나타내는 것이 아닐까? (…) 이 소설을 여러 번 거듭해 읽으면서 여러 번의 생각의 변화를 느낄 수 있었다. 중학생 때 이 소설을 접했을 때의 나는 아무리 노력해도 이런 사회에서 벗어날 수 없고 이런 삶에 순응하여 살아갈 수밖에 없다고 생각했었다. 하지만 지금 나의 생각은 다르다. 물질적인 것만을 추구하는 것이 아닌, 내적인 요소를 더욱더 추구하며 살아야 행복한 삶을 살 수 있다고 생각한다.

위 학습독자는 이 소설에서 일제강점기의 도시가 전경화(前景化)되는 까닭을 자문한다. 그리고 한국식 자본주의의 시초를 구보 씨가 서 있던 그 시간, 그 공간에서 찾는다. 독자는 소설 속 시공간(일제강점기 자본주의 사회)을 살아가는 인물들의 "텅 빈 삶"에서 자신이 살고 있는 시공간("황금만능주의적 우리 사회")에 대한 비판적 사유의 단초를 찾아낸다. 즉, 독자는 소설에 형상화된 시공간 혹은 작품이 배태되었던 시공간과 독자가 몸담고 있는 시공간을 밀접하게 관련짓고 있는 것이다. 소설 속 현실을 해석하면서 자신을 둘러싼 현실을 재인식하고, 다시 그러한 재인식의 주체인 자신 역시 해석하는 전 과정을 보여 주는 흥미로운 텍스트라 할 수 있다.

그동안 소설 해석 과정에 개재되는 독자의 현실 인식은 충분히 탐구되지 못했다. 문학 소통의 맥락에 관한 논의 역시 독자의 수용 맥락에 대해서는 유독 침묵하는 경향을 보여 왔다(양정실 외, 2013: 325-326). 하지만 창작 당시의 배경과 작품 속 배경, 나아가 독자의 사회문화적 배경이 어떤 관계를 맺고 있는지 고민해 본다면 소설 해석은 더욱 풍성해질 것이다. 앞의 사례들이 보여 주듯이 소설 속 시공간을 배경이 아닌 현실로 독해할 때, 그리고 소설 속 현실과 독자의 현실을 접붙일 때, 독자에게 새로운 해석의 가능성이 부여된다. 독자는 텍스트 속 시공간을 통해 자신을 둘러싼 시공간을 재독해함으로써 현실에 대한 문제의식을 예각화할 수 있다. 또한 작가의 현실 인식을 재구성하고 그것과 대화하는 과정에서 자신의 현실 인식에 대한 메타인지와 성찰 능력을 함양할 수 있다. 요컨대 소설의 시공간 교육은 소설 해석, 독자의 자기 해석, 세계 해석을 추동하는 강력한 구심점이라 할 수 있다.

참고문헌

구인환·구창환(2002), 『문학개론』(2판), 삼영사.

김욱동(1988), 『대화적 상상력: 바흐친의 문학 이론』, 문학과지성사.

김훈(2001), 「무진을 찾아가다」, 김승옥, 《무진기행》, 나남.

나병철(2011), 「식민지 근대의 공간과 탈식민적 크로노토프」, 『현대문학이론연구』 47, 151-178.

박정아(2016), 「판소리 '춘향가'의 사건유일성에 관한 고찰: 광한루의 '만남'사건을 중심으로」, 『동남어문논집』 1(41), 169-188.

양정실·정진석·이인화·한태구·우신영(2013), 「맥락을 고려한 작품 읽기의 문학 교과서 구현 양상에 대한 비판적 검토: 2009 개정 교육과정에 따른 고등학교 문학 교과서 분석을 중심으로」, 『문학교육학』 41, 299-337.

유인순(2000), 「소설의 시간과 공간」, 한국현대소설학회(편), 『현대소설론』, 평민사.

이어령(2001), 「죽은 욕망 일으켜 세우는 역(逆)유토피아」, 김승옥, 《무진기행》, 나남.

최병우(2015), 「한국현대소설과 로컬리즘」, 『현대소설연구』 58, 5-33.

최인자(2010), 「현대소설 크로노토프들의 대화성과 교섭적 읽기」, 『문학교육학』 31, 267-290.

최인자(2012), 「채만식 소설에 나타난 "해방" 크로노토프의 양상」, 『교육과학연구』 18, 164-171.

한국문학평론가협회 편(2006), 『문학비평용어사전 상』, 국학자료원.

Abrams, M. H.(1997), 『문학용어사전』, 최상규(역), 예림기획(원서출판 1957).

Bakhtin, M. M.(1988), 『장편소설과 민중언어』, 전승희·서경희·박유미(역), 창작과비평사(원서출판 1981).

Brooks, C. & Warren, R. P.(1959), *Understanding Fiction*, Prentice-Hall.

Culler, J. D.(1999), 『문학이론』, 이은경·임옥희(역), 동문선(원서출판 1997).

Davis, L. J.(1987), *Resisting Novels: Ideology and Fiction*, Methuen.

Lukács, G.(1998), 『루카치 소설의 이론』, 반성완(역), 심설당(원서출판 1916).

Reichenbach, H.(1986), 『시간과 공간의 철학』, 이정우(역), 서광사(원서출판 1957).

Ryan, M.(2003), "Cognitive Maps and the Construction of Narrative Space". In D. Herman(ed.), *Narrative Theory and Cognitive Sciences*, Center for the Study of Language and Information.

6장

플롯의 구성 원리와 이야기 문법

드라마를 보다가 이야기의 흐름과 동떨어진 별개의 사건이 펼쳐지는 것을 보고 '반전'이나 '막장'이라고 말한 적이 있을 것이다. '반전'과 '막장'은 비슷한 의미인 것 같지만 이야기의 문법으로 보면 사실 엄청난 차이가 있다. '반전'은 이야기의 흐름을 뒤바꾸어 독자에게 쾌감을 주지만, '막장'은 이야기의 진행과 무관한 엉뚱한 내용이기에 독자에게 당혹감을 줄 뿐이다. '반전'이 사건의 논리적 결합을 염두에 두고 작가가 철저히 계획한 전략이라면, 우리가 흔히 말하는 '막장'은 사건들을 억지스럽게 결합하거나 이야기의 흐름과 상관없이 상황을 자극적으로 설정한 것을 말한다. 그래서 '막장' 서사물은 대개 사건의 결합, 상황의 설정, 이야기의 흐름 면에서 어색하거나 문제가 있다. 그렇다면 이야기가 '막장'이 되지 않으려면 어떤 조건을 갖추어야 할까? 이는 서사의 플롯과 관련된 질문이며, 동시에 이야기의 문법, 소설의 구성 원리, 그리고 소설 교육의 본질을 탐구하는 데 필요한 기본적인 물음이다.

1 사건을 서술하는 방법

사건은 시간 순서와 인과 관계에 따라 서술된다. 포스터(Forster, 1927/1990: 96)는 시간 순서대로 배열된 사건의 서술을 스토리(story)라 하였고, 인과 관계에 중점을 둔 서술을 플롯(plot)이라 하였다. 즉 "왕이 죽고, 다음에 왕비가 죽었다"와 같이 시간 순서에 따라 서술한 것이 스토리이며, "왕이 죽자, 왕비도 슬퍼서 죽었다"와 같이 인과적 요소가 개입이 된 것이 플롯이다.

> ① 그것은 마치 짐승을 놀리는 요술쟁이가 구경꾼을 바라볼 때처럼 훌륭한 제 재주를 갈채해 달라는 웃음이었다. ② 나는 쌀쌀하게 그의 시선을 피해 버렸다. ③ 그 주적대는 꼴이 어쭙지않고 밉살스러웠다.
>
> — 현진건, 〈고향〉

①과 ②는 '그가 웃었다'와 '나는 그의 시선을 피했다'라는 두 사건이 연결되어 하나의 장면을 이룬다. ①과 ②만을 보면 시간 순서에 따라 인물의 행동이 이루어지기 때문에 스토리 차원의 연결이다. 하지만 ③을 근거로 ①과 ②를 보면 ③은 ②의 원인이 된다. ①의 행동을 본 '나'는 ③의 이유로 ②와 같은 행동을 한다. 다시 말해 ①과 ②는 ③을 매개로 인과 관계에 따라 연결된 것이며, 이는 플롯에 해당한다.

또한 플롯은 나란한 두 사건의 인과성만을 의미하는 것이 아니다. 소설의 전체 사건이 전개되는 과정에서도 인과 관계에 따른 배열이 나타난다. 대부분의 소설에서 사건은 시간 순서에만 의지해 전개되지 않는다. 순수하게 시간 순서로만 진행되는 소설은 찾아보기 힘들 정도이다. 특히 인물의 회상 장면이 있는 작품이라면 현재에서 과거로, 과거에서 다시 현재로 돌아오는 구조를 지닌다. 현진건의 〈고향〉(1926)은 기차 안에서 우연히 만난 '그'의 과거 이력이 소개되는 장면을 통해 '현재-과거-현재'의 순서로 스토리가 펼쳐진다. 현재의 '나'는 동양 삼국의 복장을 하고 천박한 행동을 하는 '그'를 쌀쌀맞게 대한다. 그러다가 '나'는 '그'의 과거 이야기를 듣는다. '그'는 과거에 농토를 잃고 유랑생활을 했고, 오랜만에 돌아간 고향은 폐허가 되었으며, 그곳에서 혼담이 있었던 여인을 만났다. '그'의 삶을 이해한 '나'는 '그'의 현재에 공감한다. 여기서 '그'의 과거 이야기는 '그'의 현재를 이해하는 근거가 된다. 이처럼 스토리 전체 차원에서도 인과 관계에 따른 사건의 배열이 나타나는데, 이것도 플롯에 해당한다.

2 사건의 연결에 작용하는 플롯

플롯은 사건 간의 인과성을 강조하는 용어로, 구성이나 구상 혹은 줄거리 등을 가리킨다. 스토리는 사건의 배열과 연결로 구성되는데, 여기에 플롯이 작동해 스토리의 완성도를 높인다. 그만큼 스토리 구성 과정에서 플롯의 역할이 크다고 할 수 있다.

플롯은 아리스토텔레스의 『시학(*Peri Poietikes*)』에 등장하는 미토스 (mythos)라는 개념에서 기원한다. 원래 미토스는 신화와 전설에 담긴 허구적 이야기를 가리키는 말이었지만, 아리스토텔레스는 이를 이야기의 순서나 배열을 포함한 줄거리라는 의미로 사용했다. 그는 플롯을 행위의 모방이라고 풀이하면서 다른 구성 요소들보다 시학적으로 더 우월한 존재로 보았다 (Aristoteles/천병희 역, 1986: 49). 왜냐하면 사건은 현실을 모방하거나 재현하는 과정에서 나타나며 여기에는 이데올로기나 정서, 윤리 등이 반영될 수밖에 없는데, 이 모든 것들을 질서화하는 특별한 장치가 바로 플롯이기 때문이다. 플롯은 시작과 중간, 끝의 순서로 계획된 인과 구조에 따라 면밀하게 짜여야만 한다. 개연성 있게 사건을 모방하여 일관적으로 연결하는 데 관여하는 것이 플롯이다. 이러한 점에서 플롯은 모방성과 인과성을 특징으로 한다.

러시아의 형식주의자인 보리스 토마솁스키(Boris Tomashevsky)는 플롯의 미적 기능을 모티프와 연결하였다(Scholes, 1974/1987: 84-87).[1] 모티프는 이야기와 주제 구성의 최소 단위이다. 예컨대 "서간도로 이사를 갔었다.", "가을이 되어 얻는 것은 빈주먹뿐이었다.", "그의 어머니 또한 죽고 말았다." 등은 〈고향〉의 이야기를 구성하는 가장 작은 단위들이다. 〈고향〉은 이와 같은 여러 모티프의 결합으로 완성된다. 여기서 플롯은 독자가 모티프의 배열에 주의를 기울이게 하는 역할을 한다. 독자는 모티프들을 논리적으로 배열하고 연결하면서 전체 이야기의 줄거리를 구성하고, 작품의 주제를 탐색한다.

한편 구조주의자들은 러시아 민담을 서른한 가지 기능(function)으로 분석한 블라디미르 프로프(Vladimir Propp)의 논의를 서사론의 이론적 기초로 활용하였다. 특히 클로드 브레몽(Claude Bremond)은 프로프의 이론을 수용해 서사의 연결이나 전개에서 시간성보다 논리성을 강조하였다(Rimmon-Kenan, 1983/1999: 37-39). 그만큼 사건과 사건의 논리적인 배열 및 연결을 플롯의 주된 기능으로 본 것이다. 또한 구조주의자인 시모어 채트먼(Seymour Chatman)은 롤랑 바르트(Roland Barthes)가 제시한 서사 구조의 층위(기능, 행위, 서술)를 추종하여, 서사물의 모든 사건이 연결 논리와 더불어 위계의 논리성을 지니고 있다고 보았다. 채트먼은 바르트의 '핵

....

1   러시아 형식주의자들은 시간의 흐름에 따라 사건을 배열한 것을 '파불라(fabula)', 이러한 사건들이 실제 작품 속에서 재구성된 것을 '슈제트(syuzhet)'라고 하여 구분하였다. 로버트 숄스(Robert Scholes)는 이 두 개념을 각각 스토리(story)와 플롯(plot)으로 번역하였다.

(noyau)'을 '중심사건(kernel)'이라 불렀는데, 중심사건은 이야기 해석의 중심이 되는 사건으로서 의혹을 야기하고 그것을 만족시키면서 플롯으로 발전되는 단위이다(Chatman, 1980/1991: 69-72).

　　여러 구조주의 서사학자의 논의를 정리하면 플롯은 스토리 내에서의 사건 배열을 의미하며, 다양한 사건들 혹은 단편적 사건들과 완결된 이야기 사이를 매개한다. 즉, 플롯은 사건의 구성을 통해 다양한 사건들을 하나의 이야기로 만든다. 이야기는 사건들을 아무렇게나 끌어 모은다고 해서 되는 것이 아니다. 사건들을 인과성의 고리로 긴밀히 연결하여 유기적이며 통일적인 하나의 완결된 구조로 만드는 것이 바로 플롯이다. 이러한 플롯을 통해 작가는 독자의 결정적인 반응을 끌어내는 데 성공할 수 있다.

 프로프가 분석한 등장인물의 서른한 가지 기능

프로프는 그의 저서 『민담 형태론』에서 100개의 러시아 민담을 대상으로 등장인물의 서른한 가지 기능을 찾아냈다(Propp, 1927/1987: 39-83). 이는 다음과 같다.

01. 가족의 성원 중 한 사람이 부재중이다.	02. 주인공에게 금지의 말이 부과된다.	03. 금지가 위반된다.
04. 악한이 정찰을 시도한다.	05. 악한이 그의 희생자에 대한 정보를 입수한다.	06. 악한이 희생자나 그의 재산을 점유하기 위하여 그를 속이려 든다.
07. 희생자가 속임수를 당하여 무심결에 그의 적을 돕게 된다.	08. 악한이 가족 중 한 사람에게 해를 끼치거나 상처를 입힌다.	09. 불운이나 결여가 알려진다. 주인공에게 요청이나 명령이 부과된다. 그는 가도록 허락되거나 급히 보내진다.
10. 탐색자가 대항행동에 동의하거나 그것을 결정한다.	11. 주인공이 집을 떠난다.	12. 주인공이 시험·심문·공격받는데, 이를 통해 주인공에게 작용물이나 조수를 얻는 방법을 준비시킨다.

13. 주인공이 미래의 증여 자의 행동에 반응한 다.	14. 주인공이 주술적 작용 물을 사용할 수 있게 된다.	15. 주인공이 탐색의 대상 이 있는 곳으로 옮겨 지거나 인도된다.
16. 주인공이 악한과 직접 싸운다.	17. 주인공이 표식을 받는 다.	18. 악한이 퇴치된다.
19. 최초의 불행이나 결여 가 해소된다.	20. 주인공이 귀환한다.	21. 주인공이 추적당한다.
22. 주인공이 추적으로부 터 구출된다.	23. 주인공이 아무도 모르 게 집이나 다른 나라 에 도착한다.	24. 가짜 주인공이 근거 없는 요구를 한다.
25. 주인공에게 어려운 과 제가 제안된다.	26. 과제가 해결된다.	27. 주인공이 인지된다.
28. 가짜 주인공 혹은 악한 의 정체가 폭로된다.	29. 주인공에게 새로운 모 습이 주어진다.	30. 악한이 처벌된다.
31. 주인공이 결혼하고 왕 좌에 오른다.		

3 플롯의 유형

플롯의 유형화는 이야기의 논리성을 중심으로 사건 전개 방식에 주목하는 방식과 이야기의 내용 및 의미에 중점을 두는 방식으로 구분된다. 전자는 러시아 형식주의나 구조주의 서술학이 강조하는 사건이나 모티프의 인과 관계에 기반해 플롯을 분류하기 때문에 형식론적 유형화 혹은 구조 중심의 유형화라고 한다. 후자는 죄르지 루카치(György Lukács)의 내적 형식[2]과 같이 소설의 여러 구성 요소가 주제와 맺는 관련성에 주목해 플롯을 분류하기 때문에 주제론적 유형화 혹은 내용 중심의 유형화라고 한다.[3]

1) 구조 중심의 플롯 유형화

리처드 이스트먼(Richard Eastman)은 사건 연결의 긴밀성에 따라 플롯을 '느슨한 플롯'과 '팽팽한 플롯'으로 분류하였다(Eastman, 1965: 14). 느슨한 플롯은 교양 소설이나 피카레스크 소설[4]처럼 여러 사건이 산만하게 나열되는 유형을 말한다. 반면 팽팽한 플롯은 사건과 사건이 논리적으로 탄탄하게 연결되어 나타나는 유형이다. 박태원의 〈천변풍경〉(1936)과 이청준의 〈벌레 이야기〉(1985)를 비교하면 두 유형의 차이를 알 수 있다. 〈천변풍경〉은 청계천변에 사는 도시 하층민의 일상사를 극적 긴장감 없이 시간 순서에 따라 보여 준다. 전통적인 플롯과 다르게 여러 인물의 삶이 에피소드처럼 펼쳐지면서 사건들이 느슨하게 나열된다. 이스트먼은 이러한 느린 템포가 입체적이고 다양한 해석을 가능하게 한다는 점에서 현대소설의 느슨한 플롯이 지닌 장점에 주목하였다.

이와 달리 〈벌레 이야기〉는 "자식의 실종과 관련하여 발생하는 사건들"이 "완결성을 지니는 동시에 하나의 맥락을 형성"하면서 작품의 주제인 용서의 의미를 끌어낸다(오영록, 2018: 261). 아내는 '실종된 아이를 찾는 일', '범인을 추적하는 일', '범인을 용서하기로 다짐하는 일' 등을 겪는 동안 배신감과 절망감을 느끼다가 자살한다. 이 작품에서는 아내가 겪은 사건들이 긴밀하게 연결되어 주제를 형성하는데, 이는 사건과 사건이 팽팽한 플롯으로 연결되었기 때문이다.

....

2 한국 근대소설의 대표적인 내적 형식은 '길'로 표상되는 여로형 구조라 할 수 있다. 여로형 구조는 여행 과정에서 주인공의 의식세계와 외부세계에 대한 객관적 재현이 가능하기 때문이다.

3 이하의 내용은 우신영(2019)을 참조하여 재구성하였다.

4 대체로 피카레스크 소설은 악한 성격을 지닌 주인공의 등장, 장편소설 구조, 에피소드적 구성, 풍자적 시각 등의 특징을 지닌다. 근대소설에 나타난 피카레스크 구성의 특징은 문영진(1997)의 논의를 참조.

한편 앨리스 커민스키(Alice Kaminsky)는 팽팽한 플롯을 다시 '닫힌 플롯'과 '열린 플롯'으로 나누었다(Kaminsky, 1974: 225-231). 닫힌 플롯은 시작, 중간, 끝의 순서로 인물의 삶을 제시하는 것이다. 닫힌 플롯의 소설에서는 인물의 갈등이나 문제의 해결을 보여 주기 위해 인물의 행동이 순차적으로 배치된다. 닫힌 플롯은 구조적 완결성과 논리성을 지니며, 스토리의 결말도 죽음이나 결혼, 기타 특정 사건 등으로 명확하게 제시된다. 〈흥부전〉, 〈춘향전〉, 〈심청전〉 등의 고전소설은 대체로 닫힌 플롯의 형식을 지닌다. 사건들이 순차적으로 제시되고 어떤 방식으로든 결말에서 모든 인물의 갈등이 해소되기 때문이다.

근대소설은 전통적인 고전소설과 달리 명확한 결말을 제시하지 않으며 열린 플롯으로 스토리를 구성한다. 혼란하고 무질서한 근대인의 삶을 형상화하기에 닫힌 플롯은 적절하지 않기 때문이다. 커민스키는 현대의 실험 소설가들은 주제의 변형을 중시하기 때문에 고정되고 확정된 방식으로 결말을 짓지 않는다고 하였다. 그의 지적처럼 최근 작가들은 관습적인 플롯을 거부하고 자신의 개성을 드러낼 수 있는 열린 플롯을 지향한다. 닫힌 플롯은 결말 부분에서 주제를 선명하게 제시하지만, 열린 플롯은 소설의 마지막 페이지에 가서도 주제를 파악하기 힘들 정도로 모호하게 끝을 맺는다. 그러나 열린 플롯이라고 해서 무한정 모호하게 결말을 제시하는 것은 아니다. 커민스키는 열린 플롯으로 스토리를 구성하더라도 단어나 문장 등을 통해 독자에게 해독의 여지를 제공해야 한다고 말했다. 즉, 열린 플롯의 소설에서도 독자가 이해할 수 있도록 인물의 행동이나 감정, 대상의 성격 등이 어느 정도 드러난다. 그렇기에 우리는 "초조(初潮)였다."라는 문장으로 끝맺는 오정희의 〈중국인 거리〉(1979)를 읽고, 또는 "자기가 죽거든 자기 입든 옷을 꼭 그대루 입혀서 묻어 달라구……."라는 말로 마치는 황순원의 〈소나기〉(1953)를 읽고 작품의 주제를 파악할 수 있는 것이다.

2) 내용 중심의 플롯 유형화

노먼 프리드먼(Norman Friedman)은 인물의 특정 부분에 주목해 플롯을 세 범주로 유형화하였다. 인물의 행복 및 불행과 관련된 '운명의 플롯', 인물 성격의 전개 과정 및 변화와 관련된 '성격의 플롯', 인물의 교훈이나 정서와 관련된 '사고의 플롯'이 그것이다(Friedman, 1975/2007). 각각에 대해 구체적으로 살펴보자.

(1) 운명의 플롯

운명의 플롯(plot of fortune)은 인물의 행복 및 불행과 관련된 플롯이다. 이 플롯의 하위 유형에는 진행의 플롯, 애상적 플롯, 비극적 플롯, 징벌의 플롯, 감상적 플롯, 찬탄의 플롯 등이 있다. 운명의 플롯이 지닌 공통적인 특징은 인물의 운명에 영향을 줄 수 있는 사건이 제시된다는 점이다.

진행의 플롯(action plot)은 선행하는 상황이나 사건을 바탕으로 이어지는 인물의 행위에 정당성을 부여하는 플롯이다. 탐정 소설에서 논리적 추리를 통해 결과를 끌어내는 것과 유사하다. 김유정의 〈만무방〉(1935)에는 동생 응오의 벼가 도둑맞고 있음을 알게 된 응칠이 자기가 의심받을까 두려워 직접 범인을 찾는 장면이 나온다. 마을 사람들이 응칠의 이전 행적을 근거로 그를 범인으로 지목할 수 있다는 것, 그리고 응칠이 자신의 억울함을 풀기 위해 범인을 찾아 나서는 것 등은 선행하는 상황이나 조건에 따라 자연스럽게 제시되는 인물의 행위라는 점에서 진행의 플롯이다.

애상적 플롯(pathetic plot)은 특별한 잘못이 없음에도 불구하고 고난을 겪는 인물의 운명과 관련된다. 그리고 이 인물은 대체로 순진하고 어수룩해 독자들에게 연민을 자아낸다. 성석제의 〈황만근은 이렇게 말했다〉(2000)에서 황만근은 마을의 궂은일을 도맡아 하면서도 마을 사람들에게 무시당하는 인물이다. 어수룩하지만 자기희생적이었던 황만근이 농민 궐기대회에 참가하려다가 죽음을 맞이하는 장면은 독자에게 동정심을 유발한다는 점에서 애상적 플롯이다.

비극적 플롯(tragic plot)은 지식과 능력, 그리고 굳은 의지를 지닌 인물이 불행한 현실 앞에서 파멸하는 과정을 다룬다. 염상섭의 〈삼대〉(1931)에서 유학까지 다녀온 엘리트이자 기독교 장로로서 사회운동에 매진하던 조상훈은 3·1운동 뒤의 과도기적 상황을 버티지 못하고 잘못을 저지르다 스스로 파멸한다. 이러한 조상훈의 모습에서 비극적 플롯을 확인할 수 있다.

징벌의 플롯(punitive plot)은 지적이거나 의지적이며 상황판단이 빠른 인물이 선한 인물을 괴롭히다가 결국 파멸해 가는 구조를 띤다. 이문열의 〈우리들의 일그러진 영웅〉(1987)에서 엄석대는 자신의 힘을 이용해 순진하고 나약한 반 아이들을 괴롭히다가 새로운 담임 선생님의 징벌에 의해 파멸하는 인물이다. 이 과정에서 독자는 통쾌함을 느끼는데, 이는 징벌의 플롯이 지닌 특징이다.

감상적 플롯(sentimental plot)은 불행에 빠졌던 인물이 불안감에서 벗어나 희망을 갖고 행복해지는 구조를 지닌다. 공선옥의 〈명랑한 밤길〉(2005)의 '나'는 사랑하는 사람에게 버림받고 귀가하던 중 외국인 노동자들을 피해 정미소로 숨어든다. '나'는 고달프게 살아가는 노동자들의 대화를 들으면서 고통을 견디는 방법을 배우며, 마지막에는 희망을 잃지 않겠다는 의지를 보인다. 이처럼 두려움과 공포에서 벗어나 희망과 의지를 드러내는 구조로 이루어진 스토리가 감상적 플롯에 해당한다.

찬탄의 플롯(admiration plot)은 인물의 행동이 바람직한 방향으로 개선되어 존경과 찬탄을 받는 과정을 보여 준다. 이광수의 〈무정〉(1917)에 등장하는 이형식은 아내와 정혼자 사이에서 갈등하던 인물이었으나 삼랑진 수해 현장을 만나 자선 음악회를 열면서 많은 사람의 존경을 받게 된다. 이러한 결말은 찬탄의 플롯이 지닌 특징이다.

(2) 성격의 플롯

성격의 플롯(plot of character)은 사건 전개 과정에서 드러나는 인물의 동기나 의지 또는 그와 관련한 행위에 대한 공감 등에 주목하는 플롯이다. 이 플롯의 하위 유형에는 성숙의 플롯, 개심의 플롯, 시련의 플롯, 퇴보의 플롯 등이 있다. 성격의 플롯에서 인물들은 삶의 중요한 순간에 선택의 기로에 놓이게 되는데, 그 선택에 따라 인물의 성격 변화가 나타난다.

성숙의 플롯(maturing plot)은 잠시 일탈하던 인물이 자신이 처한 상황을 자각하고 긍정적인 방향으로 변화하는 구조를 지닌다. 이기영의 〈고향〉(1933)에서 김희준은 조혼한 아내를 못마땅하게 여기던 중 갑숙에게 연모의 정을 품는다. 그러나 마음을 추스르고 갑숙에 대한 감정을 노동쟁의의 동지애로 승화시킨다. 이는 인물의 변화가 긍정적인 방향으로 나타난다는 점에서 성숙의 플롯에 해당한다.

개심의 플롯(reform plot)은 자신의 잘못을 알면서도 의지가 약해 탈선하던 인물이 올바른 선택을 하게 되는 구조를 지닌다. 박완서의 〈해산 바가지〉(1985)에서 '나'는 다른 사람의 눈을 의식해 효부(孝婦)인 척 위선을 떨다가 결국 치매에 걸린 시어머니를 요양원에 보내기로 한다. 그러다가 해산 바가지에 담긴 시어머니의 생명 존중의 태도를 기억해 내고 마음을 바꿔 그를 계속 모신다. 이렇듯 자신의 행동에 문제가 있다는 것을 알기에 남을 의식하던 '나'가 해산 바가지를 매개로 시어머니를 정성껏 모시기로 결심하는 올바른 선택의 과정이 제시되므로, 이 작품은 개심의 플롯이라 할 수 있다.

시련의 플롯(testing plot)은 의지가 강한 인물이 자신의 뜻을 포기하게 만드는 상황에 처하는 구조를 지닌다. 채만식의 〈레디메이드 인생〉(1934)

속 주인공 P는 대학을 졸업했지만 실직 후 빈곤에 시달린다. 구직을 위해 동분서주해도 일자리를 구하기는 쉽지 않다. 인텔리에게 취업의 기회조차 주지 않는 사회에 깊은 반감을 드러내며 결국 P는 아들을 학교에 보내지 않기로 결심한다. 구직에 대한 의지가 강한 P였으나, 현실에 부딪혀 취업에 실패하고 끝내 자식의 교육마저 포기한 것이다. 이처럼 인물이 자신의 뜻을 포기하도록 하는 상황이 제시되는 경우 시련의 플롯에 해당한다.

퇴보의 플롯(degeneration plot)은 바람직한 인성을 지닌 인물이 점점 나쁜 방향으로 변하는 구조를 지닌다. 황순원의 〈나무들 비탈에 서다〉(1960)에는 전쟁 상황에서도 순수함을 지닌 채 애인을 그리워하는 동호가 등장한다. 그러나 동호는 작부 옥주와 관계를 맺고 지내다가 결국 옥주와 그의 정부를 죽이고 자살한다. 이처럼 퇴보의 플롯에서는 스토리가 전개되면서 인물이 타락하는 과정이 나타난다.

(3) 사고의 플롯

사고의 플롯(plot of thought)은 인물의 태도나 신념 등에 주목하는 플롯이다. 이 플롯의 하위 유형에는 교육의 플롯, 계시의 플롯, 감정적 플롯, 환멸의 플롯 등이 있다. 사고의 플롯은 주로 인물의 태도나 신념의 변화 과정을 제시한다.

교육의 플롯(education plot)은 냉소적이고 부정적이던 인물이 특별한 경험을 계기로 자신의 신념이나 태도를 긍정적으로 바꾸는 구조를 띤다. 김소진의 〈쥐잡기〉(1991)에는 아버지를 무능력하다고 생각하는 주인공 민홍이 등장한다. 민홍은 전쟁과 관련된 아버지의 이야기를 듣고 아버지를 연민하고 이해하게 된다. 이처럼 대상에 대한 부정적인 감정이 긍정적으로 바뀌는 경우 교육의 플롯에 해당한다.

계시의 플롯(revelation plot)은 모르고 있던 상황을 알게 된 후 인물의 신념과 태도가 변화하는 과정을 다룬다. 공지영의 〈도가니〉(2009)에는 무진의 장애학교인 자애학원에 발령받은 인물 강인호가 등장한다. 처음에 그는 학교의 분위기를 낯설어 하지만 이곳에서 자행된 폭력의 실체를 알게 되면서 막강한 권력과 대결한다. 인물이 자애학원의 실체를 인지한 뒤에 태도와 신념이 변화했다는 점에서 이는 계시의 플롯이라 할 수 있다.

감정적 플롯(affective plot)은 고뇌하던 인물이 어떠한 방향으로든 변화하는 구조를 지닌다. 이청준의 〈병신과 머저리〉(1966)에서는 형과 아우가 소설 쓰기를 하며 존재를 탐구하는 과정에서 각자 다른 방식으로 변화하는데, 이와 같은 구조가 감정적 플롯이다. 이 플롯에서 변화는 삶에 대한 철학적 문제를 동반한다.

환멸의 플롯(disillusionment plot)은 긍정적인 전망과 신념을 지닌 인물이 현실과 마주하면서 부정적으로 변하는 구조를 지닌다. 최서해의 〈고국〉(1924)에서 운심은 큰 뜻을 품고 고국을 떠나 서간도로 이주하지만, 그곳에서 고난을 겪고 방황하다가 결국 스스로 '패배자'가 되었다고 시인하게 된다. 이처럼 인물이 갖고 있던 긍정적인 전망이 부정적으로 바뀌는 것은 환멸의 플롯이 지닌 특징이다.

플롯의 유형(Eastman, 1965; Kaminsky, 1974; Friedman, 1975/2007)

구조 중심의 유형화		내용 중심의 유형화		
느슨한 플롯	팽팽한 플롯	운명의 플롯	성격의 플롯	사고의 플롯
· 교양 소설 · 피카레스크 소설	· 열린 플롯 · 닫힌 플롯	· 진행의 플롯 · 애상적 플롯 · 비극적 플롯 · 징벌의 플롯 · 감상적 플롯 · 찬탄의 플롯	· 성숙의 플롯 · 개심의 플롯 · 시련의 플롯 · 퇴보의 플롯	· 교육의 플롯 · 계시의 플롯 · 감정적 플롯 · 환멸의 플롯

4 플롯의 단계와 사건 전개

모든 일에는 시작과 중간, 끝이 있듯이 소설의 스토리 역시 몇 개의 단계를 밟으며 진행된다. 이 단계는 대체로 갈등의 전개 양상을 기준으로 구분된다. 갈등이 시작되고 그 갈등이 최고조에 이르렀다가 해소되는 과정에 따라 소설의 단계를 설정할 수 있다. 학자마다 조금씩 다르긴 하지만, 현재의 소설 교육은 대체로 구스타프 프라이타크(Gustav Freytag)가 제안한 '발단-상승-위기-하강-대단원'의 5단계를 원용하여 '발단-전개-위기-절정-결말'로 스토리의 단계를 제시한다(한국현대소설연구회, 1997: 79-80). 물론 각 단계는 고립적이거나 단절적으로 나타나지 않는다. 단계에 제시된 사건, 그리고 단계와 단계를 논리적으로 조직하여 하나의 통합된 스토리를 구성하는 데 기여하는 것이 플롯이다.

발단 단계에서는 인물과 배경이 제시되고 사건의 전체적인 방향이 나타난다. 전개 단계에서는 사건이 복잡해지고 인물의 갈등이 드러난다. 위기 단계에서는 갈등이 보다 심화하며 절정에 이르는 전환의 계기가 마련된다. 절정 단계에서는 갈등과 긴장이 최고조에 도달한다. 결말 단계에서는 인물의 운명이 분명해지고 갈등이 해소된다. 박완서의 〈해산 바가지〉를 통해 이러한 구성 단계를 좀 더 자세히 살펴보자.

> 친구가 서슬이 퍼렇게 말하고 나서 내 소매를 잡아끌었다.
> "이대로 가면 어떡허니? 안 오니만도 못하게."
> 나는 친구 눈치를 봐가며 모포 위로 슬며시 산모의 어깨를 잡았다. 격렬한 떨림이 손아귀에 닿자마자 나는 미리 준비한 축하와 위로를 겸한 인사말을 까먹고 말았다.

"가자니까, 시에미 우습게 아는 게 시에미 친군들 안중에 있을라구."

친구는 내 등을 떠다밀다시피 해서 먼저 문 밖으로 내쫓고 따라나왔다. 뒤쫓아나온 사돈마님은 참회하는 죄인보다 더 기운 없이 고개를 떨구고 파리한 입술을 간신히 들먹여 면목없다는 소리만 되풀이했다.

— 박완서, 〈해산 바가지〉, 179~180쪽

이 장면에는 '나'를 비롯하여 친구, 사돈마님, 산모 등의 인물이 등장하고, 사건 전개의 배경인 병원이 제시된다. 그리고 친구와 사돈마님의 불편한 관계, 산모 며느리를 대하는 친구의 모습과 같이 독자에게 흥미와 관심을 불러일으키는 요소들이 나타난다. 첫 손주로 아들을 기대했던 친구는 딸을 출산한 며느리를 구박하고, 이에 사돈마님은 죄를 지은 것처럼 불안해하며, 이 모습을 지켜보는 '나'는 당황스럽다. 이렇게 발단 단계에서는 인물의 관계를 설정하고 사건의 방향을 제시한다. 이 단계에서 독자는 앞으로 사건이 어떤 방식으로 전개될지 흥미를 느끼며 '나'의 이야기에 관심을 갖는다.

시어머님은 내 관상이 적중해 나는 마음 편히 시집살이를 할 수가 있었다. 실상 시집살이랄 것도 없었다. 나는 두 살 터울로 아이를 다섯씩이나 낳았지만 젖만 먹였다뿐 기른 건 시어머님이셨다. 그때만 해도 식모가 흔할 때여서 우리도 식모를 두고 살았지만 그분은 식모에게 절대로 기저귀를 빨리거나 아이를 업히는 법이 없었다. (…) 좀 지나치리만치 건강하시어 고혈압으로 쓰러지실 때까지도 우리는 그분의 혈압이 높다는 것도 모르고 있었다. 반신불수가 될 것 같다는 우려와는 달리 그분은 얼굴이 약간 비뚤어졌을 뿐 신속하게 건강을 회복했다. 식욕은 더욱 왕성해졌고, 목소리는 더욱 쩽쩽해졌고 아침잠은 더욱 엷어졌다. 나는 일흔다섯 살의 이런 정력적인 재기를 경탄해 마지않았지만 때때로 배은망덕하게도 부담스러워하기도 했던 것 같다. 우리 시어머님은 아마 백 살은 사실 거예요, 이러면서 입술을 삐쭉댔으니 말이다.

— 182쪽

친구 며느리의 출산을 계기로 '나'는 자신의 시어머니를 떠올린다. 며느리를 구박하던 친구와 달리 '나'의 시어머니는 아들과 딸을 차별하지 않고 경건하게 아이들을 대했다. 덕분에 '나'는 딸을 출산해도 마음 편하게 지낼 수 있었다. 그러던 중 '나'는 시어머니가 변하는 모습을 발견한다. 이와 같이 사건에 변화가 생기고, 인물의 갈등이 서서히 나타나기 시작하는 단계가 전개 단계이다. 이 단계에서 독자는 인물들의 관계가 복잡하게 변하는 것을 확인하고, 그 갈등의 진행 과정에 주목한다.

겨울에서 봄이 되어도 엷은 옷으로 갈아입기를 한사코 마다고, 가을에서 겨울로 접어들어도 두터운 옷으로 갈아입히기가 며칠은 걸릴 만큼 힘든 일이 되었다. 그런 증세가 점점 심해져 옷 자체를 안 갈아입으려 들어 어쩔 수 없이 강제로 내복을 갈아입히려면 동네가 떠나가게 비명을 지를 만큼 망령은 날로 심해졌다. 갈아입기를 싫어하고부터는 씻지도 않았다. 목욕을 시키기는 갈아입히기보다 더 힘이 들었다. 순순히 몸을 맡겨도 애정이 없는 분의 속살을 만진다는 건 극기(克己)를 요하는 일인데 길길이 뛰며 마다는 걸 씻길 엄두가 나지 않았다. 그분이 정성과 힘을 다해 하루도 빠지지 않고 닦아 주는 건 오로지 아들의 놋요강밖에 없었다.

이렇게 나는 구원의 가망이 조금도 안 보이는 지옥을 살면서도 아이들이나 친척과 이웃들에겐 여전히 무던하고 참을성 있는 효부로 보이길 바랐다. 내가 양다리를 걸친 두 세계 사이의 심한 격차로 미구에 자신이 분열되고 말 것을 번연히 알면서도 나는 나의 이중성에 악착같이 집착했다. 어쩌면 나는 내가 처한 고통으로부터 벗어날 수 있는 길이 자신의 분열밖에 없다는 자포자기한 생각을 하고 있었는지도 모른다.

— 188쪽

이 장면에서 '나'와 시어머니의 갈등은 점점 심화된다. '나'는 치매를 앓는 시어머니를 모시는 것이 고통스럽지만, 한편으로 다른 사람에게 '효부'로 비치길 원한다. 이러한 이중적인 모습은 결국 '나'를 자기분열로 몰아간다. 이처럼 인물의 갈등이 심화되고, '나'의 결단을 통해 사건 전개의 전환이 이루어지는 것은 위기 단계의 특징이다. 독자는 '나'와 시어머니를 둘러싼 갈등 양상이 어떤 방식으로 전개될지에 집중하면서 갈등의 최고조를 맞이할 준비를 한다.

파출부도 다시는 우리집에 오지 않았다. 몸살에 신경안정제의 후유증까지 겹쳐 정신과 치료까지 받지 않으면 안 되었다. 집안꼴이 엉망이 되었다. 정신과 의사도 그런 귀띔을 했지만, 시어머님을 한동안 어디로 보낼 수 있었으면 하는 논의가 본격화된 것은 그분의 친정 조카들로부터였다. 그런 분을 잠시라도 맡아 줄 만한 아들이나 딸이 또 있는 것도 아니니까 입원을 일단 생각해 보았던 것 같다. 그러나 그때만 해도 의료보험제도는 없을 때고 쉬 나을 병도 아니고 아직도 몇 년을 더 사실지 모르게 몸은 정정하시니, 우리가 부자가 아닌 걸 아는 그들이 비용 문제를 안 생각할 수가 없었으리라. 달리 여기저기 수소문해 본 끝에 양로원과 정신치료를 겸한 수용기관이 꽤 있다는 걸 알아내서 우리에게 권했다. 물론 유료였고 그게 그닥 싸달 수 없는 상당한 액수인 게 되레 우리를 솔깃하게 했다. 경치 좋고 공기좋은 한적한 시골 정갈한 거처에서 비슷한 처지끼리 가벼운 운동과 이런저런 이야기로 소일하며 적절한 치료도 받을 수 있는 노인들의 천국이 꼭 있을 것 같았다. 우리는 물론 자주 면회를 갈 테고 또 자주 그분을 가정으로 초대할 테고, 상태를 봐가며 퇴원도 시킬 수 있으리라.

— 190쪽

'나'는 정신과 치료를 받으면서까지 시어머니를 모시며 집안을 지키고자 애썼지만, 그럴수록 '나'의 심신은 피폐해졌다. 그러다 결국 시어머니를 요양기관에 모시기로 결심하고 요양원을 찾기 위해 길을 나선다. 시어머니를 둘러싼 '나'의 갈등이 최고조에 도달하는 절정의 순간이다. 독자가 느끼는 긴장감도 최고조에 달한다. 독자는 이 갈등이 어떤 방식으로 해결될지 궁금해한다. 요양원을 찾아 나선 '나'의 선택에 따라 이야기의 결말이 달라지기 때문이다.

시어머님은 그 후에도 삼 년을 더 살고 돌아가셨지만 그 동안 힘이 덜 들었단 얘기는 아니다. 그분의 망령은 여전히 해괴하고 새록새록해서 감당하기 힘들었지만 나는 효부인 척 위선을 떨지 않음으로써 조금은 숨구멍을 만들 수가 있었다. 너무 속상할 때는 아이들이나 이웃 사람의 눈치 볼 것 없이 큰 소리로 분풀이도 했고 목욕시키거나 옷 갈아입힐 때는 아프지 않을 만큼 거칠게 다루기도 했다. 너무했다 뉘우쳐지면 즉각 애정표시에도 인색하지 않았다.

위선을 떨지 않고 마음껏 못된 며느리 노릇을 할 수 있고부터 신경안정제가 필요 없게 됐다. 시어머니도 나를 잘 따랐다. 마치 갓난아기처럼 천진한 얼굴로 내 치마꼬리만 졸졸 따라다녔다. 외출했다 늦게 돌아오면 그분은 저녁도 안 들고 어린애처럼 칭얼대며 골목 밖에서 나를 기다리고 있곤 했다. 임종 때의 그분은 주름살까지 말끔히 가셔 평화롭고 순결하기가 마치 그분이 이 세상에 갓 태어날 때의 얼굴을 보는 것 같았다. 나는 마치 그분의 그런 고운 얼굴을 내가 만든 양 크나큰 성취감에 도취했었다.

— 194쪽

결국 '나'는 여행 중에 우연히 발견한 해산 바가지에서 시어머니의 고귀한 정신을 떠올리고 시어머니를 요양원에 모시지 않기로 결정한다. 이후 '나'는 "위선을 떨지 않고" 시어머니를 모실 수 있었고, 시어머니도 "천진한 얼굴"로 '나'를 대했다. 갈등 해소의 결정적인 계기가 된 것은 시어머니의 해산 바가지, 즉 성별에 따라 차별하지 않고 정성을 다해 생명을 존중하던 시어머니의 고귀한 정신이다. 이처럼 결말 단계에서는 모든 갈등이 해소되고, 작품의 주제가 명확히 드러난다.[5]

5 서사 구성 전략으로서의 플롯

브룩스(Brooks, 1985: 37, 320)에 따르면 플롯은 전체 이야기를 형성하는 능동적인 힘이자 의도적인 원리로 작용한다. 구조주의자들과 달리 브룩스는 플롯을 단순히 조직된 이야기의 구조가 아닌, 어떤 의도에 따라 계획된 사건 전개의 전략이라고 보았다. 특히 현대소설의 플롯은 다양하고 복합적이며 열린 구조를 지향하기 때문에 전략 중심으로 파악될 필요가 있다. '플롯을 파괴하거나 독자가 참여하는 인터랙티브 스토리텔링'이라든지 '이야

....
5 데이비스(Davis, 1987: 205-211)는 작품은 결말에서 비로소 생성된다고 하면서, 이러한 플롯을 목적 지향적 플롯(teleogenic plot)이라 언급한 바 있다.

기 속에 잠재된 마스터 플롯을 발견하고 나아가 새로운 대항 플롯을 구상하는 활동'(우신영, 2019: 197), '드러난 플롯과 숨겨진 플롯을 발견해 통합하는 활동' 등은 플롯 구성에서 독자의 역할이 중요하다는 사실을 말해 준다.

폴 리쾨르(1913~2005)
프랑스의 현상학 철학자이자 역사학자. 독일군 포로로 수용소 생활을 하는 동안 독일 철학에 눈을 떴고, 이후 현상학을 깊이 연구하면서 당대의 주류였던 구조주의에 대항했다.

리쾨르(Ricoeur, 1983/1999: 81-124) 또한 시간성과 역사성의 관점에서 서사의 생산 및 수용에 작동하는 플롯의 전략에 주목하였다. 그에 따르면 플롯은 삶에서 인간이 경험하는 존재의 파편성, 즉 불일치를 치유하는 역할을 담당한다. 플롯은 텍스트 내에 존재하는 구조를 넘어, 작가나 독자가 시간적 질서 속에서 존재론적 탐구에 이르도록 하는 실천적 전략이다. 플롯은 사건과 사건의 인과적인 연결뿐만 아니라, 이야기를 구성하는 창작 주체와 해석 주체의 세계관이나 가치관의 변모에도 관여한다.

현대소설에서 플롯은 사건들의 결합 원리로서 여전히 유효하지만, 인과성의 원리만으로 작동하지는 않는다. 현대에 들어 순차적인 인과성에 바탕을 두고 진행되던 이야기의 흐름이 비논리적이고 비인과적으로 바뀌고 이야기 구성의 결속성도 약화되고 있다(Crane, 1952/2007; Friedman, 1975/2007). 이에 따라 시간적인 순서와 논리적인 인과 관계를 강조하는 전통적인 플롯 개념을 현대소설에 그대로 적용할 수 없게 되었다. 예컨대 '비가 왔다', '빨래를 해야겠다고 생각했다'라는 두 사건의 연결은 상식의 범주를 넘어선다. 비가 오는 상황과 빨래를 하는 행위의 결합이 이질적이기 때문이다. 그러나 두 사건의 결합이 플롯의 엄격함에서 벗어나더라도, 작품의 주제를 형상화하고 내적 통일성에 기여한다면 스토리 전개에 크게 문제되지 않는다. 상식적인 인과 관계가 아닌 비합리적인 인과 관계, 심지어 역인과 관계로 설정되었다고 해도 주제 형상화에 기여하거나 독자의 수용 가능성 내에 있다면 플롯이 작동하는 것이다.

또 다른 예로 한강의 〈내 여자의 열매〉(2000)에는 '아내'가 식물이 되어가는 장면이 나온다. 상식적으로 말이 안 되는 상황이지만 이 작품에 플롯이 없다고 단언하기는 어렵다. 여러 이질적인 사건들이 생태적 상상력과 결합해 현대 물질문명을 비판하는 주제를 형상화하고, 텍스트 내적으로 일관성을 지니며, 주제에 대한 독자의 공감을 확보하고 있기 때문이다. 이처럼 현대소설에서는 인과성과 논리성을 엄격히 따지는 전통적인 플롯이 약화되고, 그 대신 주제를 형상화하고 독자의 공감력을 확보하는 차원의 플롯이 막강한 힘을 발휘하고 있다.

슈람케(Schramke, 1974/1995: 164-165)는 전통소설에서 발견되는 연대순의 진행이 사건 전개의 질적 변화에 부합한다고 보았다. 반면 현대소설에서는 사건이 움직이지 않고 정체된 작용을 하며 오히려 정지 상태의 인상을 준다면서, 현대소설이 연대기와 인과율을 포기하고 있다고 주장하였다. 그러나 디플(Dipple, 1970/1984: 3-5)이 주장한 바와 같이 현대에 와서 플롯은 폐기되었다기보다 '축소'와 '확대'라는 개념으로 변모하고 있다고 보는 것이 좋을 듯하다. 디플은 아리스토텔레스 이후 신고전주의에 이르기까지 통일성과 인과성을 강조한 플롯의 개념을 '축소'라고 하였으며, 현대 비평 이론에서 창조의 중요한 개념으로서 시간의 영역으로 확장된 플롯을 '확대'라고 표현하였다. 즉, 아리스토텔레스 이래로 통일성을 강조해 온 플롯 개념에 새로운 역동적인 의미를 부여한 것이다(정래필, 2001: 28-29). 이제 플롯은 텍스트 분석을 넘어 주제 탐구나 의미 구성의 차원으로 확장되었다. 그러므로 소설 교육에서도 글쓰기 주체의 창작 과정이나 독자의 해석 과정과 연계해 플롯을 의미 구성의 전략으로 다룰 필요가 있다.

6 플롯과 이야기 문법: 플롯의 소설 교육적 함의

우선 이야기 문법에 대해 알아보자. 아리스토텔레스에 따르면 모든 드라마는 장경, 성격, 플롯, 조사, 노래, 사상을 가지고 있는데, 이중 플롯은 이야기의 구조적 질서를 유지하고 통합하는 데 관여한다. 그래서 많은 서사학자가 플롯을 서사의 중요한 요소로 꼽는다. 모든 이야기는 일정한 구조나 틀을 갖기 마련이다. 이러한 이야기의 텍스트 구조를 '이야기 문법(story grammar)'이라고 한다(이순영 외, 2015: 189). 이야기 문법은 일련의 구성 요소로 이루어지는 구조인데, 여기에서 플롯은 여러 요소를 통제하면서 주제를 형상화하는 데 기여한다.

맨들러와 존슨(Mandler & Johnson, 1977: 112)은 이야기 문법이 스토리의 내부 구조에 대한 일련의 기대를 나타내며, 대체로 두 차원으로 구성된다고 설명하였다. 첫째는 많은 이야기를 들어 온 것에서 비롯된 기대로서, 일반적으로 이야기가 시작하고 끝나는 방법과 사건 순서에 관한 지식을 뜻한다. 둘째는 경험에서 비롯된 기대로서, 인과 관계 및 다양한 종류의 행동 순서에 관한 지식을 포함한다. 학습자는 이야기 문법을 활용해 인물과 사건 등의 요소를 논리적으로 연결하면서 또 다른 이야기를 재구성한다.

러멜하트(Rumelhart, 1975: 234) 역시 스토리 이해의 전략으로서 이야기 문법을 설명하였다. 그에 따르면 이야기 문법은 이야기 구조의 일반적인 규칙을 말한다. 독자는 이야기 문법을 통해 이야기의 구조와 요약을 이해하며, 나아가 이야기에 내재한 상위 구조의 범위와 현상을 설명할 수 있다. 그런데 이후 러멜하트는 이야기 문법을 이해의 도구나 장치일 뿐만 아니라, 텍스트와 독자의 상호작용을 통해 구성되는 모형이라고 설명하였다(Rumelhart, 1980: 315-316). 즉, 이야기 문법은 서사의 요소들을 연결하고 결합해 텍스트를 완성하는 구조적 지식이면서, 이야기 구성 주체의 스키마와 상호작용하며 의미를 생성하는 역동적인 전략이기도 하다는 것이다.

그러므로 이야기 문법은 텍스트 구조의 분석을 위한 장치라는 관점을 넘어서, 문제해결을 위한 독자와 텍스트의 상호작용이라는 능동적 전략의 차원에서 다루어져야 한다. 이는 최근 부상하는 인지서사학의 관점과도 연결된다. 인지서사학은 서사를 읽고 쓰는 주체의 구성 능력에 주목한다. 전통적인 구조주의 서사학에서는 서사 텍스트를 서사 텍스트답게 만들어 주는 서사성이 서사 텍스트에 내재한다고 보고 서사 분석을 중시한다. 그러나 인지주의 서사학에서는 이 서사성이 서사 텍스트와 독자의 상호작용에 의해 재구성된다는 점을 강조한다(최용호, 2009). 이에 따라 플롯과 이야기 문법은 의미 구성을 위한 전략으로 재개념화된다.

이와 같이 이야기의 표현 주체 및 이해 주체, 플롯, 이야기 문법을 함께 고려하면, 이들의 관계를 조정하고 통합하는 개념이 필요해진다. 여기에는 기존의 플롯 개념에 의미 구성과 생성의 과정을 반영한 '플롯구성(emplotment)'이 적합하다고 본다. 플롯구성은 앞서 언급한 리쾨르가 제안한 개념이다. 리쾨르는 사건의 인과적이고 논리적인 연결 관계에 주목하는 전통적인 플롯 개념으로는 스토리 구성과 의미 생성의 문제를 설명할 수 없다고 보았다. 전통적인 플롯이라면 당연히 인과성과 모방성에 따라 이야기 문법을 조직하겠지만, 현대소설은 그러한 방식으로 질서 있고 조화롭게 연결되지 않는 경우가 많다. 따라서 주체는 단순한 텍스트 분석에서 벗어나 자신의 인지적 능력을 활용해 무질서하게 나열된 사건들을 질서화하고, 부조화스러운 사건들을 조화롭게 배치하며, 불협화음이 나는 사건들을 화음이 나도록 연결해야 한다. 그리고 이러한 텍스트와 이야기 주체의 긴장 관계에서 의미 구성과 생성이 발생한다. 플롯구성은 이 과정을 반영한 개념이다.

플롯과 이야기 문법, 플롯구성은 소설 교육에서 다루는 서사의 수용과 창작 활동에도 유용한 개념이다. 플롯은 이야기 문법의 요소들을 논리적으로 결합한다. 그리고 학습자는 플롯구성을 통해 여러 요소들을 통합하면서 텍스트의 의미를 내면화한다. 이를 소설 교육에 적용하면, 학습자가 플롯과 이야기 문법을 활용해 스토리 구성의 주체로서 텍스트와 상호작용하는 활동을 마련할 수 있다. 이때 스토리 구성은 소설의 창작과 비평 모두에 해당한다.

우선 플롯과 이야기 문법을 소설의 스토리 창작에 활용하는 활동을 생각해 볼 수 있다. 학습자는 이야기 문법에 따라 스토리 요소들을 배열하고 사건을 전개한다. 이때 학습자는 플롯의 인과성과 논리성을 일차적으로 고려하겠지만, 스토리 전개에 자신의 생각과 느낌, 경험을 지속적으로 반영하게 된다. 즉, 스토리 구성 자체가 학습자의 존재 의식이 발현하는 과정인 것이다. 이러한 창작을 통해 학습자는 세계를 인식하고 자신을 성찰하며 의미 생성의 주체로 거듭난다.

또한 플롯과 이야기 문법을 소설의 스토리 해석과 비평에 활용하는 활동도 가능하다. 학습자는 플롯과 이야기 문법에 대한 지식을 통해 텍스트의 구조를 확인하고 그 내용을 이해한다. 이는 텍스트의 줄거리를 조직하는 활동이다. 이후 학습자는 자신의 이야기 문법과 텍스트의 줄거리를 통합하면서 새로운 의미를 생성한다. 비록 이질적인 것들의 결합이라 하더라도 학습자는 나름의 플롯을 구성하면서 텍스트를 자기의 것으로 전유한다. 이러한 해석과 비평 활동을 통해 학습자는 서사적 정체성을 형성한다.

학습자는 현대소설의 플롯을 분석해 텍스트의 구조를 탐구하고, 이를 바탕으로 텍스트의 의미를 구성한다. 여기서 이야기의 텍스트 구조는 이야기 문법을 말한다. 플롯은 이야기에서 사건의 논리적 연결을 의미한다. 그리고 이야기 문법과 플롯의 조정 및 통합을 통해 의미 구성과 생성에 관여하는 것이 플롯구성이다. 이런 점에서 플롯과 이야기 문법, 플롯구성의 개념과 원리를 이해하는 것은 현대소설 교육의 중요한 활동이다.

참고문헌

문영진(1997), 「피카레스크 소설에 대한 일고찰」, 『한국국어교육연구회논문집』 61, 1-19.

오영록(2018), 「이청준의 「벌레 이야기」에 나타난 플롯 구성의 서사의미」, 『한국문학이론과 비평』 78, 255-275.

우신영(2019), 「플롯과 사건」, 문영진·김혜영·조현일·김성진(편), 『처음 시작하는 현대소설 교육론』, 창비교육.

이순영·최숙기·김주환·서혁·박영민(2015), 『독서교육론』, 사회평론아카데미.

정래필(2001), 「플롯구성을 활용한 이야기 쓰기 교육 연구」, 서울대학교 석사학위논문.

최용호(2009), 『서사로 읽는 서사학: 인지주의 시학의 관점에서』, 한국외국어대학교출판부.

한국현대소설연구회(1997), 『현대소설론』, 평민사.

Aristoteles(1986), 『시학』, 천병희(역), 문예출판사(원서출판 미상).

Brooks, P.(1985), *Reading for the plot: Design and Intention in Narrative*, Random House.

Chatman, S.(1991), 『이야기와 담론』, 한용환(역), 고려원(원서출판 1980).

Crane, R. S.(2007), 「플롯의 개념」, 김병욱(편), 『현대소설의 이론』, 최상규(역), 예림기획(원서출판 1952).

Davis, L, J.(1987), *Resisting Novels: Ideology and Fiction*, Methuen.

Dipple, E.(1984), 『플롯』, 문우상(역), 서울대학교출판부(원서출판 1970).

Eastman, R. M.(1965), *A Guide to the Novel*, Chandler Publishing Company.

Forster, E. M.(1990), 『소설의 이해』, 이성호(역), 문예출판사(원서출판 1927).

Friedman, N.(2007), 「플롯의 제형식」, 김병욱(편), 『현대소설의 이론』, 최상규(역), 예림기획(원서출판 1975).

Kaminsky, A. R.(1974), "On Literary Realism". In J. Halperin(ed.), *The Theory of the Novel: New Essays*, Oxford University.

Mandler, J. M. & Johnson, N. S.(1977), "Remembrance of Things Parsed: Story Structure and Recall", *Cognitive Psychology* 9(1), 111-151.

Propp, V.(1987), 『민담형태론』, 유영대(역), 새문사(원서출판 1927).

Ricoeur, P.(1999), 『시간과 이야기 1』, 김한식·이경래(역), 문학과지성사(원서출판 1983).

Rimmon-Kenan, S.(1999), 『소설의 현대 시학』, 최상규(역), 예림기획(원서출판 1983).

Rumelhart, D. E.(1975), "Notes on a Schema for Stories". In D. G. Bobrow & A. Collins(eds.), *Representation and Understanding: Studies in Cognitive Science*, Academic Press.

Rumelhart, D. E.(1980), "On Evaluating Story Grammar", *Cognitive Science* 4(3), 313-316.

Scholes, R.(1987), 『문학과 구조주의』, 위미숙(역), 새문사(원서출판 1974).

Schramke, J.(1995), 『현대소설의 이론』, 원당희·박병화(역), 문예출판사(원서출판 1974).

7장

서술의 미학과 이야기의 색채

지금까지 우리는 소설의 인물, 배경, 사건에 대해 살펴보았다. 이 세 요소는 우리가 소설을 읽을 때 재미와 감동을 느끼며 몰입하는 요소이다. 〈동백꽃〉(1936)은 독자에게 향토적 산골 마을에서 마름의 딸인 점순이 소작농의 아들인 '나'에게 닭싸움을 거는 이야기로 남는다. 그런데 이 이야기를 우리에게 말하는 목소리는 누구의 것인가? 김유정인가? 김유정은 〈동백꽃〉을 창작한 스물여덟의 작가로, 목소리의 주체가 자신을 지칭하는 '열일곱의 나'와 거리가 있다. 작가는 허구적 존재를 창조하여 이야기의 전달을 맡긴다. 이러한 존재를 서술자라고 한다. 소설에서 이야기는 서술의 방식으로 재현된다. 소설의 모든 이야기는 서술자를 매개로 독자에게 전달된다.

이 장에서는 스토리를 매개하는 서술에 대해 살피고자 한다. 시점의 유형론에서 시작한 서술 논의는 서사적 소통의 미적 장치, 정체성의 실현 기제라는 차원에서 조명되었으며, 이후 서술자의 신빙성, 말하는 주체와 보는 주체의 구분으로 심화한다. 서술을 고려한 소설 읽기는 '무엇을 이야기하는가'에서 '어떻게 이야기하는가'로 이해의 범위를 확장하는 것으로서, 소설의 의미를 보다 비판적으로 이해하도록 돕는다.

1 소설의 서술에 주목해야 하는 이유

소설을 읽을 때 독자는 이야기에 몰두하며, 서술자를 의식하는 경우는 많지 않다. 하지만 서술자는 소설을 이해하는 데 반드시 고려해야 할 요소이다. '무엇을 이야기하는가'와 함께 '어떻게 이야기하는가'에 따라 이야기의 색채가 결정되기 때문이다. 서술의 중요성은 원작 소설과 패러디 소설을 비교할 때 또는 동일한 이야기를 다룬 서로 다른 소설을 비교할 때 더욱 뚜렷하게 드러난다. 이남희의 〈허생의 처〉(1987)는 박지원의 고전소설 〈허생전〉을 패러디한 소설로, 〈허생전〉의 부수적 인물인 '허생의 처'가 서술자이다. 그녀는 〈허생전〉의 세계를 여성주의적 시선으로 바라보면서, 밖에서는 인정받지만 자신의 가족에게는 가부장적인 허생에 대해 비판의 목소리를 높인다. 이렇듯 같은 사건이라도 누구에 의해 어떻게 전달되느냐에 따라 사건에 대한 독자의 체험은 마치 다른 사건을 엿본 것처럼 다를 수 있다.

서술자를 고려하는 것은 소설의 구조를 섬세하게 분석하고 그 의미를 풍부하게 이해하는 방법 중 하나이다. 앞서 말했듯이 소설의 의미는 이야기의 내용뿐 아니라 이야기를 하는 방식에도 영향을 받기 때문이다. 그렇다면 서술자를 고려하여 소설을 읽는다는 것은 어떻게 하는 것일까? 이에 대한 답은 하나일 수 없다. 서사론에서는 서술자의 특성이나 관련 용어 등 서술자에 대한 논의가 지속되었고, 이에 따라 서술자를 고려한 읽기 방식에도 변화가 있었기 때문이다.

1) 서술 양식: 보여 주기와 말해 주기

서술에 관한 가장 오래된 논의는 플라톤(Platon)의 『국가(*Politeia*)』에서 찾아볼 수 있다. 그는 당대의 예술 갈래인 디티람보스,[1] 서사시, 비극, 희극 등을 세 유형으로 나누었다. 미메시스만으로 이루어진 유형(비극, 희극), 미메시스와 디에게시스가 혼합된 유형(서사시), 디에게시스만으로 이루어진 유형(디티람보스)이 그것이다. 이 유형 분류의 기준이 되는 것이 서술 양식으로서 미메시스와 디에게시스이다. 두 양식의 차이는 시인의 개입 정도와 관련이 있다. 미메시스(mimesis)는 '목소리나 몸짓에 있어서 자신이 다른 사람을 닮게 하는 것'으로, 시인이 인물을 모방하여 그의 목소리와 몸짓 등을 흉내 내며 말하는 것이다. 반면 디에게시스(diegesis)는 '시인 자신이 이야기하는 것'으로, 어떤 이야기를 전달할 때 다른 인물에 대한 모방 없이 시인 자신의 목소리로만 말하는 것이다(Platon/박종현 역, 2005: 203). 이러한 플라톤의 논의는 시인의 개입 정도라는 일정한 기준에 따라 서술 양식을 이분하고, 이를 유형 분류에 활용한 최초의 시도라는 점에서 중요한 의의를 지닌다.

미메시스와 디에게시스의 구분은 20세기 초 영미 비평계에서 보여 주기(showing)와 말해 주기(telling)의 구분으로 다시 논의된다. 보여 주기는 미메시스에 대응하는 것으로, 서술자가 의견이나 논평을 제시하지 않으면서 행동과 배경을 묘사하거나 대화를 그대로 인용하는 서술 양식이다.

덕기는 안마루에서 내일 가지고 갈 새 금침을 아범을 시켜서 꾸리게 하

---

1   디티람보스(dithyrambos)는 술의 신 디오니소스의 제전에서 그를 찬양하면서 원무를 추며 합창하던 찬가이다.

고 축대 위에 섰으려니까, 사랑에서 조부가 뒷짐을 지고 들어오며 덕기를 보고,

"얘, 누가 찾아왔나 보다. 그 누구냐? 대가리 꼴하고…… 친구를 잘 사귀어야 하는 거야. 친구라고 찾아온다는 것이 모두 그따위뿐이냐?"

하고 눈살을 찌푸리는 못마땅하다는 잔소리를 늘어놓다가, 아범이 꾸리는 이불로 시선을 돌리며 놀란 듯이,

— 염상섭, 〈삼대〉

〈삼대〉(1931)의 도입부인 이 장면은 아범을 시켜 짐을 꾸리는 덕기와 그런 덕기에게 친구의 방문을 알리는 조부의 모습을 서술하고 있다. 서술자는 인물의 성격에 대한 논평을 자제하면서 그들의 행동을 묘사하거나 인물의 말을 그대로 인용하는 일에 주력한다. 미메시스에 대한 플라톤의 지적처럼, 보여 주기에서는 서술자의 개입이 최소화되기 때문에 서술에서 대화와 묘사 등이 두드러진다. 따라서 독자는 인물의 성격과 사건의 의미를 적극적으로 추론하고 해석해야 한다.

반면 말해 주기는 디에게시스에 대응하는 것으로, 서술자가 인물의 과거 또는 사건의 전모를 요약하거나 일괄해서 피서술자에게 제시하는 서술 양식이다.

그날 반상회는 안양 시흥 지역의 수재민 의연금 각출을 위한 토의가 가장 주요한 안건이었다. 서울 물도 먹고 했으니 그만한 눈치쯤은 누구보다도 먼저 어림했을 사람이 황이었다. 그러나 황은 성수기가 되어 값이 채기 전에 마을 공동으로 황새기 젓을 사야 한다느니, 김장에 쓸 소금을 모개 흥정해 다 나누자느니, 하며 제 배 불릴 소리만 지껄였던 것이다. 빈말로라도 동네 형편 생각하여 가을에 주기로 하고 값이 솟기 전에 어협에 직접 거간

을 넣어 헐직하게 떼어다가 나누자는 소리 한 마디만 섞었더라도 그다지 밉살맞게 여기지는 않았을지 몰랐다.

— 이문구, 〈우리 동네 황씨〉

이 장면의 주된 서술 대상은 황이라는 인물이다. 황은 수재민 의연금을 모으기 위한 반상회에서 젓갈이나 소금을 공동으로 구매하는 문제에 관해 이야기한다. 여기서 서술자는 황의 이러한 행동을 설명하면서 그의 인지적 능력을 부연하고("그만한 눈치쯤은 누구보다도 먼저 어림했을 사람이 황이었다."), 그의 행동을 평가한다("제 배 불릴 소리만 지껄였던 것이다."). 이와 같이 말해 주기 위주의 서술에서 서술자는 인물과 사건을 선택적으로 부각하고 적극적으로 논평한다. 따라서 독자는 서술자의 권위에 기대어 인물과 사건에 대한 서술자의 말해 주기를 전적으로 수용하는 경향을 보인다.

서술 양식에 관한 이분법적 접근은 대체로 가치평가적 태도를 함축한다는 점에서 흥미롭다. 플라톤은 미메시스보다 디에게시스를 높이 평가했는데, 꾸밈없이 시인의 목소리에만 의지하는 디에게시스가 꾸밈에 기반을 둔 미메시스에 비해 진실하다고 보았기 때문이다. 반면 아리스토텔레스(Aristoteles)는 디에게시스보다 미메시스를 우위에 두었다. 시인의 목소리를 최소화하면서 현실을 재현하는 것이 더 예술적인 방식이라고 보았기 때문이다. 이러한 가치평가적 태도는 말해 주기와 보여 주기에 대한 논의에서도 확인할 수 있다. E. M. 포스터(E. M. Forster)를 비롯하여, 20세기 전반기의 영미 소설계는 소설의 서술이 말해 주기에서 보여 주기로 이행해야한다고 주장하였다. 말해 주기가 인생의 교훈을 독점하는 작가의 배타적권위를 반영하고, 작가와 독자의 수직적 관계를 조장하는 낡은 서술 방식이라는 것이 그 이유였다. 이들은 보여 주기를 통해 시점의 미학을 현대적으로 재편하고자 하였다.

하지만 개별 작품에서 오용된 말해 주기의 문제점을 말해 주기 일반의 문제점으로 치환하는 것은 부적절하다. 말해 주기와 보여 주기는 낡은 경향을 새로운 경향으로 대체하는 혁신의 문제라기보다는, 서술의 효과를 고려하며 선택할 수 있는 서술 기법들이다(Booth, 1961/1999: 217). 따라서 '보여 주기와 말해 주기 중 어느 것이 예술적인가'라는 질문보다는 '특정 작품에서 작가의 의도에 부합하는 서술 양식은 무엇인가', '선택된 서술 양식은 의도한 효과를 발휘하고 있는가'라는 질문이 더 중요하다. 또한 보여 주기와 말해 주기라는 서술 양식의 이분법은 점차 다양해지는 현대소설의 서술 양상을 설명하기에 한계가 있다. 현대소설을 서술의 예술로 간주하는 인식이 확산하면서 서술자의 개입을 최소화하는 간결한 묘사 위주의 서술이 유행하는 동시에, '나'가 자신의 내면을 진정성 있게 드러내려는 고백체 서술도 두드러진다. 이에 대응하여 서사론은 '시점'이라는 더욱 세밀한 개념을 제안한다.

2) 시점: 서술자는 어디에서 어떻게 말하는가

클린스 브룩스(Cleanth Brooks)와 로버트 펜 워런(Robert Penn Warren)이 『소설의 이해(*Understanding Fiction*)』(1959)에서 정립한 시점 이론은 서술자의 구조적 특성에 주목하면서 이를 기준으로 서술자를 유형화한다. 여기에서 구조적 특성은 '시점'이라는 명칭이 환기하듯이 '서술자가 어디에서 어떻게 말하는가'와 관련이 있다. 즉, 서술자의 위치와 말하기 방식을 기준으로 서술자의 유형을 나누는 것이다.

우선 서술자의 위치와 관련하여, 서술자는 이야기에 속한 인물일 수도 있고, 이야기에 속하지 않은 어떤 존재일 수도 있다. 이러한 위치를 추정할 수 있는 단서 중 가장 유력한 것이 문법적 표지인 인칭이다. 서술자의 말하기에서 '나'라는 일인칭이 빈번하게 사용되면 그는 이야기에 참여하고 있는 존재이며, 일인칭의 사용을 매우 제한하면서 '그'와 '그녀' 등의 삼인칭으로 시작하면 이야기에 참여하지 않는 존재라고 볼 수 있다.

서술자의 말하기 방식은 사건의 내적 분석과 외적 분석으로 구분된다. 내적 분석(internal analysis)은 서술자가 자신 또는 다른 사람의 심리를 자세하게 드러내거나 적극적으로 분석하는 방식이다. 외적 분석(external analysis)은 서술자가 인물과 사건에 거리를 두면서 자신이 관찰한 것만을 전달하는 방식이다. 서술자의 '위치'와 '말하기 방식'이라는 두 기준을 조합하면 시점은 다음과 같이 네 유형으로 나뉜다.

시점의 유형(Brooks & Warren, 1959: 148)

말하기 방식 위치	사건의 내적 분석	사건의 외적 분석
일인칭 (서술자가 이야기의 인물임)	• 일인칭 주인공 시점 - 주인공이 자신의 이야기를 말한다.	• 일인칭 관찰자 시점 - 주변 인물이 주요 인물의 이야기를 말한다.
삼인칭 (서술자가 이야기의 인물이 아님)	• 삼인칭 전지적 시점 - 분석적이거나 전지적인 서술자가 생각과 느낌을 들추며 이야기를 말한다.	• 삼인칭 관찰자 시점 - 서술자가 관찰자로서 이야기를 말한다.

(1) 일인칭 주인공 시점

일인칭 주인공 시점은 이야기의 주인공이 자신이 경험한 사건을 말하는 서술 방식이다. '나'(인물)가 경험한 사건을 '나'(서술자)가 말한다는 점에서, 일인칭 주인공 시점의 소설을 읽는 독자는 실제로 일어났던 누군가의 경험담을 듣고 있다는 느낌을 받게 된다.

젊은 사람들의 얼굴까지 시든 배추 잎 같고 주눅이 들어서 멀거니 앉았 거나, 그렇지 않으면 빌붙는 듯한 천한 웃음이나 '헤에' 하고 싱겁게 웃는 그 표정을 보면 가엾기도 하고, 분이 치밀어 올라와서 소리라도 버럭 질렀 으면 시원할 것 같다.

'이게 산다는 꼴인가? 모두 뒈져버려라!'

찻간 안으로 들어오며 나는 혼자 속으로 외쳤다.

'무덤이다! 구더기가 끓는 무덤이다!'

나는 모자를 벗어서 앉았던 자리 위에 던지고 난로 앞으로 가서 몸을 녹 이며 섰었다. 난로는 꽤 달았다. 뱀의 혀 같은 빨간 불길이 난로 문틈으로 날름날름 내다보인다. 찻간 안의 공기는 담배 연기와 석탄재의 먼지로 흐 릿하면서도 쌀쌀하다. 우중충한 남폿불은 웅크리고 자는 사람들의 머리 위 를 지키는 것 같으나 묵직하고도 고요한 압력으로 지그시 내리누르는 것 같다. 나는 한번 휘 돌려다보며,

'공동묘지다! 공동묘지 속에서 살면서 죽어서 공동묘지에 갈까 봐 애가 말라 하는 갸륵한 백성들이다!'

하고 혼자 코웃음을 쳤다.

— 염상섭, 〈만세전〉

아내가 위급하다는 전보를 받은 유학생 이인화가 일본에서 조선으로 돌아가는 장면 중 하나이다. 여기에서 이인화는 여로에서 목격한 민족의 참상을 묘사하고 그 참상에서 느끼는 복잡한 심경을 토로한다. 이 소설에 서 빈번하게 사용되는 '나'는 여로의 과정에서 보고 겪은 일로 인해 출렁이 는 이인화의 내면을 부각하며, 독자는 당대 식민지 지식인의 복잡한 심경 을 생생하게 엿볼 수 있다.

이처럼 일인칭 주인공 시점은 개인의 내면을 드러내는 데 강점이 있다.

일기나 편지가 그러하듯, '나'가 '나'에 대해 쓴다는 것은 자신이 겪은 사건을 되돌아보면서 감정과 생각을 살피고 사건과 결부된 삶의 의미를 이해하려는 행위이다. 김동인의 〈마음이 옅은 자여〉(1919), 염상섭의 〈만세전〉(1924), 최서해의 〈탈출기〉(1925)에서 알 수 있듯이, 인물과 사건에 대한 고민, 사유, 반성을 고백할 필요를 느낄 때 일인칭 주인공 시점의 서술은 필수적이며 효과적이다. 근대적 개인의 일상과 내면을 그리고자 했던 근대소설의 초창기부터 일인칭 주인공 시점을 적극적으로 활용하는 일기체와 서간체가 유행한 것도 이러한 이유 때문이다.

일인칭 주인공 시점은 특정 인물인 '나'의 입장에서 그 인물이 겪은 사건을 들려주는 것이다. 아무리 복잡한 사건이라도 독자는 '나'의 일관된 시선으로 사건을 바라보게 되고, '나'의 목소리에 지속적으로 노출되면서 '나'의 심경에 공명하고 그 입장에 설득된다. 이는 곧 일인칭 주인공 시점의 소설이 지닌 한계로 작용하기도 한다. '나'의 이해에 갇힌 독자는 사건을 입체적으로 조망하거나 현실을 총체적으로 이해하기 어렵다. 다른 한편으로, 독자가 '나'의 편향성을 의심할 가능성이 큰 유형이 바로 일인칭 주인공 시점인데, 독자가 '나'의 진정성을 의심하기 시작하면 소설의 진실까지 불신할 수 있다.

(2) 일인칭 관찰자 시점

일인칭 관찰자 시점은 이야기의 인물 중 한 명이 주인공의 삶에 대해 말하는 서술 방식이다. 이야기의 인물이 서술자를 맡는다는 점에서 사건과 관련된 서술자의 경험과 인식이 드러나지만, 그러한 경험과 인식의 중심에는 서술자 자신이 아닌 주인공이 놓여 있다.

어제다. 문안에 들어갔다 늦어서 나오는데 불빛 없는 성북동 길 위에는 밝은 달빛이 깁을 깐 듯하였다.

　그런데 포도원께를 올라오노라니까 누가 맑지도 못한 목청으로

　"사…… 케…… 와 나…… 미다카 다메이…… 키…… 카……."

　를 부르며 큰길이 좁다는 듯이 휘적거리며 내려왔다. 보니까 수건이 같

았다. 나는,

　"수건인가?"

　하고 아는 체하려다 그가 나를 보면 무안해할 일이 있는 것을 생각하고

휙 길 아래로 내려서 나무 그늘에 몸을 감추었다.

　그는 길은 보지도 않고 달만 쳐다보며, 노래는 그 이상은 외우지도 못하

는 듯 첫 줄 한 줄만 되풀이하면서 전에는 본 적이 없었는데 담배를 다 퍽퍽

빨면서 지나갔다.

　달밤은 그에게도 유감한 듯하였다.

— 이태준, 〈달밤〉

이 부분은 소설 〈달밤〉(1933)의 결말로, '나'는 황수건이 밝은 달을 보며
애달프게 노래를 부르는 모습을 바라보고 있다. 황수건은 어수룩하고 어리
석은 행동을 하여 주변 사람들로부터 바보라고 놀림당하는 인물이다. 하지
만 '나'의 시선에서 그를 향한 차별과 조롱은 보이지 않는다. 오히려 그의
무안함을 생각하며 몸을 감춘 '나'는 황수건을 달밤에 유감할 수 있는 사
람, 다시 말해 우리와 다를 바 없는, 감정을 지닌 인간으로 생각한다. 이러
한 '나'의 시선은 독자가 황수건을 바라보는 자신의 시선을 되돌아보고 배
려의 의미를 고민하게 한다.

　이처럼 일인칭 관찰자 시점은 일인칭 시점이 환기하는 실제성과 진정
성을 견지하면서, 타자의 삶에 거리를 두는 관찰자 특유의 신빙성을 확보
한다. 황수건 자신이 아닌 다른 사람이 황수건의 삶을 이야기하기 때문에

독자는 〈달밤〉을 자기 연민이나 자기 합리화의 서사로 치부하지 않는다. 또한 황수건을 향한 연민과 존중의 시선이 그를 겪어 본 인물의 경험에 기반을 둔다는 점에서 독자는 〈달밤〉의 이야기를 실제적인 것으로 수용하고 서술자의 진정성을 인정한다.

물론 일인칭 관찰자 시점의 서술자가 모두 〈달밤〉의 '나'처럼 주인공과 거리가 가깝거나 독자에게 깨달음을 주는 것은 아니다. 관찰자로서 '나'의 능력과 태도에 따라 이 시점의 서술은 상반된 효과를 보인다. 예를 들어 〈사랑손님과 어머니〉(1935)의 서술자인 '옥희'는 관찰자로서 주요 인물인 어머니와 사랑손님의 행동을 들려주지만, 종종 그들의 마음을 정확히 읽는 데 실패하며 잘못된 추론을 전달하기도 한다. 소설의 말미에서 사랑손님이 어머니를 떠나는 장면이 보고되기 전까지 독자는 두 사람의 마음을 확실하게 알지 못한 채 그들의 관계를 가슴 졸이며 지켜본다. 이처럼 일인칭 관찰자 시점에서 서술자가 주인공과 사건에 대한 핵심 정보를 제대로 전달하지 못하면 독자가 느끼는 긴장과 놀라움은 증폭된다.

(3) 삼인칭 전지적 시점

삼인칭 전지적 시점은 이야기의 인물이 아닌 서술자가 인물과 사건에 대해 자유롭게 말하는 서술 방식이다. '전지(全知)적'이라는 용어에서 알 수 있듯이 이 시점의 서술자는 인물의 마음과 사건의 전모를 제한 없이 알고 있다. 그리고 필요하다면 인물 자신도 알지 못하는 심리를 들려줄 수 있으며, 예측하기 어려운 사건의 결말도 소설의 첫머리에서 미리 말할 수 있다.

경성학교 영어 교사 이형식은 오후 두 시 사년급 영어 시간을 마치고 내리쬐이는 유월 볕에 땀을 흘리면서 안동 김장로의 집으로 간다. 김장로의 딸 선형(善馨)이가 명년 미국 유학을 가기 위하여 영어를 준비할 차로 이형식을 매일 한 시간씩 가정교사로 고빙하여 오늘 오후 세시부터 수업을 시작하게 되었음이라. 이형식은 아직 독신이라 남의 여자와 가까이 교제하여 본 적이 없고, 이렇게 순결한 청년이 흔히 그러한 모양으로 젊은 여자를 대하면 자연 수줍은 생각이 나서 얼굴이 확확 달며 고개가 저절로 숙어진다. 남자로 생겨나서 이러함이 못생겼다면 못생겼다고도 하려니와 여자를 보면 아무러한 핑계를 얻어서라도 가까이 가려 하고 말 한마디라도 하여보려 하는 잘난 사람들보다는 나으니라. 형식은 여러 가지 생각을 한다. 우선 처음 만나서 어떻게 인사를 할까. 남자 남자 간에 하는 모양으로, '처음 보입니다. 저는 이형식이올시다' 이렇게 할까.

— 이광수, 〈무정〉

근대적 장편소설의 출발로 평가받는 〈무정〉(1917)의 시작 부분이다. 서술자는 이형식이 학교를 마치고 김 장로의 집을 방문하고 있다는 정보를 첫 문장에서 제시한 후, 사건의 전개를 멈추고 형식의 방문과 관련된 정보를 상세히 소개한다. 이를 통해 독자는 선형이 내년에 미국 유학을 떠난다는 점, 형식이 선형의 영어 학습을 위해 가정교사로 고빙되었다는 점, 오늘이 그 수업의 첫날이라는 점 등의 방문 내력을 알 수 있다. 나아가 젊은 여자를 대할 때 수줍음을 감추지 못하고 첫 만남에서 어떻게 인사를 할지 고민하는 형식의 모습을 보며 그의 성격과 내면을 파악할 수 있다.

이처럼 〈무정〉 전반에서 서술자는 형식, 영채, 선형, 병욱, 우선 등 주요 인물의 마음과 그들에 대한 자신의 평가를 들려준다. 게다가 "이렇게 여러 가지로 독자 여러분의 생각하시는 바와 내가 장차 쓰려 하는 영채의 소식이 어떻게 합하며 어떻게 틀릴지는 모르지마는, 여러분의 하신 생각과 내가 한 생각이 다른 것을 비교해 보는 것도 매우 흥미있는 일일 듯하다."라는 문장에서 알 수 있듯이, 독자의 궁금증을 파악하여 영채의 앞날을 귀띔

《매일신보》에 연재된 〈무정〉

〈무정〉은 《매일신보》에 1월 1일부터 6월 14일까지 총 126회에 걸쳐 연재된 이광수의 소설이다. 이 소설은 경성학교 영어 교사 이형식이 선형에게 영어를 가르치려는 장면으로 시작하여, 교육학을 공부하고자 유학을 떠나는 이형식이 교육을 통한 민족의 계몽을 지식 청년의 사명으로 설파하는 장면으로 마무리된다. 교육은 인물의 성격과 관계, 대화 방식, 사건 전개, 주제 등에 관여하면서 '가장 정결하고 신성한 것'으로 형상화되는 이 소설의 핵심 소재이다.

하는 것도 주저하지 않는다.

　삼인칭 전지적 시점은 시점의 네 유형 중 서술자와 작가의 거리가 가장 가깝다. 〈무정〉의 서술자도 자신을 작가라고 호칭하는바, 서술자는 허구 세계를 창조한 작가처럼 인물과 사건을 속속들이 알고 있다. 서술자의 이러한 전지적 능력은 독자가 그를 신뢰하는 원천이다. 독자는 경청의 자세로 서술자의 말을 따라가고, 그러다 보면 작가가 창조한 허구 세계의 진실에 도달하게 된다. 독자는 삼인칭 전지적 시점의 서술자를 작가로 여기는 경향이 강한데, 전지적 작가 시점이라는 용어가 번역 오류임에도 오랫동안 삼인칭 전지적 시점을 대신해 쓰였고 지금도 널리 쓰이는 이유가 여기에 있다.

　주목할 점은 서술자가 '전지적'이라고 수식될 만큼 많은 것을 알고 있지만, 그중 어떤 정보를 얼마만큼 말하는가는 또 다른 문제라는 점이다. 예를 들어 삼인칭 전지적 시점의 소설에 속하는 염상섭의 〈삼대〉에서 서술자는 조 의관, 조상훈, 조덕기, 김병화, 홍경애 등 여러 인물의 내심을 들려준다. 그러나 그의 말하기가 가장 많이 향하는 인물은 조덕기이다. 삼인칭 전지적 시점에서 서술자가 정보를 선택하고 전달하는 방식은 매우 다양하며, 특히 현대소설은 아무리 전지적이라도 서술자의 말을 절제하거나 제한하는 경향이 강하다. 대표적인 예로 박태원의 〈소설가 구보씨의 일일〉(1934)에서 서술자는 전달하려는 내용을 구보의 시각과 마음으로 한정하는 대신, 구보의 심층 심리를 의식의 흐름 차원에서 세밀하게 포착하여 서술하는 데 집중한다.

(4) 삼인칭 관찰자 시점

삼인칭 관찰자 시점은 이야기의 인물이 아닌 서술자가 이야기를 전달하는 데 있어 관찰자의 객관적 태도를 견지하는 서술 방식이다. 이때 객관적 태도란 서술자가 인물의 내면을 언급하거나 사건의 의미를 논평하지 않으면서, 인물의 말과 행동을 제시하고 상황을 상세히 묘사하는 일에 집중하는 것이다.

> 복녀의 송장은 사흘이 지나도록 무덤으로 못 갔다. 왕서방은 몇 번을 복녀의 남편을 찾아갔다. 복녀의 남편도 때때로 왕서방을 찾아갔다. 둘의 사이에는 무슨 교섭하는 일이 있었다. 사흘이 지났다.
> 밤중에 복녀의 시체는 왕서방의 집에서 남편의 집으로 옮겼다.
> 그리고 그 시체에는 세 사람이 둘러앉았다. 한 사람은 복녀의 남편, 한 사람은 왕서방, 또 한 사람은 어떤 한방 의사. 왕서방은 말없이 돈주머니를 꺼내어, 십 원짜리 지폐 석 장을 복녀의 남편에게 주었다. 한방의의 손에도 십 원짜리 두 장이 갔다.
> 이튿날 복녀는 뇌일혈로 죽었다는 한방의의 진단으로 공동묘지로 가져갔다.
>
> ― 김동인, 〈감자〉

복녀의 죽음을 두고 세 남자가 거래하는 이 장면은 소설 〈감자〉(1925)
의 결말 부분이다. 이 장면에서 서술자는 복녀의 죽음이나 세 남자의 행동
과 관련하여 아무 감정도 드러내지 않으며 어떤 논평도 제시하지 않는다.
대신 자신이 목격한 상황과 행동을 묘사하는 데 집중한다. 독자는 서술자
가 묘사한 내용을 토대로 세 남자의 심리를 추측하고 사건에 담긴 의미를
탐색하게 된다.

이처럼 삼인칭 관찰자 시점은 다른 어떤 유형보다 '보여 주기'가 절대적
으로 우세한 시점이다. 이 시점에서 서술자는 인물의 대화를 그대로 전달
하거나 상황과 행동을 묘사 위주로 제시한다. 그래서 소설을 읽는 독자는
연극이나 영화를 보는 것 같은 느낌을 받는다. 또 서술자가 요약이나 해석,
논평 등을 거의 하지 않기 때문에, 독자는 묘사된 말과 행동에 근거하여 인

시점에 관한 오개념

시점의 유형과 관련하여 여러 개론서와 교과서에서 반복되는 오개념이 있다. 대표적
인 오개념은 작품을 기준으로 서술자의 위치를 설명하는 것으로, '일인칭 시점과 삼인
칭 시점은 서술자가 작품 안에 있는가, 밖에 있는가에 따라~', '삼인칭 시점은 서술자
가 소설 밖에서~'와 같은 설명이 여기에 해당한다. 하지만 서술자는 작품이나 소설의
밖에 있을 수 없으며, 시점 구분의 요소인 '위치'는 작품이 아닌 이야기를 기준으로 삼
는다는 점에서 이러한 설명은 적절하지 않다.

시점과 관련된 또 다른 오개념은 삼인칭 시점의 서술자를 작가와 동일시하는 것
이다. '삼인칭 시점은 작가가 이야기를 서술하는 유형'이라는 설명이나 '전지적 작가
시점', '작가 관찰자 시점' 등의 용어가 여기에 해당한다. 하지만 시점은 기본적으로 작
가가 아닌 서술자의 말하기 방식에 대한 것이기 때문에, 이와 같은 설명과 용어는 작
가와 서술자의 의미와 관계를 오해하게 할 수 있다. 이러한 오개념은 브룩스와 워런이
쓴 『소설의 이해』의 시점 관련 내용을 국내에 소개하는 과정에서 번역상의 미비로 발
생한 것인데(김동환, 2009), 현재까지도 이론서와 교과서를 매개로 교사와 학습자의
앎에 영향을 미치고 있다(정진석, 2019). 따라서 시점과 그 유형을 가르치는 수업에서
는 이러한 오개념이 발생하지 않도록 유의해야 한다.

물의 의도를 능동적으로 추론하고 사건의 의미를 이해해야 한다.

　단, 삼인칭 관찰자 시점으로 일관된 소설은 드물다. 사건의 요약이나 인물의 논평을 전적으로 배제하고 서술하는 것은 실험적이라 할 수 있을 만큼 여전히 낯선 방식이다. 또한 소설의 서술자는 영화의 카메라와 달리 그 인간됨을 완전히 감추기 어려우므로 독자는 인지적 전경화를 통해 서술자의 개입과 주관을 감지할 수 있다. 이런 점에서 삼인칭 관찰자 시점은 삼인칭 전지적 시점의 소설에서 보여 주기의 필요에 따라 부분적으로 활용되는 시점 유형이라고 이해하는 것이 적절하다.

2　시점 유형론을 넘어서

　『소설의 이해』에서 시점 이론을 정립한 이후 시점은 소설론과 소설 교육의 핵심 개념으로 자리 잡았으나, 이 개념이 지닌 한계도 꾸준히 지적되어 왔다. 비판의 요지는 크게 두 가지이다. 첫째, 시점의 개념과 유형이 서술자의 설정 효과를 섬세하게 설명하지 못한다는 비판이다. 이는 앞서 살핀 시점의 유형별 효과에 대한 설명에서도 확인할 수 있다. 일인칭 주인공 시점은 일반적으로 사건과 관련된 서술자의 내면을 지속해서 드러내기 때문에, 독자가 서술자의 생각에 동의하고 그 감정에 공감하기 쉽다. 하지만 바로 그런 이유로 일인칭 주인공 시점에서 서술자는 독자의 의심과 거부감의 대상이 될 수 있다. 이러한 상반된 효과는 다른 시점 유형에서도 나타나는데, 이것이 시점의 개념과 유형만으로는 서술자의 중개를 적절하게 설명할 수 없다는 비판의 주요 근거이다. 그렇다면 서술자의 무엇이 중요한가? 우리는 웨인 부스(Wayne Booth)가 논의한 서사적 소통의 구도를 중심으로 서술자의 설정 의도와 그 효과에 수사적으로 접근하는 방식을 살필 것이다.

둘째, 서술을 '누가 말하는가'의 문제로 축소한다는 비판이다. 시점(視點, point of view)이라는 용어 자체는 보는 행위(視, view)를 부각하지만, 실제로 강조되는 것은 말하는 주체이다. 말의 문법적 표지인 인칭을 기준으로 삼아 시점의 유형을 나누는 것에서 이를 알 수 있다. 하지만 다음 사례처럼 일인칭 시점과 삼인칭 시점의 구분은 작품에서 종종 무력화된다.

> 그는 그젯밤 적의 꽹과리와 날라리 소리를 듣기 전 잠 속에서 꿈을 꾸었던 것이었다.
>
> 누렇게 뜬 하늘 한복판에 황달 든 태양이 타고 있었다. 그리고 그 밑으로 누렇게 뜬 불모의 황야가 하늘과 맞닿은 데까지 한없이 펼쳐져 있었다. 그 한가운데 그는 땀을 철철 흘리며 서 있었다. 풀썩거리는 누런 흙이 걷어 올린 정강이 한 중턱까지 올라와 있었다.
>
> 그는 신경을 쓰지 않으면 안 되었다. 그 양쪽 정강이에는 그가 마음속으로 아껴오는 것이 있었다. 입대하기 전날 사랑하는 사람이 그의 걷어 올린 다리를 보고 정강이털이 길어 우습다면서 장난스럽게 양쪽 정강이털 중에 제일 긴 것이 자기 것이니 잘 간직하라고 했던 것이다. 그것이 지금 누렇게 뜬 흙먼지 속에 잠겨 버리려고 하는 것이다.
>
> 그러나 그는 그것에만 마음을 쓸 수는 없었다.
>
> 바로 눈앞에 풀썩거리는 흙바닥에 개미구멍이 하나 나 있었다. 그는 누구에게 명령받은 것도 아니면서 이 개미구멍을 지키고 있어야 한다고 생각하고 있었다.
>
> ― 황순원, 〈너와 나만의 시간〉

인용한 대목에서는 작품 속 인물이 아닌 서술자가 '그'라는 삼인칭을 사

제라르 주네트(1930~2018)

프랑스의 서사학자. 『문채 3권(*Figures III*)』 등의 저서를 통해 구조주의 서사학의 기틀을 확립하고 서사 분석의 토대를 마련하는 데 크게 기여하였다.
ⓒPaulystirene

용하면서 인물의 속내까지 드러내고 있다. 시점의 유형에 따르면 삼인칭 전지적 시점의 소설이다. 흥미로운 점은 '그'를 '나'로 고쳐 읽어도 어색하지 않다는 점이다. 만약 '나'로 고쳐 쓴다면 이 대목의 시점은 일인칭 주인공 시점이 된다. 시점의 유형론은 삼인칭 전지적 시점과 일인칭 주인공 시점을 엄격하게 구분하지만, 이 대목에서는 시점을 달리해도 독자가 서술 효과의 차이를 느끼기 어렵다. 시점의 구분이 무력화되는 이유는 무엇인가? 우리는 제라르 주네트(Gérard Genette)의 초점화와 초점자라는 개념을 통해 시점의 논의에서 간과한 '보는 주체'의 개념과 특성을 살필 것이다.

1) 서사적 소통의 구도와 서술자의 소통

시점은 서술의 구조적 속성에 주목한 개념이다. 여기에서 서술자는 서사라는 체계의 한 요소이며 위치와 말하기 방식에 따라 네 유형으로 나뉜다. 그러나 부스(Booth, 1961/1999)는 서사를 체계가 아닌 소통 행위로 보고 서술자를 소통의 참여자로 간주할 때, 그 위상과 특성을 제대로 이해할 수 있다고 주장하였다.

서사적 소통은 소설을 매개로 한 작가와 독자의 상호작용이다. 이러한 서사적 소통의 구도는 중층적이다. 일단 발신자로는 서술자와 함께 실제 작가와 내포작가가 있다. 서술자가 작품 내에서 이야기의 인물과 사건에 대해 전달하는 존재라면, 실제 작가는 작품을 쓴 실존하는 창작자이다. 그런데 실제 작가는 작품 창작에 임하여 자신의 복잡하고 유동하는 생각과 감정을 정리하면서 작품을 위한 제2의 자아를 창조한다. 부스는 이를 내포작가(implied author)라고 불렀다.

여기서 서사적 소통에 참여하는 세 발신자는 개별 층위에 위치하면서 서로 다른 수신자와 소통한다. 실제 작가는 작품을 매개로 실제 독자와 소통한다. 내포작가는 서술자의 말을 매개로 내포독자와 소통한다. 그렇다면 서술자는 누구와 소통하는가? 우리는 흔히 '서술자가 이야기를 독자에게 전한다'고 말한다. 하지만 〈사랑손님과 어머니〉에서 자신을 여섯 살 난 처녀애라고 소개하는 서술자 '옥희'가 21세기의 실제 독자를 향해 말을 건넨다고 보기는 어렵다. '옥희'가 사랑손님과 어머니에 관한 이야기를 들려주는 대상, 다시 말해 서술자의 이야기를 듣는 존재는 따로 있으니 바로 피서술자이다. 서간체 소설은 피서술자의 존재감이 비교적 분명하게 드러나는 양식이다. 김동인의 〈마음이 옅은 자여〉에서는 번민이 있다면 자신에게 말해 달라는 'C'가, 최서해의 〈탈출기〉에서는 가족에게 돌아가라고 설득하는 '김군'이, 황석영의 〈아우를 위하여〉(1972)에서는 군에 입대하는 '동생'이 편지의 수신자로서 피서술자의 역할을 맡는다. 다만 대개의 소설에서 피서술자는 인물이 아니거나 명시적으로 호명되지 않으며, 이 때문에 실제 독자는 서술자의 말이 자신에게 직접 향하는 것처럼 느낀다.

시모어 채트먼(Seymour Chatman)은 부스의 논의를 정리하면서 아래와 같은 서사적 소통 모형을 제시하였다(Chatman, 1978/2003: 168).

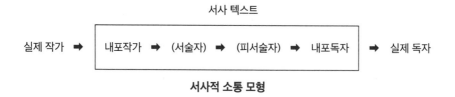

서사 텍스트

실제 작가 ➡ | 내포작가 ➡ (서술자) ➡ (피서술자) ➡ 내포독자 | ➡ 실제 독자

서사적 소통 모형

채트먼의 모형은 서사적 소통의 방향과 층위, 참여자를 시각적으로 간

명하게 표현함으로써, 참여자 간 거리와 서술자의 신빙성 등 서사적 소통의 속성 및 양상을 해명하는 데 크게 기여했다는 평가를 받는다. 그러나 이 모형은 서술자의 편재(遍在)와 부재(不在), 내포작가-내포독자 층위의 적절성 등과 관련하여 논쟁을 촉발하기도 했다. 특히 내포작가와 내포독자의 정체성과 위상을 두고 격렬한 논쟁이 벌어졌다. 예를 들어 슬로미스 리먼케넌(Shlomith Rimmon-Kenan)은 내포작가와 내포독자가 그 실체적 표지를 찾기 어렵고 개념에 대한 설명도 일관되지 않다는 점을 근거로 부스와 채트먼이 불필요한 개념을 제안했다고 비판하였다(Rimmon-Kenan, 1983: 86-89). 하지만 서사적 소통의 실천 국면을 살피면, 내포작가와 내포독자가 필요하고도 유용한 개념임을 알 수 있다.

서사적 소통의 모형은 간명하지만 그 실천 국면인 창작과 해석에 맞춰 세밀하게 이해될 필요가 있다. 모형에 따르면 작품을 매개로 실제 작가가 소통하는 대상은 실제 독자이다. 하지만 창작의 국면에서 실제 작가가 실제 독자와 직접 소통하며 작품을 쓰는 것은 아니다. 그렇다고 실제 작가가 독자의 존재를 염두에 두지 않는 것도 아니다. 창작 과정에서 실제 작가는 자신이 설정한 서사적 기법에 반응하거나 자신의 의도를 이해할 것이라고 기대하는 이상적 독자를 의식한다. 이러한 독자는 실제 독자 또는 피서술자와 개념상 구분된다. 즉, 창작 과정에서 실제 작가가 소통하는 상대는 내포독자이다.

서사적 소통 구도에 대한 이와 같은 이해는 해석의 국면에서도 적용할 수 있다. 작품을 읽는 실제 독자는 허구 세계를 창조한 작가를 의식하면서 그의 의도를 추론하고자 한다. 그리고 작품을 읽고 난 후 실제 독자는 작가의 정체성에 대한 나름의 이미지를 획득한다. 이때 실제 독자가 추론한 작가가 현실의 작가와 일치하지는 않는다는 점에 주목할 필요가 있다. 실제 작가와의 만남에서 괴리감을 느꼈다는 실제 독자의 고백은 드문 일이 아니다. 내포작가라는 개념은 독자가 해석의 국면에서 작가의 의도와 기법을 강하게 의식하고 추론한다는 점, 그렇게 추론한 작가가 실제 작가와 차이가 있을 수 있다는 점을 일깨운다.

2) 서술자의 정체성

서술자가 서사적 소통의 참여자로 간주되면, 시점이라는 서술자의 구조적 속성과 함께 인지, 정서, 가치관 등 서술자의 인격적 특성이 중시된다. 심지어 부스는 서술자의 설정이 독자에게 미치는 효과 측면에서 인격적 특성이 구조적 속성보다 본질적이라고 주장하였다(Booth, 1961/1999: 218). 예를 들어 〈동백꽃〉은 해학의 전통을 현대적으로 계승한 김유정의 대표 작품으로 평가받는다. 독자는 이 소설을 읽으며 웃음을 짓게 되는데, 그 웃음의 원천은 바로 서술자인 '나'의 말하기이다. '나'의 말하기가 어떻게 웃음이라는 효과를 발휘하는 것일까? 이에 대해 일인칭 주인공 시점이라고 답하는 것은 충분하지 않다. 현진건의 〈빈처〉(1921), 이상의 〈날개〉(1936) 모두 일인칭 주인공 시점의 소설이지만, 독자가 느끼는 감정은 웃음과 거리가 있다. 차이는 서술자에게 부여된 인격적 특성이다. 〈동백꽃〉의 '나'는 향토적 농촌에 사는 어수룩한 소년으로, 사춘기 소녀의 연애 감정을 잘 알지 못해 점순의 말과 행동을 정확히 이해하지 못한다. 감자를 건네는 점순의 호의를 '나'가 거절하는 대목은 '나'의 이러한 성격이 잘 드러나는 장면이자 독자에게 웃음을 선사하는 지점이다.

이처럼 부스를 위시한 수사적 접근은 인격적 특성과 그 효과라는 구도에서 서술자에 접근한다. 서술자의 인지적 수준, 심리적 경향, 가치관과 이념 등에 주목하면서, 인격적 특성에 따른 서술자의 말하기가 독자에게 어떤 영향을 미치는지를 분석하는 것이다. 또한 이러한 관점에 서면 서술자를 기준으로 작품을 달리 묶을 수 있다. 시점을 기준으로 할 경우 〈동백꽃〉

과 〈사랑손님과 어머니〉는 각각 일인칭 주인공 시점의 소설과 일인칭 관찰자 시점의 소설로 구분된다. 하지만 서술자의 특성과 그 효과를 기준으로 삼을 경우 두 작품은 같은 범주로 묶인다. 서술자가 무지로 인해 인물의 행동을 적절하게 이해하지 못하며 그 오해가 독자의 웃음을 끌어내는 점이 유사하기 때문이다.

여기서 한 걸음 더 나아가 보자. 그간 소설론과 현대소설 교육은 〈동백꽃〉과 〈사랑손님과 어머니〉에서 서술자의 효과를 웃음으로 간주해 왔다. 물론 이들은 각각 농촌의 사춘기 소년과 순진한 여섯 살 아이이고, 이들의 말과 행동이 순수하게 느껴질 때는 웃지 않을 수 없다. 하지만 이들의 말 모두가 순박하게 들리지는 않는다. 〈동백꽃〉의 '나'는 다음과 같이 말한다.

> 설혹 주는 감자를 안 받아 먹은 것이 실례라 하면 주면 그냥 주었지 '느 집엔 이거 없지'는 다 뭐냐. 그러잖아도 저희는 마름이고 우리는 그 손에서 배재를 얻어 땅을 부치므로 일상 굽실거린다. 우리가 이 마을에 처음 들어와 집이 없어서 곤란으로 지낼 제 집터를 빌리고 그 위에 집을 또 짓도록 마련해 준 것도 점순네의 호의였다. 그리고 우리 어머니 아버지도 농사 때 양식이 달리면 점순네한테 가서 부지런히 꾸어다 먹으면서 인품 그런 집은 다시없으리라고 침이 마르도록 칭찬하고 하는 것이다. 그러면서도 열일곱 씩이나 된 것들이 수군수군하고 붙어 다니면 동리의 소문이 사납다고 주의를 시켜 준 것도 또 어머니였다. 왜냐하면 내가 점순이하고 일을 저질렀다가는 점순네가 노할 것이고 그러면 우리는 땅도 떨어지고 집도 내쫓기고 하지 않으면 안 되는 까닭이었다.
>
> — 김유정, 〈동백꽃〉

두 사람의 갈등을 대리하는 닭싸움은 점순의 감자를 '나'가 거절하는 행동에서 시작된다. 그런데 이 거절의 원인이 점순의 호감을 알아채지 못한 '나'의 순박함에만 있지는 않다. '나'는 모르는 것만큼 아는 것도 많다. '나'는 가족의 먹고사는 문제가 "점순네의 호의"에 달려 있다는 것도, 감자를 나눠 먹으며 붙어 다니면 "점순네가 노할 것"도 알고 있다. 그 결과가 "땅도 떨어지고 집도 내쫓기"는 것이라는 점도 안다. '나'는 이러한 인식을 쉽게 떨치지 못하는데, 홧김에 점순의 닭을 때려죽인 순간 그에게 떠오른 생각은 "인젠 땅이 떨어지고 집도 내쫓기고 해야 될는지 모른다"는 것이다.

'나'의 이러한 심리는 그가 처한 상황과 관련이 있다. '나'는 향토적 농촌의 순박한 소년이자 식민지 농촌의 소작농 아들이다. 전자로서 '나'는 남녀 관계에 무지하고 연애 문제에 서툴다. 하지만 후자로서 '나'는 계층 관계에 민감하고 생존 문제에 절박하다. 전자와 후자 모두 '나'의 정체성이지만 '나'가 절감하는 것은 후자일 것이다. 사실 점순이 "걱실걱실이 일 잘하고 얼골 이쁜 계집애"라는 점은 '나'도 알고 있다. 하지만 "느집인 이거 없지"나 "뭐 이자식아! 누 집 닭인데?"라는, '느집'과 '누 집'을 가르는 점순의 말은 그녀의 의도와 무관하게 둘 사이에 가로막힌 계층의 벽을 환기한다.

이처럼 서술자의 인격적 특성에 주목하는 것은 궁극적으로 서술자의 정체성을 이해하는 것이다. 그리고 서술자의 정체성을 이해한다는 것은 서술자가 처한 사회문화적 맥락을 고려하며 그의 '목소리'를 섬세하게 경청하는 것이다. 목소리는 우리가 어떤 사람을 그 사람으로 인지하는 중요한 단서이다. 목소리에는 성별, 지역, 시대, 직업 등이 통합된 어떤 이의 정체성이 특유의 어조로 배어 있다.[2] 미하일 바흐친(Mikhail Bakhtin)이 소설을 최고의 예술이라 단언한 이유도 소설이 다양한 정체성의 목소리들을 대화

....

2　'목소리'의 사회적 성격은 "서로 다른 사회적 집단은 어법과 통사론에서 자신만의 특징적인 패턴을 발전시킨다는 것", 그리하여 목소리에는 개인과 공동체의 정체성이 표현된다는 것을 의미한다(Scholes et al., 2006/2007: 446).

적으로 재현하는 양식이라는 점을 고평했기 때문이다.

서술자의 목소리를 고려하며 소설을 읽는 것은 목소리의 풍부하고 복잡한 어조를 포착하면서 그의 정체성을 이해하려는 것이다. 우리는 오랫동안 〈동백꽃〉에서 서술자의 목소리를 웃음과 연계하기 위해 농촌 소년의 순박한 어조에 집중했다. 하지만 그의 목소리에 귀를 기울이면 그 어조에 얽힌 복잡한 감정들을 감지하게 된다. 여기에는 "비슬비슬 일어나며 소맷자락으로 눈을 가리고는, 얼김에 엉 하고 울음을 놓"으며 생존의 위기에 겁먹은 한 소년의 비애와 슬픔이 있다.

3) 서술자의 신빙성

서사적 소통에 참여한다는 것은 특정한 위치에 자리함을 의미한다. 이때 참여자 사이에 간격이 발생하는데, 이를 거리(distance)라고 한다. 거리는 시공간, 인지, 정서, 가치 등 서사적 소통의 다양한 축에서 발생하는 참여자 간 유사점과 차이점을 의미한다. 실제 작가는 내포작가, 서술자, 인물, 피서술자, 내포독자에 대한 거리 설정을 통해 이들 참여자와 실제 독자의 거리를 일정하게 조정한다. 소설의 역사에서 오랫동안 문제가 된 것은 서술자와 인물의 거리였다. 실제 작가는 자신을 대리할 수 있는(거리가 가까운) 내포작가와 서술자를 설정한 후, 서술자의 묘사와 논평을 통해 주인공과 적대자에 대한 독자의 거리를 좁히거나 늘렸다.

하지만 근대 이후의 소설가는 내포작가와 서술자의 거리에 변화를 주기 시작한다. 실제 작가나 내포작가를 대리하지 않는 서술자가 등장하기 시작한 것이다. 부스가 현대소설의 여러 거리 중에서 내포작가와 서술자의 거리가 가장 중요하다고 주장한 것도 이 때문이다. 그는 내포작가와 서술자의 거리를 '서술자의 신빙성'으로 개념화하면서 "서술자가 신빙성 없는 존재임이 드러나면, 그가 전달하려는 작품의 전체 효과는 완전히 변화"하기 때문에, 서술자의 신빙성은 실제 비평에서 우선적으로 해명해야 할 과제라고 보았다(Booth, 1961/1999: 217-218).

> 내 이상과 계획은 이렇거든요.
>
> 우리 집 다이쇼가 나를 자별히 귀애하고 신용을 하니깐 인제 한 십 년만 더 있으면 한밑천 들여서 따로 장사를 시켜 줄 그런 눈치거든요.
>
> 그러거들랑 그것을 언덕 삼아 가지고 나는 삼십 년 동안 예순 살 환갑까지만 장사를 해서 꼭 십만 원을 모을 작정이지요. 십만 원이면 죄선 부자로 쳐도 천석꾼이니 뭐, 떵떵거리고 살 게 아니라구요?
>
> 그리고 우리 다이쇼도 한 말이 있고 하니까 나는 내지인 규수한테로 장가를 들래요. 다이쇼가 다 알아서 얌전한 자리를 골라 중매까지 서 준다고 그랬어요. 내지 여자가 참 좋지요.
>
> 나는 죄선 여자는 거저 주어도 싫어요.
>
> 구식 여자는 얌전은 해도 무식해서 내지인하고 교제하는 데 안됐고, 신식 여자는 식자나 들었다는 게 건방져서 못 쓰고, 도무지 그래서 죄선 여자는 신식이고 구식이고 다 제바리여요.
>
> — 채만식, 〈치숙〉

〈치숙〉(1938)의 서술자는 가정에 충실하지 못하고 생활력도 떨어지는 아저씨를 조롱하면서 경제적 성공을 향한 자신의 이상과 계획을 자랑스럽게 소개한다. 하지만 아저씨가 병석에 누워 빈곤하게 살고 있는 이유는 그가 사회주의 운동에 투신하다가 일제에 의해 투옥되었기 때문이다. 서술자의 자랑스러운 이상과 착실한 계획은 자신의 모든 것을 내지인(內地人)처럼 바꾸어 내지인처럼 돈을 많이 모으는 것, 다시 말해 속물적 친일의 길을 걷는 것을 의미한다. 주목할 점은 독자가 서술자의 이러한 성격과 말을 내포작가의 생각을 대변한 것으로 간주하면 이 소설을 잘못 읽게 된다는 점이다. 일제강점기의 친일적 소시민을 풍자하려는 채만식은 자신의 가치관과 거리가 먼 '나'를 서술자로 내세워 그들의 친일적 세계관과 속물주의를 생생하게 드러내고 독자의 냉소와 비판을 끌어내고자 하였다.

이처럼 내포작가를 대변하지 못하는 서술자, 즉 내포작가와의 거리로 인해 독자가 그 말에 의혹을 품고 반어적으로 이해해야 하는 서술자를 '신빙성 없는 서술자(unreliable narrator)'라고 한다. 신빙성 없는 서술자는 일종의 구조적 반어이다. 신빙성 없는 서술자의 말하기는 작품의 의미와 작가의 진실을 드러내는 것이 아니라 가리고 숨긴다. 따라서 독자는 서술자가 덜 말한 것을 채우고 잘못 말한 것을 바로 잡으면서 서술자의 말하기 너머에 있는 진실에 접근해야 한다. 신빙성 없는 서술자는 인물의 성격을 파악하고 행위의 의미를 이해하는 데 있어 독자를 조력하지 못하며 오히려 장애물일 때가 많다. 하지만 독자의 상상과 추론을 자극하면서 추리의 즐거움을 선사하는 서사 기법이다.

4) 초점화: 누가 보는가

시점 이론의 또 다른 한계는 보는 주체를 충분히 고려하지 않는다는 점이다. 시점과 서술자를 다루면서 빈번하게 언급되는 요소는 말하는 위치, 말하는 방법, 목소리, 목소리의 주체 등 말하기와 관련된 것들이다. 그런데 무엇을 말하는가? 인물과 사건에 대해 본 것을 말한다. 일상의 이야기하기에서는 대체로 '나'가 본 것을 '나'가 말한다. 보는 주체가 곧 말하는 주체이다.[3] 하지만 소설에서는 보는 주체와 말하는 주체가 자주 분리된다. 서술자는 인물과 사건을 전달할 때 서술자의 시각에서 말할 수도 있고, 특정 인물의 시각을 취해 말할 수도 있다.

얼금뱅이 상판을 쳐들고 대어설 숫기도 없었으나 계집 편에서 정을 보
낸 적도 없었고 쓸쓸하고 뒤틀린 반생이었다. 충줏집을 생각만 하여도 철
없이 얼굴이 붉어지고 발밑이 떨리고 그 자리에 소스라쳐 버린다. 충줏집
문을 들어서 술좌석에서 짜장 동이를 만났을 때에는 어찌 된 서슬엔지 빨
끈 화가 나 버렸다. 상 위에 붉은 얼굴을 쳐들고 제법 계집과 농탕치는 것을
보고서야 견딜 수 없었던 것이다. 녀석이 제법 난질꾼인데 꼴사납다. 머리
에 피도 안 마른 녀석이 낮부터 술 처먹고 계집과 농탕이야. 장돌뱅이 망신
만 시키고 돌아다니누나. 그 꼴에 우리들과 한몫 보자는 셈이지. 동이 앞에
막아서면서부터 책망이었다. 걱정두 팔자요 하는 듯이 빤히 쳐다보는 상기
된 눈망울에 부딪힐 때 결김에 따귀를 하나 갈겨 주지 않고는 배길 수 없었
다. 동이도 화를 쓰고 팩하게 일어서기는 하였으나 허 생원은 조금도 동색
하는 법 없이 마음먹은 대로는 다 지껄였다.

— 이효석, 〈메밀꽃 필 무렵〉

이 장면의 주요 인물은 허 생원과 동이이며, 이 둘의 갈등에 대해 말하
는 서술자는 이야기의 인물이 아닌 삼인칭 전지적 시점의 서술자이다. 서
술자는 이 장면에서 두 인물의 갈등을 허 생원의 시각에서 전하고 있다. 허
생원의 삶을 "쓸쓸하고 뒤틀린 반생"이라고 논평하는 첫 문장에서는 서술

....

3 이는 편의상의 표현으로, 엄격하게 말하면 일인칭 주인공 시점에서도 보는 주체와 말하는 주체
   가 항상 일치하는 것은 아니다. 보는 '나'와 말하는 '나' 사이에 시간적 격차가 있기 때문이다. 그
   시간적 격차가 미미하다면, 예를 들어 출근길에 목격한 사건을 직장에 들어서면서 동료에게 말
   한다면, 보는 '나'와 말하는 '나'는 같다고 말할 수 있다. 하지만 이문열의 〈우리들의 일그러진 영
   웅〉처럼 열두 살의 '나'가 경험한 사건을 사십 대의 '나'가 말한다면, 보는 '나'와 말하는 '나'가 같
   다고 할 수 있을까?

자의 시각이 우세하다. 하지만 충줏집을 생각하는 신체 반응을 전하는 대목, 충줏집과 동이가 어울리는 모습을 지켜보는 심리를 전하는 대목부터 허 생원의 시각이 우세해진다. 이어 동이를 '녀석'이라 부르고 '-야', '-누나'와 같은 비격식체 종결 어미를 쓰는 문장에서는 허 생원의 생각이 생생하게 전달된다. 작은따옴표나 큰따옴표가 없다는 점에서 인용한 대목 전체는 모두 서술자의 말에 속한다. 하지만 인물과 사건을 바라보는 시각의 주체는 서술자에서 허 생원으로 미끄러지듯 바뀐다. 독자는 서술자의 말을 따라가면서 자연스럽게 허 생원의 시각에서 허 생원과 동이의 다툼을 이해하고 평가하게 된다.

시점의 개념과 유형만으로는 서술자의 목소리는 유지되면서 보는 주체가 미묘하게 바뀌는 이 장면을 섬세하게 분석하기 어렵다. 주네트는 시점 논의가 인칭을 지나치게 강조한 나머지 인물 및 사건의 전달과 관련하여 '누가 말하는가'에만 집중하고 '누가 보는가'는 간과해 왔다고 비판하였다. 즉, 보는 행위와 관련된 '시점'이라는 용어를 사용하면서도 '누가 말하는가'와 '누가 보는가'를 이론적으로 구분하지 못하고 작품 속 말하는 주체와 보는 주체를 혼동했다는 것이다. 서술의 미학과 작품 해석에서 보는 주체가 말하는 주체만큼이나 중요하다고 본 주네트는 '누가 보는가'의 원리를 초점화(focalization)라는 용어로, 보는 주체를 초점자(focalized person)라는 용어로 개념화하였다(Genette, 1972/1992: 286).

초점화의 '보다'라는 속성은 물리적 시야에 국한되지 않는다. '보다'는 그 사전적 의미가 매우 다양한데, 초점화의 '보다' 또한 대상의 내용이나 상태를 알기 위해 살피고 타자의 형편을 헤아리는 지각적 국면, 눈으로 대상을 즐기고 감상하거나 무엇을 바라고 의지하는 심리적 국면, 대상을 평가하거나 판단의 기초로 삼는 이념적 국면을 포괄한다. 다시 말해 현대소설에서 '누가 보는가'는 곧 '누가 지각하고 이해하고 느끼고 욕망하고 희망하는가'의 문제이다(O'Neill, 1992/2004: 153).

서사론에서 초점화는 종종 이야기라는 세상을 향해 난 창(window)에 비유된다. 독자가 소설의 허구 세계로 열린 여러 창문 중에서 하나의 창문을 열고 그 세계의 다양한 모습을 인지하는 것이 초점화의 작용이라는 것이다(Scholes et al., 2006/2007: 477). 이처럼 초점자는 인물과 사건에 대한 독자의 체험과 해석에 강한 영향을 미친다. 앞서 살핀 허 생원과 동이의 다툼을 살펴보자. 이 다툼에서 허 생원이 동이를 "장돌뱅이 망신"이라고 평가한 것은 정당하지 않다. 그의 평가는 동이의 행실보다는 충줏집을 향한 허 생원의 연정과 동이에 대한 질투에서 비롯된 것이다. 하지만 이 장면을 읽는 독자는 자연스럽게 허 생원의 시각에서 상황("머리에 피도 안 마른 녀석이 낮부터 술 처먹고 계집과 농탕이야.")을 판단하고, 정서("빨끈 화가 나 버렸다.")를 공유하며 동이에 대한 평가("난질꾼인데 꼴사납다.")에 동의한다. 특히 이 장면에서 서술자가 복화술사처럼 인용 표지 없이 초점자(허 생원)의 생각을 그대로 말할 때, 독자는 생생하게 전달되는 초점자의 생각을 서술자의 권위에 준해 받아들이게 된다.

초점화의 요소에는 초점자와 초점 대상이 있다. 초점자는 보는 주체이고, 초점 대상은 초점자가 보고 느끼며 이해하는 대상이다. 앞선 인용에서 초점자가 '술좌석을 바라보며 빨끈 화가 난' 허 생원이라면, 주된 초점 대상은 허 생원의 시야 안에서 감정의 대상이 되고 있는 동이이다. 서사론은 이러한 초점자의 위치와 초점 대상의 지각 방식을 기준으로 초점화의 유형을 나누기도 한다(Rimmon-Kenan, 1983: 74-77). 우선 초점자의 위치를 기준으로 서술자 초점화와 인물 초점화를 구분할 수 있다. 서술자 초점화는 서술자가 초점자로 설정되는 초점화로, 이야기의 밖에서 이루어지는 초점화라는 점에서 외적 초점화라고도 부른다. 반면 인물 초점화는 이야기의 인물이 초점자로 설정되는 초점화로, 이야기의 안에서 이루어지는 초점화라는 점에서 내적 초점화라고도 한다. 한편, 초점 대상의 지각 방식에 따라 초점화는 내부로부터 지각하는 초점화와 외부로부터 지각하는 초점화로 나눌 수도 있다. 전자는 초점자가 인물의 의도, 심리, 정서와 같은 초점 대상의 내적 상태에 대해 지각한 내용을 전하는 방식이다. 후자는 초점자가 인물의 행색, 자연의 풍경과 같은 초점 대상의 외양을 보고 느낀 내용을 전하는 방식이다.

초점화의 유형은 초점화의 양상을 간명하게 설명할 수 있는 틀을 제공한다. 다만 이러한 유형은 서술자의 위치 및 지각 방식을 기준으로 수립된 시점의 유형과 크게 다르지 않다. 이는 초점화의 유형이 작품 분석에 있어 시점 유형론이 보인 한계를 답습할 수 있음을 의미한다. 특정 작품에 구현된 초점화의 효과는 초점화의 유형을 확인하는 것만으로 충분히 해명하기 어렵다. 작품에 설정된 초점화의 효과를 파악하기 위해서는 초점자의 위치와 초점 대상의 지각 방식을 분석하는 것과 함께, 초점자의 인식과 정서, 가치관을 추론하고 초점 대상을 바라보는 초점자의 태도를 이해하는 것이 중요하다.

3 서술을 가르치기

지금까지 살핀 서술의 여러 개념이 현대소설 교육에서 어떻게 다뤄지고 있는지를 교육과정과 교과서 차원에서 살펴보도록 하자. 서술 개념이 반영된 첫 번째 교육과정은 4차 교육과정이다. 이 교육과정은 학문 중심 교육과정 담론의 영향을 받았으며 신비평에 입각한 문학론의 여러 내용을 새롭게 포함하였다. '누구의 눈', '시점', '서술자' 등의 용어도 이때 중학교와 고등학교의 국어 과목 문학 영역에 등장한다. 이후 서술 개념은 중학교 교육과정을 중심으로 2022 개정 교육과정까지 한 번도 빠지지 않고 성취기준으로 제시되면서 대표적인 현대소설 교육 내용으로 자리 잡았다.

교육과정별 서술 관련 성취기준

교육과정	학년(군)	서술 관련 성취기준
4차	중3	(5) 소설이 누구의 눈을 통하여 진술되고 있는지 안다.
5차	중3	마) 소설을 읽고, 시점에 따른 각 작품의 구성 효과를 살피기
6차	중3	(4) 소설 속의 인물의 성격이나 행동 등이 누구의 눈을 통하여 이야기되고 있는지를 말하여 보고, 작품의 구성에 미치는 효과를 파악한다.
7차	8학년	(3) 작품이 누구의 눈을 통하여 전달되고 있는지를 파악한다.
2007년 개정	8학년	(3) 문학 작품의 세계가 누구의 눈을 통해 전달되는지를 파악한다.
2011년 개정	중1~3	(5) 작품의 세계가 누구의 눈을 통해 전달되는지 파악하며 작품을 수용한다.
2015년 개정	중1~3	[9국05-04] 작품에서 보는 이나 말하는 이의 관점에 주목하여 작품을 수용한다.
2022년 개정	중1~3	[9국05-04] 보는 이나 말하는 이의 특성과 효과를 파악하며 작품을 감상한다.

그런데 서술 개념이 교육과정과 교과서의 내용으로 제시되는 과정에서 특기할 만한 두 가지 변화가 있었다. 그 첫 번째는 수사적 접근에 기반을 둔 교과서 단원 구성의 변화이다. 위의 표에서 알 수 있듯이, 서술 관련 성취기준의 핵심어는 '누구의 눈'이다. 4차 교육과정의 교과서는 '누구의 눈'을 시점으로 간주하고 시점 유형론에 입각하여 교과서의 단원을 구성하였다. 단원의 길잡이에서 시점의 개념과 유형을 설명한 후, 제재와 학습 활동을 연계하여 개별 작품의 시점 유형을 확인하고 그 효과를 파악하게 하는 식이다.

6차 국어과 교육과정기 『중학교 국어 3-1』 중 "4. 소설의 시점"(교육부, 1998 : 58-59, 86)

단원의 길잡이	학습 활동
소설에서 인물의 성격이나 행위, 사건 등을 누구의 눈으로, 어떤 관점에서 바라보고 이야기하는가를 소설의 시점(視點)이라 한다. 소설의 시점은 서술자가 소설 속에 있는가, 소설 밖에 있는가에 따라 1인칭 시점과 3인칭 시점으로 나뉜다. 1인칭 시점은 소설 속의 '나'가 말하는 방식이다. (…) 소설을 바르게 이해하고 감상하기 위해서는 시점을 제대로 파악하는 것이 매우 중요하다. 예컨대, 1인칭 주인공 시점의 소설은 주인공 자신의 미묘한 심리 변화를 직접 드러내 주나, 1인칭 관찰자 시점의 소설은 주변 인물인 관찰자의 눈을 통해 주인공의 심리 변화를 간접적으로 드러내 준다는 점에서 유의해서 작품을 읽어야 한다.	1. '상록수'를 읽고, 소설의 시점과 관련된 다음 물음에 답해 보자. (1) 이 소설에서 이야기를 진행해 나가는 사람은 소설 속의 인물인가, 소설 밖의 인물인가? (2) 이 소설에서는 주인공의 성격이나 행동 등을 누가 어떤 관점에서 말하고 있는가? 그리고 그 효과에 대하여 말해 보자.

　하지만 교과서의 이러한 단원 구성은 7차 교육과정을 기점으로 크게 변화한다. 일차적으로 단원의 제목, 길잡이, 학습 활동 등에서 시점의 개념이나 유형에 대한 설명이 제외된다. 여기에 7차 교육과정의 중학교 국어 교사용 지도서는 "'소설에는 1인칭 주인공 시점, 1인칭 관찰자 시점, 3인칭 작가 관찰자 시점, 전지적 작가 시점 등이 있다.'고 하는 식의 소설의 시점에 대한 이론 중심의 학습이 이루어지지 않도록 유의"할 것을 당부한다(교육인적자원부, 2007: 252). 4차 이후 지속된 시점 중심의 유형론적 접근을 탈피하고자 한 것이다.

　대신 7차 교육과정의 교과서부터 새롭게 중시된 것은 서술자의 특성과 수사적 효과이다. 특정한 인지, 정서, 가치관을 지닌 서술자와 그의 말하기가 독자의 체험에 미치는 영향이 학습 내용으로 새롭게 조명된 것이다. 이러한 맥락에서 주요섭의 〈사랑손님과 어머니〉(1935)를 비롯하여 김유정의 〈동백꽃〉(1936), 채만식의 〈이상한 선생님〉(1949) 등 세상사나 인간관계에 대한 지식이나 경험이 부족한 어린 서술자의 소설이 교과서의 제재로서 다수 채택된다. 인물의 마음과 사건의 인과 관계를 오인하거나 부적절하게 논평하는, 일명 신빙성 없는 서술자의 목소리를 들으며 독자는 이야기라는 서술의 내용뿐만 아니라 서술자의 말하기라는 서술 방식에도 관심을 기울이기 때문이다. 단원의 길잡이는 서술자의 특성을 작가가 독자의 체험에 영향을 미치기 위해 선택한 서사적 기법으로 설명한다. 또한 학습 활동에서는 학습자가 서술자의 특성을 파악하고 작품의 체험을 서술자의 특성과 연계한 후 서술자의 효과와 그 설정 의도를 정리하게 한다.

7차 교육과정의 『중학교 국어 2-1』 중 "6. 작품 속 말하는 이"(교육인적자원부, 2003: 214-215, 248)

단원의 길잡이	학습 활동
이 소설은 각박한 도시 생활의 이야기이다. 그런데 이 소설의 말하는 이는 소설의 주인공이기도 한 중년 여인이다. 글쓴이는 아파트라는 공간 속에 사는 한 중년 여인을 통해서, 이웃 간의 따뜻한 정과 서로를 배려하는 마음이 메말라 가는 현대 사회의 모습을 보여 주려 했던 것이다. 이처럼 글쓴이는 작품을 쓸 때 작품 속에 말하는 이를 적절히 설정하고, 그를 통해 독자들에게 말하려는 내용을 보다 효과적으로 전달하고 있다. 이 단원에서는 작품 속에서 말하는 이가 주는 효과에 대해 알고, 말하는 이를 고려하며 작품을 감상해 본다.	1. 이 소설의 말하는 이는 누구인지, 또 어떤 특징이 있는지 적어 보자. 2. 이 소설을 읽으면서 우리는 말하는 이로 인해 미소를 짓게 된다. 이처럼 말하는 이로 인해 재미를 느낄 수 있는 장면을 찾아 아래와 같이 말해 보자. 3. 이 소설에서 말하는 이를 어린 소녀로 설정한 이유와 이로부터 얻을 수 있는 효과에 대해 말해 보자.

서술자의 목소리에 주목하게 하는 제재, 서술자의 특성과 그 효과를 단계적으로 파악할 수 있게 구성한 학습 활동은 서술자에 관한 이해와 작품의 섬세한 읽기를 결합할 가능성을 높인다. 따라서 이러한 단원 구성은 오랫동안 지속하여 폭넓게 채택되어 왔으며, 검정 체제가 시작된 2007 개정 교육과정을 거쳐 2012 개정 교육과정, 2015 개정 교육과정까지 교과서 대부분의 서술 단원은 이러한 구성을 차용하고 있다. 수사적 접근에 기반을 둔 7차 교육과정기의 교과서 변화는 서술자 중심의 소설 읽기가 중등학교 현대소설 교육의 내용으로 자리매김하는 중요한 계기로 평가할 수 있다.

서술 개념이 교육 내용으로 제시되는 과정에서 주목할 만한 두 번째 변화는 '보는 이'와 '말하는 이'라는 용어의 도입이다. 앞서 설명한 것처럼 4차 교육과정에 서술 개념이 도입된 이후 2012 개정 교육과정까지 성취기준의 핵심어는 '누구의 눈'이었다. 그런데 2015 개정 교육과정에서는 이 용어를 대신하여 '보는 이', '말하는 이'라는 용어를 새롭게 도입한다. '누구의 눈'이 '보는 이'와 '말하는 이'로 세분화한 것이다.

'보는 이', '말하는 이'는 학술 담론에서 널리 사용되는 용어는 아니며 성취기준의 해설에서도 그 의미와 개념을 규정하지 않고 있다. 하지만 이러한 변화는 곧 초점화라는 개념이 중등학교 문학교육의 내용으로 수용된 결과로 인식되었다(김경애, 2018; 정래필, 2018; 정진석, 2018). '보는 이'와 '말하는 이'를 주네트의 구분, 즉 '누가 보는가'와 '누가 말하는가'와 연계하면서 각각의 용어를 초점자와 서술자로 이해한 것이다. 그리고 이러한 이해에 기반하여 성취기준의 변화를 긍정적으로 평가하였다. 초점화는 스토리의 중개를 섬세하게 분석할 수 있는 개념이라는 점에서 중등학교 문학교육의 내용으로 수용될 필요성이 꾸준히 제기되었고 '보는 이'라는 용어를 통해 그 제도적 기반이 마련된 것으로 본 것이다.

실제로 이 성취기준을 실행한 국어 교과서 중에는 이전 교육과정의 교과서에서는 없었던 '보는 이'라는 용어가 제시되었고 초점화를 염두에 둔 개념 설명도 등장하였다.

소설에서 작가와는 별개로, 사건이나 대상에 관한 이야기를 독자에게 전달하는 이를 서술자라고 한다. 이때 서술자가 독자에게 이야기를 전달하는 방식 가운데 하나를 시점이라고 하는데, 이는 바라보는 행위와 말하는 행위가 합쳐진 개념이다. 즉 서술자는 자신이 직접 본 것에 관한 자신의 목소리로 말하기도 하고, 다른 인물의 눈으로 본 사건이나 대상에 관해 말하기도 한다.

(이도영 외, 2019: 173)

하지만 2015 개정 교육과정을 계기로 초점화가 본격적으로 중등 문학교육의 내용이 되었다고 보기는 어렵다. 위의 사례처럼 초점화를 염두에 둔 개념 설명이 제시된 교과서는 1종에 그쳤기 때문이다. 대부분 교과서에서 서술 단원의 구성은 2012 개정 교육과정의 교과서와 마찬가지로 시의 화자와 소설의 서술자를 이해하고 작품 읽기에 적용하는 방식으로 단원을 구성하였다. 성취기준의 변화가 교과서의 변화를 견인하지는 못한 것이다.

이러한 양상은 초점화를 중등 문학교육의 내용으로 전환하는 과정에서 해결해야 할 몇몇 쟁점이 있음을 암시한다. 첫째, 이 성취기준의 '보는 이'를 초점자로만 규정할 수 있는가? 이를 초점자로 규정하면서 교과서의 구현 양상에 대해 교육과정의 변화를 실현하지 못한 사례로서 비판하는 시선이 적지 않다. 하지만 성취기준에 관한 이해는 정답을 찾는 닫힌 풀이가 아닌 근거에 기반을 둔 열린 해석에 가깝다. 이런 점에서 중요한 것은 [9국05-04]의 '보는 이'를 무엇으로 규정할 것인가와 함께 그 규정의 근거를 마련하거나 비판적으로 살피는 것이다. 둘째, 초점화를 가르치기에 적합한 학년군이나 학교급은 무엇인가? '보는 이'를 초점자로 규정한다면, 그다음의 과제는 초점화를 가르치기에 적합한 학년군이나 학교급을 결정한 것이다. 이 성취기준은 2015 개정 교육과정과 2022 개정 교육과정 모두 중학교 1~3학년군에 제시되었는데, 이중 어떤 학년에서 구체화할 것인가, 또는 중학교의 내용으로 적절한가의 문제는 초점화라는 개념의 수준이나 학습자의 문학 능력 등을 고려하여 결정할 수 있다.

2022 개정 교육과정의 서술 관련 성취기준("[9국05-04] 보는 이나 말하는 이의 특성과 효과를 파악하며 작품을 감상한다.")이 '보는 이'와 '말하

는 이'를 핵심어로 삼고 있는 등 2015 개정 교육과정의 성취기준을 큰 변화 없이 계승하고 있다는 점을 고려한다면, 이러한 성찰적 검토의 결과를 2022 개정 교육과정에서 교과서의 서술 단원을 개발하고 수업을 설계하기 위한 근거로 활용할 수 있을 것이다.

참고문헌

교육부(1998), 『중학교 국어 3-1』, 대한교과서주식회사.

교육인적자원부(2003), 『중학교 국어 2-1』, 교학사.

교육인적자원부(2007), 『중학교 국어과 교사용 지도서 국어·생활국어 2-1』, 대한교과서주식회사.

김경애(2018), 「소설에서 초점화의 이해와 교육」, 『현대문학이론연구』 74, 29-52.

김동환(2009), 「소설 교육에서의 "시점" 개념에 대한 반성적 고찰」, 『문학교육학』 30, 393-421.

이도영·강경일·강애라·김미영·김수란·김영석·김종수·김태은·박승환·양은희·오윤주·이진경·
한명숙(2019), 『중학교 국어 2-1』, 창비.

정래필(2018), 「小說 읽기 敎育에서 焦點化 理論의 遂行的 觀點」, 『어문연구』 177, 333-359.

정진석(2018), 「A Study on Pre-Service Teachers' Misconceptions about the Viewer」, 『국어
교육학연구』 53(5), 27-53.

정진석(2019), 「'말하는 이'에 대한 학습자의 오개념 연구」, 『문학교육학』 64, 265-299.

Booth, W. C.(1999), 『소설의 수사학』, 최상규(역), 예림기획(원서출판 1961).

Brooks, C. & Warren, R. P.(1959), *Understanding Fiction*, Appleton-Century-Crofts.

Chatman, S. B.(2003), 『이야기와 담론』, 한용환(역), 푸른사상(원서출판 1978).

Genette, G.(1992), 『서사 담론』, 권택영(역), 교보문고(원서출판 1972).

O'Neill, P.(2004), 『담화의 허구』, 이호(역), 예림기획(원서출판 1992).

Platon(2005), 『국가·정체』, 박종현(역), 서광사(원서출판 미상).

Rimmon-Kenan, S. (1983), *Narrative Fiction: Contemporary Poetics*, Routledge.

Scholes, R. E., Kellogg, R. L., & Phelan, J.(2007), 『서사문학의 본질』, 임병권(역), 예림기획(원
서출판 2006).

8장

현대소설의 변화와 소설 교육의 미래

소설은 근대의 형성과 함께 본격적으로 발달하였다. 18세기 산업자본주의가 출현하고 과학이 발달하면서 이성의 합리성 및 진보에 대한 믿음을 근간으로 하는 근대성의 시대정신이 형성되었다. 인류는 합리적 이성과 과학기술을 통해 더 나은 사회를 만들 수 있을 것이라는 믿음을 갖게 되었다. 그러나 한편 근대는 그 이상적 기획과 달리, 물신주의로 인한 인간 소외와 이성의 지나친 강조로 인한 동일성의 횡포 등의 문제를 낳게 된다. 근대의 대표적 서사 장르인 소설은 근대의 이상적 면모를 충실히 반영하는 한편 근대의 그림자를 비판적으로 성찰하는 이중적 역할을 수행하였다.

소설에서 근대성은 리얼리즘과 모더니즘의 두 흐름을 중심으로 강력하게 발현되었다. 리얼리즘과 모더니즘은 대립되는 사조로 인식되기도 하지만, 근대의 산물이자 근대에 대한 저항을 내용으로 삼는다는 점에서 유사점을 갖기도 한다(나병철, 1995: 45). 이후 이성과 합리에 기반한 근대는 자본주의의 심화와 세계대전의 발발 등을 거치며 한계에 부딪친다. 근대에 대한 비판적 성찰을 통해 근대를 넘어서려는 노력은 포스트모더니즘의 출현으로 이어졌다. 포스트모더니즘은 근대를 부정하는 '탈근대'적 특성과 함께 근대의 연속선상에서 근대를 심화시키는 '후기 근대'의 특성을 동시에 가지면서 소설 장르에도 다종다양한 양상으로 반영되었다. 최근에는 디지털 미디어의 발달과 후기산업사회로의 본격적인 진입을 배경으로 소설 장르 역시 다채로운 변화의 도정을 걷고 있다.

이 장에서는 현대소설의 변화 양상을 리얼리즘과 모더니즘, 포스트모더니즘을 중심으로 개괄하고, 소설 장르가 어떻게 변화할 것이며 소설 교육이 어떻게 그 변화에 대응해 가야 할 것인지에 대해 살펴볼 것이다.

1 리얼리즘 소설

1) 역사적 맥락

리얼리즘은 경험적인 현실을 객관적으로 형상화하고자 하는 입장을 광범위하게 지칭하는 용어로 사용되어 왔다. 좁은 의미로는 19세기 유럽에서 나타난, 현실을 충실하고 완전하게 재현하려는 문예 사조를 의미한다. 당대의 사회, 정치, 경제, 이념적 시대상에 대한 재현 및 고찰, 대상과 인물의 심리에 대한 세밀한 묘사 등을 특징으로 한다.

18세기 말 산업혁명이 일어나면서 자본가와 노동자를 축으로 하는 자본주의적 생산관계가 확립되었다. 또한 1789년 프랑스혁명을 통해 부르주아가 물질적 기반은 물론 정치적 힘을 갖춘 사회 주도 세력으로 부상하였다. 이러한 자본주의의 성장은 자립적인 '개인'을 전제로 한 '근대인'을 탄생시키고, 이로부터 리얼리즘을 표방하는 근대문학이 태동하였다. '개인의 탄생'은 근대소설의 확립과 깊은 연관이 있다. 전통이라는 이름의 과거로부터 독립하여 개인을 강조하는 것이 근대의 특성이다. 이는 근대 산업자본주의의 발생과 프로테스탄티즘의 확장에서 기인한다. 자본주의가 지배적인 생산양식으로 자리 잡고 기존의 도덕적·사회적·경제적 질서들이 와해됨에 따라, 개인은 가족이나 교회 등의 전통적인 집단 단위에서 자신을 분리하여 스스로를 주체로서 인식하기 시작했다. 그러면서 주체적 개인을 중심으로 한 내면성의 탐구 및 세계 탐구가 소설의 핵심 주제로 떠오르게 되었다(Watt, 1957/2009).

리얼리즘 소설은 19세기 프랑스의 오노레 드 발자크(Honoré de Balzac), 스탕달(Stendhal), 영국의 찰스 디킨스(Charles Dickens) 등을 중심으로 본격적으로 발흥한다. 발자크는 〈고리오 영감(Le Père Goriot)〉(1835) 등을 통해 자본주의 사회를 근대적 삶의 조건으로 긍정하면서도 부르주아의 속물성을 묘사하면서 자본주의 사회에 대한 비판적 관점을 견지하였다. 스탕달의 〈적과 흑(Le Rouge et le Noir)〉(1830)은 19세기 프랑스를 배경으로 왕정복고기의 정치적·시대적·이념적 풍경을 구체적으로 형상화하였다. 스탕달은 '소설은 시대를 비추는 거울'이라고 한 그의 말처럼 당대 사회의 정치적 역동과 그 속에서 개인이 욕망을 추구하고 좌절하는 과정을 사실적으로 그려 내고자 하였다.

리얼리즘의 이러한 흐름은 귀스타브 플로베르(Gustave Flaubert), 에밀 졸라(Émile Zola) 등의 자연주의로 이어졌다. 자연주의는 현실에 대한 객관적 묘사를 극대화하여 화자 또는 작가의 개입을 최소화하고 '냉정성'을 유지하는

귀스타브 플로베르(1821~1880)

프랑스의 소설가. 〈마담 보바리〉로 리얼리즘 소설의 현실 묘사 스타일을 확립한 작가로 인정받는 동시에 〈감정교육〉이나 〈성 앙투안의 유혹〉으로 모더니즘을 향한 첫 걸음을 내디딘 작가로도 받아들여지고 있다 그의 작품세계는 19세기 프랑스 지배층, 특히 부르주아 계급의 속물성을 집요하게 파고든 것으로 알려져 있다.

서술 기법을 사용하였다. 이후 리얼리즘은 사회주의 이데올로기와 접합하면서 새로운 양상으로 전개되었다. 1917년 러시아혁명을 전후하여 리얼리즘은 자본주의 사회의 모순에 대한 비판 및 사회주의 혁명에의 분명한 경향성을 드러내며 비판적 리얼리즘 혹은 사회적 리얼리즘으로 변화해 갔다.

이처럼 리얼리즘은 역사적 특수성을 가진 특정한 문예 사조로 변천해 온 한편, 현실에 천착하는 묘사와 객관성을 강조하는 보편적 의미에서의 창작 관점으로 여전히 장르적 효용성을 유지하고 있다.

2) 리얼리즘 소설의 미학

죄르지 루카치(György Lukács)는 근대소설을 고대 그리스의 서사시와 비교하며 소설의 장르적 특징을 설명하였다. 고대 서사시가 신을 중심으로 개인과 세계가 총체적 완결성을 지니고 있던 시대의 장르라면, 근대소설은 '신에 의해 버림받은 세계의 서사시'이다(Lukács, 1915/1998: 25-38). 리얼리즘과 모더니즘은 총체성이 사라진 시대의 문학으로서, 이에 대해 서로 다른 대응 방식을 드러낸다. 모더니즘은 총체성이 사라진 시대에 자본주의의 균열상을 파편적으로 그려 내며 세계에 대한 부정의 정신을 표출한다. 그에 비해 리얼리즘은 파편화된 세계의 현상 속에서 총체적 본질을 다시금 구축하려 한다.

고대 서사시의 주인공이 세계의 완전성을 믿고 거기에 자신을 일치시키려는 존재라면, 근대소설의 주인공은 주체와 세계의 간극을 인식하는 존재이다. 그는 그가 원하는 이상적 세계와 현실 세계 사이에서 언제나 갈등을 느끼며 세계의 총체성을 복원하고자 한다. 그러나 현실 세계에 총체성이 존재하지 않기 때문에 그의 모색은 늘 '길 위'에 놓이게 된다. 루카치는 이를 문제적 개인이라 지칭하고, 문제적 개인이 자신을 찾아가는 여정이 곧 소설의 내적 형식을 이룬다고 보았다(Lukács, 1916/1998: 82-89).

리얼리즘은 형상적 인식을 통해 세계의 진리를 획득하고자 한다. 형상적 인식이란 개별적 대상을 형상화함으로써 보편적 삶의 인식에 이르게 되는 과정을 말한다. 리얼리즘은 대상을 있는 그대로 재현할 때 대상의 내부에 존재하는 본질을 인식할 수 있다고 보고, 객관적 현실에 대한 충실한 재현을 미학적 원리로 삼았다.

그러나 리얼리즘은 사실을 있는 그대로 재현하는 것만을 의미하지 않는다. 리얼리즘은 작가가 현실의 본질을 바르게 인식할 수 있는 세계관을 갖추고, 객관 세계와 상호작용을 통해 현실의 '총체성'을 형상화하고자 한다. 리얼리즘 미학에서 총체성이란 모든 현상을 매개하는 본질적 연관 관계를 말한다(Lukács, 1938/1985: 85-86). 감각적으로 파악 가능한 현상은 개성적이고 예외적이며, 각각 특수성을 지닌 채 파편적으로 존재한다. 리얼리즘의 관점에서 볼 때 문학은 그 현상들 속에 존재하는 보편적이고 사회적인 본질을 포착하고, 이를 형상화하여 숨겨진 총체성을 재현하고자 하는 것이다.

개별적인 현상에 내재한 보편적인 본질을 파악하고 이것을 예술적 형상화를 통해 드러낼 때 문학은 '전형성'을 획득한다. 리얼리즘 문학의 목적은 전형적인 상황에 있는 전형적인 인물의 성격을 드러내는 것이다(Kohl, 1977/1986: 292-316). 또한 리얼리즘 문학은 인간을 사회적 계급의 일원으로 바라보고 물질적 생활 조건과의 관련 속에서 이해하고자 한다. 그러므로 인물 및 상황의 전형성을 포착하여 형상화하기 위해서는 사회적 현상들에서 주요한 계급적 모순 및 갈등을 발견해 내는 통찰이 필요하다.

이때 현상들의 본질을 파악하여 전형성을 드러내는 원리가 '전망(perspective)'이다. 일반적으로 전망은 미래를 내다본다는 뜻으로 쓰이지만, 리얼리즘 미학에서는 현실의 본질을 올바르게 파악하기 위한 선택 및 구성의 원리라는 의미를 갖는다. 즉, 전망은 본질적인 것과 비본질적인 것을 선별하며 현실의 본질 및 인물의 발전 방향을 결정하는 원리이다(Lukács, 1958/1986: 53-57). 소설에서 전망은 인물과 환경을 선택하고 이들 간의 상호작용을 구성하는 기능을 한다.

'리얼리즘의 승리'는 세계의 본질을 파악하는 리얼리즘의 원리를 상찬하는 표현으로 사용된다. 발자크의 소설은 '리얼리즘의 승리'를 설명하는 대표적인 예로 제시된다. 발자크는 〈고리오 영감〉에서 라스티냐크라는 청년의 눈으로 본 19세기 초 파리 풍경을 통해 자본주의 사회를 역동적으로 묘파한다. 다음에 인용된 〈고리오 영감〉의 결말에서 라스

1897년판 〈고리오 영감〉 표제지

〈고리오 영감〉은 90편이 넘는 장편소설로 이루어진《인간 희극》총서 중 한 작품이다. 발자크는 이 총서를 통해 19세기 파리 각계각층 사람들의 모습과 풍속을 총체적으로 재현하였다.

티냐크는 비정하고 속물적인 당대 부르주아 사회를 비판적으로 인식하면서도 새로운 시대의 한가운데로 뛰어들어 그 주류에 적극적으로 참여할 것임을 선언한다.

혼자 남은 라스티냐크는 묘지 꼭대기를 향해 몇 걸음 옮겼다. 그리고 그는 센 강의 두 기슭을 따라서 꾸불꾸불 누워 있는, 등불들이 빛나기 시작하는 파리를 내려다보았다. 그의 두 눈은 방돔 광장의 기둥과 불치병자 병원의 두 기둥 사이를 뚫어지게 바라보았다. 그곳에는 그가 들어가고 싶었던 아름다운 사교계가 있었다. 그는 벌들이 윙윙거리는 벌집에서 꿀을 미리 빨아 먹은 것 같은 시선을 던지면서 우렁차게 말했다.

"이제부터 파리와 나와의 대결이야!"

사회에 도전하려는 첫 행동으로, 라스티냐크는 뉘싱겐 부인 집으로 저녁 식사를 하러 갔다.

— 오노레 드 발자크, 〈고리오 영감〉

작가 발자크는 정치적으로 보수 왕당파에 속해 있었지만 리얼리즘의 원리에 입각해 현실을 예리하게 통찰하였다. 작가를 대변하는 인물인 라스티냐크는 자본주의를 비판하면서도 근대적 삶의 필연적인 조건으로서 자본주의를 긍정하고 있다. '리얼리즘의 승리'는 이처럼 리얼리즘 소설이 작가의 세계관을 넘어 현실의 본질을 드러낼 수 있음을 지칭하는 개념이다.

3) 한국의 리얼리즘 소설

1900년대 초 조선은 근대로의 이행이라는 시대적 과제 앞에 놓여 있었다. 그러나 이와 함께 서구 열강 및 일본 등 제국주의의 침탈 속에서 민족의 주권을 수호해야 하는 절체절명의 민족사적 과제가 제기되었다. 1910년 이후 일제강점기에는 조선의 독립과 민족성의 고수가 최우선 과제일 수밖에 없었기에 민족주의가 주된 시대적 이념으로 자리 잡게 되었다. 그러나 이러한 민족주의적 기획은 계몽운동과 준비론에 경도되면서 식민체제의 모순을 해결하는 데 한계를 보였고, 이에 대한 대안으로 민족 해방과 더불어 계급 해방을 추구하는 사회주의가 출현하였다.

한국의 리얼리즘은 1920~1930년대 부르주아 민족주의 및 사회주의의 흐름을 기반으로 하여 각각 '비판적 리얼리즘'과 '사회적 리얼리즘'의 양상으로 형성되었다. 비판적 리얼리즘은 개인의 비판적 인식을 매개로 객관세계에 대한 부정의 전망을 그려 보이고자 하는 문학적 경향을 지칭한다. 대표적인 작품으로는 현진건의 〈운수 좋은 날〉(1924), 〈고향〉(1926), 염상섭의 〈만세전〉(1924), 〈삼대〉(1931) 등이 있다. 식민지 자본주의 사회에 대한 사실적 묘파가 두드러지는 작품인 〈삼대〉는 봉건 사회에서 자본 중심의 근대 사회로 변모해 가는 당대의 모습을 조 의관, 조상훈, 조덕기 등 전형적 인물을 통해 형상화하고 있다(김윤식·정호웅, 1997: 177). 조 의관은 부르주아의 속물적 근성과 돈에 대한 집착을 드러내는 구세대의 전형적 인물이다. 아들 조상훈은 새로운 시대의 사상을 받아들인 지식인으로서 교육 및 교회 사업에 매진하면서도 축첩 등 애정 행각에 사로잡혀 비도덕적 행위를 하는 분열적 인물이며, 봉건적 사고방식을 거부하지만 삶의 방식은 봉건성에 매몰되어 있는 경계적 인물이다. 일본에 유학 중인 손자 조덕기는 사회주의자인 김병화 등과 친분을 가지면서 사회 변화의 필요성을 인식하고 조씨 가문의 부도덕함과 거리를 두고자 하는 인물이다. 조덕기는 문제적 개인으로, 당대 사회의 현실을 관찰하고 변화의 방향을 고뇌한다. 그러나 자신의 계급적 한계를 벗어나기 위해 적극적으로 행동하지는 않는다는 점에서 중도적 입장에 머무른다고 할 수 있다. 〈삼대〉는 당대 사회의 이념 대립 및 계급 간, 세대 간 갈등의 양상을 객관적이고 관찰자적인 인물의 관점을 통해 치밀하고 생생하게 형상화하고 있다.

사회주의 리얼리즘은 마르크스주의를 기반으로 하여 현실의 재현에 그치지 않고 사회주의 운동 전체에 대한 전망을 제시하며, 이를 실행하기 위한 사회주의적 충동을 창출하는 것을 목표로 하는 문학적 경향을 지칭한다(Kohl, 1977/1986: 152). 대표적인 작품으로는 이기영의 〈고향〉이 있다. 〈고향〉은 식민지 반봉건 사회의 본질적 모순 관계로서 마름과 소작인 간의 갈등에 주목한다. 이 작품은 농민들의 소작쟁의 과정을 통해 새로운 사회에 대한 신념과 낙관적 전망을 드러내고 있다. 김희준은 일본 유학 후 고향인 원터 마을로 돌아와 농민을 위한 계몽운동을 벌이는 지식인 청년이다. 마름인 안승학은 당대 농민들에 대한 착취 구조의 상징으로 등장하며 교활하고 비열한 인물로 형상화된다. 안승학의 딸 안갑숙은 아버지에게 반감을 품고 가출하여 공장에 취직한 후 노동운동에 투신한다. 이 소설은 김희준이 농민들과 연대하여 부당한 현실에 저항하는 과정을 묘사하는 한편, 안갑숙이 주도하는 노동쟁의와 연결하여 계급적 연대와 그 승리의 결말을 보여 주고 있다. 사회주의적 연대의 승리에 대한 긍정적 전망이 드러나 있다는 점에서 사회주의 리얼리즘의 대표작으로 언급된다.

1930년대 이후 침체기에 접어들었던 리얼리즘은 1970년대 이후 다시 활성화되어 백낙청의 민중문학론을 중심으로 한 민중주의 리얼리즘의 출현으로 이어졌다. 정화진의 〈쇳물처럼〉(1987)과 같은 노동문학이 등장하였으며, 비판적 리얼리즘을 계승한 윤흥길, 김원우, 현길언 등의 작품이 등장하였다.

2 모더니즘 소설

1) 역사적 맥락

모더니즘은 19세기 후반에 등장하여 제1차 세계대전 직후에 이르기까지 성행한 문학 사조이다. 19세기 말에서 20세기 초 자유경쟁자본주의가 독점자본주의로 이행하면서, 서구 국가들의 제국주의적 팽창이 일어나고 빈부 격차와 인간 소외 현상 등 사회적 모순이 심화되었다. 또한 제1차 세계대전을 겪으면서 과학적 진보와 이성적 사고라는 근대의 이념에 대한 성찰이 일어나게 되었다. 합리성에 대한 신념을 비롯하여 기존 사회체제와 윤리 등 근대 문명 전반을 향한 근본적인 회의가 고조됨에 따라, 근대의 병폐에 저항하려는 예술적 움직임으로서 모더니즘이 부상하였다. 이러한 모더니즘은 주로 부르주아 예술적 관습에 대한 미학적 반항의 형태로 나타났다(나병철, 1995: 149-154).

모더니즘은 크게 상징주의를 계승한 초현실주의, 그리고 영미 모더니즘과 인상주의를 계승한 입체파와 표현주의로 나뉘기도 한다. 전자가 근대를 계승하는 가운데 새로운 내적 형식을 창출하려는 경향을 보였다면, 후자는 반근대의 성격을 강하게 드러내는 아방가르드(avant-garde)적 특성을 보였다. 재현 원리의 단절을 특징으로 하는 아방가르드는 모더니즘의 흐름 중에서도 급진적이고 정치적인 경향을 보였으며, 기존의 형식을 파괴하는 실험적이고 전위적인 예술운동의 성격을 띠며 발전해 갔다.

모더니즘은 입체파, 미래파, 표현주의, 다다이즘, 초현실주의, 영미 모더니즘, 실존주의 등 다양한 흐름으로 전개되었다. 입체파, 미래파, 표현주의, 다다이즘 등 아방가르드 유파들은 기존의 예술적 관습과의 단절을 미적 원리로 삼아 자기 소외, 삶의 파편화, 총체성의 상실과 같은 근대의 모순에 저항하고자 하였다. 장 콕토(Jean Cocteau), 블라디미르 마야콥스키(Vladimir Mayakovsky) 등으로 대표되는 이들 유파는 주로 시 장르를 중심으로 활발한 예술적 움직임을 보였다. 소설 장르에서 모더니즘은 주로 표현주의 및 초현실주의로 나타났다. 표현주의는 파편화된 대상에 대한 주체의 인식과 감정을 추상적으로 드러냈으며, 초현실주의는 의식과 무의식, 일상과 환상의 세계를 결합하며 이성적 인식에의 저항을 미적으로 표현하였다. 영미 모더니즘은 근대성의 핵심인 휴머니즘이 붕괴되었다는 진단을 내린 후 그 분열상을 새로운 형식으로 반영하고자 하였다. 이들은 총체성을 상실하고 파편화된 현재의 모습을 무의식의 서술, 환상적 기법, 추상적 표현 등으로 형상화하여 총체성을 복구하려는 지향을 부정적 방식으로 표출하였다.

〈변신〉의 초판본 표지

소설 〈변신〉에서 주인공인 그레고르 잠자는
가족의 생계를 책임지며 성실하게 일해 왔지
만 어느 날 아침 흉측한 벌레로 변해 버린다.
가족에게 그는 돈을 벌어 오는 도구로서 존재
하였고, 그 효용 가치가 사라지자 가족으로부
터 버림받는다. ©Franz Pushkin

모더니즘 소설은 주로 형식적이고 언어적인 혁신
성을 활용하여, 파편화된 세계 속에서 소통 불가의
상황에 빠진 인물들의 소외와 고독을 다루었다. 대표
적인 작가로는 프란츠 카프카(Franz Kafka), 제임스
조이스(James Joyce) 등이 있다. 카프카는 〈변신(Die
Verwandlung)〉(1916), 〈성(Das Schloß)〉(1926), 〈심
판(Der Prozess)〉(1925) 등의 작품을 통해 총체성이
파괴된 시대에서 소외된 주체의 자기 인식을 드러냈
다. 조이스는 〈율리시스(Ulysses)〉(1922)를 통해 인
물들의 내면에서 하루 동안 일어나는 무의식의 세계
와 경험들을 자동기술법으로 서술하면서 불연속적
이고 파편적인 현대 사회의 삶을 형상화하였다.

2) 모더니즘 소설의 미학

모더니즘은 기존의 예술적 전통과 구분되는 새로움과 독창성을 주요
미학적 원리로 삼는다(김욱동, 1992: 87). 모더니즘 소설은 예술적 관습을
타파함으로써 미학적 방식으로 근대의 사물화 현상 및 인간 소외에 저항하
고자 하였다. 플롯과 구성 차원에서 모더니즘 소설은 예술적 관습인 재현
원리와의 단절을 꾀하면서 분절적이고 파편화된 비연대기적 구성을 즐겨
사용한다. 모더니즘 소설에는 전통적 소설과 달리 도덕적으로 성숙한 인물
이 아니라, 반사회적이거나 삶의 낙오자인 비영웅 혹은 반영웅적 인물이
등장한다. 전통적인 삼인칭 전지적 시점보다는 상대적이고 다원적인 복수
의 관점이 즐겨 사용되며, 일인칭 화법을 통해 인물의 내적 경험을 드러내
는 주관적 서술이 자주 등장한다.

모더니즘의 미학적 특징은 개인주의에 기반한 내면성이다(강상희, 1999: 16). 근대는 객관적 세계의 존재와 함께 그에 대해 사유하는 자아로서 개인에 주목하였다. 리얼리즘과 모더니즘은 근대적 사유의 핵심인 세계와 자아의 이분법을 공유하지만, 세계와 자아 간의 관계를 어떻게 인식하는가에 따라 상이한 미학적 원리를 드러낸다. 리얼리즘이 객관적 세계를 중시하며 현실을 충실히 재현하는 과정에서 세계의 본질을 찾고 주체성을 확립하고자 한다면, 모더니즘은 현실을 형상화하는 대신 자기 자신의 인식에 주목한다. 현실 세계가 파편화되고 총체성을 상실했기 때문에 그 재현을 통해 총체성을 회복하는 것이 불가능하다고 보기 때문이다.

자기 반영성(self-reflection)은 모더니즘의 내면성이 미학적으로 형상화되는 방식을 보여 주는 주요 특징 중 하나이다. 자기 반영성은 작품이 현실 세계를 있는 그대로 재현한 것이 아님을 드러내기 위해 소설을 창작하는 상황 자체를 성찰하며 이를 형상화하는 미학적 자의식을 말한다(Lunn, 1984/1986: 46-50). 자기 반영적 글쓰기는 작품이 실재가 아니라 작가의 창작 활동을 통해 인공적으로 만들어진 허구적 구성물임을 환기함으로써 예술 작품 및 작품의 향유 과정에 대한 메타적 인식을 활성화한다.

모더니즘에서는 시간 개념 역시 개인적이고 주관적이며 심리적인 차원에서 설정된다. 모더니즘 소설은 리얼리즘 전통에 입각한 소설들이 주로 사용한 연대기적 서술 방식을 배격하고, 비연대기적이며 파편적인 전개 방식을 사용하였다. 이들은 외적 세계의 객관적인 재현보다는 인간의 의식을 기반으로 하여 그의 내적 세계에 비친 기억과 의식을 재구성하는 데 큰 의미를 부여하였다. 의식의 흐름 기법이나 내적 독백 등은 종래의 연대기적 시간관에서 벗어난 심리적이고 개인적인 시간을 형상화한다. 조이스의 〈율리시스〉나 마르셀 프루스트(Marcel Proust)의 〈잃어버린 시간을 찾아서(À la recherche du temps perdu)〉(1913) 등이 대표적인 작품이다.

한편 모더니즘은 형식의 파괴와 주관성의 강조 등으로 인해 '예술을 위한 예술'에 머무르고 예술의 사회적 소통 가능성을 협소하게 했다는 비판을 받기도 하였다. 대표적인 모더니즘 이론가인 테오도어 아도르노(Theodor Adorno)는 모더니즘의 이러한 속성을 예술적 자율성의 차원에서 옹호하였다. 그가 보기에 근대의 이성은 본래의 비판적 본질을 잃었고, 대상을 효율적으로 지배하고 목적을 달성하기 위한 도구적 이성으로 전락하였다(Adorno, 1974/1997). 자본주의가 심화되면서 도구적 이성의 지배는 더욱 야만화되고, 예술마저도 그 논리에 종속되었다. 문화와 예술은 대중을 포섭하고 통제하는 동일화의 도구가 되어 자본주의 세계 구조를 정당화하고 재생산한다. 현실을 그대로 재현하거나 현실에 대한 기대를 재현하는 리얼리즘 역시 일종의 허상으로서 또 다른 야만을 낳을 뿐이다. 그에 비해 모더니즘의 부정성과 난해성은 사회로부터 예술의 자율성을 지킴으로써 도구적 이성에 저항한다는 의미가 있다. 아도르노는 문학 텍스트가 명료한 진술을 유보할 때 당파적 주장이나 정치적 입장을 드러내지 않을 수 있으며, 현실의 재현과 거리를 두고 의도적 메시지를 전달하지 않을 때 문학이 비진리 상태의 사회에 대한 안티테제로서 진리의 마지막 도피처가 될 수 있다고 본 것이다. 그에 의하면 리얼리즘 이론은 조화로운 가상을 그리는 것이 불가능한 시대에 가상을 그리는 일에 몰두한다. 반면 모더니즘은 재현 불가의 현실을 파편화된 실험적 형식으로 매개함으로써 자본주의의 모순을 드러내고, 그 상품화 전략에 대한 부정과 비판의 거리를 견지한다. 모더니즘은 재현 원리를 부정함으로써 자본주의의 모순이 이데올로기적으로 재생산되는 것을 거부하고 그에 저항하는 힘을 갖게 된다.

　한편 모더니즘의 예술적 자율성에 대한 강조는 종종 기법적 새로움과 형식에만 관심이 고착되어 현실과의 연계성을 잃고 미적 고립의 지경에 빠지거나 자족의 차원에 그치기도 하였다. 이후 등장한 포스트모더니즘은 모더니즘의 이러한 한계를 돌파하고자 하는 시도의 한 형식으로 이해할 수 있다.

3) 한국의 모더니즘 소설

한국 문학에서 모더니즘은 1933년 결성된 구인회(九人會)를 중심으로 형성되었다. 1930년대는 자본주의의 발전과 식민체제의 모순이 복합적으로 발현되는 시기였다. 이러한 자본주의의 심화 및 도시화의 진전, 서구 모더니즘의 유입 등을 기제로 하여 모더니즘이 발흥하게 된다.

서구에서 리얼리즘의 비판적 재현 가능성에 문제를 제기하며 모더니즘이 전개된 것과 달리, 우리 문학에서는 리얼리즘과 모더니즘이 병존하였다. 이는 리얼리즘에 대한 문학적 요청이 여전히 강렬했지만 일제의 탄압에 의해 강제로 쇠퇴기에 접어들 수밖에 없었던 1930년대의 시대적 특수성에 기인하였다(나병철, 1995: 209-212).

1930년대 모더니즘 소설은 주로 현실과 단절된 주인공의 내면세계를 그리는 경향성을 보였다. 자유간접 문체[1]나 내적 독백, 의식의 흐름 기법 등 형식에 대한 관심이 두드러졌으며, 현실적 삶의 파탄 속에서 무력화된 자아의 자기 인식 과정을 형상화하였다. 이상의 〈날개〉(1936), 박태원의 〈소설가 구보씨의 일일〉(1934) 등이 대표적이다. 이후 1950~1960년대에는 시대적 혼돈을 배경으로 실존적 소외의 인식을 담은 작품들이 창작되었다. 서기원의 〈암사지도〉(1956), 황순원의 〈나무들 비탈에 서다〉(1960), 장용학의 〈요한시집〉(1955), 김승옥의 〈서울, 1964년 겨울〉(1965) 등이 대

....

1   자유간접 문체(free indirect style)란 서술자의 언어와 등장인물의 언어가 경계 없이 서로 융합되는 서술 방식을 가리킨다(Genette, 1980/1990: 161-174).

표적이다. 1970년대에는 근대화의 물결 속에서 사물화 현상과 인간 소외가 심화되는 양상을 그린 소설들로 최인호의 〈타인의 방〉(1971), 조세희의 〈난장이가 쏘아올린 작은 공〉(1978) 등이 등장하였다.

〈소설가 구보씨의 일일〉은 1930년대 모더니즘 문학의 대표작이다. 1930년대 서울을 배경으로 한 이 작품은 소설가 구보의 하루 일과를 그의 내면 인식의 흐름을 따라가며 서술한다.

조그만

한 개의 기쁨을 찾아, 구보는 남대문을 안에서 밖으로 나가보기로 한다. 그러나 그곳에는 불어 드는 바람도 없이, 양옆에 웅숭그리고 앉아 있는 서너 명의 지게꾼들의 그 모양이 맥없다.

구보는 고독을 느끼고, 사람들 있는 곳으로, 약동하는 무리들이 있는 곳으로, 가고 싶다고 생각한다. 그는 눈앞에 경성역을 본다. 그곳에는 마땅히 인생이 있을 게다. 이 낡은 서울의 호흡과 또 감정이 있을 게다. 도회의 소설가는 모름지기 이 도회의 항구와 친하여야 한다. 그러나 물론 그러한 직업의식은 어떻든 좋았다. 다만 구보는 고독을 삼등 대합실 군중 속에서 피할 수 있으면 그만이다.

— 박태원, 〈소설가 구보씨의 일일〉

위의 인용 부분에서 볼 수 있듯이 〈소설가 구보씨의 일일〉에는 특별한 사건이 등장하지 않는다. 구보가 집을 나서는 장면부터 종로, 화신 백화점, 전차, 다방, 경성역 대합실 등 구보가 이동하는 경로를 따라가며 시시각각 변화하는 그의 내면세계를 서술하는 것이 소설의 대부분을 차지한다. 이 작품에는 의식의 흐름 기법, 몽타주 기법, 소설가 주인공의 소설 쓰기라는 자기 반영적 특성, 내면성 지향 등 모더니즘 소설의 기법적 특성이 잘 드러나 있다(김윤식·정호웅, 1997). 그리고 이러한 기법들을 통해 총체성을 획득할 수 없는 억압적 시대에 현실 세계와의 연관성을 잃고 방황하는 지식인의 내면 풍경이 형상화되고 있다. 구보는 결혼하고 취직하여 안정적인 생활을 누리고 싶은 욕망과, 일상성을 거부하고 '동경'과 '글쓰기'로 상징되는 고독의 길을 가고자 하는 욕망 사이에서 분열된 주체로서 배회한다. 그의 분열은 당대 사회와 합일할 수 없는 시대적 모순에 기인하기도 한다. 그는 어머니가 권면하는 일상성에 안주하기를 거부함으로써 현실에 대한 부정성을 표출하고 있지만, 그것이 선명한 현실 비판이나 실천으로 드러나지 않는다는 점에서 파편화된 주체의 존재 양상을 보여 준다.

3 포스트모더니즘 소설

1) 역사적 맥락

1960년대 미국과 프랑스를 중심으로 형성된 포스트모더니즘은 과학기술의 발달과 후기산업사회의 등장이라는 시대적 조건에서 탄생하였다. 제2차 세계대전 이후 제국주의에 기반한 독점자본주의는 자본의 세계화를 추구하는 후기자본주의로 이행한다. 후기자본주의는 정보산업의 발전, 대량 소비, 다국적 자본주의, 신식민지 정책 등으로 설명된다. 특히 권력이 단일한 중심을 이루는 것이 아니라 현실 맥락 전체에 미시적으로 존재하며, 폭력과 배제의 방식이 아니라 욕망의 방식으로 은밀하게 작동하는 것이 특징이다. 이러한 후기자본주의 시대에는 지식과 문화 등 상부 구조의 영역 역시 교환가치 체계에 빠르게 포섭되고 상품화된다. 이는 문명과 인간의 위기로 나타났으며, 그 과정에서 과거 절대적인 권위를 지녔던 합리성에 대한 믿음, 진리에 대한 추구 등의 거대서사가 정당성을 잃게 되었다. 이러한 시대적 정황에서 포스트모더니즘 시대의 서사들은 완결된 체계가 아니라 열린 체계를, 그리고 미결정성과 불확정성을 그 원리로 삼았다(Lyotard, 1984/2021: 136-148).

포스트모더니즘은 독자적인 개념이라기보다는 모더니즘과의 상관관계 속에서 논의되는 개념이다. 자본주의적 근대 사회로부터 탄생했으나 자기 자신의 전통을 거부한다는 점에서 모더니즘과 공통적이며, 근대성의 연장이면서 근대성의 거부이기도 하다는 점 역시 모더니즘과 공유되는 지점을 갖는다(김욱동, 1992). 포스트모더니즘이라는 용어에서 '포스트-'라는 접두사는 모더니즘의 심화된 형태라는 의미에서 '후기-'로 번역되기도 하고, 모더니즘에 저항하고자 한다는 의미에서 '탈-' 또는 '반-'으로 번역되기도 한다. 즉, 포스트모더니즘은 모더니즘의 계승인 동시에 그에 대한 비판적 반작용이다.

포스트모더니즘은 모더니즘이 근대적 예술 관습의 파괴를 주창하면서도 결국 자본주의적 근대로 되돌아온다고 비판한다. 포스트모더니즘은 합리적 이성과 거대 이데올로기 등 모든 근대적 기획을 거부한다. 이는 근대의 기획이 낳은 반근대적 요소들을 극복하면서 새로운 근대로 나아가기 위한 부정적 전략이다. 포스트모더니즘은 탈근대의 기획에서 시작되었으나 근대의 모순을 발전적으로 극복하고자 한다는 점에서 근대의 연속선상에 놓일 수 있다.

포스트모더니즘은 예술 미학적으로 전통의 지위에 올라선 모더니즘에 항거하는 새로운 전위로서의 의미를 지닌다. 후기자본주의 시대로 접어들면서 모더니즘이 저항 문화적 힘을 상실하고 보수화되자 그 반동으로 전위성을 드러내며 등장한 사조가 포스트모더니즘인 것이다. 그러나 포스트모더니즘은 스스로 문화상품이 됨으로써 후기자본주의의 문화 논리에 포섭되는 양상을 보이기도 하였다. 다만 포스트모더니즘의 탈근대적 기획은 여전히 진행 중이며, 자본주의에 대한 원심작용과 구심작용의 반복 속에서 새로운 시대정신을 형성하기 위한 모색을 수행하고 있다(나병철, 1995: 235-271).

포스트모더니즘은 포스트구조주의와 깊은 연관을 갖는다. 포스트구조주의는 구조주의가 상정한 보편적이고 공통된 문법에 대한 의심과 해체의 작업을 통해 복잡다단한 세계의 진실을 드러내고자 하였다(오민석, 2017). 포스트구조주의의 대표적 사상가인 자크 데리다(Jacques Derrida), 미셸 푸코(Michel Foucault), 장 보드리야르(Jean Baudrillard), 질 들뢰즈(Gilles Deleuze) 등은 거대서사의 해체와 차이의 강조 등 포스트모더니즘의 철학적 연원이 되는 개념을 제시하였다. 이들은 공통적으로 서양 근대 철학의 핵심 공리인 통합된 주체, 투명한 매체로서의 언어, 절대적 진리를 의심하고 회의하였으며, 주체와 세계의 불확정성, 불연속성, 차이에 주목하고자 하였다. 이는 포스트모더니즘 소설에서 메타픽션, 상호텍스트성, 고급문화와 하위문화 사이의 경계 해체, 장르 간의 혼종, 완결성이나 총체성에 대한 거부 등의 형태로 반영되었다.

2) 포스트모더니즘 소설의 미학

포스트모더니즘 소설은 모더니즘의 연속선상에 있는 발전태로서 모더니즘의 형식적 실험이나 난해성 등을 극한점까지 밀고 나가는 양상을 보이기도 한다. 다른 한편으로 포스트모더니즘은 모더니즘과의 의식적 단절 및 모더니즘에 대한 비판적 반작용으로 이해되기도 한다. 포스트모더니즘의 미학을 잘 드러내는 열쇳말로는 상호텍스트성, 자기 반영성과 메타픽션,

억압된 것들의 복귀 및 대중문화와의 친연성 등을 들 수 있다(김욱동, 1992: 181-239).

상호텍스트성은 한 작품이 다른 작품과 맺고 있는 상호 관계를 의미하는 용어이다. 쥘리아 크리스테바(Julia Kristeva)는 "모든 텍스트는 모자이크와 같아서 여러 인용문으로 구성되어 있다. 모든 텍스트는 어디까지나 다른 텍스트들을 흡수하고 그것들을 변형시킨 것에 지나지 않는다."(김욱동, 1992: 196에서 재인용)라고 말하며 텍스트 간의 연결성을 강조하였다. 이는 지식이 완결된 체계로 존재하지 않고 한 체계에서 다른 체계로 이동해 간다는 '의미의 전위(轉位)' 현상과 관련을 맺는다. 하나의 작품은 그 자체로 닫혀 있는 것이 아니라 다른 작품과의 연결 관계를 통해 확장되며, 이러한 확장은 이 텍스트에서 저 텍스트로 끊임없이 이어지는 개방적 양상으로 나타난다. 포스트모더니즘 소설은 다른 텍스트들과의 연관성을 작품 안에 주요 소재로 끌어들이며 강력한 대화적 속성을 드러낸다. 상호텍스트성이 잘 반영된 대표적인 작품은 움베르토 에코(Umberto Eco)의 〈장미의 이름(Il nome della rosa)〉(1983)이다. 이 소설은 서구의 중요한 문화적, 철학적 전통과 연관이 있는 텍스트들을 광범위하게 언급하고 있으며, 소설의 전체 구조 자체가 추리 소설 혹은 탐정 소설의 전통과 긴밀하게 연결되어 있다. 토머스 핀천(Thomas Pynchon), 존 바스(John Barth) 등의 작가들은 이러한 상호텍스트성을 소설 창작의 주요 원리이자 중심 소재로 삼고 있다.

포스트모더니즘의 또 다른 주요 미학 원리 중 하나는 자기 반영성 및 메타픽션 기법이다. 포스트모더니즘은 재현 원리와의 단절을 지향한다는 점에서 모더니즘과 공통점을 갖는다. 포스트모더니즘은 현실을 있는 그대로 재현하는 것이 의미를 갖지 못한다고 본다. 현실 세계는 고정불변의 실체가 아닐뿐더러, 그것을 재현하고자 하는 예술가의 주관성에 의해 현실이 굴절되기 마련이기 때문이다. 따라서 많은 포스트모더니즘 소설은 리얼리즘 소설이 지향하는 유기적 총체성을 부정하고 파편화의 형상화를 도모한다. 이는 자기 반영성과 그에 기초한 메타픽션의 기법으로 연결된다. 자기 반영이란 한 텍스트가 텍스트 밖의 다른 세계를 반영하거나 재현하는 대신, 텍스트 그 자체를 반영하는 것을 말한다. 자기 반영적 소설은 그것이 창작되는 과정을 중요한 주제로 다룬다. 이렇게 소설 쓰기 과정 자체를 쓴 소설을 메타픽션이라 한다(전진희, 1991: 22). 모더니즘이 소설의 서사성을 해체하는 새로운 형식을 정립했다면, 메타픽션은 소설의 형식 자체를 전복한다(나병철, 1995: 251). 메타픽션은 소설이 확고한 실재를 허구적으로 구성하는 것이 아니며 단지 글쓰기의 과정일 뿐임을 드러낸다. 글쓰기라는 현실적 행위가 소설이 되고, 허구적으로 창작된 소설은 다시 글쓰기의 형태로 현실과 연결된다. 이러한 현실과 허구 사이의 경계 해체는 소설을 현실과 분리된 허구적 세계로 그리는 전통적 재현의 관습을 무너뜨린다. 예술 작품 자체에 대한 성찰과 응시를 목적으로 했던 모더니즘의 자기 반영성에 비해, 포스트모더니즘에서는 기존의 재현 관습의 파열 및 거부의 의미를 보다 강렬하게 드러내고자 하였다.

또한 포스트모더니즘은 억압된 것들의 복귀라는 미학적 특성을 지닌다(김욱동, 1992). 거대서사를 부정하는 포스트구조주의 철학에 입각한 포스트모더니즘 소설은 주변화되었던 목소리들을 전면화하고 새로이 가치를 부여하였다. 포스트모더니즘은 그간 모더니즘이 수용하지 못했던 대중문화, 반문화, 제3세계 문학, 페미니즘 문학 등에 새로운 의미와 가치를 부여한다는 점에서 모더니즘과의 단절적 성격을 보여 준다. 고급문화와 하위문화, 엘리트문화와 대중문화 사이의 경계가 흐려지고, SF 소설이나 탐정소설 등이 중심적 문학 장르로 부상하였으며, 그간 금기시되어 왔던 주제를 과감하게 다룬 외설문학 등도 포스트모더니즘 소설의 두드러진 조류로 등장하였다. 블라디미르 나보코프(Vladimir Nabokov)의 〈롤리타(Lolita)〉

(1955)나 노먼 메일러(Norman Mailer)의 〈미국의 꿈(An American Dream)〉(1965) 등이 대표적인 사례로, 이는 진지하고 경건했던 문학 전통에 심대한 의문을 제기하며 고급문화와 하위문화의 경계를 뒤흔드는 데 일조하였다.

3) 한국의 포스트모더니즘 소설

한국 문학사에서 포스트모더니즘은 1980년대에 근대적 자본주의에 대한 문제의식과 마르크스-레닌주의의 위기를 배경으로 등장하였다. 이후 후기자본주의가 사회 전반으로 확산되면서 포스트모더니즘은 더욱 각광받게 되었다. 한국 문학에서 포스트모더니즘은 주로 현실을 완결된 형식으로 형상화할 수 없다는 전제에 기반한 메타픽션 형식, 소련의 해체와 이념 붕괴의 상황 속에서 이념 우위의 시대에 대한 성찰을 담은 후일담 소설, 성적 욕망과 환상 기법을 통한 후기자본주의적 혼돈의 형상화 등으로 나타났다(김욱동, 1992). 1980년대 이인성의 〈낯선 시간 속으로〉(1980)를 시작으로 1990년대 하일지의 〈경마장 가는 길〉(1990), 장정일의 〈너희가 재즈를 믿느냐〉(1994) 등이 대표적인 작품이다.

이인성의 〈한없이 낮은 숨결〉(1989)은 기존의 소설 장르 문법을 해체하는 반(反)소설적 특성을 잘 드러낸다. 이 작품은 소설의 소통 과정 자체를 소설화하는 메타픽션 기법을 활용하고 있다.

- 독자여, 안녕하셨는가? 나는 이 소설의 작가 이인성이다. 다름아닌 당신에 대한 소설을 쓰며, 나는 지금….

인사를 적다가 문득, 나는 지금, 당신이 이 인사법에 주목해 주었으면 좋겠다는 생각에 쏠린다. 나는 물론 이 소설의 이야기꾼이지만, 이 소설에선 이야기꾼으로서의 다른 이름을 가지고 있지 않다. 나는 본문 안에서도 여전히 이 책 표지에 인쇄되어 있는 이름의 존재와 동일한 이인성이고자 하는 것이다. 이상하게 들릴지 모르겠는데, 이 점은 퍽 중요하다. 지금, 나는, 그동안 줄곧 그래왔고 앞으로도 대개는 그럴 것이듯이, 내 소설 속에 나오는 다른 이야기꾼이 되기를 애써 피한다.

이 말을, 당신에 대한 또 하나의 당신의 관계와 혼돈해서는 안 된다. 물론, 당신에 대해 그렇게 규정하고 난 후, 나에게도 또 하나의 내가 있음이 느껴지기는 느껴진다. 무엇보다도 만년필을 쥔 내 손놀림을 통해.

— 이인성, 〈한없이 낮은 숨결〉

위 대목을 보면 "이 소설의 작가 이인성"인 '나'가 등장하여 '당신'을 호명하면서 대화를 요청하는데, 이때 이인칭 '당신'은 소설 텍스트 외부에 존재하며 소설을 읽는 실제 독자를 가리키는 듯 보인다. 그러나 '나'는 작가인 이인성일 수도 있고, 소설 속의 내포작가 혹은 서술자일 수도 있으며, 작중 인물일 수도 있다. '당신' 역시 실제 독자일 수도 있고, 내포독자, 피서술자, 혹은 작중 인물일 수도 있다. 이러한 서술은 실제 작가와 실제 독자의 존재를 괄호 치기 하는 소설의 전통적 문법을 파괴하고 허구와 실재 사이의 경계를 허물면서 기존의 소설 장르를 해체하고 성찰하는 작업이라 볼 수 있다(노대원, 2013).

김영하의 〈아랑은 왜〉(2001)는 상호텍스트성과 메타픽션 기법이 뚜렷이 나타나는 소설이다. 이 작품은 '아랑 전설' 및 그 이본을 탐구하고, '아랑 전설'을 추리 소설로 재구성하며, 이를 다시 서술자가 환상 소설로 각색하는 과정을 담고 있다. 세 겹의 이야기는 각각 중세의 설화적 진리 탐구, 근대의 이성 중심의 합리적 진리 탐구, 포스트모던 시대의 환상적 진리 탐구의 코드를 상징하며, 어느 하나가 절대적 우위를 점하지 않고 상호 연관성을 가지며 병존한다. 작가인 서술자는 독자에게 말을 걸고 대화하면서 소설 창작의 작업에 독자들을 참여시킨다. 즉, 이 소설은 절대적 진리가 사라진 시대에 새로운 진리와 존재 방식을 탐색하는 과정을 메타픽션의 방식으로 형상화한 작품이다(채영희, 2019: 109).

2000년대 이후 한국의 포스트모더니즘은 포스트구조주의, 탈식민주의, 포스트휴머니즘 등으로 분화되어 각개약진하고 있다. 본격문학과 장르문학 간의 경계 해체, 장르 간의 혼종성 심화, 작품의 주제 및 형식의 다양화 등은 주변 장르의 중심화, 포스트휴먼 담론의 문학적 형상화와 연관되며 포스트모더니즘의 맥락을 확장하였다. 대중문화가 소설의 소재로 적극적으로 다루어졌으며, 소설을 대중문화의 한 영역으로 바라보고자 하는 장르적 인식도 확산되었다. 디지털 문화를 중심으로 한 장르 해체 및 혼종성도 두드러지게 나타났다.

SF문학의 급부상은 이러한 혼종성 및 탈중심적 양상을 드러내는 대표적인 사례이다. SF문학은 이전 시기 '장르 소설'이라는 명칭으로 불리며 본격문학에 속하지 않는 대중문학으로 인식되었다. 그러나 SF 소설이 즐겨 그려 온 과학기술 시대의 미래상이 현실 세계의 풍경으로 구체화되면서 관심과 주목의 대상으로 떠올랐다(오윤주, 2021). SF 소설은 과학기술 문명이 가져올 새로운 변화를 사고 실험(thought experiment)함으로써 과학기술 및 그로 인해 맞이할 미래를 성찰적으로 선경험하게 한다는 점에서 '기술 문명 시대의 문학'으로 자리매김하였다(Vint, 2014/2019: 23). 또한 SF 소설은 인공지능기술의 현실화를 기반으로 로봇, 사이보그, 복제인간 등 인간 이후의 존재를 사유하는 포스트휴머니즘 담론(Braidotti, 2013/2015)을 적극적으로 담아내며 주류적 관점을 뒤흔드는 탈중심적 양상을 보인다. 김초엽의 〈우리가 빛의 속도로 갈 수 없다면〉(2019), 윤이형의 〈굿바이〉(2012), 천선란의 〈천 개의 파랑〉(2020) 등을 대표적 작품으로 들 수 있다.

4 이후의 변화와 소설 교육

1) 디지털 미디어 시대, 서사 장르의 변화

근대의 문학으로 출발한 소설 장르는 탈근대의 기획을 통해 새로운 근대성을 찾아가고자 하였다. 리얼리즘, 모더니즘, 포스트모더니즘은 각각 고유한 방식으로 자아와 세계의 갈등을 탐구하고 세계의 모순에 대한 대응을 모색해 왔다. 최근 한국 문학의 자장에서 이 사조들은 서로 영향을 미치면서 공존하고 있다. 나아가 최근의 소설들은 포스트휴머니즘, 포스트구조주의, 탈식민주의, 페미니즘 등과 긴밀한 영향을 주고받으며 시대적 변화에 감응하고 있다.

2000년대 이후 소설 장르의 가장 큰 특징을 꼽자면 다양성과 혼종성이라 할 수 있다. 디지털 환경의 전면화를 배경으로, 소설은 내용과 기법 양면에서 다른 매체들과 접합되고 혼융되며 복합양식성의 특성을 드러내고 있다. 그 과정에서 이전과는 비교할 수 없을 만큼 다양한 주제와 형식의 서사들이 생산·수용·유통되고 있으며, 장르와 장르, 문화와 문화 간의 경계가 파열되면서 새로운 양식이 탄생하기도 한다.

디지털 서사 가운데 대표적인 장르인 웹소설은 전통적 소설이 어떻게 시대·사회적 맥락의 변화에 따라 변형되고 확장되는지를 잘 보여 준다. PC통신 소설로 시작된 디지털 소설 장르는 귀여니의 〈그놈은 멋있었다〉(2001)로 대표되는 인터넷 소설로 발전했고, 이후 거대 플랫폼을 중심으로 한 수익형 콘텐츠인 웹소설로 발전하였다. 웹소설은 로맨스, 무협, 판타지 등 대중성이 강한 장르문학을 중심으로 형성되어 왔다. 플랫폼 중심의 웹소설은 이전의 신문 연재 소설과 같이 1회분의 짧은 이야기를 정기적으로

올리고, 이야기를 빨리 보고 싶다는 독자의 기대감으로부터 수익을 창출한다. 이에 따라 독자들의 향유 방식 역시 여분의 시간에 짧은 호흡으로 작품을 읽는 방식으로 변화하였다. 초기의 텍스트 중심 웹소설은 점차 삽화 등의 시각적 이미지와 결합하여 '보는 소설'로 바뀌었으며(김경애, 2017), 최근에는 영상이나 음향과도 융합되는 양상을 보인다. 한편 웹소설은 하나의 콘텐츠를 다양한 매체로 변환하는 'OSMU(one source multi use)' 전략을 적극적으로 활용하며 웹툰, 영화, 드라마 등으로 확장되고 있다.

이처럼 디지털 기술의 발전은 서사의 생산 및 향유 방식을 혁명적으로 바꾸고 있다. 기존의 소설 장르가 출판산업의 위축과 함께 위기에 처해 있다는 진단을 받는 것과 대조적으로, 독자들은 여전히 흥미로운 서사에 관심이 높으며 이를 영화, 드라마, 웹소설, 웹툰, 유튜브, SNS 등의 디지털 미디어 장르를 통해 적극적으로 향유하고 있다. 거대 플랫폼 중심의 이들 콘텐츠는 수익 창출이라는 목표에 고착되거나 특정 장르에 집중되는 현상을 보이기도 하나, 이 역시 웹 공간에서의 역동적인 상호작용에 의해 계속해서 변모 중이다. 가령 웹소설의 독자들은 거대 플랫폼이 규정한 '로맨스'나 '로판(로맨스판타지)' 등의 장르 규정을 넘어 해시태그를 통해 새로운 혼종 장르를 만들어 내는 등 그들만의 방식으로 장르를 규정해 가고 있다(류수연, 2019: 35).

네트워크의 발달 및 새로운 디지털 서사 장르의 등장은 작가와 독자의 위상에도 큰 변화를 가져왔다. 모두가 작가가 될 수 있는 웹 환경이 갖추어지면서 작가의 권위가 축소되는 한편, 독자와 작가 간의 상호작용이 활발해졌다. 독자는 작가의 텍스트에 댓글을 달거나 2차 텍스트를 생산하는 등 즉각적이고 적극적인 반응을 통해 작가의 창작 활동에 강력한 영향을 미치게 되었다. 그리고 작가는 독자의 반응을 실시간으로 작품에 반영하면서 실질적인 창작의 동반자로 독자를 인식하게 되었다(김소륜, 2018). 독자는 더 이상 주어진 텍스트를 읽기만 하는 수동적 존재가 아니다. 텍스트를 배급하고 유통할 뿐 아니라 다른 텍스트와 연결하고, 작가와 함께 새로운 융합 텍스트를 생산하며 재전유하는 또 하나의 주체가 되었다.

네이버 1억 뷰를 달성하며 선풍적인 인기를 끈 웹소설인 싱숑의 〈전지적 독자시점〉(2018)은 〈멸망한 세계에서 살아남는 세 가지 방법〉이라는 가상의 웹소설 속으로 빙의한 전지적 독자인 '김독자'를 주인공으로 하여 김독자가 자신만의 이야기를 만들어 가는 과정을 게임 판타지 형식으로 그려 간다. 작품 속에는 인물들의 이야기를 관람하는 존재인 '성좌'들이 있고, 이들에게 '스타 스트림'이라는 시스템을 통해 이야기를 전달해 주는 '도깨비'들이 있는데, 이들의 존재는 현실 세계에서의 유튜버와 구독자들의 관계를 반영하고 있다. 이 작품은 독자의 변화한 위상과 새로운 서사 장르의 역동적 향유 양상을 주제로 삼아 작품의 창작을 둘러싼 맥락을 메타적으로 형상화하는 새로운 스토리텔링의 방식을 보이고 있다(강우규, 2021).

디지털 미디어 시대를 맞아 소설을 비롯한 서사 장르에서 나타난 대대적이고 급격한 전환은 여전히 현재진행형이다. 소설 장르는 변화하는 시대에 부응하며 자아와 세계의 탐구 및 대안적 세계에 대한 상상이라는 장르적 과제를 수행하기 위해 지금도 변모와 전환의 여정을 걸어가고 있다.

2) 시대의 변화를 반영한 소설 교육의 방향

소설 교육은 학습자가 소설 텍스트를 스스로 읽어 내고, 그 맥락적 의미를 파악하고 비판적으로 성찰하며, 이를 통해 문화적인 맥락을 함께 만들어 가면서 주체적인 소설 향유자가 되도록 하는 데 목적을 둔다. 학습자는 소설을 통해 자신의 삶을 성찰하고 타인을 이해하며 세계와 자아의 갈등을 직시하고 해결의 지점을 찾아 간다. 소설 교육은 학습자가 소설 텍스트를 깊이 있게 이해하고 텍스트가 구현한 의미를 적극적으로 파악하도록 돕는 것이며, 학습자가 텍스트를 통해 자신을 구성하고 대안적 세계를 상상할 수 있게 지원하는 것이다. 앞으로의 소설 교육도 그 본연의 목적이 달라지지는 않을 것이다.

그러나 소설 장르는 시대의 소산이기에 시대에 따라 새로운 모습으로 바뀌어 갈 수밖에 없다. 장르의 생성과 변화와 소멸은 급격하고 전면적일 수 있으며, 때로는 교실 안과 교실 밖의 온도 차가 매우 크게 벌어질 수도 있다. 그렇다면 소설 교육 역시 장르와 함께 변모해 가는 것이 합당한 일일 것이다. 소설 교육은 학습자가 현재의 장르를 이해하고 그것을 잘 향유하는 한편, 새로운 장르에 대한 감각과 미적 판단력을 중심으로 변화에 민감하게 대응할 수 있도록 도와야 한다. 변화하는 시대의 소설 교육은 학습자가 스스로 소설 정전을 찾아내고 심미적으로 향유하며 비판적으로 성찰하는 소설 향유자로서의 안목을 갖추도록 지원해야 할 것이다(오윤주, 2019).

시대의 변화를 반영한 소설 교육에서도 기존 소설 교육의 내용과 방법은 중요하게 다루어져야 한다. 이와 더불어 교육 내용 및 텍스트의 범위를 학습자의 생활세계로 확장해 나갈 필요가 있다. 특히 디지털 미디어 환경의 전면화와 함께 학습자의 서사 향유 맥락이 크게 변하고 있으므로, 소설 교육도 그러한 변화 양상에 적극적으로 주목하면서 소설 교육과 학습자의 삶이 긴밀하게 이어질 수 있는 방안을 탐색해야 할 것이다. 이를 위해 소설 교육 연구자나 교사 역시 당대의 서사 장르에 대한 민감성을 가지고 지속적으로 성장해 가는 서사 향유자가 되어야 한다.

소설 교육이 전통을 기반으로 하면서 당대 사회의 맥락과 긴밀하게 연결되어 있을 때, 소설 교육은 과거를 통해 현재를 설명하고 미래를 만들어 내는 힘을 갖게 된다. 이러한 소설 교육이 구체화된 교실에서 학습자들은 기존의 서사 장르에 대한 수용 및 창작 능력을 바탕으로 새로운 미디어 서사의 특성을 이해하고 활용하는 서사 향유 역량을 기를 수 있을 것이다.

참고문헌

강상희(1999),『한국모더니즘 소설론』, 문예출판사.

강우규(2021),「인공지능 시대의 스토리텔링과 이야기 향유방식: 웹소설 〈전지적 독자 시점〉을 중심으로」,『문화와 융합』 43(5), 597-614.

김경애(2017),「'보는' 소설로의 전환, 로맨스 웹소설 문화 현상의 함의와 문제점」,『인문사회 21』 8(4), 1367-1388.

김소륜(2018),「디지털 테크놀로지의 시대, 21세기 한국 소설의 새로운 지형도」,『대중서사연구』 24(4), 203-236.

김욱동(1992),『모더니즘과 포스트모더니즘』, 현암사.

김윤식·정호웅(1997),『한국소설사』, 예하.

나병철(1995),『근대성과 근대 문학』, 문예출판사.

노대원(2013),「이인성 소설『한없이 낮은 숨결』의 수사학적 연구:「당신에 대해서」의 대화적 담화를 중심으로」,『비교한국학』 21(3), 225-255.

류수연(2019),「웹 2.0 시대와 웹소설: 웹 로맨스 서사를 중심으로」,『대중서사연구』 25(4), 9-43.

오민석(2017),『현대문학이론의 길잡이』, 시인동네.

오윤주(2019),「디지털 시대 청소년 학습자의 서사 경험 변모 양상 및 서사 교육 내용 연구」,『국어교육』 167, 157-188,

오윤주(2021),「SF 소설의 문학교육적 함의와 문학교육 방안 연구」,『새국어교육』 128, 337-371.

전진희(1991),「포스트 모더니즘의 몇가지 문제」,『현상과인식』 15(1·2), 9-29.

채영희(2019),「김영하의 메타픽션 연구」, 교원대학교 석사학위논문.

Adorno, T. W.(1997),『미학이론』, 홍승용(역), 문학과지성사(원서출판 1974).

Braidotti, R.(2015),『포스트휴먼』, 이경란(역), 아카넷(원서출판 2013).

Genette, G. (1990),『서사담론』, 권영택(역), 교보문고(원서출판 1980).

Kohl, S. (1986),『리얼리즘의 역사와 이론』, 여균동(역), 미래사(원서출판 1977).

Lukács, G.(1985),『문제는 리얼리즘이다』, 홍승용(역), 실천문학사(원서출판 1938).

Lukács, G.(1986),『현대리얼리즘론』, 황석천(역), 열음사(원서출판 1958).

Lukács, G.(1998),『소설의 이론』, 반성완(역), 심설당(원서출판 1916).

Lunn, E.(1986),『마르크시즘과 모더니즘』, 김병익(역), 문학과지성사(원서출판 1984).

Lyotard, J. F.(2021),『포스트모던의 조건』, 유정완(역), 민음사(원서출판 1984).

Vint, S.(2019),『에스에프 에스프리: SF를 읽을 때 우리가 생각할 것들』, 전행선(역), 아르떼(원서출판 2014).

Watt, I. P.(2009),『소설의 발생』, 강유나·고경하(역), 강(원서출판 1957).

Ⅲ부

활동 중심 현대소설
교육의 내용

9장

해석, 감상, 비평 중심의 현대소설 교육

문학 작품의 의미는 독자에 따라 다양하게 해석될 수 있다. 의미의 확장으로 인한 다양한 해석 가능성은 소설이 독자에게 사실을 상상하도록 요청한다는 점과 연결된다. 소설에서 작품의 의미를 결정하기 위한 단서는 제한되어 있지만, 독자는 이 단서들을 조합하여 상상력을 발휘해 허구의 세계를 완성한다. 현대소설 교육은 소설 읽기에 작용하는 독자의 역할에 점점 더 많은 무게중심을 두고 있으며, 이때 독자가 수행하는 실질적 활동은 해석, 감상, 비평으로 나뉜다. 해석은 소설의 내용을 의미론적으로 이해하고 근거를 마련해 자기 나름의 해석 결과를 도출하는 것이다. 감상은 감정적 반응에 바탕을 둔 심미적 체험으로서 문학에 대한 향유와 관련된다. 비평은 작품에 대한 독자의 평가이자 적극적인 의견의 제시로서 의미를 갖는다. 이 세 가지는 소설 읽기에서 독자가 주체가 되어 수행하는 활동으로 모종의 '반응'이라는 점에서는 유사하지만, 각각의 강조점이 의미 이해, 감정의 발현, 가치판단에 있다는 점에서 차이가 있다. 독자의 소설 읽기에서 해석, 감상, 비평은 그 경계가 뚜렷하지 않으며 정도의 차이가 있을 뿐 함께 수행될 때가 많다. 다만 세부적으로 차별되는 특징을 파악한다면 학습독자에 대한 이해를 심화할 수 있으므로 각 개념을 살피는 일은 소설 교육의 실제를 탐색하는 데 필요하다.

1 작가, 텍스트, 독자에 대하여

소설 읽기는 작가, 작품(텍스트), 독자 간의 소통 구도 안에서 이루어진다. 문학 연구에서는 형식주의, 신비평, 구조주의, 수용미학 등을 거치면서 작가, 텍스트, 독자 순으로 무게중심이 이동하였지만, 현대에는 이 세 가지를 총체적인 관점에서 바라보며 셋 사이의 교섭 작용에 관심을 둔다. 소설 교육의 논의도 학습자인 독자에만 국한될 수 없으며 작가와 텍스트의 위상 및 특징을 살피는 것에서부터 시작해야 한다.

작품을 창작한 주체는 작가이므로 작가의 창작 의도에 대해 어떤 입장을 가지는가가 곧 작가와 작품을 바라보는 관점으로 이어진다. 먼저 작가의 의도가 작품의 의미를 결정한다고 보는 의도주의에서는 작품을 잘 읽으려면 작가의 의도를 파악해야 한다고 말한다. 설령 작품에 표현된 의미와 작가의 실제 의도가 완전히 동일하지 않더라도 작품의 의미를 확정하기 위해서는 작가의 의도를 고려해야 한다는 것이다(이해완, 2014: 203). 이에 따르면 독자는 작가의 의도가 배태된 배경, 즉 작가의 삶과 가치관 등에도 관심을 기울이고 작가의 존재를 인식한 상태로 작품을 이해한다. 에릭 허시(Eric Hirsch)는 "작가의 의도(또는 본래적 의미)를 무시해야 할 막강한 가치가 있지 않는 한 해설을 천직으로 아는 사람들은 작가의 의도를 도외시해서는 안 된다."라고 강조했다(Hirsch, 1976/1988: 130). 작품의 의미를 파악하려고 시도하는 주체는 독자이고 그 노력은 인정하더라도 의미를 결정하는 것은 작가의 의도라는 것이다.

이와 같은 의도주의는 작가에 대한 이해를 통해 작품을 더 폭넓게 이해할 수 있다는 장점이 있으나, 작품을 작가의 소유물로 치환해 버릴 수 있다는 점에서 한계를 지닌다. 작품의 의미를 작가의 의도에 국한하여 이해할 경우 그 의미가 빈약해질 뿐 아니라 작가가 의도를 정확한 언어로 표현하는 것이 가능한 일인지, 작품에서 어디까지를 작가의 의도로 볼 것인지, 작가가 미처 생각하지 못한 의미를 독자가 발견했을 때 그것을 어떻게 처리해야 하는지, 작품에 관여하는 작가 이외의 요소들은 고려하지 않을 것인지 등의 반문이 제기된다(이기언, 2014: 349-350). 이에 대해 1930년대 신비평 이론가들은 문학의 허구성을 근거로 들면서 작품 속 인물과 실제 작가를 혼동해서는 안 되며, 작품의 의미를 작가의 의도로 환원해서는 안 된다는 반(反)의도주의를 주장했다. 이 논의에서는 텍스트의 의미가 작가와 분리되지는 않지만 거리를 두고 파악해야 한다고 본다. 대표적인 신비평론자인 윌리엄 웜샛(William Wimsatt)과 먼로 비어즐리(Monroe Beardsley)는 "작가의 설계나 의도는 문학 작품의 성공 여부를 판단하는 기준으로서는 쓸모 있거나 가치 있지 않다."라고 하였다(Wimsatt & Beardsley, 1946: 468).

반의도주의에서 더 나아가 작가와 작품의 연결성을 부정하는 입장도 있다. 롤랑 바르트(Roland Barthes)는 '저자의 죽음'을 선언하면서(Barthes, 1968), 작가의 분신이자 혼을 담은 것으로 여겨져 온 작품은 작가의 것이 아니라 여러 다른 사람들의 목소리를 빌려 와 직조한 것이라고 하였다. 이렇듯 타자의 목소리를 씨줄과 날줄 삼아 텍스트를 만들어 내는 것으로 작가의 역할을 한정하면 작가의 권위는 약해진다(변광배, 2013: 214-215).

'저자의 죽음'은 자연스럽게 문학 연구의 중심을 텍스트로 옮겨 놓았다. 해석학자인 폴 리쾨르(Paul Ricoeur), 한스게오르크 가다머(Hans-Georg Gadamer) 등은 텍스트가 자체적으로 의미를 구성해 내며 독자가 이해하려는 대상도 작가가 아닌 텍스트라고 말했다. 이러한 흐름은 텍스트를 이루는 언어, 곧 글쓰기에 주목하는 경향을 낳았으며, 글쓰기를 통해 담화(텍스트)는 발화자(작가)의 의도나 청자(독자) 및 담화가 발생할 당시의 맥락으로부터 독립된 의미를 지닌다는 점이 부각되었다. 리쾨르는 텍스트 내부에 담겨 있는 문제의식에 초점을 둘 때 그 텍스트를 보다 정확하고 풍부하게 이해할 수 있다고 보았다(이기언, 2014: 360-364).[1]

텍스트에 대한 관심은 곧 텍스트를 수용하는 독자에 대한 관심으로 이동했다. 여기에는 수용미학의 영향이 크다. 수용미학의 제창자인 한스 로베르트 야우스(Hans Robert Jauss)는 독자가 단순히 반응만 하는 존재가 아닌 문학사를 형성하는 원동력이라고 했다. 문학 작품의 역사적 수명은 독자의 능동적인 참여로 연장되며, 작품은 독자의 중재를 통해 비판적 이해와 능동적 수용이 가능한 대상이 된다. 독자는 자신의 경험에 기반하여 작품에 대한 '기대지평(Erwattungshorizont)'을 형성하는데, 이 지평은 유지, 수정, 변동, 재생산 등의 과정을 거치면서 작품의 의미를 구성한다(Jauss, 1970/1998: 177-184).

이제 문학을 이해하는 것에서 독자는 빼놓을 수 없는 존재가 되었다. 독자가 텍스트를 읽으며 의미를 생산하는 과정은 불확정성(미정성, Unbestimmtheit)의 개념으로 설명할 수 있다. 로만 인가르덴(Roman Ingarden)은 언어로 묘사된 대상이 실제 대상과 같을 수 없으며 텍스트만으로는 그것의 본질을 파악할 수 없기 때문에 독자의 관점과 이해를 통해 보완하는 구체

1　해석학에서 텍스트를 바라보는 관점과 언어(담화)에 대한 상세한 내용은 리쾨르(Ricoeur, 1986/2002), 가다머(Gadamer, 1960/2012)를 참조할 수 있다.

화(konkretisation)가 필요하다고 했다(Ingarden, 1960/1995). 볼프강 이저 (Wolfgang Iser) 역시 문학 작품이 지닌 빈자리(Leerstelle)를 독자의 구체적 인 독서행위(Lesevorgang)로 채우는 것에 관심을 두었다(Iser, 1976/1993: 189-192).

이저는 텍스트와 적극적으로 상호작용하는 독자를 '내포독자'라고 불 렀다. 이는 웨인 부스(Wayne Clayson Booth)의 '내포작가' 개념에서 빌려 온 것이다. 소설을 쓰는 "공식적 기록자"이자 작가의 "제2의 자아"라 할 수 있는 내포작가는 작가가 만들어 낸 중요한 효과이자 독자가 독서 과정에 서 구성해 내는 개념이다(Booth, 1999: 104-105). 독서 과정에서 내포작가 를 구체화시키고 명료하게 부상시키는 독자가 내포독자이다. 내포독자를 텍스트에 의해 조건 지어지는 존재, 즉 어디까지나 텍스트의 맥락을 고려 하는 범위 안에서 능동성을 발휘하는 존재라고 본 이저는 텍스트가 본연 의 의도를 지닌다는 사실을 부정하지는 않았다(Iser, 1976/1993: 77-83).

지금까지 독자의 소설 읽기 활동을 공부하기에 앞서 문학 소통의 중요 한 참여 주체인 작가와 텍스트, 독자에 대해 살펴보았다. 학문의 흐름과 사 회문화적 인식의 변화에 따라 주목하는 대상이 달라지긴 했지만, 어느 하 나에 초점을 맞춘다고 해서 다른 것이 완전히 도외시되지는 않으며 이는 문학 독서의 특성상 불가능하기도 하다. 작가, 텍스트, 독자는 상호 보완적 인 속성을 지니므로 각각이 서로와 맺는 관계에 주의를 기울여야 한다. 문 학 소통의 세 가지 참여 주체에 대한 이해를 바탕으로 이제 소설 읽기의 양 태로 거론되는 세 가지 활동인 해석, 감상, 비평에 대해 알아보겠다.

2 독자의 소설 읽기 첫 번째: 해석

해석은 한 편의 완결된 글의 뜻을 알아내서 그것을 다시 정확히 전달하는 것이다(이상섭, 2015: 365). 그런데 문학 작품의 경우 글에 사용된 단어와 문장의 사전적 의미를 안다고 해도 조합된 작품 전체의 의미를 온전히 알아차리기는 어렵다. 작가가 생각한 의미와 표현된 언어의 의미, 그리고 독자가 파악하는 의미가 모두 다르며, 해석이 이루어지는 시기에 따라서도 의미가 달라질 수 있기 때문이다. 해석은 이처럼 정해지지 않은 의미를 찾아가는 과정이다. 해석학(hermeneutics)은 텍스트를 해석하는 이론과 실천에 대한 학문을 일컬으며(Buchanan, 2010/2017: 669), 초기에는 성서를 정확히 읽는 방식에 대한 논의가 주를 이루었지만 시간이 흐르면서 다양한 텍스트를 대상으로 하는 해석 일반의 이론을 지칭하게 되었다(Childers & Hentzi, 1995/2014: 214).

소설에 대한 해석은 작품의 내용을 의미론적으로 이해하는 데서 출발한다. 움베르토 에코(Umberto Eco)는 텍스트를 해석하는 두 가지 입장을 구분하여 제시하였다. '텍스트의 문맥적 일관성과 의미 체계를 토대로 텍스트가 말하는 바를 찾아내는 것'과 '독자가 자신의 의미 체계를 기준으로, 또는 자신의 의지·충동·욕망을 기준으로 텍스트의 의미를 발견하는 것'이다(Eco, 1990/2018: 30). 소설 교육에서 이 두 가지는 모두 중요하게 다루어진다. 수용미학과 독자 반응 이론을 위시한 학습자 중심 문학 교육의 흐름에서는 독자의 세계를 중심에 두는 해석이 큰 비중을 차지하지만, 그럼에도 작품 자체의 의미를 이해하는 일을 간과해서는 안 된다. 독자가 자신의 세계를 구축하는 안목을 갖추기 위해서는 소설이 지닌 의미와 잠재적인 해석 가능성을 충실히 살피는 능력이 필요하다.

텍스트의 의미를 이해하는 일의 중요성은 역설적이게도 문학 교육이 학습독자에게 초점을 맞추면서 더욱 면밀히 논의되기 시작하였다. 1990년대를 전후하여 지식 중심, 교사 중심 교육에 대한 비판이 제기되었고, 이는 학습자 중심 교육에 대한 강조로 이어졌다. 문학 수업에서는 교사 주도의 지식 전달 방식이 주된 개혁 대상이 되었다. 작가의 의도, 텍스트의 의미를 정해진 것으로 상정하고 능숙한 독자인 교사가 이를 전수하는 식의 교육이 학습자의 능동적인 수용을 해친다는 주장이었다. 학습독자의 주체성을 중시하는 주장 자체에는 이의를 달기 어려우나, 독자의 자리를 확보하는 일은 필연적으로 해석의 문제를 초래한다. 그 결과 학습자가 내놓는 것이라면 어떤 해석이라도 수용해야 하는가가 문학 교육의 중요한 쟁점이 되었다.

독자의 자율성과 해석의 타당성이라는 문제는 텍스트를 이해하는 주체인 학습독자와 이해의 대상이 되는 텍스트 사이의 거리로 인해 야기된다. 해석이 단순히 의미를 해독하는 차원 이상의 행위인 이유는 작가의 텍스트 생산과 독자의 읽기 사이에 시간적·공간적 거리, 나아가 문화적 거리가 자리 잡고 있기 때문이다. 이 거리를 극복해야 하는 것으로 보는가 혹은 창의적인 의미 구성에 기여하는 것으로 보는가에 따라 해석의 방향이 달라질 것이다(김성진, 2008: 158-159). 이 논의를 위해 문학 해석의 철학적 기반을 간략히 살펴보고자 한다.

소설의 해석에 대한 논의는 크게 둘로 나뉜다. 하나는 해석의 객관성을 중시하는 프리드리히 슐라이어마허(Friedrich Schleiermacher), 빌헬름 딜타이(Wilhelm Dilthey) 등의 주장으로, 이들은 작가의 의도를 중심에 두고 해석을 위한 보편적인 규칙을 세우고자 하였다. 다른 하나는 작가나 해석자의 존재론적 조건에 관심을 둔 마르틴 하이데거(Martin Heidegger), 가다머 등의 주장으로, 이들은 독자를 중심에 두고 수용자의 측면에서 텍스트를 해석하고자 하였다(Palmer, 1969/1990: 129-315).

리쾨르는 후자에 가까우면서도 전자에서 강조한 인식론적 방법[2]을 배제하지 않고 텍스트의 범주를 새롭게 설정하여 전유(appropriation)를 통한 텍스트의 이해 과정을 제시하였다. 텍스트가 만들어지는 과정, 곧 글쓰기 행위는 그 자체가 담화를 고정시키면서 온전히 드러내는 역할을 하는데, 이때의 텍스트는 작가나 독자, 특정 상황으로부터 의미론적 자율성(semantic autonomy)을 얻게 된다. 전유는 '낯설었던 것'을 독자가 '자기 것'으로 만드는 것, 즉 독자가 텍스트와의 거리 때문에 낯설게 느꼈던 텍스트의 의미를 자기 안에 포괄해 내는 작업으로, 독자의 이해는 텍스트로부터 촉발되어 그것이 보여 주는 세계를 주체적으로 해석하는 데로 나아간다(Ricoeur, 1976/1998: 60-83).

리쾨르의 전유 개념은 소설 교육에서 독자 해석 활동의 지향점을 설정하는 데 참고할 만하다. 리쾨르는 '이해'를 두 가지로 구분해 사용하면서, 독자가 텍스트에 대한 이해(understanding)에서 출발하여 그것의 의미를 추론하고, 그 추론을 확인하기 위해 설명하며, 이 과정을 거쳐 종국에는 읽는 행위를 하는 주체인 자기 자신을 이해(comprehension)하게 된다고 하였다. 이것이 리쾨르가 말하는 전유이며, 가다머가 말한 지평 융합에 가까운 개념이다. 지평 융합(Horizontverschmelzung)은 작가의 세계 지평과 융합되는 독자의 세계 지평에 초점을 둔다(Ricoeur, 1976/1998: 152-154).

이상에서 살펴본 해석을 교육의 관점에서 본다면 '활동'으로서의 해석과 '결과'로서의 해석으로 말할 수 있다(김정우, 2002: 10-11). 활동으로서의 해석은 해석을 수행하는 과정을 중시하는 것으로, 양질의 결과물을 생산해 내야 한다는 압박에서 벗어나게 한다. 즉, 해석은 수준 높은 독자만이 아니

....

2 인식론적 방법에서의 질문이 '우리가 어떻게 이해하는가?'라면, 존재론적 방법에서의 질문은 '이해를 수행하는 존재의 존재 방식이 무엇인가?'라고 할 수 있다(양황승, 2003: 287).

라 문학 소통에 참여하는 학습자라면 누구나 할 수 있는 '활동' 차원의 것이다. 한편 결과로서의 해석은 해석을 통해 생산하는 특정 형태의 결과물을 포함하여 독자가 재구성하는 의미 자체로 볼 수 있다. 이러한 해석의 결과가 적절성과 타당성을 확보하기 위해서는 텍스트의 맥락과 조건을 도외시하지 않아야 한다. 어디까지나 텍스트를 근거로 이루어져야 한다는 해석활동의 특성은 독자의 자유로운 해석을 제한한다기보다, 창의적인 의미 구성을 촉진하는 문학의 본래 역할을 일깨운다.

이제 교육과정에서 해석을 어떻게 다루고 있는지 살펴보자. 2015 개정 교육과정에서 해석 관련 성취기준은 "인물, 사건, 배경에 주목하며 작품을 이해한다."([4국05-02]), "갈등의 진행과 해결 과정에 유의하며 작품을 감상한다."([9국05-03]), "작품에서 보는 이나 말하는 이의 관점에 주목하여 작품을 수용한다."([9국05-04]), "작품이 창작된 사회·문화적 배경을 바탕으로 작품을 이해한다."([9국05-05]), "문학 작품은 구성 요소들과 전체가 유기적 관계를 맺고 있는 구조물임을 이해하고 문학 활동을 한다."([10국05-01]), "갈래의 특성에 따른 형상화 방법을 중심으로 작품을 감상한다."([10국05-02]), "문학 작품은 내용과 형식이 긴밀하게 연관되어 이루어짐을 이해하고 작품을 감상한다."([12문학02-01]), "작품을 작가, 사회·문화적 배경, 상호 텍스트성 등 다양한 맥락에서 이해하고 감상한다."([12문학02-02]) 등으로 제시된다.

'해석'이라는 용어를 문면에 드러내기보다 '이해', '수용' 등의 표현을 주로 사용하고 있으며 '감상'으로 서술한 부분에서도 의미의 이해에 초점을 맞춘 경우가 있어 이는 해석 활동을 염두에 둔 성취기준으로 볼 수 있다. 초등학교와 중학교에서는 소설의 구성 요소를 중심으로 한 이해에 초점을 두며, 학교급이 올라갈수록 인물, 사건, 배경에서 서술자로, 작품의 내적 요인에서 외적 요인으로 독자가 해석을 할 때 주목하는 대상이 확장된다. 고등학교에서는 내용과 형식 간의 관계 및 작품이 놓여 있는 다양한 맥락을 고려하여 해석하도록 하고 있다.

2022 개정 국어과 교육과정에서는 내용 체계를 '지식·이해, 과정·기능, 가치·태도'의 세 범주로 나누며, 문학 영역에서는 과정·기능 범주를 '작품 읽기와 이해, 해석과 감상, 비평, 창작'으로 나누어 내용 요소를 제시하는 점이 2015 개정 교육과정과의 차이점이다. 이에 따른 2022 개정 교육과정의 해석 관련 성취기준은 다음과 같다.

이 책에서 논의하는 해석 관련 성취기준에는 '작품 읽기와 이해', '해석과 감상' 범주의 내용들이 해당된다. 먼저 초등학교 5~6학년군 성취기준으

2022 개정 교육과정의 해석 관련 성취기준

학년군	성취기준
초등학교 3~4학년	[4국05-01] 인물과 이야기의 흐름을 중심으로 작품을 감상한다.
초등학교 5~6학년	[6국05-01] 작가의 의도를 생각하며 작품을 읽는다. [6국05-03] 소설이나 극을 읽고 인물, 사건, 배경을 파악한다.
중학교 1~3학년	[9국05-02] 갈등의 진행과 해결 과정을 파악하며 작품을 감상한다. [9국05-04] 보는 이나 말하는 이의 특성과 효과를 파악하며 작품을 감상한다. [9국05-05] 작품에 반영된 사회·문화적 상황을 이해하며 작품을 감상한다. [9국05-07] 연관성이 있는 다른 작품들과의 관계를 파악하며 작품을 감상한다. [9국05-08] 근거를 바탕으로 작품을 해석하고, 다른 해석들과 비교하여 자신의 해석을 평가한다.
고등학교 1학년	[10공국1-05-02] 갈래에 따른 형상화 방법의 특성을 고려하며 작품을 수용한다. [10공국1-05-03] 작품 구성 요소의 유기적 관계와 맥락에 유의하여 작품을 수용하고 생산한다. [10공국2-05-01] 한국 문학사의 흐름을 고려하여 작품을 수용한다.
선택 과목 '문학'	[12문학01-02] 문학의 여러 갈래들의 특성과 문학의 맥락에 대해 이해한다. [12문학01-04] 한국 문학에 반영된 시대 상황을 이해하고 문학과 역사의 상호 영향 관계를 탐구한다. [12문학01-06] 문학 작품에서는 내용과 형식이 긴밀하게 연관됨을 이해하며 작품을 수용한다.

로 "작가의 의도를 생각하며 작품을 읽는다."가 새롭게 제시되어 문학 작품의 해석에서 고려해야 할 사항으로 작가의 의도를 들고 있음을 알 수 있다. 독자는 작품을 매개로 세상과 소통을 시도하는 존재로서 작가를 인식하고 작가의 취지를 헤아려 작품을 더 깊고 넓게 이해하게 된다. 또한 성취기준 해설에서 밝히듯이 "작품의 의미는 작가의 의도에 한정되는 것이 아니며, 다양한 독자들의 해석이 더해져서 계속 생성되어 가는 것"이므로 작가의 의도를 추론하고 작품의 의미를 실현하는 주체는 독자이다.

2022 개정 교육과정에서는 무엇보다 '해석'이라는 용어를 중학교 1~3학년군의 성취기준에 명시적으로 사용함으로써([9국05-08]) 문학 교육에서 해석 활동의 중요성을 교육과정 단계부터 강조하고, "작품 속의 내용적·형식적 근거나 작품 밖의 맥락적 근거 등을 토대로 하여" 작품을 해석하도록 안내한다는 점이 특징적이다. 성취기준 해설에서는 독자에 따라 해석이 달라질 수 있음을 말하면서도 오독을 막기 위해 적절한 근거를 들고 다른 사람의 해석과 비교하는 활동을 통해 해석의 적절성을 검토해야 함을 강조한다.

그 밖에 '작품 읽기와 이해' 범주에 포함된 중학교 1~3학년 내용 요소인 '사회·문화적 상황을 생각하며 읽기'와 '연관된 작품들과의 관계 이해하기'는 고등학교 '공통국어'와 '문학' 과목에서 한국 문학사를 고려하는 작품 이해하기로 발전되어([10공국2-05-01], [12문학01-04]) 문학사적 맥락 고려가 "개별 작품의 가치와 의미를 더 입체적으로 파악"하는 데 기여함을 알 수 있다. 독자의 소설 해석 활동은 주로 텍스트 내부의 근거를 탐색하는 데에서 시작하지만 사회·문화적 맥락을 살피는 것 또한 타당한 해석을 도출하는 데 큰 영향을 끼친다.

교육과정의 해석 관련 성취기준이 교과서 학습 활동으로 구현된 양상은 다음과 같다. 다음은 2015 개정 교육과정에 따른 '문학' 교과서의 학습 활동 사례이다.

- '나'의 기타가 방의 구석에 기대어져 있게 된 이유를 말해 보자. (김승옥, 〈역사〉)
- 이 작품에서 '뿌리'는 무엇을 비유하고 있는지 말해 보자. (김숨, 〈뿌리 이야기〉)
- 이 작품에 나오는 '릴리푸트읍'과 '은강'의 차이를 설명해 보자. (조세희, 〈은강 노동 가족의 생계비〉)
- 형이 병원 일을 다시 시작하면서 동생에게 소설을 태운 까닭을 설명하는 편지를 썼다고 가정하고, 그 편지를 써 보자. (이청준, 〈병신과 머저리〉)
- "어머니는 아직도 투병 중이시다."라는 마지막 구절의 뜻을 이 작품의 제목과 연관하여 짐작해 보자. (박완서, 〈엄마의 말뚝〉)[3]

교과서에 제시되는 학습 활동은 학습독자가 인물의 행동을 중심으로 작품의 의미를 찾게 하거나, 서술 방식의 특징 및 효과와 같은 소설의 형식을 통해 주제를 탐색하게 한다. 또는 학습자가 소설에서 일어난 사건이나 상황 등의 이유를 파악함으로써 이해와 해석의 근거를 마련할 수 있도록 돕는다. 빈번하게 등장하는 학습 활동 중 하나는 핵심적인 용어나 문장, 제목의 의미를 묻는 질문이다. 여기에 답하기 위해서는 작품을 총체적으로 이해하고 독자 나름의 의미를 도출해야 한다. 따라서 이 활동은 학습자의 해석 결과를 통합적으로 요청하는 교육 내용이라고 볼 수 있다.

---

3   위부터 차례대로 '문학' 교과서의 출판사와 주저자는 다음과 같다. 천재교과서(김동환), 천재교과서(김동환), 동아출판(김창원), 동아출판(김창원), 창비(최원식).

3 독자의 소설 읽기 두 번째: 감상

문학 교육에서 감상이라는 용어는 신비평 이론에 기초한 문학 교육이 지나치게 주지주의적이며 지식 교육에 고착되고 있다는 문제의식에서 등장하였다. 그러면서 문학 교육이 문학 연구의 성과를 학생들에게 그대로 전수하는 것이어서는 안 되며, 문학 작품에 대한 학생들의 심리적 경험을 충실히 다루어야 한다는 주장이 대두되었다. 특히 수용미학과 해석학의 성과를 바탕으로 학습독자가 문학 작품을 어떻게 경험해야 하는가에 대한 논의가 활발해지면서 감상 활동이 부각되었다(조하연, 2004: 379). 소설을 감상하는 일은 이해나 해석보다는 심리, 정서와 관계된다. 감상은 몰입, 공감, 심미적 체험 등과 연결되면서 궁극적으로는 소설을 즐기는 것으로 이어진다.

소설 읽기에서 작동하는 감상 활동의 대표적인 형태인 공감을 살펴보자. 공감은 공감할 대상, 즉 주체 외부의 타자를 전제로 하므로, 타자의 세계를 간접적으로 체험하는 소설의 독서 과정에서 빼놓을 수 없는 개념이다.

공감 개념은 인간이 타인에 대한 사랑이나 우정, 연민과 같은 감정을 본성에 내포하고 있다고 보는 도덕감정론에서 발달하였다. 인간이 이웃에 대한 관심을 지니고 있다고 보는 앤서니 애슐리 쿠퍼 섀프츠베리(Anthony Ashley Cooper, the third Earl of Shaftesbury), 타인에게 자비심을 발휘하는 동기가 되는 내적 감정(internal sentiment)으로서 도덕감(moral sense)을 말한 프란시스 허치슨(Francis Hutcheson)의 논의가 있다(Shaftesbury, 1711/1999; Hutcheson, 1726/2004, 양선이, 2016: 307-310에서 재인용). 이를 이어받은 데이비드 흄(David Hume)은 전통적인 이성 중심의 윤리를 거부하며 마음에서 일어나는 감정인 공감(sympathy)이 도덕적 승인이나 불승인 등의 도덕 판단을 추동한다고 주장하였다. 공감은 인간의 본성에서 작동하는 도덕적 심리 기제로서 보편적인 도덕 판단의 원리가 된다(맹주만, 2014: 200-201).

흄의 이론에서 공감은 상상력의 결과로 나타난다. 타인의 정서의 원인이나 결과를 감지하고 그로부터 정서를 추론하는 것이 상상력의 작용이다(Hume, 1739-40/2016: 622). 흄은 두 개의 현(絃)의 비유[4]를 통해 공감이 일어나는 원리를 밝히며, 상상력의 힘을 통해 관념을 인상으로 전환[5]하는 것이 공감이라고 말하였다(Hume, 1739-40/2016: 465).

상상력과 공감에 대해서는 흄에 이어 애덤 스미스(Adam Smith)를 참고할 수 있다. 상상은 타인이 겪는 곤경에 대해 동감(同感)을 자아내는 것으로, 가령 친구의 육체에 일어난 변화가 나의 육체에 실제로 영향을 끼치지는 않지만, 상상력을 통해 다양한 상황을 생각해 냄으로써 그 변화를 같이 느끼게 된다(Smith, 1759/2016: 46). 그의 이론에서 주목할 만한 개념은 '분별 있는 관찰자(judicious spectator)'[6]인데, 관찰자는 "가능한 한 자신을 상대방의 입장에 놓고, 상대에게 고통을 주고 있는 모든 사소한 사정까지도 진지하게 느껴 보려고 노력하지 않으면 안 된다. 그는 자신의 친구가 처해 있는 사정을 아주 사소한 일까지 모두 받아들여야 한다. 그리고 공감의 기초가 되는 역지사지를 최대한 완전히 하려고 노력해야"(Smith, 1759/2016:

....

4 "두 개의 현이 똑같이 울릴 때 한 현의 운동이 다른 현에게 전달되는 것처럼, 모든 정념은 한 사람에게서 다른 사람으로 쉽게 옮겨 가서 모든 인간 존재 각각에게 각 감정에 걸맞은 운동을 유발한다. 내가 한 사람의 목소리와 몸짓에서 정념의 결과를 지각할 때, 나의 정신은 곧장 이 결과에서 그 원인으로 옮겨 가 정서의 활력이 가득한 관념을 만들고 관념은 곧바로 정서로 전환된다. 마찬가지로 내가 어떤 정감의 원인을 지각할 때, 정신은 그 결과로 옮겨져서 그 결과 때문에 움직이게 된다."(Hume, 1739-40/2016: 621-622)

5 흄은 인간 정신에 나타나는 지각(perception)을 인상(impression)과 관념(idea)으로 나눈다. 인상에는 감각(sensation), 정념(passion), 정감(emotion)이 있고 관념에는 기억 관념과 상상 관념이 있는데, 상상은 관념을 변형시키는 힘을 지닌다(Hume, 1739-40/2016: 18-29).

6 애덤 스미스(Smith, 1759/ 2016)는 '방관자'라는 번역어를 사용했지만 이 책에서는 보다 일반적인 표현이자 누스바움(Nussbaum, 1995/ 2013)에서 사용된 '분별 있는 관찰자'라는 번역어를 사용하였다.

29-30) 하는 존재이다. 이와 같은 공감의 역할과 더불어 관찰자는 고통에 처한 당사자로 하여금 관찰자의 입장에 서 보도록 한다. 이를 통해 당사자는 관찰자의 눈을 가정하여 자신의 상황을 비교적 객관적으로 인식하면서 고통에 대해 거리를 두고 바라보게 된다(Smith, 1759/2016: 31-32).

이와 같은 인지주의적 입장의 도덕감정론은 마사 누스바움(Martha Nussbaum)으로 이어진다. 그 역시 관찰자의 상상을 통한 공감이 감정의 측면에서 작동할 뿐만 아니라 상황을 정확히 이해하고 반성적으로 평가하는 인지적 측면과도 관련된다고 말한다. 그러면서 스미스가 말한 문학 작품 읽기의 중요성을 다시 한번 강조한다. 문학 작품을 읽는 것은 관찰자의 입장과 작품 속 인물의 감정을 경험하게 한다는 점에서 좋은 시민으로서의 태도를 기르게 하며, 독서 과정에서 독자는 작중 인물에 이입하면서도 그가 아니라는 점에서 균형 잡힌 시각을 가질 수 있다(Nussbaum, 1995/2013: 162-164).

이상에서 살펴본 상상력을 통한 공감이 소설 읽기에서 잘 드러날 수 있는 것은 인물과 사건이 결합된 소설 텍스트에서 독자가 다양한 감정을 느끼고 가치판단을 할 수 있기 때문이다. 소설 속 인물들은 허구의 세계에서 서로 다른 욕망을 지니기 때문에 사건이 복합적으로 벌어지고 사건이 전개되는 과정에서 감정이 다층적으로 표현된다. 구체적으로 묘사되는 허구의 세계를 간접적으로 경험하면서 독자는 작중 인물의 삶에 공감하는 상상력을 활성화한다.

그러나 공감이라는 감정 작용에는 맹점도 있는데 공감의 대상으로 설정된 인물에게 주목하는 만큼 그 외의 인물과 상황에는 눈길이 덜 가는 효과가 그것이다(Bloom, 2016/2019). 공감은 특정 인물의 고통에 집중하여 그 고통의 깊이와 구체성을 상상하는 데는 유리하지만 서사 세계 전체를 폭넓게 성찰하는 데는 취약하다(조희정, 2021: 18). 공감이 연민이나 동정 등의 도덕적 감정을 일으키는 힘이 될 수는 있으나 작품의 성공적 읽기를 판단하는 기준의 전부는 아니라는 점을 유념할 필요가 있다. 그리고 이와 같은 점은 현대소설의 다층적이고 복합적인 특징에 비추어 보면 오히려 공감을 넘어서는 독자 반응을 자아낸다는 점에서 새로운 가능성이기도 하다. 소설을 읽으면서 독자가 느끼는 공감하지 않음, 당혹스러움, 불쾌감 등의 감정은 그 나름의 의의가 있으며, 독자는 이것들을 폭넓게 인지하면서 자신의 감상을 구성해야 하겠다.

소설의 감상 활동을 뒷받침하는 또 다른 개념은 심미적 경험(aesthetic experience)이다. 심미적 경험이란 어떤 대상을 지각하고 감상하고 즐기는 경험으로, 교육에서는 학습자가 특정한 제재(주로 예술 관련 텍스트)를 이해하는 과정에서 겪는 인지적·정의적·행동적 경험과 변화로 설명된다. 독자가 소설 읽기 과정에서 겪는 심미적 경험은 일상 언어로 표현하기 어려운 감정이나 느낌이 문학 언어로 표현된 것에 공감함으로써 감동을 얻는 것과 관련된다. 또 이마누엘 칸트(Immanuel Kant)가 말하는 취미 판단, 프리드리히 폰 실러(Friedrich von Schiller)가 말하는 이성과 감성의 조화 등을 고려했을 때 심미적 경험은 인지적 반응과 정의적 반응의 조화, 그리고 공감과 성찰 등의 태도를 핵심으로 한다(박은진·최영인, 2020: 223-225).

다음은 교육과정에 드러난 감상 관련 내용이다. 2015 개정 교육과정에서 감상을 다루는 성취기준으로는 "인물의 모습, 행동, 마음을 상상하며 그림책, 시나 노래, 이야기를 감상한다."([2국05-02]), "시각이나 청각 등 감각적 표현에 주목하며 작품을 감상한다."([4국05-01]), "작품을 듣거나 읽거나 보고 떠오른 느낌과 생각을 다양하게 표현한다."([4국05-04]), "재미나 감동을 느끼며 작품을 즐겨 감상하는 태도를 지닌다."([4국05-05]), "작품 속 세계와 현실 세계를 비교하며 작품을 감상한다."([6국05-02]), "문학과 인접 분야의 관계를 바탕으로 작품을 이해하고 감상하며 평가한다."([12문학02-03]), "작품을 공감적, 비판적, 창의적으로 수용하고 그 결과를 바탕으로 상호 소통한다."([12문학02-04]) 등이 있다.

해석이나 비평보다 인지적 부담이 적은 감상 활동은 낮은 학년군에서 명시적으로 강조하고 있다. 초등학교 3~4학년에서는 감각적 표현에 대한 주목, 떠오르는 생각의 다양한 표현, 재미나 감동 등을 언급하며 문학을 즐기는 독자의 형성을 추구한다. 초등학교 5~6학년에서는 작품 속 세계가 허구적 세계라는 점을 인식하여 문학적 상상력을 동원하여 감상하도록 안내한다. 고등학교의 선택 교육과정에서는 문학의 감상이 인접 분야와 연관된다는 사실을 통해 문학을 포함한 문화 전반을 향유할 수 있는 독자의 인문학적 소양 강화에 목적을 둔다. 또한 문학을 매개로 한 상호 소통의 전제로 "공감적" 수용을 들고 있다.

2022 개정 교육과정의 감상 관련 성취기준은 다음과 같다.

2022 개정 교육과정의 감상 관련 성취 기준

학년군	성취기준
초등학교 1~2학년	[2국05-02] 작품을 듣거나 읽으면서 느끼거나 생각한 점을 말한다.
초등학교 3~4학년	[4국05-02] 자신의 경험을 바탕으로 작품 속 세계와 현실 세계를 비교하여 작품을 감상한다. [4국05-04] 감각적 표현에 유의하여 작품을 감상하고, 감각적 표현을 활용하여 자신의 생각이나 감정을 표현한다. [4국05-05] 재미나 감동을 느끼며 작품을 즐겨 감상하는 태도를 지닌다.
초등학교 5~6학년	[6국05-02] 비유적 표현의 효과에 유의하여 작품을 감상한다.
중학교 1~3학년	[9국05-01] 운율, 비유, 상징의 특성과 효과에 유의하며 작품을 감상하고 창작한다.
선택 과목 '문학'	[12문학01-07] 작품을 공감적, 비판적, 창의적으로 감상하며, 다양한 방식으로 작품에 대해 비평한다.

작품을 읽고 느낀 점을 말하는 성취기준이 초등학교 3~4학년에서 1~2

학년으로 옮겨져 저학년부터 감상 활동을 단계적으로 수행하도록 하며, 초등학교 5~6학년의 '비유적 표현에 유의하여 감상하기'와 중학교 1~3학년의 '운율, 비유, 상징의 특성과 효과를 생각하며 감상하기'가 연결되어 감상 활동의 위계화가 이루어졌다. 작품 속 세계와 현실 세계를 비교하며 작품을 감상하는 성취기준은 초등학교 5~6학년군에서 3~4학년군으로 이동했으며 "자신의 경험을 바탕으로" 감상을 수행한다는 내용이 추가되었다. 이 성취기준은 내용 체계상의 범주로는 '작품 읽기와 이해'에 포함되지만 독자의 경험과 상상을 토대로 사실과 허구를 비교할 때 그 대상이 "작품 속의 인물·정서·상황·배경·분위기·사건 등"이라는 점에서 감상 활동에 가깝다고 볼 수 있다.

선택 과목 '문학' 영역의 성취기준([12문학01-07])은 해설에서 "문학 작품에 대한 감상과 비평 능력을 높이기 위해 설정"했다고 밝힌다. 감상 능력의 향상을 위해 필요한 것은 "작품의 의미나 주제 등에 대한 기존의 정보에 의존하기보다 학습자가 스스로 자신의 처지와 관점, 취향에 따라 적극적이며 주체적인 태도로" 임하는 것이다. 즉 학습독자가 지니는 개인적 맥락을 충분히 고려하는 것이 주체적인 감상에 필수적이다. 또한 감상 활동이 비평 활동으로 이어진다는 점을 명시하고 있어 소설 읽기에서 감상의 역할이 해석이나 비평과 동등하게 중요한 위치를 차지함을 알 수 있다.

다음은 교육과정의 감상 관련 성취기준이 교과서에 반영된 양상으로 2015 개정 교육과정에 따른 '문학' 교과서의 학습 활동이다.

> • 등장인물 중 자신과 가장 닮은 사람이나 다른 사람을 골라 그 이유를 말해 보고, 모둠원의 이야기를 들으며 자신의 생각과 비교해 보자. (김승옥, 〈역사〉)

- 이 소설의 사건 전개 속에서 '나'가 느꼈을 감정이 어떠할지 말해 보자. (김애란, 〈도도한 생활〉)
- 이 작품을 읽으며 '감동'을 받았던 장면을 찾아보자. (김애란, 〈두근두근 내 인생〉)
- 이 작품을 감상하고 위 글의 (ㄱ)과 관련하여 가졌던 느낌이나 생각을 친구들과 이야기해 보자. (김애란, 〈두근두근 내 인생〉)
- 가사의 내용 중, 자신에게도 비슷한 경험이 있거나 공감되는 부분이 있다면 말해 보자. (은희경, 〈소년을 위로해 줘〉)[7]

감상과 관련해서는 '내가 작중 인물이라면'의 감정이입 활동이 주를 이룬다. 인물의 감정을 상상해 보거나 인물의 생각과 독자 자신의 생각을 비교해 보는 등 주로 인물을 중심으로 감상 활동을 제시한다. 또한 감동, 느낌, 공감 등의 용어를 사용해 질문함으로써 교육의 장에서 이루어지는 문학 읽기가 분석이나 평가 등의 인지적 활동에만 국한되지 않도록 주의하고 있음이 드러난다.

4 독자의 소설 읽기 세 번째: 비평

비평은 대상을 분석하거나 판단하는 것을 뜻한다. 문학 작품을 대상으로 이를 폭넓게 정의하면 문학이란 무엇인가, 문학 작품의 뜻은 무엇인가, 작가 또는 작품의 가치는 어떠한가 등 문학에 관련된 일체의 논의를 아우

7   천재교과서(김동환), 동아출판(김창원), 지학사(정재찬), 지학사(정재찬), 비상(한철우).

르는 것이다(이상섭, 2015: 132-133). 문학 비평은 앞서 살펴본 문학의 해석, 문학의 감상과 마찬가지로 텍스트를 읽는 행위에서 출발한다. 다만 비평은 해석이나 감상에 비해 비판적 관점을 심화시켜 판단을 적극적으로 수행하며, 감정을 배제하지 않으면서도 논리적으로 분석한다는 점에서 종합적인 읽기 활동의 성격을 지닌다. 이와 같은 문학 비평에 대해 기술(description), 해석, 가치평가가 통합된 '비판적 해석'이라고 부르기도 한다(Mecklenburg, 1972/1999: 72-75).

비평은 독자의 해석 행위를 거친 판단이다. 귀스타브 플로베르(Gustave Flaubert)의 〈마담 보바리(Madame Bovary)〉(1857)를 읽고 "마담 보바리는 한 시골 의사의 아내이다."라고 한다면 기술에 그친 것이지만, "마담 보바리는 현실과 허구를 분간하지 못했기 때문에 자살하기에 이른다."라고 하면 해석이 관여된 것이며(Ryan, 1981/1998: 83), 이를 토대로 가치판단을 내린다면 비평을 수행한 것이다. 해석과 비평을 하기 위해서는 텍스트를 바탕으로 근거를 도입해야 하며, 추가적인 근거가 발생할 경우 비평의 방향은 달라질 수 있다. 비평 행위에서 판단과 평가의 근거를 서술해야 하는 이유는 미적 가치를 논할 때 가치의 객관적 척도가 명확하지 않기 때문이다. 이 척도는 미적 가치의 규준으로서 비평 주체의 경험으로부터 형성되기도 하고, 다른 작품과의 비교를 통해 상대적으로 결정되기도 한다(민주식, 2008: 44-45). 학습독자는 자신이 읽은 소설에 대해 나름의 규준에 따라 판단을 내리고 근거를 마련함으로써 비평 능력을 갖추게 된다.

이와 같이 종합적인 사고를 요하는 비평은 문학 읽기의 방법이자 문학 교육의 방법론으로서도 의미가 있다. 문학 텍스트에 대한 이해, 감상, 평가 능력을 기르는 것이 문학 교육의 목표라고 할 때, 문학 비평은 작품에 접근하고 그것을 분석한다는 면에서 문학 교육과 유사하며 이 둘은 상호 교섭하며 발전해 왔다. 문학 교사가 갖추어야 할 역량에 일정 수준의 비평적 감식안이 포함된다는 사실도 이를 뒷받침한다(구인환 외, 2011: 326-327). "위대한 비평가는 스스로 어떤 견해를 제시하기보다는 자신의 비평을 바탕으로 다른 사람들이 그 작품에 대한 견해를 갖도록 해 준다."(Benjamin, 1972-1989/2012: 563)라는 발터 베냐민(Walter Benjamin)의 말에서 '비평가'의 자리에 '문학 교사'를 놓는다면 문학 교사는 학습독자가 스스로 작품에 대한 견해를 세우고 표현할 수 있도록 해야 할 것이다.

한편 비평은 고정된 의견이 아닌 미결 상태(indeterminacy)로 존재한다는 점에서 독자에게 성찰과 소통의 기회를 부여하는데 이때 비평의 역할은 단순히 의미의 한정을 지연시키는 것을 넘어선다. 비평을 할 때 독자는 텍스트의 내용을 충분히 읽고 다양한 비평 가능성을 시도하면서 문학적 사고를 정교화하고 비평 주체인 자신을 성찰한다(Hartman, 1981/1998: 151-159). 이 과정에서 독자와 텍스트 간 소통이 활성화된다. 나아가 독자는 미결 상태를 해소하기 위해 다른 독자를 비평의 자리에 초대하여 독자 간 소통을 통해 소설 읽기의 사회적 의미를 구축한다.

비평은 비평 행위의 대상인 작품뿐만 아니라 그것을 통해 진단하고 개입할 수 있는 시대 현실과도 밀접하게 맞닿아 있다. 비평 행위의 출발점은 자신과 현시대를 음미하고 분석하고 판단하고 평가하는 '반성'이다. 반성은 타자의 눈으로 바라보는 것을 핵심으로 한다. 가라타니 고진(柄谷行人, 2001/2005: 91-93)은 거울의 비유를 들어 반성에 대해 설명하였다. 거울에 자신을 비추는 행위는 '타인의 시점'으로 자신의 얼굴을 보는 일이다. 이때 우리는 불쾌감을 느낄 수 있는데, 거울은 물론이거니와 초상화나 사진 속 자기 얼굴을 볼 때 또는 기계 장치를 통해 자기 목소리를 들을 때 불쾌감을 경험하는 일은 흔하다. 그 이유는 거기에 '타인의 시점'이 나타나 있기 때문이다. 그런데 어느 정도 객관적인 시선이 담긴 초상화나 사진과 달리 거울에는 '타인의 시점'만큼 '나의 시점'도 포함되어 있다. 즉, 거울을 볼 때 우리는 '자기 좋을 대로' 자신의 얼굴을 보기 마련이다. 반성 역시 거울 보기와 마찬가지로 '나의 시점'으로 기울어지는 습성을 떨쳐 내기 어렵기 때문에, 타인의 시점을 도입하려는 시도를 지속하여 판단의 균형을 잡아야 한다. 반성에서 출발하는 비평은 이 점에서 사회적 기능을 갖는다. 문학 교실에서 비평을 수행하는 학습독자는 소설 텍스트를 통해 자기 자신과 자신이 살아가는 시대를 바라보면서 타자의 눈을 갖고 반성적 태도를 견지해야 한다.

한편 문학 교육에서 다루는 비평은 일반적인 학습독자가 비평 주체가 된다는 점에서 전문 연구자의 작품 읽기 및 비평 작업과 구분할 필요가 있다. 전문 연구자의 강조점은 작품에 대한 해석과 평가를 넘어 문학적 진술의 규칙을 찾는 것이다. 그러나 문학 교육에서 행하는 비평 활동은 작품을 바라보는 비평 주체의 관점이 중심에 놓인다는 점에서는 동일하지만, 작품에 대한 반응을 글로 표현하는 모든 과정에 걸친 활동을 포함할 수 있다는 점에서 보다 넓은 의미를 지닌다(김성진, 2012: 201-209).

그렇다면 교육과정에서는 비평을 어떻게 다루고 있는가. 2015 개정 교육과정의 비평 관련 성취기준은 "작품에 대한 이해와 감상을 바탕으로 하여 다른 사람과 적극적으로 소통한다."([6국05-05]), "근거의 차이에 따른 다양한 해석을 비교하며 작품을 감상한다."([9국05-07]), "재구성된 작품을 원작과 비교하고, 변화 양상을 파악하며 감상한다."([9국05-08]), "문학의 수용과 생산 활동을 통해 다양한 사회·문화적 가치를 이해하고 평가한다."([10국05-04]), "주체적인 관점에서 작품을 해석하고 평가하며 문학을 생활화하는 태도를 지닌다."([10국05-05]), "문학과 인접 분야의 관계를 바탕으로 작품을 이해하고 감상하며 평가한다."([12문학02-03]), "작품을 공감적, 비판적, 창의적으로 수용하고 그 결과를 바탕으로 상호 소통한다."([12문학02-04]) 등이다.

해석과 감상 영역에서와 마찬가지로 '비평'이라는 표현이 직접 쓰이지 않는 경우도 포함했는데, '감상', '이해'라고 서술하지만 학습자의 실질적인 활동은 판단 및 평가의 성격을 띠고 있다. 또한 비평의 근거로 역사성, 사회·문화적 맥락, 다른 독자의 해석 등을 제시하며 비평이 해석을 기반으로 함을 전제하고 있다. 아울러 원작과 재구성된 작품의 비교, 인접 분야와의 관계 고려 등을 언급하고 있는데, 이는 상호텍스트적 관점을 통해 학습독자의 비평적 능력을 다양한 방향에서 함양하기 위한 것이다.

2022 개정 교육과정의 비평 관련 성취기준은 다음과 같다.

2022 개정 교육과정의 비평 관련 성취 기준

학년군	성취기준
초등학교 3~4학년	[4국05-03] 작품을 듣거나 읽고 마음에 드는 작품을 소개한다.
초등학교 5~6학년	[6국05-04] 인상적인 부분을 중심으로 작품에 대한 의견을 나눈다.
중학교 1~3학년	[9국05-08] 근거를 바탕으로 작품을 해석하고, 다른 해석들과 비교하여 자신의 해석을 평가한다.
고등학교 '공통국어1, 2'	[10공국1-05-01] 문학 소통의 특성을 고려하며 문학 소통에 참여한다.
선택 과목 '문학'	[12문학01-07] 작품을 공감적, 비판적, 창의적으로 감상하며, 다양한 방식으로 작품에 대해 비평한다.

교육과정의 내용 체계에서 '과정·기능'의 '비평' 범주에 해당하는 내용 요소를 위계화하면 '마음에 드는 작품 소개하기'—'인상적인 부분을 중심으로 작품에 대해 의견 나누기'—'다양한 해석 비교·평가하기'이며, 이는 각각 "작품을 듣거나 읽고 마음에 드는 작품을 소개한다."([4국05-03]), "인상적인 부분을 중심으로 작품에 대한 의견을 나눈다."([6국05-04]), "근거를 바탕으로 작품을 해석하고, 다른 해석들과 비교하여 자신의 해석을 평가한

다."([9국05-08])에 해당한다. 이를 통해 교육과정에서 강조하는 비평 활동의 핵심은 학습자 자신의 주관을 적극적으로 표현하는 것, 이때 적절한 근거를 들어서 평가 의견을 제시하며, 그것을 다른 사람들과 소통하는 것이라고 볼 수 있다. 문학 소통에 대한 참여는 고등학교 공통 교육과정의 "문학 소통의 특성을 고려하며 문학 소통에 참여한다."([10공국1-05-01])로 이어진다. 성취기준 해설에서는 문학 작품에 작용하는 다층적 맥락(작가 맥락, 독자 맥락, 사회·문화적 맥락, 문학사적 맥락 등)을 고려하며 문학 소통의 특성을 이해하는 일이 중요함을 밝히고 "작가와 독자의 소통에 작품의 아름다움과 가치를 평가하는 비평의 담론이 더하여져서 더욱 풍부한 소통의 장이 펼쳐진다."라고 말한다. 학습독자는 "비평하는 활동을 시도하면서" 보다 주체적인 문학 소통의 참여자가 될 수 있다.

다음은 교육과정의 비평 관련 성취기준이 교과서에 반영된 양상으로 2015 개정 교육과정에 따른 '문학' 교과서의 학습 활동이다.

- 한덕문과 영남이 내세우는 주장과 그 근거를 정리해 보고, 당시의 시대적 상황을 고려하여 각각의 타당성을 평가해 보자. (채만식, 〈논 이야기〉)
- 한덕문이 "독립됐다구 했을 제, 내, 만세 안 부르기, 잘했지."라고 말한 이유는 무엇일지 짐작해 보고, 국가를 대하는 한덕문의 태도를 옹호 또는 비판해 보자. (채만식, 〈논 이야기〉)
- 다음은 이 작품의 내용과 관련하여 두 학생이 대화한 내용이다. 두 학생의 의견을 참고하여 작품을 비판적으로 감상해 보고, 친구들의 생각과 비교해 보자. (조세희, 〈난장이가 쏘아올린 작은 공〉)
- 독일 학교의 '선생님'과 반장 '잉가'가 베트남 전쟁을 바라보는 시각에 대해 평가해 보자. (최은영, 〈씬짜오, 씬짜오〉)
- '응웬 아줌마'네 가족들의 참상을 대하는 엄마와 아빠의 태도 중 자신은 어느 쪽을 지지하는지 그 이유와 함께 의견을 밝혀 보자. (최은영, 〈씬짜오, 씬짜오〉)[8]

교과서는 주로 인물의 입장을 정리하고 타당성을 평가하게 하거나 인물의 태도에 대한 의견을 말하게 함으로써 학습독자가 근거를 통한 논증의 방식으로 소설 읽기에 접근하도록 한다. 그리고 작품에 대한 독자의 다양한 의견을 소개하거나 전문 비평가의 평론 및 의견을 제시문으로 활용하여 비평이 그 자체로 소통의 성격을 지님을 강조한다.

5 해석, 감상, 비평 활동의 실제

앞에서는 소설 읽기 활동의 세 양태에 해당하는 해석, 감상, 비평의 개념과 특징을 알아보고, 그것이 교육과정과 교과서에 반영된 양상을 살펴보았다. 해석, 감상, 비평은 독자의 반응을 표현하는 동사의 성격을 띠기 때문에 그 자체로 활동의 명칭이 되기도 하지만(해석 활동, 감상 활동, 비평 활동), 교육의 장에서는 각각을 실천할 수 있는 보다 구체적인 방법이 제시되어야 한다. 작품을 읽는 중에 또는 읽고 난 후에 독자가 자신의 감정이나 자신이 재구성한 의미를 명확하게 표현하지 못한다면 작품을 제대로 읽었다고 하기 어렵다. 이 절에서는 학습독자가 소설을 읽고 책장을 덮어 버리는 대신 텍스트, 작가, 다른 독자 등과 원활하고 의미 있게 소통할 수 있는 실질적인 활동을 제안한다. 비록 여기서는 이 활동들을 해석, 감상, 비평 영역으로 나누어 제시하였지만 문학 교실에서 그 경계는 유동적이다. 즉, 각 영역에 속한 활동이 해당 영역에서만 유효한 것은 아니다. 예를 들어 해석 활동의 실제로 제시한 문학 토론은 독자의 넓고 적극적인 해석을 유도하는 데 유

---

8 해냄에듀(조정래), 해냄에듀(조정래), 비상(한철우), 금성출판사(류수열), 금성출판사(류수열).

용하지만, 그렇다고 해서 해석만을 위한 방법이라고 하기는 어렵다. 감상 중심의 소설 읽기에서도 토론을 활용할 수 있는 것이다. 해석, 감상, 비평이 그 자체로 교집합을 지니는 것처럼, 각각을 구체화한 활동 역시 유연하게 활용 가능하다.

1) 해석 활동의 실제

첫 번째 해석 활동은 해석 가설의 설정 및 검증이다. 이 활동은 해석의 목적이 텍스트의 단서를 근거로 하여 의미를 이해하는 것이라는 점과 관련된다. 해석 가설은 텍스트를 해석하기 위해 설정된 가정(假定)으로서, 가설이라는 표현에서 드러나듯 근거를 통해 검증할 수 있다. 이때 근거는 텍스트 내부와 외부에서 모두 찾을 수 있으며, 증명 과정을 통해 가설의 타당성을 잠정적으로 인정받는다. 해석 가설은 해석의 주체인 독자 입장에서 설정하는 것이므로 작품에 직접 드러나지 않는다는 점에서 독자가 가설을 무엇으로 세우는가에 따라 해석의 방향이 달라질 수 있다. 독자가 설정한 가설은 작품 전체를 읽어 나가면서 일관되고 통합적인 해석을 하는 데 중심을 잡아준다(우신영, 2015: 165-166). 다음은 고등학생 학습자가 이상의 〈날개〉(1936)를 읽고 쓴 해석 텍스트이다(우신영, 2015: 168).[9]

> 하지만 난 이 단편소설을 읽는 내내 가졌던 의문이 있었다. 만약 '나' 가 정말로 '박제가 되어 버린 천재'였더라면 '나'가 아내의 매춘을 모르고 있었다는 점은 말이 되지 않는다. 과연 '나'는 아내의 매춘을 정말 모르고

....
9 이 해석 텍스트는 우신영(2015)에서 수집한 자료로 원문에는 자료 표기 기호가 있지만 여기서는 생략하였으며, 이하에서 인용하는 독자 생산 텍스트에도 동일하게 적용하였다.

있었을까? 아니면 그는 이 모든 사실을 알면서도 묵인했던 것인가? 그저 그는 모르는 척하고 싶었던 것일까? '나'는 아내에게 경제적, 사회적으로도 모두 열등했기 때문에 스스로를 아내의 일에 간섭할 수 있는 권리조차 없는 사람이라고 생각하고 있지는 않았을까? 아니면 그저 그 권리를 스스로 포기했을지도 모르겠다. 아니면, '나'는 그저 현실을 받아들이고 싶지 않았던 것일 수도 있다. 그저 아내를 사랑하고 있었던 건지도 모른다.

이 독자는 소설 〈날개〉를 읽으면서 들었던 의문을 중심으로 작품의 해석과 관련된 추론 가능한 가설들을 나열한다. 이 독자의 의문은 "'나'가 아내의 매춘을 정말 모르고 있었는가?"에서 시작되는데, '정말 모르고 있었다.'와 '알면서도 묵인했다.(모르는 척하고 싶었다.)'라는 두 가지 상반된 경우를 상정한 후 '아내에 비해 열등한 입장이었기 때문에 아내의 일에 대해 알아보려는 권리를 포기했다.' 또는 '아내를 사랑했기 때문에 현실을 외면했다.' 등으로 가설을 설정해 나간다. 작품의 내용을 토대로 하여 가능한 해석의 방향을 떠올린 점은 적절하지만, 질문에 대한 답, 즉 논거를 찾아 가설을 탐구하고 검증하는 데까지는 나아가지 못했다. 이에 비해 가설을 설정한 후 논거를 찾아 검증하는 일련의 과정을 볼 수 있는 사례가 있다. 다음은 대학생 독자의 해석 텍스트를 구조화한 것이다(우신영, 2015: 173-174의 자료를 축약함).

- 1, 2단계: '박제가 되어 버린 천재를 아시오?'라는 프롤로그의 문구에 주목하고, 이 문구가 작품 전체를 포괄하는 핵심 어구임을 확신함
- 3단계: 〈날개〉가 '박제 상태로부터의 해방'이라는 의미 주제를 담고 있다는 해석 가설을 설정
- 4단계: 텍스트 내적 논거의 조회('나'의 박제적 상태를 뒷받침하는 논거와 '나'

의 박제적 상태로부터의 해방을 뒷받침하는 논거)
- 5단계: 텍스트 외적 논거의 조회(박제 상태로부터의 해방이라는 의미 주제에 대한 텍스트 외적 논거 조회)
- 6단계: 〈날개〉가 '박제 상태로부터의 해방'이라는 의미 주제를 담고 있다는 해석 가설의 잠정적 확정

위 독자는 소설의 프롤로그에 나오는 문구에 주목하여 〈날개〉가 '박제 상태로부터의 해방'이라는 주제를 말하고 있다'는 해석 가설을 설정한다. 그 후 이 가설을 뒷받침하기 위해 텍스트 내적 논거(4단계)와 텍스트 외적 논거(5단계)를 들면서 자기 나름의 검증에 도달한다. '작은 '방'에 만족하고 '햇빛'이 없는 상태에 불평하지 않는 화자의 태도, 아내의 방에서 이루어지는 무의미한 장난에 재미를 느끼는 화자의 행위' 등을 '나'의 박제적 상태를 뒷받침하는 논거로 보았고, 이에 비해 아달린을 발견하면서 의심이 생긴 것이나 만물이 생동하는 정오에 듣게 된 각성의 사이렌 이후 날개에 대한 염원을 드러낸 점 등은 '나'가 박제 상태로부터 해방되었다는 사실을 보여 준다고 해석하였다. 텍스트 외적 논거로는 일제강점기라는 시대 맥락과 날개를 상실한 식민지 지식인들의 각성을 요구하는 내포작가의 목소리를 들었다. 이를 통해 해석 초반에 설정한 가설을 잠정적으로 확정하며 독자는 타당한 해석으로 가는 길을 모색한다. 이 사례에서 보듯이 해석 가설의 설정과 검증은 소설의 내용을 단지 꼼꼼히 읽는 것을 넘어서 내용의 흐름을 파악하는 과정에 논리적인 추론을 적용하여 소설이 지닌 의미를 심층적으로 이해하려는 활동이다.

두 번째 해석 활동은 문학 토론이다. 문학 토론은 학습독자의 자발적인 해석을 끌어내고 다양한 해석을 공유하기에 적합하다. 이 점에서 문학 토론을 해석 소통이라 할 수 있는데, 독자는 해석을 공유하는 과정에서 다른

이의 해석과 경쟁·협상·조정 등을 통해 자신의 해석을 심화 및 확장한다
(이인화, 2013: 28). 자신의 해석을 다른 사람과 소통함으로써 해석의 적절
성에 대해 고민하고 새로운 해석을 발견하는 기회를 얻는 것이다. 다음은
윤홍길의 〈아홉 켤레의 구두로 남은 사내〉(1977)를 읽고 수행한 고등학교
학습자들의 해석 소통이다(이인화, 2013: 166).

학생 1: 먼저 이쪽 조에서 말했듯이, 어, 말했지만, '권 씨'가 투쟁 중에 택
시를 타고 도망을 갔다, 그리고 현실 도피적이라고 말씀을 하셨는데
이는 현실 도피라고 보면 안 되는 이유가 있습니다. 왜냐하면 '권 씨'
는 '동준이'의 어깨를 쳐서 다시 재울 만큼 천성이 착한 사람입니다.
그에 따라서 우리가 '권 씨'의 천성을 확인할 수 있었고, 어, 최루탄
에 투석으로 맞선 사람을 구경만 했다고 합니다. 그러면은 자신은 천
성이 착하기 때문에 자신은 폭력을 할 수 없고 막 그런 것 때문에 현
실 도피라고 하는 것이 아니라 자신의 천성 때문에 어쩔 수 없이, 그
니까, 소극적이 될 수밖에 없었던 것입니다. 그리고 '권 씨'는 구두에
먼지 한 톨이라도 용납하지 않는 사람입니다. 아까 확인했듯이. 그런
데 이런 사람이 '오 씨'에게 돈을 빌리며 머리를 조아리며 갑니다. 그
런 면에서 보아 '권 씨'는 엄청 큰 자존심을 굽힐 정도로 가족애가 짙
었던 사람입니다. 어쩔 수 없이 돈을 빌릴 수밖에 없는 상황을 만든
사회의 잘못이라고 생각합니다.
학생 2: 택시를 잡아타고 도망가려고 했던 것은, 그니까, 최루탄에 투석
으로 맞서는 사람들을 구경하려고 했는데 만약에 천성이 착했으면
은 자신과 같은 입장에 있는 사람들이 맞서고 있는 상황을 볼 때 도
망가면은, 도망간 것은, 이것은 비겁하고 약간 맞지 않는 행동이라고
생각하고요. 아까 그 구두가 완전 깨끗해야 자기의 자부심을 느끼는
그런 사람이 돈을 빌리러 갔는데 그건 자기의 자존심을 굽힌 거라

고 말씀하셨는데, 그 자존심이 헛된 자존심이라는 거죠. 아예 처음부터가.

위 독자들은 '권 씨'가 투쟁 중에 택시를 타고 도망을 가는 행위의 원인을 탐구하면서 나아가 '권 씨'가 다른 사람에게 돈을 빌리는 상황, 즉 가난을 면치 못하고 살아가는 것에 대한 서로 다른 견해를 보여 주고 있다. 학생 1은 또 다른 독자의 해석인 '권 씨'가 도망간 것은 현실 도피적이라는 주장에 대해 반론을 제기한다. 인물의 천성이 착해서 소극적 태도를 보인 것이며, 텍스트에 나온 사실('오 씨'에게 돈을 빌림)을 근거로 하여 '권 씨'가 자존심을 굽히고 있는 상황이고 그런 상황은 사회의 잘못 때문이라고 말한다. 이에 대해 학생 2는 천성이 착해서 도망갔다는 주장을 반박하는데, 그 근거는 도망간 것이 자신과 같은 입장에 있는 사람들을 고려하지 않은 비겁한 행동이라는 판단이다. 또한 자존심을 굽힌 '권 씨'에 대해서는 애초에 그가 가진 것이 '헛된 자존심'이라고 일축하며 반대 의견을 표명한다. 해석 소통에 참여한 두 명의 독자 모두 근거를 충실히 들어 주장하고 있어 작품에 대해 의미 있는 토론이 가능해졌다. 또한 논문의 저자가 지적했듯 학생 1이 보이는 논리의 허점('권 씨'의 행동이 불가피함을 천성과 연관 지으려면 소설 속에서 그의 천성을 뒷받침하는 행위를 추가적으로 제시해야 함. 이인화, 2013: 167)을 뒤이어 학생 2가 언급함으로써('권 씨'의 천성을 착하다고 볼 수 있는가?) 소통 활동이 개인의 해석이 지닌 부족함을 자연스럽게 조정해 나가는 역할을 함을 알 수 있다.

이와 같은 문학 토론은 참여하는 인원에 따라 개인 대 개인이 하는 '1:1 토론'과 여러 명이 참여하는 '상호 집단 토론'으로 나타나며, 참여자의 발언 양상은 '사실 확인형 질문', '이견 제시형 발언', '추가 의견형 발언' 등으로 나뉜다(정재림·이남호, 2014: 436). 일반적인 토론이 찬반을 나누어 대립하며 승패가 분명하게 결정되는 형태로 진행된다면, 문학 토론은 서로 다른 해석이 경합을 벌이는 과정 자체가 중심이 되므로 상대가 나와 다른 의견을 가짐을 인정하고 합의가 되지 않은 상태로 끝나는 경우도 많다. 문학 토론에서는 소통 과정에서 자신의 해석을 표현해 보고, 그 해석이 더 견고해지거나 또는 다른 방향으로 변화할 수 있다는 가능성을 경험하는 것이 중요하다.

2) 감상 활동의 실제

소설 읽기의 감상 활동으로 주로 활용되는 것은 반응 에세이 쓰기이다. 소설을 읽은 후 생성되는 반응을 중심으로 서술하는 글로서 내용 이해의 논리적 흐름이나 비평적 견해보다는 독자의 인상, 감상, 감정이 더 부각된다. 아리스토텔레스(Aristoteles)는 비극이 연민과 공포를 환기시키는 사건에 의해 감정의 카타르시스를 행한다고 했는데(Aristoteles/천병희 역, 2004: 49), 문학 작품의 극적인 플롯에서 연민 또는 공포를 느끼는 독자는 그 감정을 표현하는 과정에서 정화(淨化)와 배설의 효과를 얻을 수 있다. 다음은 김애란의 〈노찬성과 에반〉(2016)을 읽고 쓴 반응 에세이이다(정이현, 2016).

이 작품을, 고통과 선택 그리고 상실에 대한 소설이라고 읽는 것은 어떨까요. (…) 개를 에반이라고 부를 때, 이제 소년이 조금 덜 외로워지겠구나 생각했습니다. 그런데 에반은 큰 병에 걸립니다. 소년은 에반의 지독한 고통을 없애주려고 합니다. 사랑하기 때문일 것입니다. 개를 안락사 시키기 위해 돈을 모읍니다. 소년의 그 슬픈 목표는 이루어질 수 있을까요? 소

> 설이 마지막을 향해 치달아갈수록, 읽는 이는 안절부절 못하게 됩니다. 가장 낮은 곳에, 가장 작고 허약한 존재들이 있습니다. 어두운 고속도로 옆 샛길을 하염없이 걸어가는 소년의 마지막 뒷모습을 오래 잊지 못할 것 같습니다.

외로운 소년 찬성과 늙은 개 에반의 이야기를 담은 소설을 읽고 위 독자는 인물이 느낄 법한 외로움, 사랑, 슬픔 등의 감정을 함께 느끼는 모습을 보여 준다. "안절부절 못하게 됩니다.", "소년의 마지막 뒷모습을 오래 잊지 못할 것 같습니다." 등의 표현을 통해 독자로서 갖게 된 정서적 반응을 고스란히 드러내기도 한다. 이에 더해 이 글은 메일링 서비스라는 특정한 조건 아래 쓰인 텍스트로서 반응 에세이를 읽는 상대가 마치 눈앞에 있는 것처럼 생생하게 감정을 드러내고 있어 소설을 읽은 다른 독자와의 소통을 적극적으로 수행한다. "고통과 선택 그리고 상실에 대한 소설이라고 읽는 것"을 권유하는 서두는 글쓴이가 소설에 대해 내린 정의 차원의 규정이자 다른 독자로 하여금 공감을 촉구하는 표현이 된다(홍인영, 2020: 576).

이와 같은 정서적 반응 중심의 소설 읽기와 관련하여 정서 리터러시(emotional literacy)에 대한 최인자(2019)의 논의를 참고할 수 있다. 정서는 지향성을 지니며 특정 상태의 변화를 촉구한다는 점에서 인간이 자신을 인식하고 자아상을 실현하는 것과 밀접하게 관련된다. 따라서 정서는 역량의 관점에서 계발할 수 있는 것이며 소설 감상 교육의 목표를 정서 역량의 함양으로 본다면, 소설을 읽고 느끼는 감정이라는 모호한 실체를 정교화하는 방법이고, 자기 이해라는 문학 교육의 궁극적 목적에도 부합한다. 정서 리터러시는 자신과 타인의 정서를 이해하고 표현하는 능력으로서 정서가 어떤 상황에서 생겨났는지, 정서를 통해 어떤 상태에 도달하려고 하는지 등을 구체적으로 인식하는 것과 관련된다(최인자, 2019: 172-174). 정서 리터러시의 계발을 위한 '반응 진술(response statement)'과 '반응 분석 진술(response-analysis statement)'[10]은 각각 문학 텍스트를 읽고 자신이 느끼고 생각하고 연상한 것에 대한 서술, 그리고 작품에 대한 반응을 스스로 분석하여 성찰한 결과를 쓰는 것을 가리킨다. 이를 통해 독자는 자신의 정서를 명료하게 바라볼 수 있다.

반응 에세이 쓰기의 연장선에서 할 수 있는 다른 감상 활동으로는 인물 입장에서 글쓰기가 있다. 소설을 읽고 생기는 감정의 변화는 인물로부터 촉발되는 경우가 많은데, 인물이 공감 또는 비공감의 대상이 되기 때문이다. 인물 입장에서의 글쓰기는 인물의 감정을 독자가 느낀다고 생각하고 실행하는 활동으로, 공감이 무조건적인 전제가 되는 것은 아니며 공감하지 못하는 인물 입장에서도 쓸 수 있다. 핵심은 다양한 측면에서 감정을 활성화하는 것이다. 아래는 정이현의 〈영영, 여름〉(2014)을 읽고 등장인물 '나(리에)'와 '메이'를 각각 선택하여 짧은 글을 쓴 사례이다(홍인영, 2019a: 1230-1231).

> '나(리에)'를 선택한 경우: 나는 모순적인 사람이다. 아니, 어쩌면 인간이라는 동물 자체가 모순적인 동물이다. 엄마가 걱정하시는 것에 대해 쓸데없는 걱정이라고 생각하고 피해의식이라고 생각하면서도, 나 스스로는 나의 굴레에서는 벗어나지 못하고 있다.
> 어쩌면 그래서 나는 다이아몬드 목걸이가 필요했는지도 모른다. 엄마가 나에게 주는 사랑이 진정한 사랑인지 의심했었고, 가족이 아닌

....

10 두 방법은 모두 데이비드 블라이히(David Bleich)가 제안한 것으로 타이슨(Tyson, 2006/2012: 383-386)과 블라이히(Bleich, 1975: 43-46)를 참고할 수 있으며, 이 내용은 최인자(2019: 184-185)에서 재인용하였다.

> 타인들은 항상 나를 좋아하지 않을 것이라 생각했기에 나는 사랑이
> 필요했다. 나는 애정결핍이었다. 메이가 나타나기 전까지는. 그래서
> 다이아목걸이가 필요했고, 그래서 영원한 친구가 필요했고, 그래서
> 메이가 필요했다.
>
> 메이를 선택한 경우: 이곳에서 나와 대화할 수 있는 사람이 계속 없을 줄
> 알았는데 오랜만에 학교 친구와 우리말로 대화를 해서 너무 좋았다.
> 그렇게 그녀와 나는 점점 친해져갔지만 더 이상은 그녀를 볼 수 없을
> 것만 같다. 그녀와 내가 공기놀이를 하다가 다친 이후로 갑자기 새로
> 운 학교로 전학을 왔기 때문이다. 그녀를 보지 못하는 것은 나에겐
> 큰 슬픔으로 나가오겠지만, 그녀와 함께한 추억을 떠올리며, 또 그녀
> 가 준 편지를 보며 괜찮아지려고 한다. 언젠간 먼 훗날이라도 그녀를
> 다시 만날 수 있길.

소설에서 '나'는 일본인 아버지와 한국인 어머니 사이에서 태어난 여자 아이로 국적, 거주지, 가족 등 어떤 면에서도 안정감을 갖지 못한다. 그런 '나'가 새로운 도시에서 북한 출신의 '메이'를 만나 유대감을 느끼고 친밀한 감정을 쌓아 가다 불의의 사고로 헤어지게 된다. 위 사례글에서 '나'의 입장을 선택한 독자는 '나'라는 인물이 스스로를 '모순적인 사람'이라고 느낀다고 보고, 그 근거로 '나'가 엄마를 피해의식을 가진 사람이라고 생각하면서 스스로도 자신의 굴레에서 벗어나지 못하고 있는 점을 들고 있다. 이와 같은 자기 인식은 '애정결핍'으로 축약되어 엄마의 다이아몬드 목걸이를 자신이 갖고 있었던 점, 그리고 메이에게 강한 애정을 느낀 점으로 이어진다. 한편 '메이'의 입장에서 서술한 독자는 소설에서 잘 드러나지 않은 삼인칭 인물의 속마음을 표현함으로써 독자가 정서적 측면의 빈자리를 채우며 소설 읽기를 수행하는 모습을 보여 준다. 이처럼 인물 입장에서의 글쓰기를

통해 독자는 인물에 대한 감정 이입을 연습하며 소설이 축조한 허구 세계에 깊이 몰입하는 경험을 할 수 있다. 그 과정에서 독자의 인물과 사건에 대한 이해도가 높아지며 동시에 그러한 감상을 구성하는 독자 자신을 성찰적 태도로 봄으로써 소설 읽기에서 발생하는 정서적 반응을 정교화하게 된다.

3) 비평 활동의 실제

비평 활동의 구체적 방법으로는 첫 번째로 비평적 에세이 쓰기가 있다. 비평적 에세이는 소설을 읽은 독자가 자신의 비평적 견해를 글로 표현하되 전문적인 비평 활동의 부담에서 벗어나 자신의 생각을 자유롭게 표현한 글이다. 형식이 엄격하게 정해진 것은 아니지만 그 내용은 설득력을 지녀야 하는데 자기 자신의 진솔한 생각을 표현하는 과정에서 스스로를 설득할 수 있어야 하며 비평적 에세이를 읽는 다른 독자가 타당하다고 인정할 수 있어야 한다(김동환, 1998: 70-71; 김대행 외, 2017: 445-446). 다음의 예시는 고등학생 학습자가 김승옥의 〈서울, 1964년 겨울〉(1965)을 읽고 쓴 비평적 에세이이다(홍인영, 2019b: 153-154).

> 현대 사회에서 개인의 삶이 지니는 가치는 무엇인가. 인간은 자신에게 주어진 개인적 삶을 영위하면서 그 답을 끊임없이 추구하고 갈망한다. 그러나 집단과 체제, 사상에 종속된 근현대 삶에서, 새롭게 주어진 사회적 삶은 인간에게서 '개인'의 삶을 박탈하고 지배한다. 대부분의 사람들은 이에 순응하고, 사회적 영향력 아래에 개인의 삶을 구축함으로써 안정을 얻는다. 그러나 이를 거부하는 사람은 타인과 구분되는 독립적 자아로서의 자신을 탐색하는 불안정한 방황자가 된다.

김승옥의 소설 〈서울, 1964년 겨울〉은 바로 이 방황자들을 주목한다. 그렇기에 제목에 제시된 '1964년'은 서사의 중심이 되지 못한다. 이야기를 이끌어 가는 주체는 그 어떤 외부적 요소도 아닌 '안'과 '김', 그리고 '사내'라는 이름조차 불명확한 등장인물들의 삶이다. (∵) 자신 이외의 타인의 감정에는 공감도, 추측도 하지 않는 그들의 모습은 마치 현대인들의 상호단절성을 상징하는 것만 같다. (…) 〈서울, 1964년 겨울〉의 등장인물들은 모두 결함품처럼 그려진다. (…)

여기서 독자는 질문을 하게 된다. 서로에게 무관심하고 단절된 현대 사회에서 과연 '나'는 어떻게 찾을 수 있으며, 어떤 가치를 지니는가? '나'를 찾아가는 일은 나쁜 것인가? 작가 김승옥은 일찍이 〈무진기행〉에서 무기력한 주인공을 통해 비슷한 질문을 던진 바가 있다. 자신이 속한 사회를 탈피해 '개인'을 추구했다는 점에서 두 작품은 비슷하기까지 하다. 그러나 결국 현실로 회귀하는 패배적 결과를 맞이하는 〈무진기행〉과 달리 〈서울, 1964년 겨울〉은 자아 탐색의 과정 중 일부를 보여 주며 해결책을 남긴다.

위 독자는 〈서울, 1964년 겨울〉을 '집단 안에서 살아가는 개인의 자아 찾기'로 읽는다. 위 글에 따르면 인간은 '자신에게 주어진 개인적 삶을 영위하면서 그 답을 끊임없이 추구하고 갈망'하는 존재인데, 이 과정에서 사회 또는 집단은 개인의 삶을 박탈하거나 개인을 지배하는 부정적인 것으로 묘사된다. 따라서 '사회적 영향력'을 거부하는 사람은 '불안정한 방황자'가 된다. 위 독자는 이 소설이 방황자인 인물들을 효과적으로 그려 낸다고 파악한다. 위 글은 비평적 에세이의 서두를 '현대 사회에서의 개인의 삶이 지니는 가치'를 묻는 것으로 시작하면서 소설로부터 촉발된 사회와 개인 일반에 대한 생각을 자유롭게 풀어놓는다. 그리고 그 생각을 작중 인물의 삶과 연결하며 비평을 이끌어 간다. 소설의 쟁점으로부터 이끌어 낸 주장을 위 글에서 찾아보면 "관계가 단절된 현대 사회에서 자아를 찾는 일은 필요하다."정도로 정리된다. 이 주장의 설득력을 강화하려면 소설에서 그리고 있는 현대 사회의 속성을 보다 명확하게 파악하고(상호 단절성이 문제인지, 개인을 종속시키는 것이 문제인지 등), 인물들이 개인으로서 각각 어떤 대응 방식을 보이고 있으며 독자 입장에서 그것에 동의하거나 동의하지 않는 이유를 구체적으로 들어야 할 것이다. 위 글은 비평의 주제와 방향을 제시하고자 했지만 본격적으로 자신의 사고 과정을 전개하지 못했는데 이 점을 보완한다면 소설 읽기의 비평 활동으로서 생각을 표현하고 문제의식을 발견하여 타인과 소통하는 기회를 가질 수 있을 것이다.

비평 활동의 두 번째는 작가 비평이다. 비평의 대상을 작품에서 작가로 옮겨 간 것으로 작품을 창작한 주체에 대한 탐구를 통해 작품을 깊이 있게 이해하고 판단하는 활동이다. 현대소설 작가 비평의 문학 교육적 실천 모형을 연구한 논의에 따르면 작가 비평은 작가의 문학적 삶에 대한 탐구, 공감, 해석, 평가가 두루 일어나는 활동으로서 소설 작품과 창작 맥락을 중심으로 작가의 문학적 삶을 이해하고 공감하며 그 내적 논리를 해명하여 작가의 문학적 삶의 가치에 대해 평가해 보는 작업이다(김근호, 2010: 173).

독자는 작품을 읽을 때 그것을 쓴 사람에 대해 기본적인 호기심을 갖게 된다. 작가라는 존재를 탐구의 중심에 놓는다면 그가 누구이며 작품을 쓰게 된 배경은 무엇이고 작품을 쓰는 과정은 어떠했는지 등의 질문이 나올 수 있다. 작가에 대한 정보와 지식이 작품 읽기에 영향을 미친다는 점 그리고 작품이 지닌 문제의식이 창작자의 문제의식과 분리될 수 없다는 점에서 독자가 작가를 살피는 일은 문학 교육에서 도외시할 수 없다.

그러나 이와 같은 필요성에도 불구하고 그간의 문학 교육에서 작가와 관련된 교육은 작품과 분리하여 작가에 대한 사실적 정보를 제공하는 데 그치거나 시대적 현실에 대한 작가의 입장과 정치적 사상을 배제하는 방향으로 행해졌다. 작가 개인보다는 작가가 생산한 결과물인 작품에 초점을 두는 것이 문학 교육의 근간을 이룬다는 점은 자명하지만, 그 사실이 곧 작품 외의 요소는 간과한다는 것을 뜻하지는 않는다. 또한 작가 비평이라고 해서 작가의 일상사까지 모두 다루거나 문학적 삶과 무관한 내용에까지 관심을 기울이는 것은 아니며, 문학 교육에서의 작가 비평은 작품과 관련된 배경지식과 창작 과정에 대한 작가의 고백, 작가의 삶 전반에 대한 지식 등을 중심으로 이루어진다(김근호, 2010: 165-167).

김근호는 작가 비평의 문학 경험적 구도를 '인격적 문학의 체험', '(창작) 맥락 중심의 문학 수용', '(작가의) 문학적 삶의 비평 대상화'로 나누며 각각의 항목에 해당하는 활동의 실천 모형을 다음과 같이 제안한다(김근호, 2010: 187-194의 내용을 표로 정리).

작가 비평 활동의 실천 모형

작가와 가상 대화하기	창작의 맥락 해석하기	작가 전기(약전) 쓰기
- 작가에게 가상 편지 쓰기 - 작가 인터뷰하기 - 작가 초청 가상 문학 좌담회(역할극)	- 소설과 방증 자료의 관련성 검토하기 - 작가의 소설 창작 동기 추론하기 - 작품 내용의 현실 관련성 검토하기 - 창작 행위의 문학사적 의의 해석하기	- 작가의 특정 시기 생애사 쓰기 - (기존 작가 전기를 활용하여) 생략된 이야기 채워 쓰기 - 작가 약전(略傳) 쓰기 - 모둠별 협동을 통한 작가 전기 완성하기

독자가 작가를 인격적 존재로 마주하기 위한 방법으로는 가상 대화가 있다. 대화의 방법은 편지를 쓰거나 인터뷰 및 문학 좌담회를 역할극 형식으로 하는 것이다. 텍스트를 매개로 한 생산자와 수용자의 만남을 통해 수용자(독자)는 생산자(작가)를 주체로 대하는 경험을 하고 이를 발판으로 텍스트에 대한 이해의 폭을 넓힐 수 있다. 창작의 맥락을 해석하는 활동으로

는 작가의 창작 후기나 에세이 등을 충분히 살펴 작품과의 관련성을 검토하는 것이다. 독자 입장에서 파악해야 하는 맥락이란 작가가 누구인가(어떤 배경에서 나고 자랐으며 어떤 활동을 한 사람인가), 작가와 작품의 사회·문화적 배경이 어떠한가, 작품의 문학사적 위치가 어떠한가 등이다. 마지막은 종합적인 성격이 강한 작가의 전기 쓰기이다. 독자는 작가의 문학적 생애를 서사로 재구성하면서 비평 활동과 동시에 서사 창작 활동을 하게 되는 것이다. 이때 전기라는 형식을 지키는 것보다는 한 작가의 삶을 독자의 시각에서 해석하고 의미를 부여하는 태도가 중요하다.

참고문헌

구인환·박대호·박인기·우한용·최병우(2011),『문학교육론』(5판), 삼지원.

김근호(2010),「현대소설 작가 비평의 문학교육적 실천 모형」,『국어교육』132, 163-201.

김대행·우한용·정병헌·윤여탁·김종철·김중신·김동환·정재찬(2017),『문학교육원론』, 서울대
  학교출판문화원.

김동환(1998),「현대문학교육의 목표와 방법의 문제」,『민족문학사연구』12(1), 59-75.

김성진(2008),「소설 교육에서 해석의 다양성 문제 재론」,『우리말글』42, 155-180.

김성진(2012),『문학비평과 소설 교육』, 태학사.

김정우(2002),「국어교육에서의 해석에 대한 비판적 검토」,『국어교육학연구』15, 1-34.

맹주만(2014),「칸트와 흄: 도덕적 이성과 공감」,『칸트연구』34, 195-218.

민주식(2008),「예술비평의 본성과 역할」,『미학』54, 39-72.

박은진·최영인(2020),「핵심역량으로서 '심미적 감성 역량'의 재개념화를 위한 방향 탐색」,『한
  국초등교육』31(1), 213-231.

변광배(2013),「저자의 죽음과 귀환: R. 바르트를 중심으로」,『세계문학비교연구』45, 209-231.

양선이(2016),「허치슨, 흄, 아담 스미스의 도덕감정론에 나타난 공감의 역할과 도덕의 규범성」,
  『철학연구』114, 305-335.

양황승(2003),「텍스트 해석에서 주관주의와 객관주의에 대한 비판적 고찰: 폴 리쾨르의 해석 이
  론을 중심으로」,『칸트연구』12, 278-313.

우신영(2015),「현대소설 해석교육 연구: 독자군별 해석텍스트의 분석을 중심으로」, 서울대학교
  박사학위논문.

이기언(2014),「저자, 텍스트, 독자: 문학에 관한 해석학적 고찰」,『불어불문학연구』100, 343-386.

이상섭(2015),『문학비평용어사전』, 민음사.

이인화(2013),「소설 교육에서 해석소통의 구조와 실천에 대한 연구」, 서울대학교 박사학위논문.

이해완(2014),「작품의 의미와 의도주의-반의도주의 논쟁」,『미학』79, 195-236.

정이현(2016),「「노찬성과 에반」을 배달하며」, 문학광장(https://munjang.or.kr/ar-
  chives/275165).

정재림·이남호(2014),「문학 수업에서 토론의 가치와 효과: 박완서 소설에 대한 토론 사례를 중
  심으로」,『한국문예비평연구』45, 417-442.

조하연(2004),「감상(鑑賞)의 개념 정립을 위한 소고」,『문학교육학』15, 377-412.

조희정(2021),「고전 서사물 반-공감적(反共感的) 감상 연구」,『고전문학과 교육』46, 5-40.

최인자(2019),「현대소설 기반의 성찰적 정서 리터러시 교육: 수치심의 정서를 중심으로」,『문학
  교육학』65, 167-193.

홍인영(2019a),「공감을 통한 소설 읽기 교육 연구:「영영, 여름」을 중심으로」,『인문사회 21』

10(5), 1219-1234.

홍인영(2019b), 「소설의 수사적 읽기 교육 연구」, 서울대학교 박사학위논문.

홍인영(2020), 「문학 소통으로서 메일링 방식에 나타난 치유적 성격 연구: '문장배달' 콘텐츠를 중심으로」, 『인문사회 21』, 11(1), 565-580.

柄谷行人(2005), 『트랜스크리틱: 칸트와 마르크스 넘어서기』, 송태욱(역), 한길사(원서출판 2001).

Aristoteles(2004), 『시학』, 천병희(역), 문예출판사(원서출판 미상).

Barthes, R.(1968), "La mort de l'auteur", *Manteia 5*, 12-17.

Benjamin, W.(2012), 「문학비평에 대하여」, 『서사·기억·비평의 자리』, 최성만(역), 길(원서출판 1972-1989).

Bleich, D.(1975), *Readings and Feelings: An Introduction to Subjective Criticism*, NCTE.

Bloom, P.(2019), 『공감의 배신』, 이은진(역), 시공사(원서출판 2016).

Booth, W. C.(1999), 『소설의 수사학』, 최상규(역), 예림기획(원서출판 1961).

Buchanan, I.(2017), 『교양인을 위한 인문학 사전』, 윤민정·이선주(역), 자음과모음(원서출판 2010).

Childers, J. & Hentzi, G.(2014), 『현대 문학·문화 비평 용어사전』, 황종연(역), 문학동네(원서출판 1995).

Eco, U.(2018), 『해석의 한계』, 김광현(역), 열린책들(원서출판 1990).

Gadamer, H. G.(2012), 『진리와 방법 2: 철학적 해석학의 기본 특징들』, 임홍배(역), 문학동네(원서출판 1960).

Hartman, G.(1998), 「비평·미결 상태·아이러니」, 『비평이란 무엇인가』, 최상규(역), 예림기획(원서출판 1981).

Hirsch, E. D.(1988), 『문학의 해석론』, 김화자(역), 이화여자대학교출판부(원서출판 1976).

Hume, D.(2016), 『인간이란 무엇인가: 오성·정념·도덕 본성론』, 김성숙(역), 동서문화사(원서출판 1739-40).

Hutcheson, F.(2004), *An Inquiry into the Original of our Ideas of Beauty and Virtue: in two treatises*, W. Leidhold(ed.), Liberty Fund(초판 1726).

Ingarden, R.(1995), 『문학예술작품』, 이동승(역), 민음사(원서출판 1960).

Iser, W.(1993), 『독서행위』, 이유선(역), 신원문화사(원서출판 1976).

Jauss, H. R.(1998), 『도전으로서의 문학사』, 장영태(역), 문학과지성사(원서출판 1970).

Mecklenburg, N.(1999), 『변증법적 문예비평』, 허창운(역), 예림기획(원서출판 1972).

Nussbaum, M. C.(2013), 『시적 정의』, 박용준(역), 궁리(원서출판 1995).

Palmer, R. E.(1990), 『해석학이란 무엇인가』, 이한우(역), 문예출판사(원서출판 1969).

Ricoeur, P.(1998), 『해석 이론』, 김윤성(역), 서광사(원서출판 1976).

Ricoeur, P.(2002), 『텍스트에서 행동으로』, 박병수·남기영(편역), 아카넷(원서출판 1986).

Ryan, M. L.(1998), 「비평·쾌락·진리 : 비평적 진술의 유형론」, 『비평이란 무엇인가』, 최상규(역), 예림기획(원서출판 1981).

Shaftesbury, A.A.C.(1999), *Characteristics of Men, Manners, Opinions, Times*, L. E. Klein(ed.), Cambridge University Press(초판 1711).

Smith, A.(2016), 『도덕감정론』, 박세일·민경국(역), 비봉출판사(원서출판 1759).

Tyson, L.(2012), 『비평이론의 모든 것: 신비평부터 퀴어비평까지』, 윤동구(역), 앨피(원서출판 2006).

Wimsatt, W. K. & Beardsley, M. C.(1946), "The Intentional Fallacy", *The Sewanee Review* 54(3), 468-488.

10장

현대소설 재구성과 창작

이 장에서는 현대소설 교육의 장에서 수행할 수 있는 창작 활동에 대해 설명하고자 한다. 여기에는 크게 '꼼꼼히 읽기를 바탕으로 한 재구성 활동'과 '완성형 작품을 창작해 보는 소설 창작 활동' 두 가지가 있다. 아울러 개인의 독서와 창작으로 진행되어 온 현대소설의 관습적 행태를 넘어, 창작 교육의 장에서 수행 가능한 공동 창작 활동도 설명하고자 한다. 역사 소설이나 당대 현실의 구체적인 사건을 소설화하는 작업 또한 기성 작가들이 꾸준히 보여 준 면모이므로, 창작 교실에서도 이를 다룰 수 있다. 다만 학생들이 대가처럼 쓰기는 어렵다는 점을 고려하여 수행 조건을 교육적으로 설계하고 구성해야 할 것이다.

소설 창작은 전통적인 관습과 창조성이 상호 대화적으로 관여하면서 발전했고, 독자들의 소설 읽기도 이와 함께 성숙되어 왔다. 현대소설 교육역시 그 흐름에 발맞추어 전개되어 왔음은 물론이다. 이러한 본질적 측면에 덧붙여, 미디어 환경이 급격하게 변화하는 현실에서 소설 창작 교육이 염두에 두거나 참고할 만한 지점도 부가적으로 다루었다. 이를 통해 현대 사회의 문화적 변동에 능동적으로 대응할 수 있는 창작 교육의 방향성을 가늠해 보고자 하였다. 이 장에서 독자들은 소설 창작 교육의 근본 취지를 충분히 이해하고, 문학 교육의 장에서 학생들이 뜻깊게 경험할 수 있는 창작 활동의 방향성과 구체적인 내용을 익힐 수 있을 것이다.

1   장르 체험과 가치 생산의 소설 창작 경험

6월 민주항쟁
1987년 6월 민주항쟁은 한국의 군부독재 시대를 종결하고 정치적 민주화를 쟁취하는 계기가 되었다. ⓒ서울역사박물관

한국의 국어 교육학 담론에서 창작 교육의 필요성이 본격적으로 논의되기 시작한 시기는 1990년대 중후반 무렵이다. 이는 정치권력의 역사적 변화 과정과 깊이 관련된다. 1948년 수립된 대한민국 정부의 초대 대통령 이승만은 부정부패와 비리 등으로 민심을 잃었고, 결국 1960년에 일어난 4·19혁명으로 인해 몰락한다. 그러나 이후 들어선 의원내각제의 제2공화국 역시 무능과 실정을 노정하다가 고작 1년 만인 1961년 군부세력에 정권을 내주게 된다. 이후 박정희 독재정권이 18년간 이어졌으며, 이 시기에는 문학 교육도 국가주의와 반공주의라는 두 국정 이념에 따라 작동했다. 하지만 독재정권 하에서 오랜 기간 지속된 민주화 투쟁과 1980년대 말부터 시작된 동구권

의 몰락 및 냉전 종식 등의 국제 정세가 맞물리면서, 한국은 1987년 정치적 민주화를 쟁취하고 민주주의의 기틀을 마련한다. 특히 1995년 처음 실시된 지방자치제는 민주주의 정치 이념이 생활세계 곳곳에 뿌리내릴 수 있는 토양이 되었다. 그러면서 1990년대 중반 무렵부터 민주세력이 정치권력의 중심으로 조금씩 자리 잡게 된다.

한국 사회의 이러한 정치적 변화는 국어 교육을 비롯한 교육 전반의 변화에 대한 성숙한 안목과 구상을 끌어냈다. 특히 문학 교육에서는 6차 교육과정까지 고정되어 있던 '문학 작품의 이해와 감상'이라는 제한된 교육 내용이 7차 교육과정부터 '문학의 수용과 창작'으로 변화하였다. 즉, 작품 읽기만이 아니라 작품 재생산 및 생산도 문학 교육의 중요한 내용으로 포함된 것이다. 이는 문학 향유의 본질에 더 가까이 다가가는 동시에, 독자의 능동적이고 창의적인 활동을 교육의 장으로 끌어들이기 위한 시도였다. 단, '작품의 재생산 및 생산'이라 할 때 작품이라는 용어는 학습자의 수준에서 최대치의 역량을 발휘한 결과물을 의미하는 것이지, 학습자에게 기성 작가의 수준을 요구하는 것이 아니며 그래서도 안 된다.[1] 문학 작품의 재생산과 생산, 오래전부터 통용되던 용어로 말하자면 재창작과 창작 활동은 학습자 수준에서 가능한 범위라는 전제와 문학 교육의 이념이라는 취지 내에서 이루어져야 한다. 요컨대 이러한 변화의 흐름은 근대 이후 문학 교육이 보여 온 타성적 관행에 대한 반성적 사유와 함께 균형 잡힌 문학 향유의 문화를 이끌고자 하는 교육적 집념이 반영된 결과이다. 이 같은 맥락에서, 작품 읽기 중심으로 진행된 근대의 문학 교육에 대한 반성과 창작 교육 중

....

1 문학 교육의 장에서는 완성되지 않은 결과물도 창작의 개념에 포함해야 한다거나, 장르의 견고성보다는 장르의 연관성을 바탕으로 창작 교육의 이론 및 실천을 모색해야 한다는 주장이 창작 교육의 이론적 담론에서 일찌감치 제기된 바 있다. 이와 관련하여 문학과문학교육연구소 편(2001), 우한용(2009) 등은 문학 창작의 본질과 창작 교육의 관점을 고려할 때, 창작 수행의 목적 및 성격 그리고 과정이 그 결과물과 동등한 위상을 가져야 한다고 보았다.

심으로의 전환이 필요하다는 논의로서 김성진(2022)을 참조할 수 있다.

최근 들어 문학 교육과정에서 창작 교육은 특정한 성취기준으로 자리 잡기보다 문학 활동의 여러 국면에서 학습자가 두루 경험할 수 있도록 성취기준 곳곳에 스며드는 것이 온당하다고 보고 그러한 방향으로 나아가고 있다. 물론 문학 교육에서 창작 교육을 별도의 단원으로 설정하여 장르별로 시도해 볼 수도 있다. 또한 자유학기제나 고교학점제 등의 제도적 변화를 통해 기존 국어 교육과 문학 교육의 규격화된 학습 방식을 탈피할 수 있는 새로운 계기가 다가오고 있다. 이 경우 중·고등학교 학습자들이 창작 활동을 충실하게 체험해 볼 수 있을 것이다. 아울러 다양한 디지털 미디어를 활용하면 창작 체험 활동을 더욱 폭넓게 운용할 수 있다. 종이나 컴퓨터 문서 또는 웹상에 창작물을 구성하고 쓰는 등의 문자 서사 창작뿐만 아니라, 이를 그래픽이나 애니메이션 같은 각종 영상 자료와 통합하여 제작하는 방식도 가능하다. 이렇듯 학습자 스스로 가치를 만들고 공유하는 활동은 문화 재생산과 창조의 역량을 길러 주는 매우 실제적이고 유의미한 활동이다.

따라서 창작 교육의 범위는 매우 넓고 그 가능성이 무궁무진하다. 또 향후 많은 논의와 학계의 성과가 기대되는 영역이기도 하다. 특히 고등학교 또는 대학에서 이루어지는 소설 창작의 체험은 진로 탐색과 관련해서도 가치가 있으리라 예상된다. 예컨대 창작 교실의 학생들이 직업 세계와 관련된 자료를 조사하고 인터뷰하는 등의 방식으로 아직 경험해 보지 못한 세계를 상상하고 그것을 한 편의 소설로 써 볼 수 있다. 이와 같은 소설 창작 교육은 학습자에게 특정 문학 장르를 체험할 기회를 주는 것이기도 하면서, 오늘날 한국 사회가 국어 교육에 요구하는 중요 역량들을 기르는 데에도 기여할 수 있다. 학습자는 현실과 자기 자신을 연결 짓는 소설 창작 과정에서 현실에 능동적이고 민감하게 대응하는 능력이 증대된다. 이처럼 소설 창작 교육은 문학 교육이 실용적 가치도 지닌다는 점을 입증하는 중요한 근거가 된다.

이런 점을 고려하여 아래에서는 작품의 구심적 읽기를 바탕으로 학습자가 소설 장르의 고유한 규칙과 작동 원리를 체험하고, 소설의 가치를 생산적으로 구체화하며, 인접 문화 콘텐츠와 역동적으로 소통할 수 있는 창작 교육의 내용을 설명하고자 한다. 우선 문학 교육의 장에서 교사와 학습자가 문자 서사인 현대소설을 읽고 해당 장르의 맥락을 존중하면서 유사 소설(서사)을 재생산 또는 생산하는 활동을 설명한다. 다음으로 다매체 시대에 요구되는 다양한 서사 수용 및 생산의 가능성을 활용할 방안을 고찰한다. 다만 본격적인 설명에 앞서 오해가 없도록 미리 일러두는 바는 다음과 같다. 이어질 내용에서는 현대소설의 본질에 입각한 소설 창작 교육을 다룬다. 다시 말해 수필과 같은 개인적 경험 서사를 쓰는 활동이 아니라, 경험과 허구의 종합 양식이면서 개인과 사회의 긴장 및 불화 그리고 갈등 등에 얽힌 각종 사회학적 문제를 다루는 소설 창작에 초점을 맞춘다. 아울러 소설 창작 교육은 어디까지나 소설 읽기의 성실성에 기반해야 하며, 창작 교육의 평가에서도 창작의 결과물과 수행 과정의 성실성을 동등한 위상으로 다루어야 한다는 점을 강조해 둔다. 즉, 창작 결과물과 더불어 창작노트 작성 과정도 평가에 포함해야 한다.

2 기성 소설에 대한 창조적 재구성 활동

미숙한 독자가 아닌 평범한 수준 이상의 독자는 소설을 읽을 때 흔히 자신을 이야기 세계에 투영하고 상상하면서 읽어 나간다. 이른바 공감적 읽기와 거리두기적 읽기의 상호작용 및 독자의 조절 현상이다. 이 중 공감적 읽기는 소설 읽기의 우선적 행위에 속한다. 쉽게 말해 '나라면'이 바로 소설 독서가 작동하기 위한 전제 사항이다. 그래서 소설 읽기는 자기 읽기이며 자기 쓰기라고 할 수 있다. 이러한 소설 읽기의 본질적인 작용태를 현동화하고 발전시켜 나갈 때, 소설을 비롯한 문학 문화가 연속성을 갖고 계승·발전할 수 있다.

그러므로 소설 읽기에서는 '나라면'이라는 심리적 작용을 보다 현실적인 실체로 현동화하기 위해 읽기 대상 작품에 대한 능동적인 창작 반응을 끌어내는 교육적 조처가 필요하다. 이것이 대상으로서의 소설 읽기에 잇대어 자기만의 새로운 서사 창작으로 연계하려는 소설 창작 교육의 배경이다. 이때 독자는 작가로 전이된다. 읽기 대상이던 소설을 새롭게 재구성하는 과정에서 생성되는 서사는 크게 보아 경험 서사와 허구 서사가 서로 경계를 넘나들거나 종합된다.[2] 그러나 이를 교육적 취지나 조건에 따라 특정한 서사 유형으로 한정할 수도 있다. 특히 소설 읽기의 구심성을 중시한다면 '나라면'에 따른 새로운 서사 창작은 허구성을 지향하게 될 것이다.

소설 교육의 학습자가 소설 재구성 활동을 할 때 기본적으로 해야 할 일은 기존 소설을 꼼꼼히 잘 읽는 것이다. 일반적으로 기성 작가 역시 그러한 과정을 거쳐 작가가 되었고, 작가로 활동하면서도 문학사의 선배 작가나 동시대 작가의 작품들을 성실히 읽는다. 그리고 그들은 자신의 작품을 쓰는데, 이 작품의 최초 독자는 작가 자신이며 그런 점에서 작가는 가장 능동적인 독자이기도 하다. 이러한 작용태는 작가 자신뿐만 아니라 동시대 그리고 시간을 거슬러 다른 시대 작가들의 작품을 능동적으로 읽어 나가는 것으로 확대된다. 예를 들어 조명희의 〈낙동강〉(1927)의 맨 앞 대목을 인용

....

2 창작 교실의 독자가 소설을 꼼꼼히 읽은 후 그에 기반하여 소설을 재구성하는 과정에서 산출하는 새로운 텍스트는 부가된 것이든 부가되어 완성된 것이든 기존처럼 완결된 소설이 아니므로 '서사'라고 지칭하였다.

하며 시작하고 마무리되는 최인훈의 장편소설 〈화두〉(1994)는 이광수, 조명희, 박태원, 이태준 등 선배 작가들의 문학 작품을 비롯한 각종 책 읽기에 관한 소설이라고 볼 수 있다. 이 소설은 자전 형식을 빌려 작가 자신이 한 명의 능동적인 독자라는 점을 인식하고, 그에 바탕하여 문학사적 작가 정체성과 주체성의 융합을 탐색한 현상학적 기록의 결과물이라는 점에서 주목할 만하다(김근호, 2018). 창작 교육은 이러한 창작 활동의 문화적 본질에서 출발해야 한다. 즉, 창작 교육은 기존 소설에 대한 재구성 활동에서 시작된다고 보는 것이 마땅하다.

일찍이 이러한 창작의 본질에 주목하여 소설 재구성 활동을 논리적으로 체계화한 논의가 있어 살펴보고자 한다. 이 논의에 따르면 소설 재구성 활동의 요목은 재구성 수행에 드는 품과 노력의 강도에 따라 '채워 넣기, 덧붙이기, 바꾸기, 새로 쓰기'로 단계화하여 정리할 수 있다(정호웅, 2012). 각 활동의 성격과 의미를 보강하여 규정하고 체계화하면 다음과 같은 도식이 가능하다.

현대소설 재구성 활동의 단계적 유형

재구성 활동의 유형에 관한 설명에 앞서 '재창작'과 '재구성'이라는 용어를 짚어 볼 필요가 있다. 재창작은 학계에서 오랫동안 쓰인 말로서 문자 그대로 다시 창작한다는 의미이다. 반면 문학 교육 담론에서는 2007 개정 국어과 교육과정부터 '창조적 재구성'이라는 용어를 사용하고 있는데, 이는 '재구성'이라는 용어가 갖는 기능적 조작 활동의 어감을 많이 내포한다. 소설 이론에서 '플롯(plot)'의 번역어로 '구성'이라는 단어를 써 온 관행을 생각하면, 재구성 활동이 곧 한 편의 작품을 쓰는 활동까지 포괄하는 것인지 의문이 들기도 한다. 하지만 지금까지 교육과정에서 이 용어를 사용하고 있으며 다른 용어로 대체해야 한다는 명시적인 요구도 활발하게 일어나지 않았기 때문에, 이 글에서도 '창조적 재구성' 또는 줄여서 '재구성'이라는 용어를 쓰고자 한다.

이제 '채워 넣기, 덧붙이기, 바꾸기, 새로 쓰기'라는 현대소설 재구성 활동의 네 가지 유형을 차례대로 알아보자. 김동인의 〈감자〉(1925)를 읽고 주인공 복녀의 죽음 이후 왕 서방과 복녀 남편 사이에 생략된 대화를 추론하여 채워 보는 활동을 해 볼 수 있을 터인데, 이런 활동이 바로 '채워 넣기'이다. 채워 넣기는 작품 내적 세계를 채우는 것인바, 이 활동을 위해서는 서사의 여백이 많은 작품이 적합하다. 독자에게 약간의 불친절함이 있는 작품이 적합한 셈이다. 다만 그 여백이 소설의 미적 형상성이나 독자의 상상력 등에 의미 있는 역할을 할 수 있는 장면이라야 한다. 그렇지 못하면 재구성 활동의 참된 가치와 의미를 체험할 수 없는 시시한 활동에 그칠 우려가 크다. 〈감자〉의 복녀 남편과 왕 서방의 대화를 상상하고 채워 보는 활동은 가난으로 인해 비참한 운명에 포박당하는 한 여성의 삶과 함께, 그것을 둘러싼 식민지 지배 권력의 중층적 억압이라는 당대 현실을 생생하게 느끼게 해 준다. 또한 김동인이 그러한 여백을 만들어 놓은 이유를 독자가 추론해 봄으로써 작가의 미적 의도를 읽어 낼 수도 있다. 더 나아가서는 채워 넣기 중심의 재구성 활동 결과물이 재구성 이전 소설의 미적 완결성과 어떻게 관련되는지를 검토하는 단계까지 고려할 수 있을 것이다.

다음으로 '덧붙이기'인데, 이는 재구성의 상상력을 작품 외적 세계로 확장하는 활동이다. 한국 현대소설사의 대표적인 작품을 예로 들면 다음과 같다. 현진건의 〈운수 좋은 날〉(1924), 이태준의 〈꽃나무는 심어놓고〉(1933), 김유정의 〈봄·봄〉(1935), 〈솥〉(1935), 이상의 〈날개〉(1936), 박태원의 〈골목 안〉(1939), 김동리의 〈역마〉(1948), 손창섭의 〈비 오는 날〉(1953), 최일남의 〈노새 두 마리〉(1975), 박완서의 장편소설 〈도시의 흉년〉(1975) 등은 이른바 '열린 결말'을 보이는 작품들이다. 작가의 명백한 의도에 따른 결과일 수도 있고 그렇지 않을 수도 있지만, 어쨌든 어정쩡하게 마무리된 작품은 종결 이후의 서사를 독자가 풍부하게 상상하도록 자극한다.[3] 그 상상을 의미 있고 조직적인 표상으로 구체화하는 활동, 즉 결말 이후의 서사를 상상하여 짧은 글로 써 보는 활동은 독자에게 보다 체계적이며 논리적인 서사 구성의 묘미를 체험하게 해 줄 수 있다. 일찍이 교육의 장에서 많이 시도해 온 '뒷이야기 이어 쓰기'가 바로 덧붙이기에 해당한다.[4] 그런데 결말 이후의 이야기를 상상해 써 보는 것뿐만 아니라, 작품 이전의 서사를 상상해 써 보는 것도 원리상 가능하다. 말하자면 '앞이야기 보태 쓰기'이다. 단, 이러한 활동을 위해서는 작품의 시작 부분 또는 그 이후에 시작 이전 서사를 추정할 수 있는 단서가 어느 정도 제시되는 작품이 적절하다. 작품 내 단서들이 재구성 활동의 방향을 큰 틀에서 규정해 주어 교육적으로

----

3 참고로 최근 서사 이론에서는 '결말(end)'이 아닌 '종결(closure)'이라는 용어를 쓰는 경우가 있다. 삶(life)처럼 이야기는 계속되는 것이지만, 하나의 작품으로 존재하는 서사문학에는 결국 작가가 어느 지점에서 서사를 마무리 짓는 미적 의도성이 담기기 마련이기 때문이다. 그런 점에서 종결은 서사를 둘러싼 작가와 독자의 욕망들과 직결된다(Abbott, 2002/2010: 117).

4 '뒷이야기 이어 쓰기'와 관련하여, 한국의 문학 교육 정전으로 자리 잡은 몇몇 소설을 대상으로 삼아 기성 작가들이 뒷이야기 이어 쓰기를 시도한 바 있다. 대산문화재단에서 발행하는 계간 문예지 《대산문화》는 2015년 여름호에 황순원 탄생 100주년 기념 '황순원의 〈소나기〉 이어 쓰기' 기획 특집을 수록한 것을 시작으로, 매년 한 번꼴로 기성 작가들의 뒷이야기 이어 쓰기 결과물을 특집으로 싣고 있다. 2016년 김유정의 〈봄·봄〉, 2017년 주요섭의 〈사랑손님과 어머니〉(1935), 2018년 이상의 〈날개〉, 2019년 현진건의 〈운수 좋은 날〉, 2020년 현진건의 〈B사감과 러브레터〉(1925), 2021년 박완서의 〈도둑맞은 가난〉(1975), 2022년 이효석의 〈메밀꽃 필 무렵〉(1936)에 이르기까지 대상 작품을 선정하고 기성 작가들이 그 작품에 대한 이어 쓰기를 수행한 결과를 묶어 발간하였다. 이렇게 발표된 이어 쓰기 결과물은 『다시, 봄·봄』(2017), 『정오의 사이렌이 울릴 때』(2019) 등 단행본으로 출판되기도 하였다. 창작 교육의 현장에서는 이러한 재창작 사례를 특별히 참고할 수 있을 것이다.

유용하며, 평가에도 적합한 근거를 가질 수 있기 때문이다. 반면, 시작 이전의 맥락을 명백히 알 수 있는 작품은 독자의 상상을 제약하므로 적절치 않다. 아울러 덧붙이기란 재구성을 수행하는 주체가 자기 마음대로 하는 활동이라기보다는 기존 텍스트를 생산한 작가의 마음을 공감하고 사유하면서 수행하는 활동이라는 점도 유념해야 한다.

그다음으로 '바꾸기'는 소설의 구성 요소 중 한두 가지를 바꾸어 써 보는 등 작품 내적 세계의 일부에 국한하여 서사를 재구성하는 활동이다. 문학 교육 현장에서 오랫동안 실천해 온 '시점 바꿔 쓰기'가 이에 속한다. 예를 들면 김유정의 〈동백꽃〉(1936)에서 주인공 화자('나')를 점순의 시점으로 바꾸어 쓰거나, 주요섭의 〈사랑손님과 어머니〉에서 옥희의 시점을 다른 인물의 시점 또는 전지적 시점 등으로 바꾸어 써 보는 재구성 활동을 수행할 수 있다. 그런데 여기에는 유의할 사항이 있다. 가령 인물, 사건, 시공간적 배경 등을 바꾸면 원래 이야기를 크게 훼손하거나 과감하게 조정하는 일이 발생할 가능성이 높고, 이 경우 바꾸기가 아니라 완전히 새로 쓰는 것에 가까워진다. 내용적 요소의 재배치 등을 통한 재구성 활동도 매우 힘든 작업이 될 우려가 크다. 그보다는 형식적 요소의 재구성이 비교적 수월하며 소설의 미적 성격에 대한 다각적 이해와 체험에도 기여할 수 있다.

따라서 바꾸기 중심의 재구성 활동은 플롯, 시점, 대화 및 지문 등의 문체적 요소를 바꾸어 써 보는 선에서 수행하는 것이 적절하다. 이는 작품 내적 세계에 국한된 바꾸기의 본질에 부합하는 것이기도 하다. 바꾸기인 만큼 텍스트의 성격은 변하겠지만, 원 텍스트에 나타난 인물의 성격이나 주제는 변하지 않아야 한다. 예컨대 〈사랑손님과 어머니〉에 나타난 옥희의 시점을 옥희 엄마의 시점으로 바꿔 쓴다고 하더라도 옥희 엄마를 원래 성격에서 벗어난 모습으로 형상화하게 되면 그것은 새로 쓰기에 속한다. 아울러 작품 전체를 바꾸어 쓸 수도 있지만, 창작 교육의 상황이나 취지를 고려하면 특정 부분을 바꾸어 쓰는 것이 현실적이다. 이처럼 특정 부분을 선정할 경우에는 인물 간의 대결적 긴장 또는 교섭적 대화가 풍부하면서도 특정 시점이나 시각으로 서술되거나 플롯화된 부분을 고르는 것이 바람직하다.

마지막으로 '새로 쓰기'는 기존 작품을 바탕으로 하되, 독자 자신이 자기 나름의 서사로 새롭게 쓰는 것이다. 이는 작품 외적 세계로 확장되는 활동이기 때문에 품이 제법 많이 든다. 한국 현대소설사에서 새로 쓰기의 예를 찾자면, 작가 최인훈은 1930년대 일제강점기에 발표된 박태원의 〈소설가 구보씨의 일일〉(1934)을 자신의 이야기로 다시 써서 동명의 장편소설 〈소설가 구보씨의 일일〉(1969~1972)을 펴냈다. 또 1990년대 초 주인석은 '소설가 구보씨의 하루'라는 부제를 단 연작 다섯 편을 썼다. 이런 경우가 크게 보아 새로 쓰기 중심의 창조적 재구성 활동 사례라고 할 수 있을 것이다. 이광수, 채만식 등도 심청 관련 고전서사를 기본 모티프로 삼아 근대적 맥락에서 여러 편의 서사를 다시 쓰기도 했다. 이광수의 〈무정〉(1917)에 나오는 박영채의 이야기나 채만식의 〈탁류〉(1937) 속 주인공 초봉의 이야기가 그러하다.[5] 오늘날과 가까운 시기에 발표된 박완서의 장편소설 〈오만과 몽상〉(1980), 〈그해 겨울은 따뜻했네〉(1983)나 황석영의 장편소설 〈심청, 연꽃의 길〉(2003) 같은 작품도 '수난받는 여성 모티프'라는 맥락에 속한다.

그런데 이러한 새로 쓰기는 새로 쓰는 범위를 어디까지로 해야 할지 명확하게 한정하기 어렵다는 문제가 있다. 기존의 작품에서 상당히 멀어질 정도로 새로 쓸 경우 이는 새로 쓰기가 아니라 아예 다른 작품 쓰기가 될 수 있기 때문이다. 따라서 새로 쓰기에서는 기존 작품과 새로 쓴 작품의 유관

----

5 채만식의 〈탁류〉는 고전소설 〈심청전〉의 근대적 패러디이면서 오노레 드 발자크(Honoré de Balzac)의 〈고리오 영감(Le Pere Goriot)〉(1834)과도 관련되는 면모가 있다. 아울러 채만식은 이광수의 소설을 깊이 읽었다고 알려져 있다. 그런 점에서 〈무정〉에 나오는 영채의 서사는 〈탁류〉 속 초봉의 서사와 소설사적 연관성을 갖는다. 이에 대한 자세한 논증은 방민호(2001: 213-218)를 참고할 수 있다.

성이 관건이 된다. 여러 가능성을 생각해 볼 수 있겠지만, 기성 작품을 읽고 그에 반영된 기본 모티프나 서사 형식에 바탕하되 작품 외적 세계를 상당히 가미하여 큰 폭으로 개작하는 경우를 새로 쓰기라고 보면 될 것이다.

이상에서 설명한 소설 재구성 활동은 어디까지나 소설 읽기와 쓰기의 통합 혹은 유기적 연계를 기반으로 한다. 그런 점에서 유념할 사항 몇 가지를 덧붙이고자 한다. 우선 채워 넣기, 덧붙이기, 바꾸기, 새로 쓰기는 그 성격이 다르다. 채워 넣기는 기존 작품을 변형하는 것이 아닌 만큼, 재구성 대상 작품의 형식적 특성에서 크게 벗어나 독자 자신의 문체나 분위기로 쓰는 것을 지양해야 한다. 이는 덧붙이기 활동도 마찬가지이다. 하지만 바꾸기와 새로 쓰기는 기존 작품을 약간 다른 형태로 변형하여 창작하는 것이므로 기존 작품의 스타일과 분위기, 형식 등을 고수할 필요가 없다. 이에 따라 재구성 활동은 크게 다음의 두 방향을 지향하게 된다. 첫째, 채워 넣기와 덧붙이기 활동에서는 독자가 재구성 대상 작품의 주제나 분위기, 문체 등을 충실하게 이해하고 그 미적 질서를 준수하기 때문에, 작가의 마음에 공감하고 그의 입장에서 재구성을 수행하게 된다. 둘째, 바꾸기와 새로 쓰기 활동에서는 독자가 재구성 대상 작품을 존중하면서도 이를 변형하기 때문에, 자기만의 예술적 자율성과 창의성을 더 적극적으로 모색할 수 있다. 이는 재구성 중심의 창작 교육 평가를 위한 중요 근거가 되기도 한다.

또 하나 재구성 활동의 성격과 관련하여 유념할 사항은 재구성 활동의 논리를 가로지르는 소설의 장르적 본질이다. 즉, 스토리와 담론으로 층위화할 수 있는 서사의 본질을 고려하여 더욱 세분화된 창조적 재구성 활동을 기획하고 실천할 수 있다. 그리고 다른 매체로 각색하거나 다른 장르로 변용하는 등의 재구성 활동도 충분히 가능하다. 실제로 문학과 여타 인접 문화 콘텐츠의 능동적 상호작용 및 재창조는 문화계에서 매우 다채롭게 이루어져 왔다. 그러나 다른 매체나 다른 장르로의 각색 또는 변용은 그 성격이 소설 교육인지, 목표로 하는 각색물의 장르 교육인지가 모호할 수 있으므로 교육적 취지와 성격을 분명하게 합의하고 진행할 필요가 있다. 다만 경계를 넘어간다고 해서 그 교육적 성격이 경계 이전의 장르인 소설의 본질과 무관한 것은 아닐 것이다. 오히려 그처럼 경계를 넘나들며 문화적 지평을 확대해 나가는 능동적 생산성을 경험하게 해 주는 것이 창조적 재구성 중심의 소설 교육이 갖는 의의라고 볼 수도 있다. 경계화(境界化)를 추구하는 정체성의 논리에 지나치게 사로잡혀 유용한 교육적 가치를 뒷전으로 미루는 어리석음은 경계(警戒)해야 한다.

3 완성형 소설 창작의 일반적 단계

대학의 문예창작과나 국어국문학과 전공 강의인 문예창작론, 소설창작론을 염두에 둔 교재나 이론서를 검토해 보면, 아직은 소설창작론 관련 저술이 기존의 현대소설론과 큰 차이가 없는 경우가 대부분이다. 이 책들은 대개 인물, 사건, 배경, 플롯, 시점, 문체로 이어지는 목차에 따라 소설 창작의 가능성을 짚어 나간다. 그런데 목차에 배치된 소설의 구성 요소들 각각이 순서나 창작 논리로 잘 맞물려 있는 책은 찾아보기 힘들다. 이는 구성 요소별 창작 논리가 상호 무관하게 작용한다는 인상을 주기까지 한다.[6]

하지만 소설 창작 교육의 이론화 및 실천적 접근은 소설의 구성 요소들

......

6 그래서 오히려 작가가 소설 창작의 내밀한 과정과 체험을 고백하는 일종의 창작 체험 수기 혹은 에세이 같은 저술들이 소설 창작의 본질을 이해하고 소설 창작 교육을 실천하는 데 훨씬 큰 도움을 주는 경우가 많다. 그러한 책으로는 이승우의 『당신은 이미 소설을 쓰기 시작했다』(2006)와 에세이적 성격이 강한 『소설가의 귓속말』(2020), 김연수의 『소설가의 일』(2014), 오르한 파묵 (Orhan Pamuk)의 『소설과 소설가(The Naive and Sentimental Novelist)』(2012) 등이 있다.

이 창작 수행으로 맞물리는 고유한 논리를 핵심으로 삼는 것이 적절하다. 소설 창작이란 특정 요소만으로 수행되는 것이 아니라, 창작 주체가 당초 설정한 모티프를 중심으로 서사의 전체 구성 요소가 함께 작용하여 서사적 형상을 구축해 가는 활동이기 때문이다. 이를 이해하려면 독자와 작가가 소설의 구성 요소에 대해 서로 다른 행위를 한다는 사실을 생각해 볼 필요가 있다. 쉽게 말해 소설을 읽는 독자는 뭉친 요소를 풀어내는 작업을 하는 반면, 소설을 쓰는 작가는 흩어진 요소를 모으는 작업을 한다. 독자는 소설을 읽는 과정에서 특정 구성 요소에 주목하여 해석을 수행할 수도 있고, 그 특정의 구성 요소가 다른 요소와 맺는 관계를 중심으로 해석을 확장해 나갈 수도 있다. 하지만 작가가 소설을 쓸 때는 모든 구성 요소를 동시에 그리고 총체적으로 작동시켜 의미를 형성하고 구체적 형상을 구축한다.

이처럼 소설 읽기와 소설 창작은 서로 다르며, 창작의 세계에서 소설의 개별 요소는 상호 통합된 전체 속에서 작용한다. 예를 들어 특정 인물은 다른 인물이나 사건 및 상황과 결부되어 형상화될 때 인물로서 구체성을 띠게 된다. 이러한 소설 창작의 본질을 고려하면, 창작 수행을 창작 단계 또는 창작 주체의 설정 방식으로 구도화하는 것이 창작 교육의 실천에 가장 유익하다고 할 수 있다. 이에 따라 완성형 소설 창작의 수행 단계 및 유형을 제시하면 다음과 같다.

소설 창작에서 소설을 구성하는 여러 요소를 모으는 구심점 역할을 하는 것은 창작 동기이다. 소설 창작에서 '왜 쓰는가'는 곧 '무엇을 쓸 것인가' 와 동전의 양면처럼 붙어 있다. 문제의식을 바탕으로 한 창작 동기가 바로 전체 서사의 얼개를 형성해 가는 동력이 되는 것이다. 러시아의 형식주의자 보리스 토마솁스키(Boris Tomashevsky)의 용어인 '동기화(motivation)'는 모티프를 조직하고 구성하여 내적 통일성을 갖추게 하는 것을 뜻하는데(한용환, 1999: 126), 이를 통해 하나의 모티프도 전체 구조의 일부가 됨으로써 의미를 지니게 된다. 따라서 창작 동기를 구체화하는 것은 궁극적으로 쓰고자 하는 작품과 그 전체 주제의 밑그림을 마련하는 작업이다. 요컨대 창작 동기가 전체 서사의 얼개를 구조화하고 그려 낸다는 점에서, 창작 동기를 마련하거나 부여하는 것은 소설 창작 교육에서 매우 중요한 부분이다.

본질적으로 소설은 사회적 글쓰기의 한 양식이다. 그러므로 소설 창작 동기를 형성하는 것과 관련하여 특정 소재, 인물, 사건 등에서 주제를 찾아내고 그에 따른 서사를 사회적 문제의식 차원에서 구상하는 활동을 시도해 볼 필요가 있다. 이를 위해서는 창작 주체가 현실에서 만나는 사물이나 사태를 새로운 시각에서 바라보고, 그것의 기원이나 이면을 다각적으로 생각하거나 조사해 보면서 사회적 문제의식을 벼리도록 해야 한다. 익숙하거나 당연시되는 것들 중에서도 그냥 지나칠 수 없는 고민거리가 있는 법이다. 예를 들어 소설가 문순태는 1970년대 말 고향 근처에 신축된 거대한 장성댐을 보고, 그 댐 건설로 인해 갇혀 버린 민중의 삶과 점차 가시화되는 몰인정한 세태에 대한 무감각을 문제 삼고자 하는 마음을 먹게 된다(문순태, 1991). 이에 따라 그는 〈징소리〉(1978)를 필두로 한 여섯 편의 '징소리' 연작 소설을 써서 자신의 문제의식을 공론화한다. 이처럼 특정한 사회적 현상이나 사건에 주목하여 소설 창작의 모티프를 마련할 수 있다. 또한 사회적으로 유의미한 인물에 주목하여 동기화하는 것도 소설 창작을 시작하는 효과적인 방법일 수 있다.

더 나아가서는 오늘날 한국 사회의 당면 과제 및 미래 전망 등 각종 사회적 의제에 대해 고민하고, 그것을 바탕으로 상당한 수준의 허구적 성격을 가미한 소설을 써 보도록 할 수 있다. 예컨대 인공지능 기술의 발전으로 나타날 수 있는 사회 문제, 북한이탈주민의 증가 및 통일 문제, 가짜뉴스 및 포털의 여론조작으로 인한 폐해, 민주주의의 위기, 저출산 및 노령화 사회와 노동의 미래, 공정과 평등, 난민, 다문화사회, 세계화의 모순, 신자유주의의 확대로 인한 사회적 양극화와 황금만능주의의 심화 등 무수한 의제가 가능하다. 이 같은 맥락에서 특히 중요한 것은 창작의 예술성과 전문성에 대한 관습적 사고방식을 성찰하고 타파하는 것이다. 즉, 근대의 강고한 사고 체계를 형성한 예술과 문화의 관습적 구분에서 벗어나는 것을 전제로, 학습자가 자신과 세계를 표현하는 방법 및 스타일을 발견하는 창작 교육을 통해 학습자의 예술 표현 역량을 강화하고 자신과 세상에 대한 인식을 확장하는 심미적 예술 체험을 지향할 필요가 있다(김성진, 2020). 다만 여기서 다시 한번 강조하는 바는 서사문학 창작이 아니라 '소설' 창작에 주안을 두어야 한다는 점이다. 개인의 신변잡기적인 내용을 다루더라도, 그 내용이 사회적 지평 속에서 의미가 없으면, 이는 경험 서사 쓰기의 하나일 뿐 소설 창작의 본질에 가닿은 것이라 보기 어렵다. 자신의 개인적 경험 세계를 다루더라도 소설 창작에서는 허구적 요소를 섞어 사회적 문제의식의 틀 안에 녹여 내야 한다.

창작 동기를 생성하는 작업은 창작노트를 작성하는 과정에서 더 구체화되고 체계화된다. 창작노트 작성 역시 특별히 강조해야 할 활동이다. 다음은 소설가 김원일이 장편소설 〈바람과 강〉(1985)을 준비할 당시에 작성했다는 창작노트의 한 대목이다(김원일, 1991: 324).

나는 소설을 쓸 때 구체적으로 짜여진 줄거리를 갖고 있지 않다. 큰 골격만 만들어 놓고 써 가면서 세부적인 면은 그때그때 해결한다. 그러므로 써 나가는 도중 이야기의 내용이 처음 생각과는 엉뚱한 방향으로 발전하기도 한다. 〈바람과 강〉을 쓰기 전, 작품을 시작할 때의 습관대로 원고지 한 장에다 다음과 같은 정도의 메모감을 우선 만들었다.

1. 서두. 등장인물과 작품 무대를 대충 소개. 20장.

2. 이인태 씨와 최지관의 묘터 상의. 50장.

3. 이인태 씨의 복잡한 과거(회상으로 처리). 50장.

4. 묘터를 보러 다닌다. 두 곳. 70장.

5. 이인태 씨의 신장병 악화, 참회의 심경. 그의 치명적인 과거의 행적을
   반전으로 밝힘. 50장.

6. 이인태 씨의 장례 및 에필로그. 30장.

〈바람과 강〉은 일제강점기에 독립군으로 활동하다 이른바 변절자가 된 '이인태'라는 주인공이 그 변절의 기억으로 고통스러워하다가 결국 자기 처벌을 감행하는 이야기이다. 이 소설은 한국 현대소설사에서 자기 처벌이라는 문제를 가장 의미 있게 형상화한 작품이라고 평가된다(정호웅, 2019: 97). 이 작품을 쓰기 위해 작가 김원일은 위와 같은 간단한 메모, 즉 창작노트를 준비했음을 밝히고 있다. 하지만 창작노트 작성은 작가마다 다를 수 있으며, 특히 창작 교육에서 작성하는 창작노트는 위의 예시보다 훨씬 자세하고 길어야 할 것이다.[7]

그리고 이러한 창작노트를 작성하는 과정에서 좀 더 세련되고 명료한 형태를 갖춘 소설 창작 계획서 작성도 수행해 봄 직하다. 창작노트와 소설 창작 계획서는 다소 차이가 있다. 창작노트는 작가가 창작을 준비하고 작품을 집필하면서 지속적으로 작성해 나가는 창작의 동반자이다. 완결성을 지향하기보다 내용을 계속 보태고 수정하는 등 문제의식 구상 및 모티프

....
7 참고로 김원일은 문학청년 시절에 소설을 그냥 쓰는 버릇이 있었다고 한다. 그런데 스승이던 김동리의 집에 방문한 날 서재에 있던 〈무녀도〉(1936)의 창작노트를 몰래 보았고 이때 매우 '참담한 느낌'에 빠졌다고 한다. 창작노트의 분량이 작품인 〈무녀도〉보다 훨씬 많았기 때문이다. 김동리가 〈무녀도〉를 쓰기 위해 기록한 창작노트에는 창작 동기, 주요 인물, 사건, 문체 같은 소설의 구성 요소뿐만 아니라, 작품의 배경을 구체화하기 위한 현장 답사나 참고문헌 등이 매우 자세하게 기록되어 있었다. 김원일은 스승의 이러한 치밀하고 성실한 면모를 엿보면서 뼈저린 반성을 했음을 고백했다(전상국, 2003: 92-93).

의 구체화와 관련된 창작 주체의 고심과 수행 과정을 세세히 기록하는 것이 창작노트인 것이다. 하지만 소설 창작 계획서는 창작노트 작성의 초기 단계에서 작품에 대한 구상을 일정한 형태로 깔끔하게 정리한 것으로서 본격적인 창작 수행을 위해 창작 주체가 미리 준비하는 것, 즉 완결된 형태의 계획안이라고 할 수 있다. 창작 교육에서 창작노트를 전부 공개할 필요까지는 없지만, 소설 창작 계획서는 하나의 완결성을 지닌 문서이므로 창작 수업 초반에 발표를 통해 공유하고 교수자 및 학습자 간 피드백 자료로 사용하면 좋다. 아래는 창작 교실에서 활용할 만한 소설 창작 계획서 양식이다.

소설 창작 계획서

이름:

작품 제목	
작품 주제	
등장인물	
인물 성격	
배경 설정	
사건 구성	
줄거리 요약	
형식적 특성	
예상 독자 반응	
참고문헌 또는 자료조사 방식	

소설 창작 계획서 양식

다음 단계는 창작 주체가 작성 중인 창작노트 및 작성한 소설 창작 계획서를 바탕으로 원고지나 컴퓨터 문서작성 프로그램 등을 사용하여 실제로 작품을 써 보는 것이다. '아래아한글' 같은 문서작성 프로그램을 사용하면 글을 수시로 수정할 수 있고, 그래서 자연스럽게 쓰기가 수정을 포함하게 된다. 창작의 전체 과정이 선조적으로 이루어지기보다 쓰기와 수정이 순환적으로 맞물리는 것이다. 또 종이에 쓸 때보다 상대적으로 긴 작품을 쓸 수 있고, 쓰는 과정에서 번뜩이는 창의성이 발현될 가능성도 높아진다는 장점이 있다. 반면 종이에 펜으로 쓸 경우 글을 수정하기가 쉽지 않기 때문에 창작 계획이 탄탄해야 한다. 이 경우 창작 주체는 엄격한 창작 계획을 바탕으로 단어 하나하나를 심혈을 기울여 쓰는 세심함을 기를 수 있다. 그리고 자신이 사고하는 바를 종이에 기록하면서 단어, 문장, 단락 등으로 점차 확대·증폭되는 언어의 생성력을 느낄 수 있다. 인식과 개념으로 존재하던 사고 내용이 문자의 연쇄로 대체되는 과정을 경험하면서 세계를 표상하는 문자언어의 힘과 가치를 느낄 수 있는 것이다. 작품을 쓰다 보면 당초 기획한 창작 방향이 수정될 가능성도 있으나, 어차피 초고를 작성한 후에 대대적인 재검토와 수정 작업이 동반된다. 쓰기와 수정이 동시에 이루어지든 선조적으로 이루어지든, 크게 보면 이를 '자기 점검'이라 규정할 수 있을 것이다.

초고 작성과 수정 작업이 끝나면 창작 교실의 동료들과 창작물을 공유하고 소통하며 가치를 내면화하는 과정이 뒤따라야 한다. 이를 흔히 '합평회'라고 부르는데, 문예창작과의 창작론 강의 중후반부에 시행하는 필수적인 창작 교육 과정이기도 하다. 타인의 작품을 읽고 의견을 보태는 활동, 자기 작품에 대한 타인의 의견을 경청하는 활동은 자기 성찰과 타자 이해를 심화시킨다. 합평회 과정에서 창작 주체는 자기 성찰과 함께 성취감을 느끼며, 토론과 논쟁을 거치는 동안 자아의 확장 및 해방 그리고 자기 인식의 심화 등을 경험하게 된다. 이러한 과정은 곧 창작 주체의 성장으로 이어지는 일종의 '미적 경험'이라고 볼 수 있다.[8] 나아가 합평회를 통해 창작 수행에 대한 메타인지적 감수성도 발달하며, 그에 따라 진정성의 창작 윤리 역시 몇 곱절 발달할 것이다. 지금까지 설명한 소설 창작 수행의 단계를 요목화하면 다음과 같이 정리할 수 있다.

소설 창작 수행 단계

이 요목의 단계들은 기계적으로 이어지는 것도, 선조적 순서에 한정되는 것도 아니다. 작품을 쓰는 과정에서 작용하는 자기 점검은 때로 이전 단계로 돌아가 다시 문제의식을 벼리고 창작 동기를 예각화하거나 수정하게 만들기 때문이다. 따라서 창작 교육의 장에서는 이러한 단계들이 전-중-후의 논리라기보다 서로 맞물리며 역동적으로 상호작용한다는 점을 강조해야 한다. 덧붙여 지금까지 설명한 수행 단계별 활동 내용은 모두 동등한 평가 대상이 되어야 한다. 창작 결과물의 미적 수준에만 평가가 집중되는 것은 창작 교육의 가치를 퇴색시킬 우려가 크므로, 수행 과정 전반을 골고루 평가 대상으로 삼는 것이 마땅하다.

....

8 미적 경험의 특성에 대해 가에탕 피콩(Gaëtan Picon)은 다음처럼 주장한 바 있다. "미적 경험이란 예술에 관한 그러한 일반적이고 성찰된 경험과 어떤 구체적 인식 간에 일어나는 충돌이며, 그 인식이 내포하는 자발적 평가 사이에 일어나는 충돌이다. 가치 있는 작품은 연애 감정적 인식의 대상이 되는 작품이 아니고, 그러한 시험을—즉 그러한 판단을—견뎌 낼 수 있는 그런 작품이다."(Picon, 1953/1985: 61)

4 창작 주체의 변화와 형식의 다각적 활용

앞에서 설명한 소설 창작 단계는 소설 창작 교육을 위한 기본적인 수업 설계에 참고할 수 있다. 창작 수행을 일반화한 모형인 만큼 창작 교실의 상황과 학습자의 특성 그리고 창작 교육의 취지에 맞게 활동 내용을 적절히 가감하면 된다. 한편 조금 다른 시각에서 창작 주체에 대한 고정관념을 되짚어 보고, 그것을 넘어서는 새로운 창작 주체의 재구성을 생각해 볼 수도 있다. 예를 들면 '누가 쓰는가' 하는 문제와 관련하여, 한 개인이 아니라 여러 명이 함께 하나의 작품을 창작하는 활동도 가능하다. 또 '무엇을 쓸 것인가' 하는 문제와 관련하여, 특정 모티프의 스토리가 아니라 텍스트의 장르 형식을 준수하거나 참고하면서 창작하는 활동을 고려할 수도 있다. 서사적 구조나 수사법 혹은 특정 장르 형식(액자형 소설, 연작 소설, 서간체 소설, 역사 소설, 가족사 소설, 성장 소설 등)을 활용하여 소설 창작 활동을 시도해 보는 것이다. 여기서는 이 두 가지 소설 창작 교육 방법에 대해 설명한다.

1) 협동을 통한 소설 공동 창작

근대소설은 작가로서는 개인의 창작, 독자로서는 개인의 독서를 전제로 해 왔다. 지금도 그 전통은 크게 변하지 않았다. 하지만 교육의 국면에서는 창작을 굳이 개인의 활동으로 제한할 필요가 없다. 개인의 글쓰기로 진행되는 소설 창작도 매우 중요한 체험이지만, 다른 사람과 함께 창작의 모티프를 구상하고 그것을 바탕으로 작품의 얼개를 짠 뒤 창작을 수행해 나가는 협동 창작 역시 고립된 자아를 해방하고 타자 이해를 증진하는 등 그 가치가 다대하다. 문학 창작은 개인의 표현에 집중된 편이지만 훨씬 대중적인 서사문화 콘텐츠, 예컨대 TV 드라마나 시트콤 등을 보면 여러 명의 방송 작가가 협동하여 하나의 콘텐츠를 제작하는 경우를 어렵지 않게 확인할 수 있다.

여기서는 한 편의 소설을 쓰기 위해 여러 명이 공동으로 창작에 참여하는 활동을 '공동 창작'이라고 부르기로 한다.[9] 공동 창작은 크게 두 가지로 나눌 수 있다. 하나는 큰 이야기를 구성하는 하위의 작은 이야기들을 여러 명이 분담하여 릴레이 형식으로 잇달아 써 보는 방식, 즉 '릴레이 창작'이다. 릴레이 창작은 이미 2000년대 초부터 디지털 강국이 된 한국 사회의 특성에 따라 인터넷 등 사이버 공간에서 네티즌들이 무수히 시도한 방식이다. 지금은 하나의 문화로 자리 잡아 그다지 새로운 것이라 할 수는 없지만, 교육적 의의가 높기 때문에 창작 교실에서 꾸준히 관심을 갖고 시도해 볼 만한 공동 창작의 유형이다.

또 다른 공동 창작 방식으로는 여러 명이 함께 구상하고 계획하여 단일한 작품 하나를 완성해 나가는 창작 활동을 상정할 수 있다. 이를 '협동 창작'이라고 부르기로 한다. 협동 창작은 릴레이 창작처럼 작은 단위의 이야기를 독자적으로 써내는 활동은 아니기에, 창작 과정에서 개별성과 주체성이 상대적으로 약화된다. 그러나 참여자들이 긴밀한 협력을 통해 문제의식을 생성·조정하고, 주제 및 내용과 형식 등을 벼리면서 하나의 모멘텀을 만들어 내며, 개개인의 창의성과 전체의 동질성을 조화롭게 구축해 가는 과정을 체험하게 된다는 장점이 있다. 다만 이 활동을 수행하기 위해서는 교수자가 사전에 학생들의 성향과 가능한 작품 주제 등에 관해 충분히 파악하고 있어야 불필요한 혼란을 막고 시간 낭비를 줄일 수 있다.

....

9   과거 서사무가(敍事巫歌)나 그에 기원한 판소리 등 구비서사 예술 역시 여러 사람이 지어 보탠 결과물인 경우가 많다. 이러한 서사예술의 역사와 창작 주체의 측면을 고려해 보면 공동 창작은 새로운 시도가 아니다.

2) 기법과 장르 형식을 활용한 소설 창작

다양한 서사적 기법 혹은 수사법을 일종의 서사 생성 장치로 전제하고 이를 활용하는 소설 창작 교육도 가능하다. 이 활동은 창작의 조건을 미리 부여하는 것이기 때문에 창작 주체들의 수행 방향을 일정 정도 규정짓는다. 경우에 따라서는 어려운 과업이 될 수도 있겠지만, 관련된 기성 작품을 충실하게 읽은 후에 시도하면 원활하게 진행할 수 있다.

일찍이 죄르지 루카치(György Lukács)가 지적했듯이 소설은 본질적으로 아이러니의 서사문학이지만, 아이러니가 개별 작품의 주제화를 위한 미적 장치로 기능하는 사례도 많다. 예를 들어 김유정의 〈봄·봄〉, 이상의 〈날개〉,[10] 이태준의 〈복덕방〉(1937), 채만식의 〈치숙〉(1938) 같은 작품이 그러하다. 창작 교실에서는 이러한 유형의 작품들에서 명확히 보이는 아이러니의 구조 및 형식을 충실하게 이해한 다음, 그것을 바탕으로 새로운 소설을 써 보게 할 수 있다. 그 과정에서 학습자는 작중 인물의 언어, 서술자의 언어, 작가의 언어 등을 자유자재로 넘나들며 모든 것을 기획하고 아는 상태에서 어떻게 서술을 조정할 것인지를 고민하게 된다. 이처럼 아이러니 기법에 따른 소설 창작은 작가와 텍스트 그리고 독자 간의 상호 관계와 미적 소통을 깊이 고민하는 체험을 가능하게 한다.

한편 아이러니는 작품의 형식적 장치 혹은 구조로 작용하기도 하지만, 그것 자체가 소설 창작의 문제의식이자 창작 모티프가 될 수도 있다. 일반적으로 작가는 독자의 작품 읽기 상황과 작품의 미적 효과를 고려하

....

10 이상의 〈날개〉에는 돈에 무심하고 현실 논리로부터 탈피하려는 칩거적이고도 유희적인 태도를 보이는 주인공이 나온다. 이 작품은 주인공의 독특한 면모와 내면에 대한 깊이 있는 서술을 통해 자기 비하와 폭로의 아이러니를 뛰어나게 형상화하며, 그리하여 궁극적으로는 근대 문명의 보편적 문제와 함께 일제강점기 식민지 자본주의 시스템 속의 특수한 근대화 과정에 대한 회의를 효과적으로 잘 드러내고 있다(강상희, 1999: 90).

여 상황을 모두 알면서도 모르는 척하며 능청스럽게 작품을 써 나가는데, 이 활동을 통해 학습자도 작가와 같은 고민, 즉 '작가적 아이러니'(Wood, 2008/2011: 34)를 겪게 되는 것이다. 이는 독자와의 소통을 염두에 두고 소설을 쓰는 작가의 고유하고도 내밀한 미적 고민의 세계를 학습자가 체험하는 계기가 된다. 그러한 아이러니적 상황 자체를 의미 있는 소설 형식으로 구체화하여 한 편의 작품을 써 볼 수도 있을 것이다. 이와 관련해서는 이인성의 소설집 《한없이 낮은 숨결》(1989)에 수록된 여러 메타픽션들을 참고할 수 있다.

아이러니 외에 반전의 서사 구조 또는 풍자의 장치를 활용하는 것도 가능하다. 여기에는 한국 현대소설사뿐만 아니라 한국의 문학 교육에서 오랫동안 중요한 정전으로 자리 잡은 작품들 중 풍자성이 높은 김유정의 〈봄·봄〉, 채만식의 〈태평천하〉(1938), 〈미스터 방〉(1946) 등을 활용할 수 있을 것이다. 또 손창섭의 〈인간동물원초〉(1955), 김성한의 〈오분간〉(1955) 등 전후문학 작가들이 보여 준 풍자적 소설들, 1960년대 남정현의 〈분지〉(1965)를 비롯하여 최근의 성석제나 김애란 같은 작가들이 꾸준히 보여 주는 해학이 어우러진 풍자성 짙은 작품들도 참고할 수 있다.

그 외에도 액자 구조나 동일한 사건에 속한 서로 다른 두 인물의 이야기를 교차하듯 나열한 윤흥길의 〈아홉 켤레의 구두로 남은 사내〉(1977) 연작[11] 또는 조세희의 〈난장이가 쏘아올린 작은 공〉(1978)처럼, 플롯의 여러 유형을 창작 취지나 모티프에 맞게 선택적으로 활용하여 소설 창작 교육을 시도할 수 있다. 다만 이 경우 그러한 형식적 장치를 단순히 창작의 배경 기

----

11 통상적으로 윤흥길의 〈아홉 켤레의 구두로 남은 사내〉, 〈직선과 곡선〉, 〈날개 또는 수갑〉, 〈창백한 중년〉 등 총 네 편을 묶어 〈아홉 켤레의 구두로 남은 사내〉 연작이라고 부른다. 이 작품들은 1971년 경기도 성남에서 발발한 '광주대단지 사건'을 모티프로 삼았으며, 1977년 같은 해에 여러 지면에 순차적으로 발표되었다.

법으로만 이해해서는 안 되며, 반드시 특정 형식이 작품의 주제를 구현하는 데 어떻게 기여하는지에 주목하면서 창작을 수행하도록 해야 한다.

나아가 역사 소설이라는 장르 형식을 따라 특정한 역사적 사건에 기반하여 유사 역사 소설을 써 보는 창작 교육도 시도할 수 있다. 역사 소설이란 어떠한 역사적 사건이나 인물을 소재로 하여 그 작품을 쓰는 시점의 시대정신과 작가정신이 교섭한 결과물이다. 그렇기에 역사 소설은 당대 독자들이 역사적 사실을 매개로 당면한 현실을 새롭게 사유하고 고민하도록 촉발한다. 이것이 사람들이 역사 소설을 즐기는 이유일 것이다. 일찍이 한국 현대소설사에서도 대작가들이 무수한 역사 소설 작품을 발표하며 중요한 장르 형식을 형성해 왔다. 예를 들어 신채호의 〈이순신전〉(1908), 이광수의 〈단종애사〉(1928), 〈이순신〉(1931), 현진건의 〈무영탑〉(1938), 홍명희의 〈임꺽정〉(1928~1939), 김동인의 〈대수양〉(1941), 박태원의 〈갑오농민전쟁〉(1977~1986), 황석영의 〈장길산〉(1974~1984), 김훈의 〈칼의 노래〉(2001), 〈남한산성〉(2007), 북한 작가 홍석중의 〈황진이〉(2002)에 이르기까지 다양한 역사 소설이 독자들의 사랑을 받아 왔다. 창작 교실에서는 이와 같은 한국 현대소설사의 주요 역사 소설들을 참고할 수 있을 것이다. 물론 창작 교실의 학생들이 기성 작가처럼 길고 풍요롭게 글을 쓰기란 현실적으로 어렵다. 따라서 단편소설 분량으로 쓰거나 기존 역사 소설의 특정 대목을 비워 두고 그곳에 관련 역사적 기록을 바탕으로 허구 서사를 채워 보는 등 가능한 방식으로 활동을 진행하는 것이 적절하다.

이처럼 특정 역사적 사건을 주목하여 그에 관한 다양한 객관적 자료를 검토하고 창작 주체 자신의 시각에 따라 허구의 서사를 입혀서 실감 나는 서사를 꾸며 내는 것은 충분히 가능한 활동이다. 이는 역사적 사실과 창작 주체의 욕망과 시각이 상호 대화적 관계에서 가치를 모색하고 창작을 견인해 나가는 생산의 역동성을 체험하는 일이기도 하다. 다만 역사 소설을 모형으로 삼아 소설 창작 교육을 실천할 경우, 사실에 대한 정확한 파악과 객관적 자료에 대한 충실한 검토 및 분석을 강조할 필요가 있다. 자칫 역사 왜곡에 관한 문제로 시비가 붙는다면, 창작 윤리의 문제 등 소설 창작 본연의 가치가 심각하게 훼손될 우려가 있기 때문이다.

역사 소설과 같은 맥락에서, 향후 역사에 기록될 만한 동시대의 사회적 사건을 모티프로 삼아 소설 창작을 시도할 수도 있다. 예를 들어 1930년대 일제강점기 만주에서 일어난 만보산 사건을 소재로 한 이태준의 〈농군〉(1939), 박정희 개발독재 시대인 1960년대 초 국토건설군 문제를 다룬 전광용의 장편소설 〈태백산맥〉(1963), 1970년대 노동운동의 기수 전태일 열사의 분신 사건에 기반한 황석영의 〈객지〉(1971), 1995년 삼풍백화점 붕괴 사건을 모티프로 삼은 황석영의 장편소설 〈강남몽〉(2010) 등은 작가가 동시대의 중요 사건에 대해 예리한 감수성을 가지고 기민하게 대응하여 작품을 창작한 사례들이다. 이 외에도 한국 현대소설사에는 사회적 사건을 다룬 작품들이 두루 포진해 있는바, 소설 창작의 모형으로 참고할 수 있을 것이다.

또한 한국 현대소설사에서 염상섭의 〈삼대〉(1931), 채만식의 〈태평천하〉, 김남천의 〈대하〉(1939), 박경리의 〈김약국의 딸들〉(1962), 〈토지〉(1969~1994), 박완서의 〈미망〉(1985~1990), 황석영의 〈철도원 삼대〉(2020) 등으로 대표되는 가족사 소설의 장르 유형도 고려할 수 있다. 다만 기라성 같은 작가들의 장편 가족사 소설에 준하는 작품을 학습자가 써내기는 매우 어려우므로, 짧은 단편 형식으로 쓰거나 구상하는 전체 가족사 소설에서 특정 국면을 잡아 짧게 써 보도록 한다. 아울러 서간체 소설 형식을 활용할 수도 있다. 18세기 프랑스 소설인 피에르 쇼데를로 드 라클로(Pierre Choderlos de Laclos)의 〈위험한 관계(Les Liaisons dangereuses)〉(1782)처럼 편지를 주고받는 형식이나, 최서해의 〈탈출기〉(1925), 〈전아사〉(1927), 남정현의 〈부주전상서〉(1964), 〈분지〉처럼 특정인을 향해 쓴 편지 형식의 소설, 1980년대 사회운동가였던 주인공이 출소 후 과거 연인이 남긴 편지를 읽으며 잃었던 시간과 공간적 정체성 및 사회적 정체성을 채우고 주체성을 모색해 가는 것이 서사의 골격을 이루는 황석영의 장편소설 〈오래된 정원〉 (1999) 같은 작품들을 고려할 수 있다. 이 밖에도 여러 다른 장르 형식을 활용한 소설 창작을 통해 학습자의 창작 경험을 확대하고 심화해 나갈 수 있다.

분지 필화 사건

1960년대를 떠들썩하게 한 남정현의 〈분지〉는 이른바 '필화 사건'을 촉발한 작품이다. 1965년은 박정희 정권에서 체결한 한일협정에 대한 국민적 반대 투쟁, 미국의 요청에 의한 베트남전 파병 등의 정치적 갈등이 첨예하게 대두하던 시기이다. 이러한 정치·사회적 국면에서 미국에 종속적인 한국의 현실을 풍자한 남정현의 서간체 소설 〈분지〉가 문예지 《현대문학》 3월호에 발표된다. 남정현은 중앙정보부에 연행되어 반공법으로 수사 및 고문을 받고 기소된다. 작가는 이 사건으로 실형을 받았으나 1967년 집행유예로 풀려난다. 그 과정에서 변호사들의 무료 변론 및 동료 문인들의 구명 운동이 활발하게 일어나면서 이 필화 사건은 사회적으로 큰 반향을 불러일으켰다.

5 다매체 시대 소설 창작의 새로운 현상

인간의 의사소통에 작용하는 매체들은 앞으로 더 다양해질 것이며, 특히 디지털 매체의 특성으로 인해 매체 간 상호작용이 활성화될 것이다. 그래서 국어 교육에서도 언어 기능, 문법, 문학 등의 영역을 막론하고 이러한 다매체 시대의 특성 및 매체의 본질적 문제를 중요한 교육 내용으로 다루고 있으며, 앞으로도 이 기조는 유지되어야 한다. 창작 교육 역시 다양한 매체와 그 상호작용의 문제를 다룰 수밖에 없다. 앞에서 살펴본 것처럼 소설 독서에 기반한 창조적 재구성 활동이나 완성형 소설 창작 활동 등은 문자 서사를 핵심으로 한다. 하지만 그러한 소설 창작 못지않게 다양한 매체를 활용한 서사 제작 활동 역시 중요한 가능성을 지닌다.

이런 점을 고려하면 소설 교육에서 기성 소설을 재구성하여 영상 서사, 즉 영화, TV 드라마, 애니메이션, 만화 등을 제작해 보는 활동을 구상할 수 있다. 영상 서사 제작 활동은 앞서 설명한 재구성 중심의 소설 쓰기보다 시간과 품이 훨씬 많이 들기 때문에 모둠 단위의 협동 활동으로 진행하는 것이 바람직하다. 실제로 영화나 애니메이션 등은 여러 창작 주체가 협력하는 방식으로 제작된다. 특히 이러한 활동은 그 범위를 교과 수업에 한정하지 않고 자유학기(년)제를 고려하여 확장하거나 진로 탐색 및 고교학점제 등 교육 현장의 변화와 연계해 볼 수 있다.

역으로 영상 서사를 꼼꼼히 감상한 후 그것을 소설로 재구성하는 활동도 가능하다. 이를테면 영화나 애니메이션 같은 영상물을 보고 그 내용을 소설로 다시 쓰는 것이다. 비록 현실에서는 소설의 영상화가 더 흔하지만, 창작 교실에서는 영상을 소설로 재구성하는 것이 상대적으로 쉽고 유의미한 활동이 될 가능성이 크다. 그 이유는 영상이 소설 창작의 방향과 내용을 규정지어 주기 때문이다. 소설 쓰기란 본질적으로 작가의 의식 속에 생겨나는 풍경(landscape)[12]을 독자와

애니메이션 〈메밀꽃, 운수 좋은 날, 그리고 봄 봄〉의 포스터

원작 소설 세 편을 바탕으로 제작된 이 애니메이션은 2014년 제18회 서울 국제 만화 애니메이션 페스티벌 개막작으로 선정되었다. ⓒSTUDIO-MWP

....

12 '풍경'이란 객관적 실체가 아니라 주체의 내면에 있는 고정된 시점에 의해 통일적으로 파악되고

공유하기 위해 단어들의 조합으로 바꾸어 가는 활동이다. 파묵은 소설 쓰기에서 시각적 이미지 구성을 강조하며 "소설 쓰기는 단어로 그림을 그리는 것"이라고 말한 바 있는데(Pamuk, 2010/2012: 93), 이런 점에서 영상물에 기반한 소설 쓰기는 창작의 밑그림을 명확하게 제시해 주는 활동이라 할 수 있다. 또한 영상 서사를 문자 서사인 소설로 구체화하는 활동은 문자의 힘을 느끼고 깨닫는 소중한 체험이 된다.

　방송이나 신문 등 각종 정보 매체에 등장하는 사실 중심의 기사를 바탕으로 소설을 써 보는 활동도 가능할 것이다. 한국의 현대소설사에는 이와 관련하여 참고할 만한 작품이 제법 많다. 예를 들어 이청준의 〈벌레 이야기〉(1985)는 1980년대 초 한국 사회를 경악하게 했던 초등학생 유괴사건에 관한 뉴스 기사를 바탕으로 하여 이야기의 주제를 복수와 용서라는 문제로 약간 바꾸어 쓴 소설이다. 이후 이창동 감독은 이 작품의 인물과 사건, 배경을 바꾸고 확장하여 영화 〈밀양〉(2007)을 제작하기도 했다. 이처럼 작가가 현실에서 일어난 사건에 주목하고 그것을 허구적 상상력과 조화시켜 새로운 서사 세계를 창출해 내는 소설 창작은 하나의 서사문화에 속한다. 또 현실의 문제를 새롭게 인식한 후 대안을 모색하는 경험은 학습자에게 현실에 대한 능동적인 탐구와 문제의식에 근거하여 자기 주도적으로 서사를 창조하는 역량을 길러 준다. 이러한 소설 창작의 현실 관여성을 활성화하는 것과 관련하여, 아래에 제시된 브루노 힐레브란트(Bruno Hille-brand)의 주장을 찬찬히 읽어 보자.

…………

구성되는 대상, 즉 주관적 표상을 지칭하는 개념이다. 그런 점에서 풍경은 대상과 주체의 사이에서 생성되는 유동적인 개념이다. 가라타니 고진은 "풍경이란 단순히 외부에 존재하는 것은 아니다."라고 하면서 "풍경은 오히려 '외부'를 보지 않는 자에 의해 발견된 것이다."라고까지 하였다(柄谷行人, 2008/2010: 36-37).

소설의 미적 기능은 멀게는 시의 그것만큼 자율적이지 못하다. 소설의 미적 기능은 처음부터 상호교환적이다. 다시 말해 다른 장르에 비해 한층 더 개방적이고, 인간관계라는 의미에서 더욱 발산적이며, 흥미의 요소가 풍부하되 계몽적이다. 그것은 동시에 윤리적인 것의 전 영역을 감싸면서 인간의 선한 측면, 범죄적 인간뿐만 아니라 남 돕기 좋아하는 인간을 표현한다.

(Hillebrand, 1972/1993: 13)

힐레브란트의 논지는 소설이란 매우 개방적인 장르이기에 여러 사회 문제와 관련성이 높다는 것이다. 인간의 삶과 소설 사이의 이러한 사회학적 관련성은 소설을 연구하는 경우뿐만 아니라 소설을 창작하는 경우에도 고려되어야 한다. 소설 창작은 반복적이고 기능적인 글쓰기 수련이 아니다. 삶에 대한 깊은 관심과 문제의식 속에서 쟁점을 포착하고, 그것을 둘러싼 가치를 다각적으로 사유하며, 이를 글로 표현함으로써 언어의 창조력을 경험하는 일이라 할 수 있다. 그러하기에 경험 세계의 이야기를 쓴다 하더라도 삶의 본질 및 사회적 가치와 연관 지어 창작의 의미를 고민하도록 소설 창작 교육을 실천할 필요가 있다. 그것이 뉴미디어, 다매체 시대에 소설 창작 교육이 자기 역할을 온당하게 감당하는 길일 것이다.

마지막으로, 스마트폰 사용의 보편화 및 인터넷 포털 등 거대 자본의 위력에 힘입어 급격히 성장한 분야인 웹소설을 창작 교육의 장에서 다룰 방안과 매개 원리에 대한 고민이 필요하다. 사전적으로는 인터넷 매체에서 연재 또는 발표하는 소설을 통틀어 '웹소설'이라 한다. 이 정의에 따르면 기성 작가인 황석영이 네이버 블로그에 5개월간 연재한 〈개밥바라기별〉(2008) 같은 작품도 웹소설이라 할 수 있다. 하지만 현재 웹소설이라는 장르 명칭은 '네이버 웹소설', '북팔', '로망띠끄' 등 웹소설 전문 사이트에서 감상하는 소설을 제한적으로 지칭한다. 스마트폰, 태블릿 등 모바일 기기로 읽는 웹소설은 종이에 인쇄된 소설보다 진입 장벽이 다소 낮다. 그 대신 작품의 유기적 전체성보다는 각 연재분의 재미와 긴장감, 쉬운 전개, 가독성을 지나치게 추구하는 경향이 있다. 또 세계에 대한 인식적 경험보다는 흥미나 쾌감 같은 감성적이고 정서적인 측면에 치중하는 경향도 보인다(최배은, 2017). 웹소설을 읽고 향유하는 독자가 늘어남에 따라 최근 많은 연구자가 웹소설의 장르적 특징, 서사적 특징, 독자의 특징 등을 검토하고 있다.

이러한 웹소설 창작 활동을 창작 교육의 장에서 다루어 볼 수도 있다. 다만 학생들이 웹소설 창작을 시작하기 전에, 웹소설의 생산 및 소비에 대해 비판적이고 거시적인 분별력과 안목을 지니도록 조치하는 것이 매우 중요하다. 학생들은 이미 문학 교육의 장 밖에서 웹소설을 일상적으로 접하고 있다. 문학 교육은 이러한 현실에서 출발해 나아가야 하며, 시민성 함양이라는 본질적 과업을 수행해야 한다. 이를 위해서는 인터넷 플랫폼과 거대 자본이 통제하는 웹소설의 생산 및 소비 과정에 무비판적으로 스며드는 것이 아니라, 그 속으로 들어가되 비판적 지성을 활성화하는 체험을 추구해야 한다. 그렇다면 웹소설 기반 창작 교육은 웹소설의 일상적인 향유를 넘어, 웹소설에 대한 꼼꼼한 읽기와 능동적 비평에서 시작되어야 할 것이다. 요컨대 웹소설 창작 체험을 시도하는 데서 그치는 것이 아니라 그 활동 전반에 대한 자각적 성찰을 중시함으로써 바람직한 웹소설 향유 문화를 고민하고 모색하는 데까지 활동의 지평을 넓혀 나가는 것, 바로 그 지점까지 창작 교육의 목표로 삼아야 한다.

참고문헌

강상희(1999), 『한국 모더니즘 소설론』, 문예출판사.

김근호(2018), 「독자로서의 작가: 최인훈 『화두』의 문학독서 현상학」, 『현대소설연구』 71, 5-31.

김성진(2020), 「예술교육으로서의 문학교육에 대한 시론: 창작교육을 중심으로」, 『문학교육학』 66, 73-103.

김성진(2022), 「'근대 문학의 종언'과 문학교육: 읽기 중심주의에 대한 성찰」, 『문학교육학』 76, 87-112.

김연수(2014), 『소설가의 일』, 문학동네.

김원일(1991), 「한 편의 소설이 되기까지: 「바람과 강」을 중심으로」, 『열한 권의 창작노트』, 창.

문순태(1991), 「고향의 역사와 한: 연작장편 『징소리』를 중심으로」, 『열한 권의 창작노트』, 창.

문학과문학교육연구소 편(2001), 『창작교육, 어떻게 할 것인가』, 푸른사상.

방민호(2001), 『채만식과 조선적 근대문학의 구상』, 소명출판.

우한용(2009), 『우한용 교수의 창작교육론: 삶 읽기·글 읽기·글 쓰기』, 태학사.

이승우(2006), 『당신은 이미 소설을 쓰기 시작했다』, 마음산책.

이승우(2020), 『소설가의 귓속말』, 은행나무.

전상국(2003), 『소설 창작 강의』(2판), 문학사상사.

정호웅(2012), 「소설 재창작 활동의 구상」, 『문학사 연구와 문학교육』, 푸른사상.

정호웅(2019), 『대결의 문학사』, 역락.

최배은(2017), 「한국 웹소설의 서술형식 연구」, 『대중서사연구』 23(1), 66-97.

한용환(1999), 『소설학 사전』, 문예출판사.

柄谷行人(2010), 『일본 근대문학의 기원』(개정정본판), 박유하(역), 도서출판b(원서출판 2008).

Abbott, H. P.(2010), 『서사학 강의』, 우찬제·이소연·박상익·공성수(역), 문학과지성사(원서출판 2002).

Hillebrand, B.(1993), 『소설의 이론』, 박병화·원당희(역), 현대소설사(원서출판 1972).

Pamuk, O.(2012), 『소설과 소설가』, 이난아(역), 민음사(원서출판 2010).

Picon, G.(1985), 『예술가와 그의 그림자: 문학미학 서설』, 유제호(역), 홍성사(원서출판 1953).

Wood, J.(2011), 『소설은 어떻게 작동하는가』, 설준규·설연지(역), 창비(원서출판 2008).

11장

매체 중심의 현대소설 교육

매체가 현대소설 교육의 지향점이 될 수 있을까? 매체에 초점을 둔 현대소설 교육은 어떤 모습일까? 만약 이러한 질문이 낯설고 그 답이 쉽게 떠오르지 않는다면 매체의 이미지가 현대소설 교육의 경험과 쉽게 어울리지 않기 때문일 것이다. 정보통신, 기술, 인터넷, 모바일, 영화, 웹툰, 시청각으로 경험되는 매체는 문화, 글, 책, 종이, 교양, 정전, 읽기로 경험되는 현대소설 교육과 이질적이며 심지어 대립적인 것처럼 느껴지기도 한다.

하지만 문학을 가르치는 자리에서 매체는 더 이상 낯선 요소가 아니다. 우선 교육과정을 살펴보자. 2015 개정 국어과 교육과정의 '문학' 과목에서 매체는 열일곱 번 언급된다. 매체는 "문학과 매체"라는 이름으로 내용 체계에서 하나의 내용 요소를 차지하며 "다양한 매체로 구현된 작품의 창의적 표현 방법과 심미적 가치를 문학적 관점에서 수용하고 소통한다."라는 성취기준을 이끈다. 교수·학습에서는 문학의 수용과 생산이 "언어 활동 및 매체 활동과 통합될 수 있도록 지도"하고 "책, 신문, 전화, 라디오, 사진, 광고, 영화, 텔레비전, 컴퓨터, 인터넷, 이동 통신 기기 등으로 전달되는 다양한 매체 자료를 활용"할 것을 권한다.

이러한 매체 관련 교육 내용은 2022 개정 교육과정에서 더욱 강화된다. 디지털·미디어 역량을 핵심역량으로 제시하고 매체 영역을 신설한 2022 개정 교육과정에서 '문학' 과목은 2015 개정 교육과정의 매체 관련 성취기준 등을 그대로 유지하면서 "문학 작품에 대한 반응이나 해석, 창조적 생산물을 디지털 매체를 활용하여 제작하고 공유하며 상호 토론"하는 활동, "디지털 도구를 활용해 문학 작품을 둘러싼 관련 정보나 평가 등을 탐색하고 선별하는 과정" 등을 성취기준 적용 시 고려사항으로 새롭게 제시하였다. 또한 진로 선택 과목으로 '문학과 영상'을 신설하면서 "문학과 영상은 긴밀한 연관 관계 속에서 발전해 왔으며 상호작용을 통해 서로 변용과 창조의 계기가 된다."라는 핵심 아이디어를 제시하였다.

교육과정의 이러한 매체 관련 요소는 교과서에서 다양하게 구현되고 있다. 2015 개정 교육과정에 따른 문학 교과서를 살펴보면, 정철의 〈관동별곡〉(1580), 이태준의 〈달밤〉(1933), 이강백의 〈파수꾼〉(1974), 박완서의 〈오해〉(2004)처럼 시, 소설, 희곡, 수필 등의 전통적 제재가 여전히 높은 비중으로 수록되어 있지만, 영화 〈남한산성〉(2017), 드라마 〈뿌리 깊은 나무〉(2011), 만화 〈토지〉(2015), 애니메이션 〈메밀꽃 필 무렵〉(2013), 웹툰 〈신과함께〉(2010), 인터넷 연재 소설 〈소년을 위로해줘〉(2010) 등 다양한 매체로 구현된 작품도 접할 수 있다. '문학과 매체'라는 단원에서는 매체의 본질과 특성, 문학과 매체의 관계, 매체를 고려한 작품 감상 등을 다루면서 팟캐스트와 유튜브에 탑재된 명사의 소설 낭독 듣기, 소설에 대한 감상을 블로그나 인터넷 게시판 등 소셜미디어에 공유하기 같은 디지털 환경에 기반한 향유 방식의 변화도 소개한다. 영화를 시청하고 웹툰을 분석하면서 문학과 매체의 관계를 학습하는 수업은 현재 진행형의 문학 교육이다.

매체를 향한 이러한 관심은 매체가 기술 이상의 위상을 지니기 때문이다. 라디오의 출현을 통해 가정이라는 사적 공간이 가족과 지역의 한계를 넘어서는 공적 정보 및 오락의 영역과 연계된 것처럼, 새로운 매체의 출현은 소통 방식과 향유 방식에 영향을 미치며 인간의 인식 체계와 문화의 양상을 변화시킨다(Johnson, 1981: 167-178). 실제로 매체 환경의 변화와 디지털 매체의 등장은 현대소설의 창작과 소통 방식, 현대소설과 다른 매체 서사의 관계에 영향을 주면서 현대소설의 위상과 범주를 재편하고 있다. 현대소설 교육은 매체의 영향과 이에 따른 변화를 적극적으로 수용하여 제재, 읽기 방법, 교육 방법 등을 재구성할 필요가 있다.

매체 중심의 현대소설 교육을 다루는 이 장에서는 현대소설 교육이 매체에 관심을 가지게 된 계기가 무엇이며, 현대소설 교육의 매체 수용이 교육의 목표와 내용을 어떻게 확장하고 재편했는지를 설명하고자 한다. 이를 위해 먼저 현대소설 교육이 매체를 수용하게 된 관점의 변화를 살펴보고, 이어서 현대소설 교육의 내용이 재편되어 온 양상을 알아볼 것이다.

1 매체 중심 현대소설 교육의 관점

현대소설 교육의 매체 수용에 관여하는 요소는 매체 환경과 현대소설 교육의 관점이다. 이 두 요소 중 현대소설 교육의 매체 수용에서 더 근본적인 것은 후자이다. 새로운 매체의 출현과 매체 환경의 변화는 현대소설 교육이 매체에 관심을 가지는 계기이며 그 자체로 교육 내용이다. 하지만 현대소설 교육이 이러한 매체를 수용하는 목적, 특정 매체를 선별하여 교육 내용으로 설계하는 방식에 영향을 미치는 것은 현대소설 교육의 근간이 되는 서사·문화·언어에 대한 관점이다. 초기 매체 교육의 형성과 쇠퇴라는 국어 교육사의 사건에서 알 수 있는 것처럼 매체 기술의 발달, 새로운 매체의 등장, 매체 환경의 변화는 근대 이후 지속된 현상이지만 이를 교육과정의 내용으로 수용할 것인지, 교과서에 어떻게 구현할 것인지는 교육의 관점에 따라 달리 결정되어 왔기 때문이다(정진석, 2010). 여기에서는 현대소설 교육의 근간이 되는 서사·문화·언어에 대한 관점의 변화가 어떻게 매체 수용의 계기가 되었는지를 설명한다.

1) 서사(epic)에서 서사(narrative)로: 서사에 대한 관점의 변화와 매체 수용

매체에 대한 현대소설 교육의 관심에는 서사론의 변화가 자리하고 있다. 초기의 서사론은 문학론의 하나로서 문학의 한 장르인 서사(epic)에 집중하였다. 문학적인 것과 비문학적인 것을 구분하면서 문학적인 현상의 특수한 갈래 중 하나로 서사를 상정한 것이다. 이러한 서사에는 신화, 설화, 민담, 전설 등이 있으며 그 정점에 소설이 있다.

하지만 서사론의 관심사는 점차 언어 예술로서의 문학을 넘어선다. 서사론은 시학의 관심사, 다시 말해 개별 작품이 아닌 작품 자체를 가능하게 하는 일반 법칙과 보편 구조를 탐구하였다(Scholes et al., 2006/2007: 434). 그 결과로 서사론은 서사의 구조를 파불라(fabula)와 슈제트(syuzhet), 스토리와 담론 등의 이원 구조 또는 스토리, 텍스트, 서술과 같은 삼원 구조로 설정하고, 각 층위에 인물, 사건, 시공간, 시간 구성, 인물 구성, 초점화, 대화 재현 등의 요소가 자리한다는 점을 밝혔다. 주목할 점은 이들 요소와 구조는 전통적인 언어 예술인 설화나 소설뿐만 아니라 영화, 드라마, 만화, 연극 등에도 적용될 수 있다는 점이다. 다음에 인용한 롤랑 바르트(Roland

Barthes)의 주장처럼 서사는 매체와 문화 도처에 존재한다. 이에 서사론은 그 관심 범위를 서사(epic)에서 서사(narrative)로 확장하고 다양하게 편재된 서사의 공통된 구조를 밝히는 데 주력하게 된다.

이 세상에 서사들은 셀 수 없이 많다. 인간의 이야기를 수용하기 위해 모든 실체에 의존할 수 있는 것처럼, 무엇보다 서사는 엄청나게 많은 장르를 가지고 있으며, 수많은 매체 사이에 퍼져 있다. 유기적으로 긴밀하게 연결된 언어로, 말로 구술된 언어 또는 글로 기술된 언어로, 고정된 이미지로 또는 움직이는 이미지들로, 몸짓들로, 그리고 이러한 모든 재료들의 질서 정연한 혼합으로, 그 어떤 것으로도 서사는 이루어질 수 있다. 신화, 전설, 우화, 이야기, 중편소설, 서사시, 역사, 비극, 드라마, 희곡, 팬터마임, 회화, 스테인드글라스, 영화, 만화책, 뉴스 기사, 대화 그리고 그 밖의 것들로 표현되는 것이 바로 서사인 것이다.

(Barthes, 1975: 237)

서사에 대한 이러한 인식 변화에 따라 서사론은 영화, TV 드라마, 만화, 애니메이션 등 다양한 매체 서사로 시야를 넓히기 시작한다. 초창기 논의 대상은 주로 원작 소설과 이를 재구성한 매체 서사의 관계였다. 인기 있는 소설이 연극이나 영화로 만들어지는 것은 대중문화에서 흔히 볼 수 있는 현상이다. 우리나라 초기 영화 중 하나인 1923년작 〈춘향전〉은 원작인 고전소설 〈춘향전〉의 인기에 힘입어 제작되었다. 최초의 근대적 장편소설인 〈무정〉(1917) 또한 1939년에 영화로 각색되었다. 소설 〈소나기〉(1953)는 영화, 드라마, 만화, 애니메이션 등으로 다채롭게 각색된 대표적인 작품이다. 이렇듯 소설이 매체 서사의 다양한 장르로 각색될 수 있는 것은 이들 장르가 스토리와 담론의 구조에 기반을 두면서 인물, 사건, 시공간 등을 공

영화 〈무정〉의 광고

이광수의 동명 소설을 원작으로 조선영화주식회사가 제작
하여 1939년 3월 15일에 개봉한 영화이다. 흥행에는 성공했
으나 원작의 주제 의식을 제대로 살리지 못했다는 평가도 받
았다.

유할 수 있기 때문이다(Chatman, 1978: 22-
27). 그래서 서사론은 각색이 언어 예술을
넘어서는 서사 구조의 보편성을 보여 주는
대표적인 현상이라고 인식하였다. 또한 재
구성된 매체 서사를 원작의 모방이나 대체
물로 낮추어 보는 기존의 충실성 관점에
거리를 두면서, 원작 소설과 재구성된 서
사를 비교하고 그들 사이의 공통점과 차이
점을 분석하는 데 초점을 맞추었다.

한편으로, 매체 서사는 점차 소설과의
관련 없이 그 자체로 서사론의 분석 대상
이 되고 있다. "이 세상에 서사들은 셀 수
없이 많다."라는 바르트의 단언은 문학이
라는 언어 예술을 통해 밝힌 요소와 구조가 언어 밖의 다양한 매체에도 적
용될 수 있음을 지적한 것이다. 영화 서사, 드라마 서사, 만화 서사, 애니메
이션 서사와 같은 용어에서 드러나듯이, 서사론은 다양한 매체를 서사로
호명하면서 '영화 서사학', '드라마의 서사 구조', '웹툰의 서사 전략'처럼
특정 매체의 미적 특성을 서사의 구조와 요소로 해명하고 있다. 이 과정에
서 만화와 웹툰처럼 칸으로 구획된 서사에서 두드러지는 현상인 '이야기-
공간과 담론-공간'의 구분이 서사론의 분석 대상에 포함되거나, 복합양식
으로 구성되는 영상 서사의 시각적 중개와 청각적 중개를 설명하기 위해
시각화와 청각화 등의 개념이 새롭게 제안되기도 했다.[1] 이렇게 매체 일반

....

1   영화는 영상 등의 시각적 요소와 음향 등의 청각적 요소를 통해 관객이 인물과 사건, 배경을
    보고 듣게 한다. 이때 관객이 '보는 것'과 '듣는 것'은 특정한 의도에서 선택적으로 보이는 것
    이자 들리는 것인데, 영화 서사론에서는 이러한 특성을 '시각화(ocularisation)'와 '청각화

의 특성을 밝히는 보편적 방법론으로 격상되고 확장된 서사론은 다시 현대소설에 대한 이해를 심화한다.

2) 교양에서 대중문화로:
문화에 대한 관점의 변화와 매체 수용

문화에 대한 관점의 변화는 현대소설 교육이 매체에 관심을 두게 된 또 다른 계기이다. 문화론은 문학을 문화의 대표적 산물로 간주하면서 문학론 및 문학 교육의 본질을 밝히고 방향을 모색하는 데 큰 영향을 미쳤다. 주목할 점은 문화를 바라보는 문화론의 시각이 단일하지 않다는 점이다. '문화(culture)'를 가장 난해한 영어 단어 중 하나라고 했던 레이먼드 윌리엄스(Raymond Williams)의 주장처럼(Williams, 1976/2010), 문화에 대한 관점은 다양하고 대립적이며 각각의 관점에 따라 다른 의미와 가치로 규정된다. 매체의 위상과 가치도 이러한 문화론의 시각에 따라 다르게 평가된다.

근대적 문화론의 문을 연 매슈 아널드(Matthew Arnold)류의 인문학적 관점은 문화를 '인간 사고와 표현의 뛰어난 정수'로 규정한다. 인간의 지적이고 정신적이며 미학적인 활동과 산물을 문화로 인식한 셈인데, 대표적인 것이 문학, 미술, 음악 등의 예술이다. 이러한 문화론은 기본적으로 작품에 대한 가치평가를 중시한다. 더 세련되고 더 가치 있는 작품을 애호하며 가치평가를 통해 최상의 작품을 찾는다. 지적으로 세련된 고급의 문화만이 문화인 것이다. 이런 점에서 인문학적 문화론은 가치 있는 작품과 함께 이를 알아보고 선별할 수 있는 인간의 감식안을 중시한다. 문화는 예술에 대한 풍부한 지식과 경험, 즉 수준 높은 교양을 의미하며 개인은 교양의 함양

....

(auricularisation)'라는 개념으로 설명한다(서정남, 2004: 308-315).

을 통해 정신적으로 완성된 문화인으로 거듭날 수 있다.

이러한 문화론에서 매체 서사는 대개 저급한 것으로 치부되었다. 매체 서사는 흥행을 목적으로 제작된 것으로, 지적으로 열등하고 도덕적으로 저속하며 미적으로 저급한 대중문화의 산물이다. 인문학적 문화론은 대중문화의 취향이 매체 서사를 통로로 고급문화에 침투하거나 교양을 대체할 것을 우려하였다. 영화, 드라마, 만화 등이 대중의 말초적 감각을 자극하면서 사회의 교양 수준을 낮추는 문화의 오염원으로 인식되었던 것이다.

문화에 대한 근대적 관점은 문화가 교양이 아닌 생활양식으로 규정되면서 서서히 극복된다. 주로 사회학이나 인류학에서 촉발된 문화론의 변화는 문화를 사회 구성원이 되기 위해 개인이 습득해야 할 상징체계 또는 삶의 방식으로 보았다. 문화는 인간 정신의 산물 또는 세련되고 가치 있는 정수를 넘어 공동체의 관습, 가치, 규범, 제도 등을 포괄하는 생활양식이다. 또한 문화의 이해는 고급과 저급을 구분하는 것이 아니라, 삶의 방식을 포착하고 문화 간 차이를 인정하는 것이다. 이러한 관점에서 그간 조명받지 못한 노동자의 계급문화나 대중의 문화적 취향이 주된 관심사로 부각하였다.

오늘날 매체 서사는 문화론이 주목하는 관심사의 첫머리에 놓인다. 대중문화의 특징 중 하나는 매체를 통해 빠르게 유통되고 공유된다는 것으로, 매체 서사는 그 자체로 대중문화의 핵심 요소이다. 문화론은 대중이 영위하는 삶의 방식을 이해하기 위해 그들에게 인기 있는 매체 서사를 연구 대상으로 삼는다. 영화와 TV 드라마는 대중의 규범적 인식과 욕망, 생활양식을 이해하는 자료로 분석되고, 관객의 감상평과 시청자의 댓글 또는 특정 장면을 재미있게 변용한 '짤' 등은 대중적 취향의 형성과 확산, 향유 방식을 확인하는 자료로 분석된다.

3) 문어에서 매체 언어로:
언어에 대한 관점의 변화와 매체 수용

매체에 대한 현대소설 교육의 관심과 수용은 언어를 바라보는 국어 교육계의 관점 변화에서도 영향을 받았다. 언어는 국어 교육의 대상이자 매개가 된다는 점에서 국어 교육을 설계하는 데 가장 중요한 고려 대상이다. 국어 교육의 역사를 살펴봐도 '언어란 무엇인가'에 대한 관점은 시기마다 달랐고 그에 따라 국어 교육의 방향과 내용도 변화하였다. 매체 또한 국어 교육의 언어관이 변화함에 따라 언어와 매체를 함께 사유할 수 있는 논리를 마련하면서 수용된 측면이 크다.

국어 교육에서 언어는 오랫동안 구어와 문어였다. 국어 교육은 구어와 문어를 중심으로 인간의 소통 현상을 이해하고 그 역량을 함양하는 소통 교과를 지향하였다. 언어에 대한 이러한 입장은 국어 교육의 목표와 영역 구분에서 명시적으로 드러난다. 한때 국어과 교육과정에 제시된 목표의 첫 자리는 '말과 글을 통해 생각과 느낌을 효과적으로/정확하게 표현하고 이해한다'는 것이었으며(4~6차), 현대적 국어 교육이 시작된 이래 현재까지 유지되는 내용 영역의 일부인 '듣기, 말하기, 읽기, 쓰기'는 구어와 문어의 구분에 기반을 둔 것이다. 구어와 문어는 지식의 저장과 전달, 세계의 의미 부여, 사회적 조직 및 인간관계의 형성과 유지를 위한 보편적 수단이라는 공통점을 공유하면서도 소통의 요건과 방식, 문화에서 상당한 차이를 보이는데, 이러한 공통점과 차이점이 국어 교육의 교육 내용으로 제시되었다.

이와 같은 언어관에서 매체 서사는 구술 서사나 문자 서사에 비해 부차적으로 취급될 수밖에 없다. 이는 1차 교육과정기부터 국어과의 교육 내용으로 제시되었던 영화, 라디오 방송극, TV 방송극 등이 3차 교육과정을 기점으로 제외되기 시작했다는 사실에서도 확인할 수 있다. 매체 서사의 낮

1963년 3월 30일 자 《조선일보》에 실린 기사 〈TV와 어린이 가정교육〉

우리나라에서 라디오, TV 등의 매체는 1960년대 중반을 전후로 대중화 단계에 접어들었고, 이와 함께 이들 매체에 대한 부정적 인식도 확산되었다.

은 위상은 일차적으로 매체 서사가 언어적으로 순정하지 않다는 인식과 관련이 있다(정진석, 2010: 321-327). 매체 서사는 그림, 사진, 음악, 영상 등 다양한 요소로 구성되는데, 전통적 언어관에서 이들 요소는 구어 및 문어와 성격이 다른, 언어 밖의 것들이다. 즉, 언어적인 것과 비언어적인 것이 혼재된 매체 서사는 순정하지 않은 텍스트인 것이다. 이러한 인식은 매체 서사가 국어 교육의 제재로 온전히 수용되는 데 부정적으로 작용하였다. 이는 영화가 시나리오의 형태로만 수용되었던 이유, 다시 말해 영화의 비언어적 요소들이 문자 형태로 제시될 때에만 제재로 수용될 수 있었던 이유이기도 하다.

한편 구어와 문어 중심의 언어관은 언어의 범주를 한정했을 뿐만 아니라, 언어적인 것과 비언어적인 것을 차별적으로 구분하면서 매체 서사를 비교육적인 제재로 간주하였다. 말해 주기(telling)와 보여 주기(showing)라는 서술 양식의 전통적 구분에 기댄 이러한 인식에서, TV를 포함한 시각 매체의 핵심 양식은 보여 주기이다. 그리고 보여 주기는 눈으로 직접 볼 수 있도록 대상을 시각적으로 재현하기 때문에 시청자가 고차적인 사고 없이도 그 대상을 쉽게 이해할 수 있다. 반면 현대소설에서 두드러지는 것은 말해 주기로, 이는 서술자의 말을 통해 인물과 사건을 간접적으로 제시함으로써 독자의 적극적인 추론과 고차적인 해석을 촉발한다(정현선, 2007: 15). 이러한 구분으로부터 교육적인 제재는 학습자의 사고를 자극하는 현대소설이라는 논리가 성립하였다. 반면 매체 서사는 '바보상자'로 불리면서 교육적으로 부적합한 제재, 또는 흥미 유발을 위해 제한적으로만 활용되어야 하는 자료로 여겨졌다.

국어 교육의 언어관과 매체 서사의 위상은 기호학의 도입과 맞물려 변화한다. 기호는 인간이 소통을 위해 사용하는 상징, 도상, 지표 등을 통틀어 이르는 말로, 기호학은 이러한 기호와 그 의미 작용을 논하는 학문이다. 국어 교육은 기호학의 개념과 관점을 받아들여 언어를 기호의 일종으로 규정하고, 언어의 범위를 의미화와 소통을 위해 선택하는 수단으로 확장하였다. 구어와 문어는 소통의 가장 일반적이고 오래된 수단이지만, 인간이 이것에만 의지해 온 것은 아니다. 구어적 소통 상황에서 인간은 말과 함께 몸짓, 표정, 시선 등을 이용하여 의사를 전달한다. 신문 기사, 그림책 등을 읽는 소통 상황에서 독자는 그 의미를 이해하기 위해 글과 함께 사진과 그림에도 주목해야 한다. 특히 매체 환경이 빠르게 변화하는 오늘날에는 사진, 그림, 영상, 음향, 음악 등 더 많은 양식을 복합적으로 활용한다. 국어 교육은 매체 텍스트에서 복합적으로 결합되어 의미를 형성하는 이들 양식을 매체 언어로 개념화하고 교육 내용으로 포함하면서 매체의 발달에 따른 소통 방식의 변화에 대응하고자 하였다(정현선, 2005: 312-318).

언어를 둘러싼 국어 교육의 이러한 변화된 인식에서 매체 서사의 위상은 새롭게 설정된다. 국어 교육의 대상인 언어가 매체 언어로 확장되면서 매체 서사 또한 언어적 차원에서 기존의 제재인 현대소설 등의 문자 서사와 같은 위치에 놓이는 것이다. 매체 서사를 구성하는 여러 양식은 언어적인 것과 비언어적인 것으로 구분되어야 하는 이질적인 것이 아니라, 의미의 형상화를 위해 복합적으로 결합된 매체 언어이다. 그러므로 매체 언어를 매개로 하는 매체 서사는 학습자가 이해하고 생산할 수 있는 교육적 제재이다. 이러한 논리에 따라 시나리오와 영화가 지닌 제재로서의 위상도 점차 역전된다. 문어 중심의 언어관에서 영화는 시나리오의 형태로만 제재로서 수용될 수 있었다. 하지만 기호로서의 언어관에서 시나리오는 교과서의 매체적 한계로 인해 영화를 수록할 수 없어 불가피하게 선택된 대용물이다. 매체 언어의 차원에서, 시나리오를 읽는 것은 영화를 시청하는 것을 대체할 수 없다. 따라서 수업의 중요한 과제는 학습자가 교과서에 수록된 시나리오의 장면을 영화로 시청할 수 있도록 지원하는 것이다.

한편 기호로서의 언어관에 근거하여 매체 서사는 바보상자가 아닌 추론과 분석이 필요한 복합양식 텍스트로 규정된다. 매체 서사를 바보상자로 간주하는 인식의 기저에 있는 구분법, 즉 문자 서사와 매체 서사를 말해 주기와 보여 주기로 보는 이분법은 매체 언어의 특성을 제대로 이해하지 못한 인식이다. 현대소설에서 말해 주기와 보여 주기라는 서술 양식이 모두 나타나는 것처럼, 매체 서사에서도 인물이나 사건에 대해 보여 줄 뿐 아니라 말해 주기도 한다. 매체 서사는 복합양식 텍스트로서 말, 글, 그림, 사진, 영상, 음향 등 여러 양식을 복합적으로 결합하면서 의미를 구성하는데, 시각적 양식인 그림, 사진, 영상을 통해 인물과 사건을 보이면서 말, 글, 음향, 음악 등을 결합하며 인물 간 구도를 선명하게 드러내거나 사건의 의미를 부각한다. 이런 점에서 매체 서사의 다양한 양식은 그 결합 양상을 살피고 효과와 의미를 파악해야 하는 분석의 대상이며, 시청자의 적극적인 추론과 심층적인 판단을 요구한다.

2 매체 중심 현대소설 교육의 내용

현대소설 교육은 서사·문화·언어에 대한 관점에 영향을 받으며 매체와 관련된 교육 내용을 다양한 방식으로 구안하였다. 그런데 이러한 기획과 실천을 매체에 대한 일방적 수용으로 이해해서는 안 된다. 매체는 현대소설 교육의 내용을 다양한 층위에서 재검토하면서 보완하고 확장하는 계기로 작용하였다. 그리고 현대소설 교육은 현대소설에 기반을 둔 교육 내용을 매체 서사의 수용과 생산에 적용할 수 있는 토대가 되었다. 여기에서는 앞서 살핀 서사·문화·언어의 관점을 기반으로 현대소설 교육의 내용이 재편되는 양상을 제재, 수용과 생산, 태도로 나누어 살펴본다.

1) 제재: 현대소설에서 매체 서사로의 확장

현대소설 교육의 매체 수용에서 두드러지는 내용 요소는 바로 제재이다. 영화, 드라마, 만화, 웹툰, 애니메이션 등 다양한 갈래의 매체 서사 텍스트가 학습자가 감상해야 할 제재로 제시되고 있다. 제재 층위에서 이러한 수용은 일차적으로 서사론의 변화를 통해 그 가능성을 마련하였다. 서사론의 관심사가 언어 예술 중심의 서사(epic)에서 갈래와 매체의 근간이 되는 서사(narrative)로 확장되면서, 서사의 본질과 특성을 탐색할 수 있는 제재로서 현대소설이 갖고 있던 특권적 지위가 허물어졌다. 매체 서사의 여러 텍스트도 현대소설 작품처럼 서사에 대한 지식을 바탕으로 분석하고 감상할 수 있는 제재로서의 가능성을 획득한 것이다.

하지만 이론적 가능성이 제재 선정의 당위성까지 보장하는 것은 아니다. 현대소설의 모든 작품이 현대소설 교육의 제재가 될 수는 없으며 선별된 작품만이 교과서에 수록되는 것에서 알 수 있듯이, 제재 선정에는 일정한 가치판단이 개입한다. 교육은 목표 성취적이며 가치 지향적인 영역이기에 교육 목표의 달성과 가치의 실현이라는 기준을 중심으로 제재를 선정한다. 이때 제재 선정의 기준으로 오랫동안 고려된 것이 인문학적 문화론에서 중시한 교양이었다. 인간 정신의 완성을 의미하기도 하는 교양은 문학 교육의 오랜 목표였고, 이러한 목표를 성취할 수 있는 작품이 교육의 제재로 선별되었다. 정전으로 불리는 이들 제재는 대부분 문학사에서 고평을 받은 리얼리즘, 모더니즘, 민족 문학, 순문학 계열의 현대소설이었다. 반면 매체 서사는 대중문화의 산물로서 교양과는 거리가 먼 함량 미달의 작품으로 제재에서 배제되었다.

반면, 문화 개념의 전환은 정전론의 엘리트주의와 편향된 취향을 문제 삼으면서 제재 선정의 기준을 다변화할 것을 촉구하였다. 문학사적 평가는 역사적 가치와 미적 완성도를 확보한 검증된 작품에 대한 정보를 제공한다는 점에서 제재 선정의 기준으로서 여전히 가치가 있다. 하지만 그 기준만으로 선별된 제재는 대부분 학습자의 '지금, 여기'와 시간적 격차가 있다. 이러한 시간적 거리감은 학습자가 제재를 학습의 대상으로만 인식하고, 삶과 세계를 내면적으로 조망하는 매개로 수용하지 못하는 원인이 된다(남민우, 2003: 148).

그런 점에서 제재 선정의 기준은 교양뿐만 아니라 삶의 방식으로서 학습자의 문화적 친숙도를 포함할 필요가 있다. 문화적으로 친숙한 제재를 통해 학습자는 자신이 딛고 선 현실의 문제를 파악하거나 소속된 공동체의 생활 방식 등을 성찰적으로 이해할 수 있다. 무엇보다 학습자는 일상의 경험과 지식을 바탕으로 그러한 문제와 생활 방식에 대해 발언할 수 있다. 매체 서사는 학습자에게 문화적으로 친숙한 대표적인 제재이다. 학습자는 기성세대보다 디지털 매체를 능숙하게 사용하며 다른 어떤 텍스트보다 매체 서사를 즐겨 수용하는 세대이다. 학습자는 웹소설, 웹툰, 웹드라마, 유튜브, 게임 등 디지털 환경의 다양한 매체 서사를 적극적으로 향유하고 그 경험을 공유하고 있다(오윤주, 2019). 매체 서사는 '지금, 여기'의 현실과 삶의 방식을 대중의 취향을 고려해 재현하며, 학습자는 그러한 서사들을 누구보다 능동적으로 감상하고 소통한다. 변화된 문화론의 시각에서 볼 때, 매체 서사는 학습자의 생활 및 문화에 공명하면서 그들의 관심과 흥미를 촉발하고 적극적인 수용과 생산을 이끌 수 있는 제재이다.

2) 수용과 생산: 현대소설 읽기와 매체 서사 읽기의 공진화

(1) 서사론의 변화에 따른 현대소설 읽기의 적용과 확장

서사론의 변화를 바탕으로, 현대소설 교육은 현대소설을 중심으로 개발한 교육의 내용과 방법을 매체 서사 감상에 적용하고 확장할 필요가 있다. 구체적으로 보면 첫째, 현대소설의 서사 탐구 방법을 매체 서사 감상에 관한 교육 내용에 적용할 수 있다. 그간 현대소설 교육은 학습자가 읽기의 주체로 성장할 수 있도록 다양한 읽기 방법을 제안하고 교육 내용으로 제시해 왔다. 특히 서사론에 기반을 둔 현대소설 읽기는 현대소설의 장르 특성을 부각하면서 현대소설을 현대소설답게 읽는 방식으로 주목을 받았다(김성진, 2009: 294-298). 여기에는 인물 중심의 읽기, 갈등 중심의 읽기, 서술 중심의 읽기 등 서사의 특정 요소를 선택적으로 주목하며 읽는 것과 서사 문법 중심의 분석적 읽기, 서사 기법 중심의 수사적 읽기, 서사 이념 중심의 비판적 읽기 등 서사에 대한 특정 관점에 기반을 두고 읽는 것이 포함된다(정진석, 2014).

현대소설을 대상으로 도출된 이러한 읽기 방식은 매체 서사를 읽는 방법으로도 가치가 있다. 영화, 드라마, 만화, 애니메이션 등은 현대소설과 마찬가지로 이야기를 재현한 서사이며 서사의 요소와 구조를 공유한다. 또한 이들 매체 서사를 구성하는 다양한 양식, 즉 그림이나 사진 등의 시각 이미지와 음향이나 음악 등의 청각 이미지는 이야기를 구성하는 장면 혹은 모티프로서 서사적 사고를 자극한다(이인화, 2010: 61-70). 이런 점에서 매체 서사 읽기에서도 인물, 갈등, 서술 등 특정 서사 요소에 선택적으로 주목하면서 작품의 의미를 이해하는 것이 중요하다. 그리고 이러한 인물, 사건, 서술을 서사 문법의 차원, 서사 기법의 차원, 서사 이념의 차원에서 접근하면서 분석적으로 읽고, 수사적으로 읽으며, 비판적으로 읽을 수 있다. 이러한 서사적 읽기는 현대소설 교육의 성과를 현대소설 이외의 서사에 적용하면서 매체를 수용할 수 있는 교육 내용이다.

둘째, 대중문화의 보편적인 활동인 매체 변환을 현대소설과 매체 서사 모두에 의미 있는 현상으로 수용하고 현대소설 교육의 내용으로 구안할 수 있다. 매체 변환이란 현대소설의 이야기를 공유하면서 매체를 바꾸어 창작하는 활동을 뜻한다. 이는 현대소설과 매체 서사 양편에서 모두 중요하다. 현대소설에서 매체 변환은 현대소설이 생산적으로 수용되고 현대적으로 전승되는 방식이다. 그리고 매체 서사에서 이 활동은 영화와 드라마 등의 매체 서사가 원작 소설의 인기와 가치를 공유하되, 원작과는 다른 감각 체험을 수용자에게 제공하는 제작과 창작의 방식이다. 이렇게 현대소설의 수용과 매체 서사의 생산이 결합된 현대소설의 매체 변환은 문학 문화의 이해와 참여라는 문학 교육의 목표를 성취할 수 있는 교육 내용으로서 가치가 있다.

또한 현대소설의 매체 변환은 서사라는 체계의 본질과 매체별 특성을 이해하기 위한 교육 내용으로 활용될 수 있다. 원작 소설과 변환된 매체 서사는 이야기를 공유하면서도 담론과 매체에 따른 차별화된 특성을 보인다. 그러므로 현대소설을 원작으로 영상 서사 등을 제작하는 활동 또는 매체 변환 관계에 있는 두 작품의 공통점과 차이점을 비교하는 활동 등은 학습자가 서사의 구조와 요소를 자각적으로 인식하고 각 매체의 서사적 특성을 탐색할 수 있는 유용한 교육 내용이다.

(2) 문화론의 변화에 따른 매체 서사의 유희적 생산과 비판적 읽기

문화론의 변화를 바탕으로, 현대소설 교육은 매체 서사와 학습자의 관계를 유연하게 설정하면서 생산과 수용의 교육 내용을 확대해야 한다. 우선 창작의 차원에서 보면 학습자가 즐기고 참여하는 새로운 대중문화 중 하나인 매체 서사의 생산을 문학 교육의 내용으로 전환하고 독려할 필요가 있다. 앞서 언급한 것처럼 현재의 학습자는 어떤 세대보다 디지털 매체에 능숙하고 다양한 매체 서사를 즐긴다. 스마트폰, 태블릿 등을 통해 그림책, 동화, 소설을 접하고 만화와 아동용 영화의 주제곡을 동요처럼 즐기며 신화, 고전문학, 현대명작들도 웹툰과 애니메이션의 형태로 감상한다. 특히 이들은 영감이라는 고전적 동기나 내적 진정성이라는 근대적 계기가 아닌 소통적 만족과 유희적 즐거움을 위해 이미지를 서사적으로 엮고 한 편의 만화를 그리며 다양한 원전을 '리믹스'한 이야기를 창작한다(우신영, 2019: 54-55). 엄숙한 문화론의 시각에서 이러한 생산물은 이질적이고 조잡하며 통속적인 대중문화의 아류로 보일 수 있다. 하지만 학습자에게 매체는 소통 수단이자 놀이 공간이며 매체 서사는 그들의 인식과 생활양식을 반영하거나 재구성하는 문화적 매개물이다. 이런 점에서 교육의 역할은 학습자가 관심 있고 능숙한 매체 서사의 양식을 통해 생각과 정서를 주체적으로 생산하고 소통하도록 격려하는 것이다. 또 그러한 활동의 의미와 방향성을 성찰할 수 있도록 조력하는 것도 중요한 과제이다.

다음으로 이해의 차원을 보면 '공감하며 전유하는 읽기'와 함께 '거리를 두며 비판하는 읽기'가 매체 서사의 교육 내용으로 중시된다. 공감하며 전유하는 읽기는 교양 중심의 문화론에 기반을 둔 읽기로, 독자가 정전의 가치를 존중하면서 형상화된 주제 의식을 내면화하는 데 초점이 있다. 그런데 생활양식 중심의 문화론은 문화적 산물에 대한 태도와 접근 방식으로 공감과 전유뿐 아니라 거리두기와 비판에도 관심을 둔다. 문화는 존중하고 이해해야 하는 인간 삶의 양태이지만, 그 이면에는 공동체의 권력 관계를 자연화(naturalization)하는 기제, 즉 이데올로기가 존재하기 때문이다. 이러한 이데올로기는 특정한 인물 구성과 관계, 특정한 사건 전개 등으로 구현되어 다양한 매체 서사에서 나타나는데, 이는 매체 서사를 수용하는 과정에서 당연시되거나 의문시될 수 있다. 매체 서사에 대한 비판적 읽기는 영화와 드라마, 웹툰 등을 보면서 인물들의 관계와 대사, 사건 전개에 은폐되어 있는 요소를 다양한 맥락에 비추어 대조하고, 매체 서사에서 자연스럽게 가정하는 인식, 정서, 가치관을 가시화하는 읽기이다. 비판적 읽기의 도입은 학습자가 매체 서사를 즐기고 대중문화에 참여하는 것을 넘어서 그러한 인기와 재미에 거리를 두고 향유와 참여의 의미를 성찰하는 주체적 수용자로 성장하게 한다.

(3) 언어관의 변화에 따른 매체 언어를 고려한 서사 읽기

언어관의 변화를 바탕으로, 현대소설 교육은 매체 언어를 고려한 서사 읽기라는 새로운 교육 내용을 시도하고 있다. 매체 언어를 고려한 서사 읽기는 매체 서사를 감상하는 데 있어 복합양식이라는 기호적 특성에 주목하면서 매체 언어를 이해와 분석의 층위로 포함하는 읽기이다. 이러한 읽기는 현대소설 자체를 매체 서사로 간주하고 현대소설의 매체 언어를 읽기의 대상으로 상정한다는 점에서 현대소설 읽기를 새로운 차원으로 이끈다.

현대소설 교육은 그간 스토리 층위와 담론 층위에 초점을 맞춘 읽기 방법을 교육 내용으로 제시하였다. 이러한 교육 내용은 서사의 요소와 구조를 매개로 매체 서사의 감상에서도 유용하게 활용할 수 있다. 하지만 매체 서사의 의미 형성에는 인물, 사건, 시공간 등의 스토리 층위와 초점화, 서술 등의 담론 층위뿐만 아니라 매체 언어 층위도 중요하게 개입한다. 매체 서사에서는 말이나 글과 함께 사진, 그림, 영상, 음향, 음악 등 다양한 양식이 어우러져 텍스트의 의미를 형성하는 것이다. 그렇기에 현대소설 교육은 스토리의 요소, 담론의 요소와 더불어 매체 언어의 다양한 요소를 고려하면서 텍스트를 분석하고 의미를 추론할 수 있는 교육 내용과 방법을 제공해야 한다.

우선 매체 언어에 대한 개념적 지식을 제공하여 학습자가 서사 텍스트를 복합양식 텍스트로서 인식할 수 있도록 지도해야 한다. 매체 언어에 대한 개념적 지식에는 매체 언어의 개념(매체 언어란 매체에서 의미작용을 하는 언어와 기호를 뜻함), 매체 언어의 작용 방식(여러 언어와 기호가 복합적으로 결합하면서 텍스트의 의미를 형상화함), 소통 환경의 변화에 따른 매체 언어의 확산(디지털 전환의 가속화에 따라 서사 텍스트의 복합양식적 특성이 더욱 강화되고 다양해지고 있음) 등이 있다. 이러한 지식을 통해 학습자는 서사 텍스트를 복합양식 텍스트로 간주할 수 있으며, 매체 언어의 특성과 결합 양상에 관심을 가지고 주목할 수 있다.

또한 매체 언어를 고려한 매체 서사 읽기의 방법적 지식을 제공하여 학습자가 주체적으로 서사 텍스트의 매체 언어를 분석하고 결합 양상의 의미를 이해할 수 있도록 해야 한다. 이와 같은 방법적 지식은 학습자가 매체 언어를 고려하며 서사 텍스트를 읽는 데 길잡이 역할을 한다. 방법적 지식에 대한 교육은 갈래의 특징을 고려하여 텍스트의 매체 언어를 식별하는 활동, 텍스트에 활용된 매체 언어의 결합 및 표현 양상을 분석하는 활동, 매체 언어의 결합 및 표현 효과와 그 의미를 추론하는 활동 등으로 진행할 수 있다. 이를 구체적인 사례를 통해 살펴보자.

다음 자료는 박완서의 소설을 원작으로 한 만화 〈그 많던 싱아는 누가 다 먹었을까〉의 일부이다. 이를 제재로 제시한다면 다음과 같은 활동이 가능하다. 첫째, 만화의 특징을 떠올리면서 텍스트에 활용된 매체 언어를 식

박완서 원작, 김광성 글·그림, 〈그 많던 싱아는 누가 다 먹었을까〉(하), 주니어김영사, 2012, 68~69쪽.

별하는 활동을 할 수 있다. 예를 들어 제시된 장면을 보면서 만화는 그림과 글을 이용하여 이야기를 전달하는 갈래라는 점, 이야기에서의 비중에 따라 칸의 크기를 달리한다는 점, 칸과 칸 사이의 여백을 통해 시간의 흐름이나 사건의 전환을 나타낸다는 점 등을 파악하게 한다. 둘째, 제시된 장면을 글과 그림이 어떻게 표현하는지 살펴보는 활동을 할 수 있다. 앞의 만화에서는 문패가 거칠게 내던져지는 상황을 크고 두꺼운 글자로 나타내고, 문패를 내던진 사람에 대한 소녀의 분노를 말풍선의 굵은 글자와 과장된 행동의 그림을 결합하여 표현하고 있는데, 이러한 표현 양상을 분석하게 하는 것이다. 셋째, 제시된 장면에서 글과 그림의 결합 효과와 그 의미를 설명하는 활동을 할 수 있다. 예를 들어 이 장면이 사람들의 행패에 대한 소녀의 놀람과 분노를 강렬하게 전달함으로써 할아버지를 향한 소녀의 애정을 보여 준다고 추론할 수 있다. 이와 같은 활동에서 학습자는 작품의 매체 언어가 복합적이고, 분석해야 할 장면이 많을수록 인지적 부담을 크게 느낀다. 그러므로 초기에는 글과 그림의 결합, 글과 음악의 결합처럼 비교적 간명하게 결합된 매체 서사를 제시하며, 분석 범위도 복합양식의 특성이 선명하게 드러나는 부분이나 학습자에게 인상적인 장면으로 한정하는 것이 적절하다.

주목할 점은 매체 언어를 고려한 서사 읽기에 현대소설도 포함될 수 있다는 점이다. 지금까지 현대소설은 '가치 있는 경험을 서사적으로 형상화한 글'로 인식되면서 매체 서사와 무관하거나 또는 대척점에 있는 갈래로 인식되었다. 하지만 현대소설의 글도 매체 언어의 한 양식이라는 점, 글자의 크기, 모양, 색 등을 통해 의미와 효과를 의도한다는 점, 글꼴이나 삽화 등을 결합하여 복합양식을 구현한다는 점에서 현대소설에서도 복합양식의 특성을 발견할 수 있다. 매체 언어의 관점에서 보면 현대소설 역시 매체 서사 텍스트로 상정될 수 있는 것이다.

이러한 인식 전환에 따라 현대소설 읽기에서 매체 언어를 분석 대상으로 포함할 수 있다. 예를 들어 오른쪽 자료는 1934년《조선중앙일보》에 연재된 〈소설가 구보씨의 일일〉 1회분으로, 이상이 '하융'이라는 이름으로 그린 삽화가 글과 함께 제시되고 있다. 이 삽화는 글 한가운데 제시되어 있어 독자의 시선을 강하게 끈다. 배경에는 원고지가 있고 오른편부터 구두, 단장, 펜을

1934년 8월 1일 자《조선중앙일보》에 연재된 〈소설가 구보씨의 일일〉

이 작품은 총 30회 연재되었는데, 그중 19, 29, 30회를 제외한 모든 연재분에 이상이 필명으로 그린 삽화가 실렸다.

쥔 손, 여성의 얼굴이 보인다. 관련성이 없는 듯한 이들 대상은 글에 등장하는 소재들로, 밤낮으로 글을 쓰거나(원고지, 펜을 쥔 손) 외출을 하는(구두, 단장) 아들의 생활과 그러한 아들의 결혼을 바라는(여성의 얼굴) 어머니의 소망을 부각한다. 또한 이들 소재는 주인공의 특성인 산책자(구두, 단장), 창작 방법인 고현학[2](원고지, 펜), 주제 의식을 구성하는 행복(결혼)을 상징

한다는 점에서 1회뿐만 아니라 작품 전체의 방향성을 지시하는 것으로 볼 수 있다.

이처럼 현대소설의 삽화는 시각적 이미지를 통해 소설의 인물과 사건을 구체적으로 재현한다. 이때 삽화는 작품 속 서사의 기계적 모방이 아닌 시각적 해석의 결과물이다. 또한 이들 삽화는 인물의 행동, 사건의 전개 등에 대한 독자의 분석과 해석에 상당한 영향을 미치는 작품의 한 요소이다. 특정한 인물의 표정 및 행동, 소재, 공간의 이미지가 삽화로 제시될 때, 독자는 그러한 요소에 더 주목하게 되고 삽화의 시선과 분위기로 작품의 서사를 바라볼 가능성이 높다. 즉, 삽화는 독자의 시선을 끄는 현대소설의 장식품이 아닌 메타텍스트이자 곁텍스트로서 독자의 해석에 관여하는 서사적 분석 대상인 것이다. 이런 점에서 서사 텍스트와 매체 언어의 관계를 개념적 지식으로 제시하여 학습자가 삽화, 사진, 지도, 글꼴 등 시각적 요소가 포함된 현대소설을 매체 서사 텍스트로 인식하도록 한 뒤, 앞서 제시한 매체 언어를 고려한 서사 읽기의 방법적 지식을 활용하여 이들 텍스트에 구현된 복합양식을 분석하고 그 의미를 이해하도록 지도할 수 있다.

3) 태도: 작독자의 성찰적 향유

디지털 환경에서 독자는 작품에 대한 감상과 생각을 인터넷이나 모바일 기반의 누리소통망에 공유하며, 이때 글과 함께 사진, 그림, 음악 등 매체 언어를 적극적으로 활용한다. 매체 언어는 매체 서사의 특성이면서 이

---

2 고현학(考現學, modernology)은 마치 과거의 유물을 발굴하는 고고학자처럼, 자신이 살고 있는 당대의 풍속과 생활을 면밀히 들여다보고 탐구하고 기록하는 작업을 뜻한다. 박태원은 〈소설가 구보씨의 일일〉이 고현학을 적용한 작품이라고 밝힌 바 있으며, 이 소설에서 주인공 구보는 주변의 생활상을 공책에 기록하는 자신의 작업을 가리켜 고현학이라 불렀다.

를 감상하고 유통하며 생산하는 소통 환경의 특성이기도 하다. 이런 점에서 현대소설 교육은 디지털 환경의 서사 향유가 지닌 특성을 폭넓게 이해하고 성찰적으로 참여할 수 있는 교육 내용을 제공할 필요가 있다.

우선 디지털 환경의 서사 향유가 지닌 특성에 대한 개념적 지식을 제공하여 학습자가 디지털 환경에서 서사를 향유할 때 자신을 작독자(作讀者)로서 인식할 수 있도록 해야 한다. 디지털 매체가 발달하면서 현대소설을 포함한 다양한 서사의 향유 공간이 인터넷과 모바일로 확장되고 있다. 현대소설을 전자책으로 읽거나 팟캐스트, 유튜브 등의 낭송을 통해 감상하고, 감상 경험을 다양한 누리소통망 또는 온라인 비평 공동체에서 다른 독자와 공유하는 독자가 늘고 있다. 이러한 소통 방식은 기존의 인쇄 매체 중심의 소통에 비해 재생산성과 상호작용성이 높다는 특징이 있다(김영기·한선, 2005: 567-568). 쉽게 말해 재생산성은 텍스트의 복제 가능성을, 상호작용성은 소통의 주체인 참여자들 간의 관계 양상을 의미한다. 인터넷과 모바일 기반의 소통은 원본의 복제와 수정, 공유가 쉽다는 점에서 재생산성이 높다. 또 디지털 매체의 소통 공간에서 독자는 게시된 작품에 '좋아요'를 누르거나 댓글을 달거나 이를 공유하는 등 다양하고 개방적인 반응을 보일 수 있고, 창작자는 이러한 반응을 즉각적으로 반영할 수 있다는 점에서 상호작용성이 높다. 현재의 서사 향유는 이러한 재생산성과 상호작용성에 기반하여 창작, 유통, 감상이 긴밀하게 결합된 방식으로 수행된다. 학습자는 이와 관련된 개념적 지식을 학습함으로써 디지털 매체 환경에서 자신이 작독자로서 다양한 서사를 읽고 쓸 수 있음을 자각할 수 있다.

아울러 매체 기반의 서사적 소통이 지닌 파급력을 성찰적으로 탐구하는 활동을 제공함으로써 학습자가 책임감 있는 서사 향유 주체로 성장할 수 있도록 해야 한다. 높은 재생산성과 상호작용성을 특징으로 하는 디지털 매체의 소통 환경에서 학습자는 원본을 복제, 수정, 혼합하는 방식으로 서사 텍스트를 감상하고 생산할 수 있다. 하지만 이러한 특성이 언제나 생산적이고 긍정적으로 작용하는 것은 아니다. 함민복의 한 줄로 된 시 〈가을〉(1996)이 블로그 등 개인의 누리소통망에 게시되고 공유되는 과정에서 누군가의 감상이 덧붙여져 원시로 잘못 소개된 사례, 인터넷 공간에 공개된 소설이나 웹툰 등을 도용하고 표절하는 사례 등에서 알 수 있는 것처럼, 디지털 매체 환경의 작독자가 재생산성과 상호작용성을 잘못 활용할 경우 원본의 창의성을 훼손하고 사회적 공익을 침해하는 윤리적 논란과 법적 문제를 초래할 수 있다. 따라서 디지털 매체 환경의 소통 방식이 지닌 특성과 파급력을 인식하는 활동, 원작의 재생산과 관련된 오마주(hommage), 패러디, 표절의 개념과 그 차이를 학습하는 활동, 원작의 부정확한 복제 또는 출처를 밝히지 않는 도용과 표절의 사례를 탐색하는 활동, 작독자로서 자신의 활동과 태도를 반성하고 평가하는 활동 등을 교육 내용으로 제시하는 것은 학습자가 디지털 매체 환경에서 다양한 서사를 책임감 있게 향유하는 주체로 성장하는 데 기여할 것이다.

참고문헌

김성진(2009), 「서사 교육에서 맥락과 장르의 관계에 대한 연구」, 『문학교육학』 30, 291-312.

김영기·한선(2005), 「인터넷의 횡단적 속성과 이용 방식에 관한 연구」, 『한국방송학보』 19(2), 564-596.

남민우(2003), 「현대시교육과 성장시(成長詩): 기형도, 이상, 윤동주의 시를 중심으로」, 『국어교육학연구』 16, 147-187.

서정남(2004), 『영화 서사학』, 생각의나무.

오윤주(2019), 「디지털 시대 청소년 학습자의 서사 경험 변모 양상 및 서사 교육 내용 연구」, 『국어교육』 167, 157-188.

우신영(2019), 「뉴미디어 시대, 문학, 놀이, 공동체」, 『독서연구』 53, 33-64.

이인화(2010), 「서사적 사고를 통한 시각 이미지 해석 원리에 관한 연구」, 『문학교육학』 31, 57-85.

정진석(2010), 「국어교육계의 초기 매체교육 연구」, 『국어교육』 133, 289-338.

정진석(2014), 「소설 읽기에서 장르 지식의 탐구와 소설 교육의 내용」, 『독서연구』 33, 199-233.

정현선(2005), 「'언어·텍스트·매체·문화' 범주와 '복합 문식성' 개념을 통한 미디어 교육의 국어교육적 수용에 관한 연구」, 『한국초등국어교육』 28, 307-338.

정현선(2007), 「기호와 소통으로서의 언어관에 따른 매체언어교육의 목표에 관한 고찰」, 『국어교육연구』 19, 99-140.

Barthes, R.(1975), "An Introduction to the Structural Analysis of Narrative", *New Literary History* 6(2), 237-272.

Chatman, S.(1978), *Story and Discourse: Narrative Structure in Fiction and Film*, Cornell University Press.

Johnson, L.(1981), "Radio and Everyday Life: The Early Years of Broadcasting in Australia, 1922-1945", *Media, Culture and Society* 3(2), 167-178.

Scholes, R. E., Kellogg, R. L., & Phelan, J.(2007), 『서사문학의 본질』, 임병권(역), 예림기획(원서출판 2006).

Williams, R.(2010), 『키워드』, 김성기·유리(역), 민음사(원서출판 1976).

12장

현대소설 교육 내용과 제재

    교육과정이 가리키는 의미의 범위는 상당히 넓다. 교육과정은 교육 경험의 총체를 의미하는 한편, 문서로서 공시되는 일련의 교육 내용과 목표를 뜻하기도 한다. 구체적인 지시 대상은 서로 다르지만, 교육의 방향과 내용을 담고 있으며 교육의 계획 및 전개에 전면적으로 영향을 미친다는 점은 공통적이다. 특히 교육과정 문서에는 교과의 성격, 목표, 내용 체계와 성취기준, 교수·학습 및 평가의 방향 등이 구체적으로 제시되어 있어 교과서 개발이나 교수·학습의 실제와 긴밀한 연관성을 지닌다. 그중에서도 성취기준은 엄선된 교육 내용을 가장 간명하고 집약적으로 제시한 부분으로서 교육과정 개정 시기마다 기술 방식, 그것에 담아야 하는 내용 등에 대한 논의가 활발하다. 이 장에서는 국어과 교육과정의 문학 영역 성취기준 중 현대소설 교육 내용에 주목하여 해당 내용이 어떠한 변천을 겪어 왔는지 살펴보고자 한다. 또한 현재소설 제재의 시기별 선정 기준과 특징들을 정리해 보면서 현대소설 교육의 지향점과 내용을 확인하고자 한다.

1 현대소설 교육 내용의 변천

여기서는 1차 교육과정부터 2022 개정 교육과정까지 현대소설 교육 내용의 변천 과정을 살펴볼 것이다. 현대소설과 관련된 국어과 성취기준에 초점을 맞추었으며, 특히 소설에 관한 교육 내용이 대개 중학교부터 제시되는 점을 고려하여 중학교 1~3학년 및 고등학교 1학년 공통 교육과정, 그리고 고등학교 선택 과목 '문학' 교육과정을 중심으로 다루었다. 문학 영역이 본격적으로 정립되지 않은 시기라 하더라도 장르로서의 소설에 대한 언급이 분명한 경우 해당 내용을 정리하되 중복되는 내용은 삭제하였다.[1]

1) 1~3차 교육과정

1, 2차 중학교 교육과정에서는 공통적으로 1학년 교육 내용에 줄거리 잡기, 2학년 교육 내용에 요약하기를 제시하였다. 이는 작품의 내용을 전체적으로 파악하는 능력을 중시한 것으로 보인다. 그러나 3학년 교육 내용은 1차와 2차가 조금 다르다. 1차 교육과정에서는 작가의 견해를 중심으로, 2차 교육과정에서는 짜임과 전개를 중심으로 성취기준을 마련하였다. 고등학교 성취기준에서는 소설의 창작을 언급한 점이 공통적이다.

1차 및 2차 교육과정기의 소설 관련 성취기준을 개관해 보면 "이야기나 소설에 작자의 견해가 어떻게 나타났는가를 생각하며 읽는다."가 다소 돌출적으로 여겨진다. 그러나 작가의 견해를 평가하는 성취기준은 이후 교육

....

1 시기별 교육과정은 국가교육과정정보센터(http://ncic.re.kr)를 참고하였다. 국가교육과정정보센터에서는 한국의 시기별, 교과별 교육과정뿐만 아니라 해외 교육과정에 대한 정보도 제공한다.

과정에서도 반복적으로 나타나는 중요한 성취기준이라는 점에서, 1차 교육과정에 포함되어 있는 것이 문제가 되지는 않는다. 다만 이것이 다른 시기 교육과정에서 누락된 이유에 대해서는 명확히 알기 어렵다.

3차 교육과정은 교육 내용을 언어 기능별로 제시하여 문학 관련 성취기준이 명기되지는 않았다. 중학교 읽기 및 쓰기 영역에서 주요 형식 중 하나로 소설을 제시하고 있으나 이와 관련된 교육 내용은 없으며, 고등학교 교육과정에는 '여러 가지 형식의 문학 작품'만 언급되어 있다.

한편 1~3차 교육과정에서는 문학이 별도의 교과로 분리되지 않고 국어 교과에 포함되어 다루어졌다. 교육 내용을 제시할 때에도 문학 일반에 대한 내용을 포괄적으로 다루거나 고전을 특히 강조하여 다루었을 뿐, 현대문학/소설에 대한 내용을 별도로 다루지 않은 점이 특징적이다.

1~3차 교육과정기 현대소설 교육 내용

구분	1차 교육과정	2차 교육과정	3차 교육과정
중학교 1학년	• 이야기나 소설의 줄거리를 바르게 잡는다.	• 이야기나 소설의 단락을 알고, 줄거리를 바르게 잡을 수 있도록 한다.	해당 내용 없음
중학교 2학년	• 긴 소설을 짧게 요약하여 본다.	• 시적 표현을 감상하고, 긴 소설을 짧게 요약할 수 있도록 한다.	해당 내용 없음
중학교 3학년	• 이야기나 소설에 작자의 견해가 어떻게 나타났나를 생각하며 읽는다.	• 우리나라의 대표적인 운문, 소설, 수필을 읽고 그 짜임과 전개를 알며 감상할 수 있도록 한다.	해당 내용 없음
고등학교	• 시, 소설, 수필 등을 낭독한다. • 시, 수필, 소설 등 여러 가지 형식의 창작을 할 수 있다. • 시, 소설, 수필, 희곡, 전기 등의 문학에 대한 지식과 이해를 가지고 이를 즐겨 읽는다.	• 시, 수필, 소설 등의 여러 가지 형식 창작을 할 수 있도록 한다.	해당 내용 없음

2) 4~6차 교육과정

4~6차 중학교 교육과정의 대표적인 특징은 국어과 하위 영역을 '표현·이해',[2] '언어', '문학'으로 구성한 것이다. 이 때문에 4차 교육과정부터는 문학 영역이 본격적으로 제시되고 관련 성취기준도 대폭 확충되었다.

소위 학문 중심 교육과정이라 불리는 4차 교육과정의 중학교 성취기준에서는 소설의 학습 역시 소설의 구성 요소, 즉 인물, 사건, 배경에 대한 학습을 본격화하는 방식으로 변화하였다. 1학년에 첫 번째로 제시되는 성취기준은 '소설적 구성'의 중요성을 밝히고 있으며, 이후에 제시되는 성취기준들은 학년마다 인물, 사건, 배경에 대한 학습을 심화·발전시키는 내용을 담고 있다. 예컨대 인물의 경우 1학년 때는 '낭만적 소설이나 모험적 소설 속 인물의 유형'을, 2학년 때는 '사실적 소설 속 인물의 유형'을, 3학년 때는 '인물의 성격을 드러내는 방식'을 학습하도록 안내한다. 소설의 구성 요소와 장르를 연관시켜 구성 요소에 대한 확장적 학습을 도모하고, 이어서 인물의 유형과 성격을 다룸으로써 학습자가 소설의 구성 요소에 다각적으로 접근하게 한 것이다. 이는 반복을 통한 심화 학습을 의도했다고 볼 수 있으나, 심화까지 나아가지 못하고 반복에 그치는 경우도 존재한다. 배경 관련 성취기준을 살펴보면 1학년 때는 '소설 속 시간적, 공간적 배경 파악하기'를, 2학년 때는 '시간적, 공간적 배경의 중요성'을, 3학년 때는 '배경의 상징적 의미'를 학습하게 된다. 3개 학년에 걸쳐 배경에 대한 성취기준이 제시되어 있으나, 각각의 학습 내용이 중첩될 가능성이 크다는 문제점이 있다.

....

2 4차에서는 '표현·이해' 아래에 '말하기, 듣기, 읽기, 쓰기'가 있지만, 5차와 6차는 해당 영역이 명시되지 않고 '말하기, 듣기, 읽기, 쓰기, 언어, 문학'으로 구성되어 있다. 통상적으로 '말하기, 듣기, 읽기, 쓰기'를 언어 기능 측면에서 표현과 이해에 해당하는 것으로 분류하고 있어 4~6차 교육과정을 논의하는 이 항에서는 명칭을 임의로 통일하여 표기하였다.

4차 교육과정과 비교할 때 5차 교육과정의 성취기준은 축소된 양상을 보인다. 중학교를 기준으로 4차 교육과정에서 소설 관련 성취기준이 12개였던 데 반해 5차 교육과정의 성취기준은 6개에 불과하다. 그러나 소설의 구성 요소를 3개 학년에 고르게 배치한 점은 4차 교육과정의 흐름을 계승한 것이라 볼 수 있다. 또한 4차 교육과정의 성취기준은 다소 반복적이지만, 5차 교육과정에서는 성취기준의 중복을 줄이고 하나의 성취기준에 둘 이상의 중요 학습 요소를 접목한 점이 눈에 띈다. 구체적으로 보면 4차에서는 학년 변화에 따른 성취기준으로 '인물, 배경'(중학교 1학년), '사건 전개, 인물, 배경'(중학교 2학년), '인물, 배경, 시점'(중학교 3학년)을 제시하여 중복되는 요소가 많았다. 그런데 5차에서는 '인물-인간 삶의 이해'(중학교 1학년), '배경-사건 전개-주제'(중학교 2학년), '시점-구성 효과', '내용-주제-서술 양식'(중학교 3학년)과 같이 하나의 성취기준에 둘 이상의 요소들을 짝지었다. 이는 중복을 최소화하고, 이론적 개념에 대한 학습이 소설 전체에 대한 이해와 해석으로 나아가야 한다는 교육적 의도를 반영한 것이다.

6차 교육과정에서는 '소설'이라는 장르 명칭을 유지하면서도 성취기준의 반복을 피하기 위해 학년별 배열에 차별화를 시도하였다. 중학교 1학년에서 배경과 인물 파악에 중점을 두었다면, 2학년에서는 사건을 추가로 다루는 한편 배경과 사건 전개 및 주제의 관련성을 학습한다. 3학년에서는 서술자의 문제와 함께 인물의 성격과 주제의 관계를 다루고 있다. 이처럼 6차 교육과정은 4, 5차 교육과정과 마찬가지로 소설의 구성 요소를 중심으로 성취기준을 제시하였는데, 각 요소 간 연계성과 차별성을 고려하였다는 점은 특히 5차 교육과정과의 연관성을 보여 주는 것이라 하겠다.

한편 4차 교육과정기는 고등학교급에서 문학이 독립된 영역으로 편성되었다는 점에서 중요한 시기이다. '국어 I'에는 하위 영역으로 문학을 두어 소설과 시 장르를 두루 다루고, '국어 II'에는 현대문학 영역을 별도로 제시하여 이전 시기와 구별되는 변화를 보였다. 4차 교육과정은 구조주의와 신비평에 토대를 두고 장르론적 접근에서 교육 내용을 제시하였으며, 성취 기준이 지나치게 길고 상세하다. 5차 교육과정에서는 고등학교 선택 과목으로 '문학'을 마련했다는 점이 특징적이다. 교육 내용 측면에서도 소설에 구조주의적으로 접근하려 했던 4차 교육과정과 달리 현상으로서의 문학, 총체로서의 문학에 접근하려 한 점이 두드러진다. 6차 교육과정에서는 5차 교육과정의 교육 내용을 일정 부분 계승하면서도 작품의 이해와 감상에 있어 수용자에 대한 고려가 강화되었다. 문학 작품에 대한 접근 방법을 별도의 영역으로 설정하고 해석과 평가의 다양한 시각, 일상 언어로 이루어지는 작품의 이해, 작품 감상과 수용자의 삶 간의 조응 등을 짚어 낸 것이다.

4~6차 교육과정기 현대소설 교육 내용

구분	4차 교육과정	5차 교육과정	6차 교육과정
중학교 1학년	• 역사나 실화 등을 허구화한 소설을 통하여, 이야깃거리와 소설적 구성이 다름을 안다. • 낭만적 소설이나 모험적 소설을 즐기며, 거기에 등장하는 인물들의 유형을 파악한다. • 소설에서 시간적, 공간적 배경을 파악한다. • 소설에서 작자와 작중 화자를 구별하여 이해한다.	• 소설은 기본적으로 사람의 삶에 대한 허구적 이야기임을 이해하기 • 소설에 나오는 인물들을 통하여 삶의 모습을 이해하기	• 소설은 기본적으로 인간의 삶에 대한 허구적 이야기임을 이해하고, 소설에서 배경으로 형상화된 시간과 공간을 파악한다. • 소설에 나오는 인물의 성격을 파악하고, 인물들이 보여 주는 인간의 다양한 삶의 모습을 이야기한다.
중학교 2학년	• 소설에서 사건을 전개시키는 방식이 여러 가지임을 작품을 통하여 안다. • 사실적 소설을 즐기며, 거기에 등장하는 인물의 유형을 파악한다. • 소설의 시간적, 공간적 배경은 작품에 있어서 큰 구실을 한다는 것을 안다.	• 여러 소설을 읽어 보고, 각 작품의 구성상의 특징을 살피기 • 소설의 배경을 살펴보고, 배경이 사건의 전개나 주제와 어떻게 연관되는지 살피기	• 소설에 형상화된 시간이나 공간이 사건의 전개나 주제와 어떻게 연관되는지를 말한다. • 소설에서 사건이나 문제가 어떤 과정을 거쳐 해결되었는지를 토의한다.

중학교 3학년	• 소설에서 중심이 되는 갈등이 무엇인지 안다. • 소설에서 인물의 성격을 드러내는 방식이 여러 가지임을 작품을 통하여 안다. • 소설의 배경은 물리적 환경으로서의 역할뿐만 아니라, 상징적 의미로서의 역할도 할 수 있음을 안다. • 어떤 사실이나 생각에 대하여, 작자의 생각과 주인공의 생각이 반드시 같은 것은 아님을 안다. • 소설이 누구의 눈을 통하여 진술되고 있는지 안다.	• 소설을 읽고, 시점에 따른 각 작품의 구성 효과를 살피기 • 소설의 내용과 주제를 살피고, 서술 양식에 따라 소설의 종류를 구별하기	• 소설 속의 인물의 성격이나 행동 등이 누구의 눈을 통하여 이야기되고 있는지를 말하여 보고, 작품의 구성에 미치는 효과를 파악한다. • 여러 소설에 나오는 인물들의 성격에 대하여 이야기해 보고, 인물들과 주제의 영향 관계를 파악한다.
고등학교	• 소설 속의 모든 요소들이 주제를 향하여 통일되어 있음을 알고, 거기 동원된 삽화나 사건들이 논리적 일관성을 유지하고 있는지 판단하며, 사건의 필연성과 우연성의 효과를 안다. • 인물의 성격이 단순한가 복잡한가, 개성적인가 전형적인가, 성격의 변화가 있는가 없는가를 파악한다. • 소설의 역사적, 사상적 배경을 작품을 통하여 파악한다. • 시점에 따라 소설의 진술 방식을 구별한다. • 소설은 본질적으로 작자가 독자에게 다른 인물들의 이야기를 대신 전달해 주는 문학 양식임을 안다. • 허구와 사실과 진실 사이의 기본 관계를 알고, 대표적 근대 문학 양식으로서의 소설 문학의 위치를 파악한다. • 소설 구성에 쓰인 여러 삽화나 사건들이 하나의 통일된 이야기 구조 속에 들어가는 방식을	〈문학의 본질과 한국 문학의 특징〉 • 문학의 본질과 특성을 이해한다. • 문학의 유형과 장르 체계를 안다. • 한국 문학의 역사적 전개 과정을 안다. • 한국 문학의 특질을 이해한다. 〈문학 작품의 이해 및 감상〉 • 문학 작품의 의미는 인생관과 세계관의 표명임을 알고, 인생에 대한 작가의 관점이 작품 속에서 어떻게 형상화되고 있는지 파악한다. • 문학 작품을 여러 가지 관점에서 이해하고 감상한다. • 작품에 나타난 갈등과 그 갈등의 해결 과정을 통해 인간의 정서와 삶을 이해한다. • 문학 작품을 당시 사람들의 역사적 삶과 관련지어 이해한다. • 문학 작품을 이루는 여러 기본 요소들의 기능을 이해하고, 작품 속에서 이들 요소들의 유기적 관계를 파악한다.	〈문학의 본질과 기능〉 • 문학의 성격 • 문학의 갈래 • 문학의 수용과 가치 〈문학 작품의 이해와 감상〉 • 문학 작품에 대한 접근 방법 • 문학 작품 구성요소들의 기능 및 관계 • 문학 작품에 나타난 갈등과 삶의 양상 • 문학 작품의 현실 상황 • 문학 작품의 미적 구조 • 문학 작품의 내면화 〈한국 문학과 세계 문학〉 • 한국 문학의 흐름과 성격 • 세계 문학의 양상 • 민족 문학으로서의 한국 문학

고등 학교	알고, 그 다양한 구성 방식이 시대 및 사회적 변천에 따라 발전되어 온 양상을 대표적 작품을 통해 파악한다. • 소설에서 작가가 창조해 낸 인간의 성격 유형과 그 성격을 드러내는 여러 가지 방식이 시대 및 사회적 변천에 따라 변모되어 온 양상을 대표적 작품을 통해 파악한다. • 배경의 개념은 역사 및 사회적 배경으로서의 인간 세태나 사상적 배경으로서의 작자의 인생 태도와도 관련됨을 알고, 소설의 배경이 시대 및 사회적 변천에 따라 변모되어 온 양상을 대표적 작품을 통해 파악한다. • 이야기를 지은 작자와, 이야기를 하는 서술자와, 이야기의 대상이 되는 인물과, 이야기를 듣는 독자 사이의 기본 관계로부터 생기는 서사적 전달 방식의 다양성을 알고, 관련된 소설 기법의 변화 및 발전상을 작품을 통해 파악한다. • 소설의 주제는 작품 속에서 직접 진술되기도 하지만, 흔히는 인물의 말이나 행위, 이야기의 줄거리, 장면의 묘사, 서술자의 어조 등에 숨겨져 있거나, 이들의 총체적 분위기를 통해 암시되기도[3] 한다는 사실을 알아서, 작품을 통해 주제를 파악하고 그 주제의 타당성을 판단하며, 소설의 주제가 시대 및 사회적 변천에 따라 변천되어 온 양상을 안다.	• 문학 작품에 내재하고 있는 미적 구조를 파악한다. • 여러 종류의 작품에서 그 작품이 주는 감동의 요인을 찾아본다. 〈한국 문학의 민족 문학적 특성〉 • 한국 문학에 나타난 여러 가지 삶의 모습을 통하여 민족의 삶을 총체적으로 파악한다. • 한국 문학의 전통성을 발견하고, 이를 통해 민족 문학의 특성을 이해한다. • 세계 문학 속에서 한국 문학의 특성을 이해하고, 민족 문학으로서의 한국 문학에 긍지를 가진다. • 한국 문학의 전통성을 발견하고, 이를 통해 민족 문학의 특성을 이해한다. • 세계 문학 속에서 한국 문학의 특성을 이해하고, 민족 문학으로서의 한국 문학에 긍지를 가진다. • 한국 문학의 독자성을 파악하고, 민족 문학의 창조에 기여하려는 태도를 가진다.

....

3 교육과정 원문에는 "총체적 분위기를 암시되기도"로 표기되어 있으나 오류로 판단하여 수정하
  였다.

3) 7차~2015 개정 교육과정

7차 교육과정과 이후 수시 개정 체제에서 개발된 교육과정의 중학교 교육 내용에서는 시, 소설, 희곡 등의 구체적인 장르 명칭이 사라지고 '작품'이라는 용어가 등장한다는 공통점이 있다. 각 교육과정의 특징을 구체적으로 살펴보면 7차 교육과정은 첫째, 수준별 학습 내용을 별도로 개발하여 이를 기본과 심화로 구분해 제시하였다. 여기에서 소설 장르에 대한 인식이 담긴 항목은 1학년의 "작품 속에 드러난 갈등의 해결과정과 인물의 심리 상태와의 관계를 파악한다.", "작품에 드러난 사회·문화적 상황에서의 인물의 행동을 파악한다.", 2학년의 "작품이 누구의 눈을 통하여 전달되고 있는지를 파악한다.", "여러 갈래의 글을 쓴다."이다. 1학년에서는 갈등과 인물에 대한 학습을, 2학년에서는 서술자와 소설 창작에 대한 학습을 제시한 것이다. 물론 이들 항목에서 명백하게 소설을 언급하고 있지는 않지만, 이것이 소설 학습을 배제한 것이라고 볼 수는 없다. 오히려 성취기준에 명시된 학습 내용을 가르치고 배우기에 적합하다면 장르를 불문하고 활용할 가능성을 열어 두었다고 보는 것이 적절하다.

둘째, 작품 이해에 있어서 반영론적 관점을 강하게 보이고 있다. 중학교 전반에 걸쳐 작품과 사회·역사·문화적 맥락의 관계에 대한 성취기준이 등장한다. 1학년에서는 "작품 속에 드러난 역사적 현실 상황"과 "작품의 사회적, 문화적, 역사적 상황에 나타난 그 시대의 가치를 이해"하고, 2학년에서는 "작품은 사회적, 문화적, 역사적 상황을 바탕으로 창조된 세계"임을 알고 "작품에 드러난 작가의 세계관과 그 시대의 사회·문화적 상황을 관련지어 이해"하며, 3학년에서는 "작품에 드러난 사회·문화적 상황과 작품 창작 동기를 관련지어 이해"하도록 교육 내용을 제시한 것이다. 이는 성취기준의 반복과 변주를 통해 반영론적 관점에 대한 학습을 강화해 나간다는 장점이 있겠으나, 각 학년별로 제시된 성취기준의 변별점이 뚜렷이 보이지 않아 계열성 확보의 측면에서 일부 한계가 보인다.

셋째, 작품 수용에 있어서 독자의 위상을 제고하였다. 1학년 성취기준 중 "소통 행위로서의 문학의 특성을 안다."는 문학이 일종의 의사소통 행위임을 명시하고 있다. 이는 곧 '작가-작품-독자'라는 구도를 상정하고, 작품을 매개로 작가와 독자 사이에 이루어지는 상호작용이 바로 문학이라고 보는 것이다. 2학년 성취기준 중 "다양한 시각과 방법으로 작품을 해석하고 평가한다.", "작품에 드러난 우리 민족의 전통이나 사상을 비판적으로 수용하는 태도를 지닌다." 등에서도 파악할 수 있듯이, 7차 교육과정에서는 소통 주체로서 독자의 위상을 분명히 정립하였다.

2007 개정 교육과정부터는 성취기준 수가 눈에 띄게 줄어든다. 7차 교육과정에서 21개였던 성취기준은 2007 개정에서 13개로 줄어든 뒤 2009 개정과 2015 개정 교육과정에서는 10개를 유지하고 있다. 이 같은 성취기준의 양적 감소는 학습량 적정화에 대한 교육계 안팎의 요구가 교육과정 문서로 구체화된 것이라 이해할 수 있다. 그러나 7차 교육과정에서 중복성을 지니던 성취기준이 통합, 삭제된 측면도 있기 때문에 실질적인 학습량이나 핵심적인 교수·학습 요소에 누락이 있다고 보기는 어렵다. 또한 장르 명칭 대신 '작품'이라는 용어를 사용한다는 점, 작품 이해에 있어서 반영론적 관점을 강력하게 유지한다는 점, 독자의 주체적인 작품 수용 행위를 강조한다는 점은 2007 개정 교육과정이 7차 교육과정의 기본 골격을 그대로 따르고 있음을 보여 준다.

다만 서술자 관련 성취기준의 변화는 특기할 만하다. 7차 교육과정의 "작품이 누구의 눈을 통하여 전달되고 있는지를 파악한다.", 2007 개정 교육과정의 "문학 작품의 세계가 누구의 눈을 통해 전달되는지를 파악한다.", 2009 개정 교육과정의 "작품의 세계가 누구의 눈을 통해 전달되는지 파악하며 작품을 수용한다.", 2015 개정 교육과정의 "작품에서 보는 이나 말하는 이의 관점에 주목하여 작품을 수용한다."는 모두 소설의 서술자에 대한 성취기준이다. 특히 2015 개정 교육과정 성취기준에 따르면 중학교 학습자는 작품에서 '말하는 이'나 '보는 이'를 찾고 그의 관점에 주목하면서 작품을 수용하는 방법을 배워야 한다. '보는 이'는 2015 개정 교육과정에 처음 도입된 개념으로서 '말하는 이'는 목소리의 주체이고 '보는 이'는 눈의 주체이다. 이는 곧 '누가 말하는가'와 '누가 보는가'의 구분을 수용한 것으로 볼 수 있다(정진석, 2019).

한편, 2015 개정 교육과정은 역량 기반 교육과정으로서 내용 체계의 변화를 수반하였다. 문학 영역에도 핵심 개념이나 일반화된 지식, 기능 등의 항목이 추가되면서 역량과의 연계성을 드러내고자 하였다. 그러나 이 같은 변화에도 불구하고 제시된 성취기준은 이전 교육과정의 성취기준과 내용 및 지향 면에서 큰 차이가 없으며, 고등학교 '문학' 과목 역시 비슷한 상황이다.

고등학교 '문학' 과목의 교육 내용은 이전 교육과정기의 기조를 대체로 유지하는 양상을 보인다. 7차 교육과정의 '문학' 과목에서는 '문학의 수용과 창작'이라는 범주가 새롭게 등장하여 문학 활동의 통합성을 보다 강조하였다. 이전 교육과정에서 '문학 작품의 이해와 감상'으로만 제시되었던 것과는 대조적이다. 또한 '문학의 가치화와 태도'라는 범주를 추가하여 문학 활동에의 능동적인 참여를 강화하고 문학에 대한 태도를 기를 것을 제시하였다.

2007 개정 교육과정의 '문학' 과목에서는 '문학의 성격, 문학 활동, 문학의 위상, 문학과 삶'이라는 네 범주로 교육 내용을 구성하였다. 문학 활동에 문학의 소통을 포함하여 이전 교육과정기까지 다루었던 문학의 수용과 생산을 보다 통합적으로 다루고자 하는 의도를 드러냈으며, 문학의 위상 및 문학과 삶을 모두 제시함으로써 6차 교육과정에서 강조했던 세계 문학, 7차 교육과정에서 강조했던 태도의 문제를 포괄하게 되었다고 볼 수 있다.

7차~2015 개정 교육과정기 현대소설 교육 내용

학년	7차 교육과정	2007 개정 교육과정	2009 개정 교육과정(2012 최종)	2015 개정 교육과정
중학교 1학년	• 소통 행위로서의 문학의 특성을 안다. • 문학과 일상 언어의 관계를 이해한다. • 작품이 지닌 아름다움과 가치를 파악한다. • 작품 속에 드러난 갈등의 해결과정과 인물의 심리 상태와의 관계를 파악한다. • 작품 속에 드러난 역사적 현실 상황을 이해한다.	• 문학 작품에 드러난 인물의 심리 상태와 갈등의 해결 과정을 파악한다. • 문학 작품의 전체적인 정서와 분위기를 파악한다. • 역사적 상황이 문학 작품에 어떻게 나타나는지 이해한다. • 시어와 일상어의 관계에 대한 이해를 바탕으로 노랫말을 쓴다.	• 비유, 운율, 상징 등의 표현 방식을 바탕으로 작품을 이해하고 표현한다. • 갈등의 진행과 해결 과정을 파악하며 작품을 이해한다. • 다양한 관점과 방법으로 작품을 해석한다. • 표현에 드러나는 작가의 태도에 주목하며 작품을 이해하고 표현한다. • 작품의 세계가 누구의 눈을 통해 전달되는지 파악하며 작품을 수용한다. • 사회·문화·역사적 상황을 바탕으로 작품의 의미를 파악한다. • 작품의 창작 의도와 소통 맥락을 고려하며 작품을 수용한다. • 자신의 주체적인 관점에서 작품을 평가한다. • 자신의 일상에서 의미 있는 경험을 찾아 다양한 작품으로 표현한다. • 문학이 인간의 삶에 어떤 가치를 지니는지 이해한다.	• 문학은 심미적 체험을 바탕으로 한 다양한 소통 활동임을 알고 문학 활동을 한다. • 비유와 상징의 표현 효과를 바탕으로 작품을 수용하고 생산한다. • 갈등의 진행과 해결 과정에 유의하며 작품을 감상한다. • 작품에서 보는 이나 말하는 이의 관점에 주목하여 작품을 수용한다. • 작품이 창작된 사회·문화적 배경을 바탕으로 작품을 이해한다. • 과거의 삶이 반영된 작품을 오늘날의 삶에 비추어 감상한다. • 근거의 차이에 따른 다양한 해석을 비교하며 작품을 감상한다. • 재구성된 작품을 원작과 비교하고, 변화 양상을 파악하며 감상한다. • 자신의 가치 있는 경험을 개성적인 발상과 표현으로 형상화한다. • 인간의 성장을 다룬 작품을 읽으며 삶을 성찰하는 태도를 지닌다.
중학교 2학년	• 작품은 사회적, 문화적, 역사적 상황을 바탕으로 창조된 세계임을 안다. • 작가가 독자의 반응을 불러일으키기 위해 사용한 언어적 표현의 특징과 효과를 파악한다. • 작품이 누구의 눈을 통하여 전달되고 있는지를 파악한다. • 다양한 시각과 방법으로 작품을 해석하고 평가한다. • 작품에 드러난 작가의 세계관과 그 시대의 사회·문화적 상황을 관련지어 이해한다. • 여러 갈래의 글을 쓴다. • 작품에 드러난 우리 민족의 전통이나 사상을 비판적으로 수용하는 태도를 기른다.	• 문학 작품이 아름다움과 가치를 파악한다. • 다양한 시각과 방법으로 문학 작품을 해석하고 평가한다. • 문학 작품의 세계가 누구의 눈을 통해 전달되는지를 파악한다. • 문학 작품에 나오는 인물의 행동을 사회·문화적 상황과 관련지어 파악한다. • 자신이 상상한 세상을 문학 작품으로 표현한다.		

중학교 3학년

- 한국 문학의 개념과 특징을 안다.
- 한국 문학의 역사적 전개 과정을 이해한다.
- 작품에 쓰인 여러 가지 표현 방식을 이해한다.
- 작품에 드러난 작가의 개성을 파악한다.
- 작품에 드러난 사회·문화적 상황과 작품 창작 동기를 관련지어 이해한다.
- 한국 문학의 대표적인 작품을 찾아 읽고, 자신의 생각과 느낌을 글로 쓴다.
- 작품 세계를 창조적으로 수용하려는 태도를 지닌다.

- 한국 문학의 대표적인 고전 작품을 찾아 읽고 그 가치와 중요성을 이해한다.
- 문학 작품에 나타난 사회·문화적 상황과 관련지어 창작 동기와 의도를 파악한다.
- 문학 작품에 대한 다양한 해석을 비교한다.
- 문학 작품 해석의 근거에 유의하여 비평문을 읽는다.
- 일상의 가치 있는 체험을 문학 작품으로 표현한다.

고등학교

〈문학의 본질〉
- 문학의 특성
- 문학의 기능
- 문학의 갈래
- 문학의 가치

〈문학의 수용과 창작〉
- 문학의 수용과 창작 원리
- 문학의 수용
- 문학의 창조적 재구성
- 문학의 창작

〈문학과 문화〉
- 문학 문화의 특성
- 한국 문학의 특질과 흐름
- 세계 문학의 양상과 흐름
- 문학의 인접 영역

〈문학의 가치화와 태도〉
- 문학의 가치 인식
- 문학 활동에의 능동적 참여
- 문학에 대한 태도

〈문학의 성격〉
- 문학의 개념
- 문학의 역할
- 문학의 갈래

〈문학 활동〉
- 문학의 수용
- 문학의 생산
- 문학의 소통

〈문학과 위상〉
- 한국 문학의 범위와 역사
- 한국 문학과 세계 문학

〈문학과 삶〉
- 문학과 자아
- 문학과 공동체
- 문학의 생활화

〈문학의 수용과 생산〉
- 문학 작품의 구성 원리
- 문학과 인접 분야
- 문학과 매체
- 문학의 비판적 수용과 창의적 생산

〈한국 문학의 범위와 역사〉
- 한국 문학의 전통과 특질
- 한국 문학과 사회
- 한국 문학의 갈래와 흐름
- 한국 문학의 보편성과 특수성

〈문학과 삶〉
- 문학과 자아
- 문학과 사고
- 문학과 삶의 다양성
- 문학과 공동체

〈문학의 본질〉
- 인간과 세계의 이해
- 삶의 의미 성찰
- 정서적·미적 고양

〈문학의 수용과 생산〉
- 작품의 내용과 형식
- 작품의 맥락
- 문학과 인접 분야
- 작품의 수용과 소통
- 작품의 재구성과 창작
- 작품과 매체

〈한국 문학의 성격과 역사〉
- 개념과 범위
- 전통과 특질
- 갈래별 전개와 구현 양상
- 한국 문학과 외국 문학
- 한국 문학의 발전성

〈문학에 대한 태도〉
- 자아 성찰, 타자 이해
- 공동체의 문화 발전

2009 개정 교육과정의 '문학' 과목에서는 '문학의 수용과 생산'이 전면화된다. 이와 관련된 내용 성취기준은 "섬세한 읽기를 바탕으로 작품을 다양한 맥락에서 이해하고 감상하며 평가한다.", "작품은 내용과 형식이 긴밀하게 연관되어 이루어짐을 이해하고 감상하며 창작한다.", "다양한 매체로 구현된 작품의 창의적 표현 방식과 심미적 가치를 문학적 관점에서 이해하고 수용한다.", "다양한 시각과 방법으로 작품을 재구성하거나 창작한다.", "작품을 비판적, 창의적으로 수용하고 이를 발표하여 서로 평가한다."이다. 이처럼 학습자가 능동적이고 주체적으로 수행하는 문학 활동을 강조함에 따라 이전에는 문학 현상 중심이었던 내용 체계가 학습자의 문학 활동 중심으로 재구성되었다. 이 시기에는 문학과 매체에 대한 고려가 시작되었다는 점도 특징적인데, 이때도 학습자의 심미 체험에 관여하는 요소 중 하나로서 매체를 다루었다.

2015 개정 교육과정의 '문학' 과목에서는 '문학의 본질, 문학의 수용과 생산, 한국 문학의 성격과 역사, 문학에 대한 태도'로 교육 내용을 범주화하여 직전 교육과정에서 소략하게 다루었던 문학의 본질과 문학에 대한 태도 부분을 강화하였고, 문학의 수용과 생산도 여전히 상당한 비중으로 다루었다. 한편 2015 개정 교육과정이 역량의 중요성을 강조한 까닭에 문학 내용 체계에서도 다소 변화가 있었는데, 그중 두드러지는 것이 내용 체계에 '기능' 항목을 추가하여, 맥락 이해하기, 이해·해석하기, 감상·비평하기, 모방·개작·변용하기, 창작하기, 공유·소통하기 등을 제시한 것이다. 이는 '영역-핵심 개념-일반화된 지식-내용 요소-기능'이 통합적으로 운용되고, 각 교육 내용의 실천 국면에서 학습자가 적절한 기능을 택하고 활용할 수 있어야 함을 강조하려는 의도를 담고 있다. 그러나 교육과정 문서나 내용 체계의 내적 논리에서 '기능' 항목의 위상이나 역할이 분명하지 않은 것이 사실이다.

4) 2022 개정 교육과정

2022 개정 교육과정은 2015 개정 교육과정에 이어 '역량'을 강조하였다. 이는 학교 교육이 학습자가 미래 사회를 살아가는 데 필요한 역량을 신장시켜야 한다는 점을 거듭 강조함으로써 우리 교육의 목표를 분명하게 제시했다는 의의를 지닌다.

2022 개정 교육과정의 내용 체계표 상단에는 영역별로 3~4개씩의 핵심 아이디어가 제시되었다.[4] 먼저, 국어과 '문학' 영역의 핵심 아이디어를 살펴보자.

- 문학은 인간의 삶을 언어로 형상화한 작품을 통해 즐거움과 깨달음을 얻고 타자와 소통하는 행위이다.
- 문학 작품을 통한 소통은 작품의 갈래, 작가와 독자, 사회와 문화, 문학사의 영향 등을 고려하며 이루어진다.
- 문학 수용·생산 능력은 문학의 해석, 감상, 비평, 창작 활동을 통해 향상된다.
- 인간은 문학을 향유하면서 자아를 성찰하고 타자를 이해하며 공동체의 일원으로 성장한다.

이를 보면 문학의 수행적 측면을 여전히 강조하는 한편 맥락 요소의 구체화, 수용·생산 활동의 다변화 등 문학 교육의 근본적인 지향점을 견지했

....

4 2022 개정 교육과정은 2022년 12월 22일 고시되었다. 이 교육과정은 2024년에 초등학교 1, 2학년, 2025년에 초등학교 3, 4학년, 중학교 1학년, 고등학교 1학년, 2026년에 초등학교 5, 6학년, 중학교 2학년, 고등학교 2학년, 2027년에 중학교 3학년과 고등학교 2학년에 시행될 예정이다. 한편, 2022 개정 국어과 교육과정 문학 영역에 대한 분석 내용은 이인화(2022)의 내용을 토대로 하였다.

음을 알 수 있다. 개별 아이디어의 서술 방식도 정교해짐에 따라 전체적으로 역량 교육과정으로서의 총체성을 효과적으로 드러냈다.

또한 2022 개정 국어과 교육과정에서는 내용 체계의 개편이 이루어졌다. 내용 체계는 성취기준의 토대가 된다는 점에서도 중요하다. 2015 개정에서는 '핵심 개념, 일반화된 지식, 학년군별 내용 요소, 기능' 항목이 병렬되었으나, 2022 개정에서는 핵심 아이디어가 가장 상위 조직자로서 위치하고 그 아래에 '지식·이해, 과정·기능, 가치·태도' 범주와 그에 따른 학년군별 내용 요소가 분포하는 형태로 변화하였다.

2022 개정 교육과정의 문학 영역 내용 체계(일부)

범주		내용 요소			
		초등학교			중학교
		1~2학년	3~4학년	5~6학년	1~3학년
지식·이해	갈래	• 시, 노래 • 이야기, 그림책	• 시 • 이야기 • 극	• 시 • 소설 • 극 • 수필	• 서정 • 서사 • 극 • 교술
	맥락		• 독자 맥락	• 작가 맥락 • 독자 맥락	• 작가 맥락 • 독자 맥락 • 사회·문화적 맥락
과정·기능	작품 읽기와 이해	• 낭송하기, 말놀이하기 • 말의 재미 느끼기	• 자신의 경험을 바탕으로 읽기 • 사실과 허구의 차이 이해하기	• 작가의 의도를 생각하며 읽기 • 갈래의 기본 특성 이해하기	• 사회·문화적 상황을 생각하며 읽기 • 연관된 작품들과의 관계 이해하기
	해석과 감상	• 작품 속 인물 상상하기 • 작품 읽고 느낀 점 말하기	• 인물의 성격과 역할 파악하기 • 이야기의 흐름 생각하며 감상하기	• 인물, 사건, 배경 파악하기 • 비유적 표현에 유의하여 감상하기	• 근거를 바탕으로 작품 해석하기 • 갈등의 진행과 해결 과정 파악하기 • 보는 이, 말하는 이의 효과 파악하기 • 운율, 비유, 상징의 특성과 효과를 생각하며 감상하기

비평		• 마음에 드는 작품 소개하기	• 인상적인 부분을 중심으로 작품에 대해 의견 나누기	• 다양한 해석 비교· 평가하기
창작	• 시, 노래, 이야기, 그림 등 다양한 형식으로 표현하기	• 감각적 표현 활용하여 표현하기	• 갈래 특성에 따라 표현하기	• 개성적 발상과 표현으로 형상화하기
가치·태도	• 문학에 대한 흥미	• 작품 감상의 즐거움	• 문학을 통한 자아 성찰 • 문학 소통의 즐거움	• 문학을 통한 타자 이해 • 문학을 통한 공동체 문제에의 참여 • 문학의 가치 내면화

지식·이해 범주는 '갈래'와 '맥락'으로 구체화되면서, 다루어야 하는 갈래로 이야기, 소설, 서사 갈래를 명시하였다. 과정·기능 범주는 4개의 하위 범주를 설정하였다. 특히 '비평' 범주를 마련하여 수용 활동의 다양성을 보이고자 한 점이 눈에 띄지만, 내용 요소를 보면 작품에 대해 소통하는 활동 중심이어서 통상적인 장르로서의 비평 개념과는 차이가 있다. 작품 수용과 관련된 범주는 '작품 읽기와 이해, 해석과 감상, 비평'인데 초등학교 3~4학년의 '사실과 허구의 차이 이해하기', '인물의 성격과 역할 파악하기', '이야기의 흐름 생각하며 감상하기', 초등학교 5~6학년의 '갈래의 기본 특성 이해하기', '인물, 사건, 배경 파악하기', 중학교 1~3학년의 '갈등의 진행과 해결 과정 파악하기', '보는 이, 말하는 이의 효과 파악하기' 등은 소설 교육과 긴밀성이 높다. 한편 '창작' 범주에서 초등학교 1~2학년의 '시, 노래, 이야기, 그림 등 다양한 형식으로 표현하기', 초등학교 5~6학년의 '갈래 특성에 따라 표현하기' 등은 서사 갈래를 적극적으로 고려한 표현 활동을 설계하는 데 기반이 되는 내용 요소이다.

2022 개정 교육과정은 선택 과목을 다양하게 개발한 점이 특징이다. 선택 중심 교육과정에서 공통 과목인 '공통국어1'과 '공통국어2', 일반 선택

과목 중 '문학', 진로 선택 과목 중 '문학과 영상' 등이 특히 문학 관련 교육 내용을 적극적으로 다루고 있다. '문학'은 "초등학교 및 중학교 공통 '국어'와 고등학교 '공통국어1, 공통국어2'의 문학 영역을 심화·확장한 과목"이며, '문학과 영상'은 "문학 작품과 영상물을 수용·생산하는 능력을 길러 교육, 연구, 창작, 문화산업 등 관련 분야의 진로에 필요한 문화적 역량을 함양"하고자 개발된 과목이다. 이는 문학에 대한 심화된 학습을 도모함으로써 교과목 간 위계성을 보여 주는 동시에, 문학 교육 내용이 학습자의 미래 삶을 준비하는 데 실질적인 도움을 주어야 한다는 인식을 반영한 결과로 보는 것이 타당하다.

5) 현대소설 교육 내용의 변천에서 나타나는 특징

지금까지 2022 개정 국어과 교육과정기까지 공통 교육과정의 문학 영역과 선택 과목 '문학'의 교육과정을 대상으로 현대소설 교육 내용의 변화 양상을 정리해 보았다. 통시적 관점에서 교육과정의 변천을 살펴본 결과, 교육과정상 교육 내용의 변화와 관련하여 몇 가지 특징을 확인할 수 있다.

첫째, 지속적으로 학습량 적정화를 추구해 온 양상이 나타난다. 학습량 적정화에 대한 요구는 교육과정 개정 때마다 거의 모든 교과에서 제기되었고, 문학 영역/과목 교육 내용에도 예외 없이 적용되었다. 1~3차 교육과정에서는 기능이나 장르 관련 요소 중 일부가 성취기준에서 삭제되었지만 삭제의 이유나 원인은 불명확하다. 4~6차 교육과정에서는 교육 내용의 양이 급격하게 변화하였다. 4차 교육과정에 비해 5차 교육과정은 성취기준이 크게 축소되었고 그 과정에서 중복 요소가 삭제되고 복수의 성취기준이 통합되었다. 6차 교육과정에서는 학년별 성취기준 배열을 통해 성취기준의 반복을 피하고자 하였다. 7차 교육과정부터는 교육 내용이 범장르적으로 제시되면서 교육 내용이 중복되거나 추상화되기도 하였다. 이는 구체적인 장르 명칭이 삭제되면서 촉발된 측면도 있으나, 장르적 속성으로부터 작가, 텍스트, 독자 간 소통으로 강조점이 옮겨 가면서 나타난 변화이기도 하다. 7차 교육과정 이후에는 중복되거나 추상화된 성취기준을 정리하고 정교화하는 방식으로 교육 내용이 변화하였다. 요컨대 성취기준의 결합이나 삭제를 통한 적정화가 시도되었으며, 이전의 장르 중심 교육 내용과 7차 교육과정에서 도입된 범장르적 및 소통론적 교육 내용 간의 중첩 문제도 이후 교육과정에서 차츰 정리되었다.

둘째, 교육 내용의 계열성과 위계성을 확보하기 위한 노력을 확인할 수 있다. 4차 교육과정에서는 소설 장르를 명백히 드러내는 방식으로 성취기준을 기술하면서 학년 변화에 따라 학습 내용을 심화시키는 방식을 취했다. 5차 교육과정에서는 개념 학습의 위계를 염두에 두고 성취기준을 배열했다. 7차 교육과정에서는 성취기준의 반복과 변주를 통해 학습을 강화해 나가도록 설계하면서 성취기준 수가 다소 많아졌지만, 학년별 배치의 뚜렷한 기준이나 학년별 성취기준 간 명확한 위계 차이는 보이지 않는다. 2007 개정 교육과정에서는 7차 교육과정의 교육 내용 중복 현상이 다소 정리되었으나, 질적 심화와 양적 확대를 충족하며 성취기준의 계열성을 갖추어 나갔다고 보기에는 미흡한 점이 있다. 2009 개정, 2015 개정, 2022 개정 교육과정에서는 교육 내용의 학년별 배열이 사라지고 학년군 단위로 교육 내용이 제시되었다. 이로 인해 중학교 교육 내용의 계열성, 위계성 확보는 명목상 교과서 개발과 교수·학습 상황에서 담당하게 되었다.

셋째, 최근의 문학 교육과정이 역량 교육과정으로서의 지향과 특성을 충실히 담아내는 방향으로 변화하고 있음을 알 수 있다. 2009 개정 교육과정에서 국가 교육과정 최초로 역량을 언급한 이래 2015 개정 교육과정은 총론에서 핵심역량을, 각론에서 교과 역량을 개발하였다. 국어과 교육과정에서 설정한 여섯 가지 교과 역량[5]은 원칙적으로 국어과 하위 영역들과 긴밀하게 연관되어야 하고 문학 영역 역시 예외는 아니다. 그러나 2015 개정 교육과정의 문학 영역 내용 체계와 성취기준을 보면 이전 교육과정과의 유의미한 차이보다는 연속성이 더 강조되어 있다. 변화한 내용 체계표가 제시되었지만, 그것에 담긴 내용은 이전 교육과정과 크게 다르지 않으며 성취기준의 내용과 제시 방식 역시 역량 기반 교육과정으로서의 특성을 충분히 담아내지 못한 면이 있었다. 하지만 2022 개정 교육과정에서는 내용 체계 일부가 수정되고, 그에 따라 교육 내용의 선정과 배열에서 총체성, 수행성, 맥락성 등이 강화되었다.

국어과 교육과정에서 문학 영역의 특수성과 고유의 가치를 유지하는 일은 매우 중요하다. 그러나 교육과정 전체의 지향은 곧 변화하는 사회에 교육이 대응하는 방식이자 교육에 대한 사회의 요구를 반영하므로, 문학 교육 내에서 이러한 변화를 어떻게 구현해야 하는가에 대한 고민을 지속할 필요가 있다.

2   현대소설 작품 선정 기준

교육과정 성취기준으로 명시화되는 교육 내용은 교과서와 그 안에 수록되는 현대소설 작품을 통해 교실의 교수·학습 국면에서 구체화된다. 일반적으로 교육과정 문서상의 성취기준은 개념이 부각되어 있거나 추상적

---

5 국어과 교육과정이 추구하는 여섯 가지 교과 역량은 비판적·창의적 사고 역량, 디지털·미디어 역량, 의사소통 역량, 공동체·대인 관계 역량, 문화 향유 역량, 자기 성찰·계발 역량이다.

서술이 주를 이루기 때문에, 각 성취기준의 실제적인 교육 양상은 어떤 제재를 활용하느냐에 따라 달라질 수 있다. 그래서 교육과정에는 수업과 교과서에서 다룰 작품의 기준을 밝혀 적는다. 여기서는 중학교 국어과 교육과정에 제시된 작품 선정 기준을 시기별로 일별해 본다.

1, 2차 교육과정에는 작품 선정의 기준이 별도로 제시되지 않았으나, 3차 교육과정에는 '제재 선정의 기준'이라는 항목에서 문학 작품 관련 내용을 확인할 수 있다. 우리 문학에 대한 이해를 높이는 데 기여할 수 있는 작품이어야 한다는 것을 전제로 삼아 '문학과 우리 문학의 개념, 우리 문학의 형태, 우리 문학의 발달 개요'를 파악할 수 있는 작품을 교수·학습해야 한다고 밝혔다. 이와 더불어 '세계 고전에의 접근'이라는 기준도 제시하며 문학 작품의 범위를 폭넓게 설정하고 있다.

1~3차 교육과정기 작품 선정 기준

1차 교육과정	2차 교육과정	3차 교육과정 (〈제재 선정의 기준〉)
해당 내용 없음	해당 내용 없음	우리 문학에 대한 이해를 높이기 위한 제재 • 문학과 우리 문학의 개념 • 우리 문학의 형태 • 우리 문학의 발달 개요 • 세계 고전에의 접근

3차 교육과정 이후부터는 교육과정에 작품 선정 기준이 꾸준히 제시되어 왔다. 4차와 5차 교육과정은 전체적인 기조에는 차이가 있으나, '지도 및 평가상의 유의점'은 큰 틀에서 유사하며 여기에 포함된 작품 선정 기준 역시 거의 동일하다. 그 핵심은 선정된 작품이 '국민 정신 교육에 관련된 내용'을 담고 있으면서 학생들이 '신념과 가치관을 형성하는 데 영향'을

미쳐야 한다는 것이다. 보다 구체적으로는 '정직, 책임, 근면, 진취, 협동'과 같은 가치, '질서, 규칙, 법, 사회적 관습'을 존중하는 태도, '긍정적이고 바람직한 국가관과 세계관'이 포함된 작품을 선정해야 함을 밝히고 있다.

하지만 6차 교육과정기는 4차 및 5차 교육과정의 기조를 벗어나 학습자 중심의 선정 기준을 제시한다. '학생의 경험과 개인차'를 고려하며 '지역의 사회적·문화적 특성'을 반영하여 작품을 선정해야 한다고 밝혔고, 문학 작품 읽기도 강조하고 있다. 6차 교육과정기에는 직전 교육과정에 비해 작품 선정 기준이 넓어지고 다양해졌다는 특징이 있으나, 구체성은 다소 떨어진다.

4~6차 교육과정기 작품 선정 기준

4차 교육과정 ('지도 및 평가상의 유의점')	5차 교육과정 ('지도 및 평가상의 유의점')	6차 교육과정 ('방법')
읽기 자료와 문학 작품은 되도록 아래의 국민 정신 교육에 관련된 요소가 포함된 것을 선택하도록 하되, 그들 자신의 신념과 가치관을 형성하는 데 깊은 영향을 받도록 한다. • 정직, 책임, 근면, 진취, 협동 • 가치에 대한 신념, 이상이나 목적을 실현하려는 의지 • 다른 사람의 인격 존중과 인간에 대한 사랑 • 질서, 규칙, 법, 사회적 관습의 존중 • 학교, 사회, 국가의 공적인 이익을 위한 헌신적 봉사 정신 • 특수한 언어와 문화를 가진 대한민국 국민으로서의 자아 인식과 민족적 자부심 • 긍정적이고 바람직한 국가관과 세계관	국어과에서 사용하는 교수·학습 자료는, 학생들이 긍정적으로 해석하고 평가하여 자신의 신념과 가치관 형성에 도움으로 삼을 수 있는 자료로서, 다음과 같은 국민 정신 교육에 관련된 요소가 고려된 것이어야 한다. • 정직, 책임, 근면, 진취, 협동 • 가치에 대한 신념, 이상이나 목적을 실현하려는 의지 • 다른 사람의 인격 존중과 인간에 대한 사랑 • 질서, 규칙, 법, 사회적 관습의 존중 • 학교, 사회, 국가의 공적인 이익을 위한 헌신적 봉사 정신 • 특수한 언어와 문화를 가진 대한민국 국민으로서의 자아인식과 민족적 자부심 • 긍정적이고 바람직한 국가관과 세계관	• 국어 교과서는 중학교 국어과의 특성을 살려, 국어 사용 능력을 균형 있게 신장시킬 수 있도록 '말하기', '듣기', '읽기', '쓰기', '언어', '문학'의 여섯 영역이 균형 있게 다루어지도록 한다. • 국어 교과서에서 다루게 될 제재는 가급적 교육과정 구성 방침에 제시된 바람직한 인간상과 편성·운영 지침에 제시된 도덕, 환경, 보건·안전, 경제, 진로, 근로 정신 함양, 통일 교육 등을 반영할 수 있는 내용으로 선정한다. • 학생의 다양한 경험 세계와 요구, 개인차, 지역의 사회적·문화적 특성 등을 종합적으로 반영하기 위하여, 국어 교과서 이외의 다양한 교수·학습 자료를 적절하게 활용하도록 한다.

7차 교육과정은 6차 교육과정과 마찬가지로 '방법' 항목에 교수·학습 자료에 대한 언급을 포함하고 있다. 학습자 및 지역의 다양성을 고려하여 읽기 자료를 선정할 것을 명시했다는 점에서는 6차 교육과정과 유사하다.

2007 개정 교육과정에서는 작품 선정 기준을 제시하는 방식이 달라진다. 영역별, 학년별로 제재의 수준과 범위를 드러낸 것이다. 2007 개정 교육과정의 문학 영역에서는 학년별로 다루어야 할 작품의 특성을 수준과 범위의 측면에서 안내한다. 예컨대 8학년에는 7학년에 없던 "사회·문화적 상황이 잘 드러나는 작품" 등을 추가하고, 9학년에는 8학년에 없던 "작품 해석의 근거가 분명하게 드러나 있는 비평문" 등을 추가함으로써 학년에 따라 작품의 유형과 특성을 달리하였다.

이후 2009 개정 교육과정과 2015 개정 교육과정에서는 학년 단위가 아닌 학년군 단위로 '국어 자료의 예'가 제시되었다. 2007 개정 교육과정에서 학년별로 중복되었던 요소를 통합하고 성취기준과 연관이 있는 작품을 제안한 것, 한국 작품뿐만 아니라 외국 작품도 문학 교수·학습에 사용할 수 있음을 명시한 것, 매체 자료를 포함한 것 등이 공통적이다. 다만 2015 개정은 2009 개정에 비해 향유의 가능성("학습자가 즐겁게 읽을 수 있는 한국·외국 문학 작품"), 학습자의 경험 세계에 대한 고려("성장 과정의 고민과 갈등을 소재로 한 작품")를 더욱 직접적으로 제안하고 있다. 참고로, 2022 개정 교육과정에서는 작품 선정 기준을 안내하는 항목이 별도로 제시되지 않았다.

7차~2015 개정 교육과정기 작품 선정 기준

7차 교육과정 ('교수 학습 자료')	2007 개정 교육과정 ('작품의 수준과 범위')	2009 개정 교육과정 (2012 최종) ('국어 자료의 예')	2015 개정 교육과정 ('국어 자료의 예')
• 국어 교과서는 국민 공통 기본 '국어' 교과의 특성을 살려 국어 사용 능력을 균형 있게 향상시킬 수 있도록 '듣기', '말하기', '읽기', '쓰기', '국어 지식', '문학'이 균형 있게 다루어지도록 한다. • 교과서 등 교수·학습 자료에 사용하는 제재는 가급적 제7차 교육과정이 추구하는 '인간상'과 '4. 교육과정의 편성·운영 지침'에 제시한 '도덕 교육, 인성 교육, 환경 교육, 경제교육, 근로 정신 함양 교육, 진로 교육, 통일 교육, 한국 문화 정체성 교육, 세계 이해 교육, 해양 교육' 등을 반영할 수 있는 내용으로 선정한다. • 학습자의 다양한 경험 세계, 필요와 요구, 개인차, 지역 사회의 사회적, 문화적 특성 및 전통을 고려하여 교과서 이외의 자료를 활용할 수 있다.	• 인물의 삶과 현실이 잘 드러나는 작품 (7학년) • 언어 표현이 뛰어나고 주제 의식이 분명한 작품 (7, 8년년) • 우리 고유의 정서나 언어 표현이 드러나는 작품 (7, 8학년) • 문화와 전통의 차이가 드러나는 작품 (7, 8학년) • 사회·문화적 상황이 잘 드러나는 작품 (8, 9학년) • 인간 삶에 대한 성찰이 잘 드러나는 작품 (8, 9학년) • 다양한 해석의 가능성이 열려 있는 작품 (9학년) • 인물의 내면세계나 내적 갈등이 드러나는 작품 (9학년) • 작품 해석의 근거가 분명하게 드러나 있는 비평문 (9학년)	• 인물의 내면세계, 사고 방식, 느낌과 정서 등이 잘 드러난 작품 • 바람직하고 가치 있는 삶에 대한 탐구와 성찰을 담고 있는 작품 • 보편적인 정서와 다양한 경험이 잘 드러난 한국·외국 작품 • 사회·문화·역사적 상황이 잘 드러난 작품 • 한국의 대표적인 문학 작품 • 비평적 안목이 뛰어난 비평문 • 삶에 대한 고민이나 성찰을 담고 있는 다양한 매체 자료	• 사회·문화·역사적 배경이 잘 드러난 글, 전기문이나 평전, 문학 작품 • 비유, 상징, 운율, 반어, 역설, 풍자의 표현 방식이 뚜렷하게 드러난 작품 • 인물의 내면세계, 사고 방식, 정서 등이 잘 드러난 작품 • 성장 과정의 고민과 갈등을 소재로 한 작품 • 문학 작품을 다른 갈래나 매체로 재구성한 작품 • 학습자가 즐겁게 읽을 수 있는 한국·외국 문학 작품

3 현대소설 제재의 변천과 특성

교과서에 수록된 현대소설 제재는 교육과정의 작품 선정 기준을 토대로 하면서도 시기에 따라 다양한 양상이 나타난다. 여기서는 현대소설 교육의 제재로서 현대소설 작품 선정의 경향성을 통시적으로 간단히 정리하고, 최근 경향에 대해 구체적으로 알아보고자 한다. 이를 통해 현대소설 교육의 지향점과 내용을 확인할 수 있을 것이다.

1) 국정교과서 시기 현대소설 제재

먼저, 국정교과서기의 현대소설 제재를 알아보자. 교과서에 수록된 현대소설 작품을 정리한 조희정에 따르면 건국기부터 7차 교육과정기까지 중학교 및 고등학교 국어 교과서에 수록된 현대소설 작품은 총 57편이며, 시기마다 수록 작품의 경향성이 다른 것으로 나타났다(조희정, 2005). 이 중 주요 작품을 추려 정리하면 다음과 같다.

건국기~7차 교육과정기까지 국어 교과서 수록 현대소설 작품(일부)

작가	작품	건국기	1차	2차	3차	4차	5차	6차	7차
김동리	〈등신불〉(1961)				●	●			
심훈	〈상록수〉(1935)					●	○	○	○
염상섭	〈삼대〉(1931)						●	●	●
오영수	〈요람기〉(1967)				○	○	○	○	○
정한숙	〈금당벽화〉(1955)				●	●			

주요섭	〈사랑손님과 어머니〉(1935)					○	○	○	○
황순원	〈소나기〉(1953)			○	○	○	○	○	○
현진건	〈운수 좋은 날〉(1924)								○

* ○: 중학교, ●: 고등학교

건국기부터 2차 교육과정기까지는 수록 작품의 수가 일정하지 않고 수록되는 작품도 제각각이었다면, 3차 교육과정기부터는 이후 교육과정에까지 안정적으로 반복 수록되는 경우가 나타난다. 황순원의 〈소나기〉는 2차 교육과정기부터, 오영수의 〈요람기〉는 3차 교육과정기부터, 주요섭의 〈사랑손님과 어머니〉는 4차 교육과정기부터, 심훈의 〈상록수〉는 5차 교육과정기부터 7차 교육과정기까지 중학교 국어 교과서에 꾸준히 수록되었다. 이들은 어린 서술자 혹은 인물이 등장하며 일반적으로 순수문학으로 분류되는 작품들인바, 현실의 문제를 핍진하게 그리거나 사회성, 역사성이 강조되는 경향성과는 상반된다.

고등학교 교과서에 수록된 작품 중에서 김동리의 〈등신불〉, 정한숙의 〈금당벽화〉는 둘 이상의 교육과정기에 중복 수록되었으나 수록 기간이 오래 지속되지는 않았다. 특히 〈금당벽화〉는 노골적으로 애국을 강조한 작품으로, 일본에 벽화를 그리러 간 담징이 수나라에 침략당한 조국의 현실을 고뇌하는 장면을 부각했다. 또 염상섭의 〈삼대〉는 5차 교육과정기 고등학교 국어 교과서에 처음 수록된 이후 7차 교육과정기까지 꾸준히 수록되었다.

한편 심훈의 〈상록수〉는 4차 교육과정기에 처음으로 고등학교 국어 교과서에 수록되었지만, 이후 중학교 교과서에 실렸다는 점에서 특기할 만하다. 동일한 작품의 수록 학교급이 변화한 것은 학습자 수준에 대한 고려, 작품의 위계에 대한 고려가 반영된 것으로 볼 수 있기 때문이다.

2) 검정교과서 시기 현대소설 제재

2007 개정 교육과정기부터 교과서 검정 체제가 시작되었고, 이에 따라 다양한 필자, 다양한 출판사의 교과서가 검정을 거쳐 시판되기에 이른다.[6] 이러한 교과서 종류의 확대와 함께 수록 작품 수도 늘어나는바, 교육과정 기별로 제재 수록의 양상을 일별하고 주목할 만한 변화 지점을 짚어 보고 자 한다. 2007 개정 교육과정기부터 2015 개정 교육과정기까지 중학교 및 고등학교 국어 교과서에 수록된 주요 현대소설 작품을 정리하면 다음과 같 다(강현아, 2018; 김근호, 2017; 김학찬, 2021; 박기범, 2011; 양윤모, 2015).

2007 개정~2015 개정 교육과정기까지 국어 교과서 수록 현대소설 작품(일부)

작가	작품	2007 개정	2009 개정	2015 개정
김유정	〈동백꽃〉(1936)	○(8)	○(6)	○(8)
	〈봄·봄〉(1935)	●(2)	○(1)	●(4)
	〈만무방〉(1935)	●(1)		
	〈금 따는 콩밭〉(1935)	●(1)		
박완서	〈자전거 도둑〉(1979)	○(7)	○(7)	○(3)
	〈그 많던 싱아는 누가 다 먹었을까〉(1992)	○(3) / ●(1)	○(1)	
	〈배반의 여름〉(1976)	●(1)		
	〈겨울 나들이〉(1975)	●(1)	●(1)	
	〈그 여자네 집〉(1997)		●(1)	

....

6 검정 체제의 도입은 교육과정을 구현하기 위한 다양한 자료 중 하나로서의 교과서를 지향하면 서, 민간의 자율성 확대와 교과서의 질 관리 강화를 통해 다양하고 질 높은 교과서를 개발할 목 적에서 이루어졌다(박진용 외, 2013: 19-20). 성취기준의 기계적 적용이나 자기검열의 문제, 교 과서별 제재 선정의 적절성, 특히 학년 간 연계성의 문제가 지적되기도 하였으나(최지현, 2010), 교과서 검정 기준이 교육과정 준수, 내용의 선정 및 조직, 내용의 정확성 및 공정성, 교수·학습 방법 및 평가 등의 측면에서 엄격하게 존재하므로 여러 출판사에서 개발된 교과서라 하더라도 일정 수준 이상의 질을 담보하고 있다고 보는 것이 타당하다.

심훈	〈상록수〉(1935)	○(3)	○(2)	
염상섭	〈삼대〉(1931)	●(1)		
	〈만세전〉(1924)	●(1)		
오영수	〈후조〉(1958)	○(1)		
	〈고무신〉(1949)	○(1)	○(1)	○(1)
윤흥길	〈아홉 켤레의 구두로 남은 사내〉(1977)	●(1)		●(2)
	〈기억 속의 들꽃〉(1979)	○(3) / ●(1)	○(1)	○(1)
	〈장마〉(1973)	●(1)		●(1)
	〈완장〉(1982)			●(1)
이태준	〈달밤〉(1933)	●(2)		●(1)
	〈돌다리〉(1943)	●(1)		●(1)
이청준	〈눈길〉(1977)	●(4)		
이효석	〈메밀꽃 필 무렵〉(1936)	●(5)		
주요섭	〈사랑손님과 어머니〉(1935)	○(7) / ●(1)	○(6)	○(2)
하근찬	〈수난이대〉(1957)	○(8)	○(7)	○(3)
황순원	〈소나기〉(1953)	○(8)	○(4)	○(3)
현덕	〈나비를 잡는 아버지〉(1946)	○(4)	○(2)	
	〈하늘은 맑건만〉(1938)	○(1)	○(5)	○(5)
	〈살구꽃〉(1939)	○(1)		
현진건	〈운수 좋은 날〉(1924)	○(2)	○(5)	

* ○: 중학교, ●: 고등학교 / 괄호 안의 숫자는 수록 교과서 종수

　2007 개정 교육과정기에 가장 많은 중학교 국어 교과서에 수록된 작품은 김유정의 〈동백꽃〉, 하근찬의 〈수난이대〉, 황순원의 〈소나기〉로, 모두 8종의 교과서에 수록되었다. 그 뒤를 이어 박완서의 〈자전거 도둑〉, 주요섭의 〈사랑손님과 어머니〉가 7종의 교과서에 수록된 것으로 나타났다. 이중 〈소나기〉와 〈사랑손님과 어머니〉는 국정교과서 시기에도 수록된 작품인데, 검정교과서 체제에서도 그 명맥을 유지한 것이 눈에 띈다. 또 심훈의

〈상록수〉는 3종의 교과서에 수록되었지만 4차 교육과정기부터 꾸준히 수록되어 왔다는 점에서 특기할 만하다. 현진건의 〈운수 좋은 날〉은 7차 교육과정기에 처음 수록된 이후 수록 빈도가 크게 늘어 중학교 문학 교육의 정전이 된 상황으로 판단된다.

작가의 측면에서 살펴보자면 이전 교육과정기까지 반복 수록된 작가의 새로운 작품이 교과서에 등장하기 시작하였다. 염상섭의 〈만세전〉과 오영수의 〈후조〉, 〈고무신〉 등은 이전 교과서에는 등장하지 않았으나, 2007 개정 교육과정기에 새롭게 제시된 작품의 예이다. 또한 교과서에 수록된 작품의 수나 양이 눈에 띄게 늘어난 작가도 등장하였다. 박완서의 경우 이전 교육과정기에도 〈그 여자네 집〉, 〈옥상의 민들레꽃〉(1979)이 각각 고등학교와 중학교 교과서에 수록되긴 했지만, 2007 개정 교육과정기부터 수록 횟수와 종 수가 비약적으로 증가한 편에 속한다.

박완서뿐만 아니라 현덕 역시 눈에 띈다. 현덕의 〈나비를 잡는 아버지〉와 〈하늘은 맑건만〉, 〈살구꽃〉 등이 교과서에 처음 수록되었고, 그중 〈나비를 잡는 아버지〉는 4종의 교과서에 수록되면서 두각을 나타낸다. 1938년 소설 〈남생이〉로 등단하여 1950년 월북한 현덕은 해금(解禁)이 이루어진 1988년에야 본격적으로 연구되기 시작했기 때문에 사실상 6차 교육과정기 전까지는 교과서에 수록되기에 어려움이 있었다. 이러한 맥락을 볼 때 현덕의 작품이 등장한 것은 검정교과서 체제에서 작가 및 작품의 다양화에 대한 요구를 수용하고 새로운 작가와 작품을 발굴하려는 노력이 만들어 낸 결과로 볼 수 있을 것이다(이인화, 2018).

2009 개정 및 2015 개정 교육과정기를 거치면서 국어 교과서 수록 작품에 일정한 변화가 확인된다. 첫째, 검정교과서 체제로 전환된 후 처음 발행된 2007 개정 교육과정기 교과서에는 새로운 작가와 작품이 대거 수록되었으나, 이후 교육과정기를 거치면서 이 작품들이 정리되는 양상이 보인

다. 김유정의 작품만 보더라도 2007 개정 교육과정기에는 네 편의 작품이 수록되었으나, 이후 두 편의 작품으로 수록이 집중되는 경향을 보인다.

둘째, 수록 학교급이 분명하게 나뉘는 양상이 보인다. 2007 개정 교육과정기에는 박완서의 〈그 많던 싱아는 누가 다 먹었을까〉, 윤흥길의 〈기억 속의 들꽃〉, 주요섭의 〈사랑손님과 어머니〉 같은 작품들이 중학교와 고등학교 교과서 모두에 수록되었다. 하지만 이후 교육과정기를 거치면서 세 편 모두 중학교 교과서에만 수록되었다.

셋째, 2007 개정 교육과정기에서 2009 개정 교육과정기로, 다시 2015 개정 교육과정기로 넘어갈수록 기존에 수록 빈도가 높았던 작품들의 수록 빈도가 줄거나 해당 작품이 수록되지 않는 경향이 나타난다. 이는 2015 개정 교육과정기에 교육용 텍스트로 새롭게 발굴되어 게재된 작품이 늘어났음을 방증하는 것이기도 하다. 2015 개정 교육과정 중학교 국어 교과서의 경우 새롭게 수록된 현대소설 작품 수는 총 19편으로, 김애란의 〈두근두근 내 인생〉(2010)과 같은 비교적 최근에 발표된 소설 작품이 포함된 것은 물론, 이금이의 〈촌놈과 떡장수〉(2006), 이오덕의 〈꿩〉(1971), 이경혜의 〈흑설공주〉(2006), 이청준의 〈연〉(1977)과 같은 동화, 김해원의 〈봄이 온다〉(2014)와 같은 청소년 소설이 수록되어 있다. 중학교 국어 교과서에서 동화나 청소년 소설의 비율이 늘어난 것은 학습자들의 연령과 발달 특성을 고려한 것이자, 초등학교 교육 내용과의 연계성을 고려한 결과로 이해할 수 있다. 또한 과거에 비해 정전에 대한 인식이 약화하고 예전(例典)[7]으로 적합한 현대소설 작품을 선정하려는 의식이 반영된 결과로도 볼 수 있다.

넷째, 교과서 수록 작품의 다변화 양상에도 불구하고 꾸준히 수록되는

....

7   예전이란 문학 작품 중 특정한 학습 목표나 성취기준을 달성하는 데 적절하다고 선택된 작품을 뜻한다(김동환, 2013: 49-54).

작품들은 교육 정전으로서의 위상을 공고히 하였다. 김유정의 〈동백꽃〉과 〈봄·봄〉, 박완서의 〈자전거 도둑〉, 오영수의 〈고무신〉, 윤흥길의 〈기억 속의 들꽃〉, 주요섭의 〈사랑손님과 어머니〉, 하근찬의 〈수난이대〉, 황순원의 〈소나기〉, 현덕의 〈하늘은 맑건만〉 등이 그러하다. 이 중 〈소나기〉는 2차 교육과정기, 〈사랑손님과 어머니〉는 4차 교육과정기부터 현재까지 수록되고 있는 작품이라는 점에서 우리 문학 교육사에서 특히 주목할 만하다. 〈사랑손님과 어머니〉는 소설의 시점 및 서술 관련 성취기준을 달성하는 데 적절한 경험을 제공할 수 있다는 점에서 예전으로서의 가치를 인정받는 것으로 파악된다. 서술자인 옥희를 통해 서술자의 특성에 따른 서술 효과나 신빙성 없는 서술자의 문제를 학습하기에 적절하다고 보았던 것이다(정진석, 2015). 반면 〈소나기〉는 인물, 문학의 아름다움, 작품의 재구성 등 다양한 성취기준과 연관을 맺으며 오랫동안 교과서의 제재로 선택되었다. 이는 순수문학에 대한 국어 교육의 선호를 보여 주는 것이자 독서 대중의 애독서로서 다양한 방식으로 읽히고 재창작되는 〈소나기〉의 문화적 저변을 반영한 결과로 볼 수 있다.

참고문헌

강현아(2018),「2015 개정 교육과정에 따른 11종 국어 교과서의 현대소설수록 양상 및 학습활동에 대한 고찰」, 연세대학교 석사학위논문.

김근호(2017),「문학교육에서 국민형성을 위한 정전과 감정의 역학: 중·고등학교 국어교과서 현대소설 제재를 중심으로」,『국어교육』156, 93-124.

김동환(2013),「국어과 교과서의 문학 제재와 관련된 쟁점과 제안」,『국어교육학연구』47, 43-67.

김학찬(2021),「새로 수록된 현대소설 제재 양상 연구: 2015 개정 교육과정 중학교 국어 교과서를 중심으로」,『학습자중심교과교육연구』21(11), 477-493.

박기범(2011),「고등학교 국어 교과서의 현대소설 수용 양상에 대한 비판적 검토」,『청람어문교육』44, 455-492.

박진용·이명준·차조일(2013),『2009 개정 교육과정에 따른 교과서 검정 정책 평가 및 개선 방안』(RRT 2013-5), 한국교육과정평가원.

양윤모(2015),「중학교 국어교과서 수록 현대소설의 정전의 의미: 2012년 교과과정을 중심으로」,『어문논총』62, 621-644.

이인화(2018),「현덕 작품의 제재화 특성 분석: 초등학교 및 중학교 국어 교과서를 중심으로」,『문학교육학』60, 73-106.

이인화(2022),「'역량 함양을 위한 교육과정'으로서 2022 개정 국어과 교육과정 문학 영역의 점검」,『한국국어교육학회 제140차 학술대회 발표문』.

정진석(2015),「소설 교육에서 〈사랑손님과 어머니〉의 정전화 양상과 개선 방향」,『문학교육학』46, 81-101.

정진석(2019),「'말하는 이'에 대한 학습자의 오개념 연구: 예비교사의 오개념을 중심으로」,『문학교육학』64, 265-299.

조희정(2005),「교과서 수록 현대 문학제재 변천 연구: 건국 과도기부터 제7차 교육과정기까지 중등 국어 교과서를 중심으로」,『국어교육학연구』24, 435-481.

최지현(2010),「2007 개정 중학교 국어 교과서 검정 체제에 대한 비판적 분석」,『새국어교육』85, 291-317.

13장

현대소설 교수·학습의 원리

　이 장에서는 현대소설 교수·학습의 개념과 그 변화, 일반적 방법, 앞으로의 방향성 등을 구체적으로 탐구한다. 우선 현대소설 교수·학습의 개념이 학습자의 주체성과 창의성, 의미 있는 배움을 중시하는 방향으로 변화해 왔음을 짚는다. 이어서 현대소설 교수·학습의 일반적 방법으로 언급되는 반응 중심 소설 교수·학습 방법과 대화 중심 소설 교수·학습 방법에 대해 알아본다. 반응 중심은 학습자의 반응과 감정, 경험에 기반한 배움을, 대화 중심은 문학 작품을 매개로 여러 주체 간에 이루어지는 다양한 형태의 대화를 중심으로 삼는 교수·학습 방법이다. 마지막으로 새로운 현대소설 교수·학습 방법을 모색하면서 창의적 소설 해석 소통과 비평 활동, 경험/허구 서사 창작, 윤리적 가치탐구 중심의 소설 경험을 소개한다.

1 현대소설 교수·학습 개념의 변화

인간이 인간에게 무언가를 가르치고 배우는 행위는 늘 있어 왔다. 하지만 그러한 행위에 대한 인식의 패러다임은 최근 급격히 변화하고 있다. 교육학 담론에서 수업 대신 교수·학습이라는 용어가 널리 사용되게 된 것이 이를 단적으로 보여 준다. 그렇다면 현대소설을 가르치고 배우는 행위는 어떤 것이었고 어떤 것이어야 할까? 이 질문에 답하기 위해서는 교수·학습의 개념과 원리가 어떻게 변화했는지, 현대소설 교수·학습의 방향성이 무엇일지, 나아가 현대소설 교수·학습 방법이 어떻게 구체화될 수 있는지 탐구되어야 한다.

『국어교육학사전』에서는 교수·학습 개념의 변화에 대해 "전통적 교육에서 교수법은 학생들의 흥미나 필요 또는 능력의 유무에 관계없이 일정한 교재를 제시해서 일률적으로 암기나 연습을 강요하는 방법을 썼다. 그러나 근래에는 점차 교수법이 개선되어 학생들의 능력과 욕구에 적합한 교재를 선택하여 학습자의 자발적인 학습 활동에 호소하고 행함으로써 배우는 방향으로 발전하고 있다."라고 설명한다(서울대학교 국어교육연구소, 1999: 74). 이처럼 교수·학습의 주체가 교수자에서 학습자로, 교수·학습의 방법이 일방향적 전달에서 쌍방향 소통으로 옮겨지면서 현대소설 교수·학습의 실제 역시 많은 변화 앞에 놓이게 되었다.

전통적인 문학 교실에서 현대소설 교수·학습의 장면을 상상해 보자. 교단에 선 교사가 현대소설 일부가 수록된 교과서를 들고 있다. 지명된 학생이 교과서에 실린 제재 글을 읽으면, 나머지 학생들이 작가의 생애와 활동, 작품의 갈래, 성격, 시점, 배경, 주제, 낯선 어휘의 뜻 등을 형형색색의 펜으로 필기한다. 결국 해당 작품보다는 그 작품에 대한 잡다한 정보들이 수업의 주인공이 된다. 그리고 학습자는 이 정보들을 열심히 암기했다가 시험을 친 후에 모두 잊어버린다. 이런 상황에서는 이광수의 〈무정〉(1917)을 감상한 학생보다 분석한 학생이, 〈무정〉을 읽으며 느낀 학생보다 〈무정〉이 한국 소설사에서 최초의 근대적 장편소설로 평가된다는 것을 아는 학생이 더 나은 문학 능력을 가진 학생으로 평가되기 쉽다.

이러한 현상이 학습자가 "문학의 제반 양상을 이해하고 향유하며 평생 독자로 성장"하는 것을 목표로 하는 문학 교육의 정체성과 유리된 것임은 이미 많은 논자들이 지적해 왔다. 이와 함께 이론과 실천의 차원 모두에서 현대소설 교수·학습의 방식을 그 본질에 보다 가깝게 갱신하려는 노력 또한 축적되어 왔다. 예컨대 최근 대두되고 있는 문답, 문제해결, 토의, 유희, 구성 활동 등의 교수·학습법, 교사/성인 중심이 아닌 학생 중심의 교수·학습법 등은 학습자의 주체성과 창의성을 존중하며 의미 있는 배움을 촉발한다는 점에서 다층적 해석을 유발하는 담론인 현대소설 장르의 성격과 본질에 조응한다(문영진 외 편, 2019). 나아가 최근 문학 교실 속 소설 수업에서는 소설 장르뿐 아니라 다양한 서사가 창작되기도 하고, 매체 생산이나 활용을 통해 현대소설에 대한 학습자들의 해석이 토론에 부쳐지기도 한다. 문제는 이러한 현대소설 교수·학습 개념의 변화가 모든 학습자 수준에서 고르게 그리고 높은 수준으로 체감되고 있는지이다.

도축장의 돼지들처럼 해체되어서는, 부위 하나하나가 공개되고, 하지만 그렇지 않다면 어떻게 문학을 배운단 말인가? (A 학생)

학교에서 문학이란 과목을 처음 배울 때 독자마다 살아온 배경, 가치관이 다르기 때문에 문학 작품을 해석하고 수용하는 것이 다 다르다고 했었다. 하지만 모든 문학 작품에는 교수님들께서 연구하신 해석본이 미리 존재해 있었고 우리는 그것만 외우는 식이었다. (B 학생)

세계 문학, 세계 문학을 달라. 왜 외국 작품은 수업을 안 하는가. (…) 도스토옙스키를 꼭 교과서에 실어야 한다. 〈악령〉을! (…) 문학 시간에 책을 읽으면 좋겠다. 수업은, 개별의 학생에게 그 소설의 정답이 될 수도 없고 되어서도 안 되지 않는가. 재미있는 거! (C 학생)

위 자료는 우신영(2016)에서 분석된 고등학교 예비 3학년 학습자들의 문학 경험 기술지 중 일부로, 문학 교실에서 일어나는 교수·학습 현상의 문제점에 대한 학생들의 신랄한 반응이 드러나 있다. 이것이 모든 학생의 문학 경험을 대표한다고 할 수는 없지만, 여전히 분석적 문학 수업, 정답이 있는 문학 수업이 일어난다는 사실을 알 수 있다. 이 외에 "PPT나 한글 문서에 엄청 많은 필기할 거리, 적는 사이에 설명", "의미 받아쓰기, 작품과 해석 외우기", "하나하나 해석되어 있는 풀이 빠짐없이 외우기", "암기한 대로 풀기", "필기를 모두 암기하는 것, 통으로 암기", "모든 내용을 필기", "학습 활동 답을 불러주면 급하게 적고" 등이 그들이 복기한 문학 교수·학습의 경험이다. 이에 더해 현대소설 교육이 선언적으로는 학습자의 창의적 반응과 해석을 강조하기 때문에 학습자들은 현실과 이상 사이의 간극을 느끼게 된다.

현대소설을 배우고 가르치는 일에서 학생들의 주체성과 창의성이 존중되어야 한다는 이상에는 이론과 교육과정, 교과서가 모두 합의하고 있다. 하지만 주체성과 창의성을 존중하는 동시에 학습자들을 현대소설에 대한 깊은 감상과 배움으로 견인하고 지지해 줄 구체적 교수·학습법이 없다면, 그러한 합의는 공허하게 들릴 수밖에 없음을 위에 인용된 발화들이 알려준다. 따라서 변화 자체를 반복적으로 강조하거나 선언하는 작업보다는 구체적인 방향과 방법의 모색이 절실한 시점이라 할 수 있다.

2 현대소설 교수·학습의 일반적 방법

1) 반응 중심 소설 교수·학습 방법

반응 중심 문학 교수·학습이란 학습자의 반응과 감정, 경험에 기반한 배움을 중심으로 하는 교수·학습 방법이다. 문학 텍스트의 의미가 작가의 의도나 텍스트 안에 존재하는 것이 아니라 독자와 텍스트의 상호작용 속에서 형성된다는 루이즈 로젠블랫(Louise Rosenblatt)의 이론에 기초한다(정정순, 2016: 253). 문학 교육에서 반응 중심 교수·학습 방법은 문학 텍스트에 대한 학습자의 독특한 경험과 다양한 반응에 가치를 부여하면서 각광받기 시작하였고, 문학 교실의 초점을 작품이나 작가, 문학사적 지식에서 학습자의 경험과 성장으로 옮기는 교육적 흐름과 맞물려 그 영향력이 더욱 커졌다. 한스 로베르트 야우스(Hans Robert Jauss)와 볼프강 이저(Wolfgang Iser)의 수용미학을 문학 교수·학습의 조건과 접목한 박인기(1986)의 연구를 필두로 현재에 이르기까지 반응 중심 교수·학습 방법은 문학 교육과정과 연구 담론에 깊은 영향을 미치고 있다.[1]

로젠블랫의 독자 반응 이론을 소개하고 이를 통해 구체적인 문학 교육 방법론을 마련한 대표적 예로서 경규진(1993)의 이론[2]을 살펴보면 다음과 같다.

....

1 한국의 문학 교육 담론에서 반응 중심 이론의 수용사를 탐구한 논문으로는 강민규(2020)가 있다.
2 경규진(1993)은 로젠블랫이 텍스트와 독자의 상호 교섭적 작용을 지칭하기 위해 사용한 'transaction'의 번역어로 '거래'를 사용했으나, 이 책에서는 '교섭' 혹은 '상호작용'이라는 번역어를 사용하였다.

반응 중심 문학 교수·학습 방법의 절차

단계	세부 단계	활동
1단계	텍스트와 학생의 교섭 → 반응의 형성	• 작품 읽기 - 심미적 독서 자세의 격려 - 텍스트와의 교섭 촉진
2단계	학생과 학생 사이의 교섭 → 반응의 명료화	• 반응의 기록 - 짝과의 반응 교환 • 반응에 대한 질문 - 반응을 명료히 하기 위한 탐사 질문 - 교섭을 입증하는 질문 - 반응의 반성적 질문 - 반응의 오류에 대한 질문 • 반응에 대한 토의(또는 역할놀이) - 짝과의 의견 교환 - 소그룹 토의 - 전체 토의 • 반응의 반성적 쓰기 - 반응의 자유 쓰기(또는 단서를 놓은 쓰기) - 자발적인 발표
3단계	텍스트와 텍스트의 상호 관련 → 반응의 심화	• 두 작품의 연결 • 텍스트 상호성의 확대

이 이론은 단계마다 구체적인 상호작용 절차가 마련되어 있고 텍스트-학생, 학생-학생, 텍스트-텍스트 간의 왕성한 교섭을 통해 학습자의 반응을 심화해 간다는 점에서 의미가 있다. 정전급 작품의 문학사적 위상이나 작가론적 탐구에 밀려 비교적 소외되었던 학습자 반응을 문학 교실이라는 무대의 전면으로 내세웠다는 점, 그리고 그러한 무게중심의 이동이 이론적 선언에 머물지 않고 실제 수업의 변화를 추동했다는 점 또한 큰 의의가 있다.[3]

············

3 최미숙 외(2016)에서는 반응 중심 교수·학습 방법이 설정한 교섭의 단계가 다양하기는 하지만, 그 구체적인 방식은 수업의 몫으로 남아 있음을 지적하기도 했다.

그렇다면 반응 중심 교수·학습 방법이 현대소설 교수·학습에 어떻게 적용될 수 있을까? 대체로 소설은 텍스트의 길이나 감상 시간이 시에 비해 길고, 그에 따라 반응의 생성과 수정 역시 일회적·단발적이라기보다 다층적·서사적이다. 따라서 반응의 형성이나 명료화 단계에서 일어나는 반응의 변화를 메타적으로 인지하게 할 필요가 있으며, 이 과정에서 반응의 주체인 학습자 자신에 대한 성찰도 일어날 수 있다. 또 현대소설의 경우 고전에 비해 학습자와의 시공간적 거리감이 적다. 그러므로 반응의 심화 단계에서 학습자가 갖고 있는 생체험이나 텍스트 경험을 적극적으로 활용하도록 유도할 수 있다. 요컨대 반응 중심 교수·학습 방법으로 현대소설을 가르칠 때는 심미적 독서 자세를 격려하고 텍스트와의 감각적 만남을 텍스트에 대한 인지적 훈련보다 우선한다는 반응 중심 이론의 전제는 수용하되, 구체적인 단계 설정은 현대소설 장르나 개별 작품의 특성을 반영하여 변용할 수 있어야 한다.

　　한편 오윤주(2018: 113)는 반응 중심 문학 교수·학습 방법이 향유자의 주관성과 정서적 반응에 치우쳐 수용되어 왔다는 데 문제의식을 갖고, 학습자의 반응과 텍스트 모두를 수업의 주요 요인으로 고려하는 소설 교수·학습 방법을 제안한 바 있다. 소설 교육에서 '심미적 경험'의 개념과 원리에 근거하여 〈수난이대〉(1957) 등의 소설을 대상으로 설계한 수업의 예를 소개하면 다음과 같다.

반응 중심 현대소설 교수·학습과정안의 예

대상 작품: 하근찬, 〈수난이대〉		
준비 차시	▪ 사전 설문지 작성 및 감상문 쓰기	▪ 소설 작품을 자유롭게 골라 감상문 작성하기
1차시	▪ 텍스트 질에 대해 주체적 감각하기	▪ 텍스트 묵독 및 인상 깊은 부분 표현하고 공유하기

2차시	▪ 텍스트에 대해 종합적 탐색하기 ▪ 타자와의 공통감각 형성하기	• 각자 3개의 질문을 만들고 이를 모 둠에서 공유하기 • 모둠별로 3개의 질문을 뽑아 반 전 체에 공유하고 함께 해결하기
3차시	▪ 지평 변환을 위한 모색하기	• 문학 작품 함께 감상하기 • '우리 시대의 수난이대' 소설 계획서 쓰기
대상 작품: 이금이, 〈나이에 대한 고찰〉, 공선옥, 〈라면은 멋있다〉, 정소연, 〈이사〉		
1차시	▪ 텍스트 질에 대해 주체적 감각하기	• 텍스트 함께 읽기 및 1차 토의하기 • 인상 깊은 부분 표현하고 공유하기
2차시	▪ 텍스트에 대해 종합적 탐색하기 ▪ 타자와의 공통감각 형성하기	• 모둠 핵심 질문 및 교사의 핵심 질문 을 중심으로 토의하기 • 모둠별 토의 내용을 상호 관찰하기
3차시	▪ 지평 변환을 위한 모색하기	• 2차 토의 후 전체 공유하기 • 소설 바꾸어 쓰기 • SNS에 다양한 방식으로 감상 공유 하기

2) 대화 중심 소설 교수·학습 방법

대화 중심 교수·학습이란 문학 작품을 매개로 여러 주체 간에 이루어지는 다양한 형태의 대화를 중심으로 삼는 교수·학습 방법이다. 이때 대화란 단순히 말의 주고받음만을 의미하는 것이 아니다. 그보다는 문학 작품 안팎의 목소리들이 오가고 뒤엉키면서 그들의 다양한 이념과 가치, 관점 등이 부딪치며 만들어 내는 상호 소통의 가능성에 가깝다. 즉, 대화를 중심으로 문학을 배우고 가르친다는 것은 문학 경험이 제공하는 상호 소통의 가능성을 최대한 그리고 최선의 방식으로 만끽하면서 나와 너, 공동체의 성장을 도모하는 일이라 할 수 있다.

일반적인 문학 교수·학습에서 대화는 다음과 같이 크게 세 층위로 이루어진다. 문학을 경험하는 독자 개인이 발생시키는 내적 대화가 첫 번째 층위라면, 작품으로 인해 촉발된 독자와 독자 간의 횡적 대화가 두 번째 층위이다. 그리고 이상적 독자인 교사와 독자 간의 종적 대화가 세 번째 층위를 이룬다.

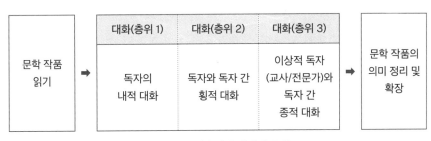

문학 교수·학습에서 대화의 층위

이처럼 대화 중심 교수·학습 방법은 작품을 중심으로 이루어지는 다양한 형태의 대화를 중시하기 때문에 대화의 주체로서 학습자의 주체성을 부각하고, 문학 교실에서 만날 수 있는 실제적 독자들과의 대화를 통해 성장의 계기를 부여한다는 점에서 의의가 있다. 또한 문학 경험을 단순히 문학 작품이라는 자극에 의해 생성된 반응으로 보기보다, 종횡으로 발전해 나가는 대화의 과정으로 본다는 점 역시 문학 교실의 특성과 잘 부합한다. 기존 교수·학습 방법들에 비해 교사라는 '전문적 중개인'의 역할을 명료하게 설정하고 있다는 점도 주목할 만하다. 대화에서 교사의 역할은 새로운 관점을 제시하거나 의도를 가진 질문을 던짐으로써 새로운 문학적 사유를 가동시키는 것인데, 이 전문적 중개인으로서의 교사와 학생이 나누는 대화는 근거 있는 해석을 타당한 해석으로 전환시키는 데 결정적인 역할을 할 수 있다(최미숙 외, 2016: 346).

그렇다면 대화 중심 교수·학습 방법이 현대소설 교수·학습에 어떻게 적용될 수 있을까? 현대소설은 그 자체로 대화적 장르이다. 대부분의 현대소설은 작중 인물이 다양하고 그들이 담보하고 있는 가치나 이념 역시 다양한 경향을 띤다. 따라서 인물 간의 갈등이나 화해, 다시 말해 소설 그 자체가 복합적 대화의 산물이라 할 수 있다. 이러한 소설의 담론적 복잡성과 대화성은 이미 미하일 바흐친(Mikhail Bakhtin)이 강조한 바 있다. 바흐친에 따르면 소설 속 인물들의 말은 본질적으로 타자를 지향하는데, 이처럼 타자의 담론과 주체의 담론이 상호작용하는 본질적인 성질을 대화성이라고 한다. 바흐친은 이 대화성을 소설 이해의 중요한 조건으로 보았다(임경순, 1997: 211). 작중 인물들 간의 대화가 이룩하는 화음이 소설의 담론적 특성을 이루고, 그러한 소설의 특성이 다시 소설 독자의 복잡한 내적 대화를 끌어낸다는 것이다.

이 내적 대화의 결과는 다시 다른 독자의 목소리와 만나 때로는 즐겁게 대화하기도 하고 때로는 경쟁적으로 해석적 갈등을 일으키면서 조정되어 간다. 그런데 독자 간의 대화가 그저 여러 목소리들의 다양성과 상대성을 확인하는 데서 그치지 않기 위해서는 종적 대화가 필요하다. 독자는 더 깊고 풍부한 사유로 안내하는 교사와의 대화를 통해 새로운 문학적 사유를 시도하고 자신의 목소리를 찾아갈 수 있다. 이처럼 소설 속 인물들의 대화, 소설을 읽는 독자 내면의 대화, 소설을 읽은 독자 간의 대화가 교차하면서 작품의 의미도, 대화 주체들의 삶도 점점 확장되는 것이 소설과 소설 교육이 갖는 대화적 속성이자 의미라 할 수 있다. 따라서 이러한 현대소설의 장르적 특징을 극대화하는 방식으로 대화 중심 교수·학습 방법을 적용할 필요가 있다. 최미숙 외(2016)에서 제안한 대화 중심 문학 교수·학습을 위한 수업 절차와 학습 활동의 예를 현대소설 수업에 맞게 변용하여 제시하면 다음과 같다.

대화 중심 현대소설 교수·학습 방법의 수업 절차 및 학습 활동의 예

절차	주요 학습 활동	염상섭의 〈삼대〉 수업에서 독자의 활동 및 내적 발화 예시
현대소설 이해에 필요한 지식 학습하기	• 해당 소설과 관련 있는 문학적 지식 이해하기 • 대화 중심 읽기 방식 익히기	• 〈삼대〉에 대한 문학적 지식 학습하기 • 〈삼대〉라는 소설의 대화성 인식하기
현대소설 읽기	• 소설의 인물과 시공간 파악하기 • 소설의 시점과 구조 이해하기 • 소설의 문체와 주제 해석하기	• 소설 속 인물들(조 의관, 조상훈, 조덕기, 김병화, 홍경애 등)이 지닌 다양한 관점과 가치가 어떻게 형상화되는지 파악하기 • 인물들의 대화적 관계가 소설의 구조나 주제와 어떻게 연결되는지 탐구하기
〈대화 1〉 독자 개인의 내적 대화	• 소설 텍스트에 근거하여 소설 이해에 필요한 질문을 생성하고 답하기 • 해석적 가설을 세우고 타당한 근거를 찾으며 검증하기	• 〈삼대〉라는 작품이 독자에게 말하고자 했던 것은 무엇일까? • 나는 〈삼대〉가 어떤 작품이라고 생각하는가?
〈대화 2〉 독자와 독자들 간의 대화	• 대화를 통해 타인의 해석과 자신의 해석을 비교하기 • 텍스트 안팎에서 근거를 확인하기 • 해석의 타당도와 적절성을 함께 경쟁하며 판단하기	• 왜 A는 이 작품 속 덕기라는 인물 혹은 염상섭이라는 작가를 부정적으로 해석할까? • 작품 속 인물들의 말투에 대한 B의 해석을 참조해서 이 작품의 문체에 대한 나의 견해를 수정해 볼까?
〈대화 3〉 교사와 독자의 대화	• 교사의 새로운 해석이나 해석적 기점 찾기 • 명백한 오독이나 오개념 수정하기 • 더 일리 있는 해석의 범위에 대해 대화하고 합의하기	• 선생님이 지적해 주셨듯 나의 해석에서는 이 작품이 발표되었던 당대의 맥락에 대한 고려가 부족했구나. • 이 작품에 대한 다양한 독자들의 목소리 중에서 어떤 것은 다른 독자들에 의해 대체로 인정되고, 어떤 것은 그렇지 않았는데 그 기준은 무엇일까?
작품의 의미 구성하기	• 가장 타당성이 높은 해석을 잠정적으로 확정하기 • 비평이나 창작물로 확장하기	• 다양한 인간 군상의 미묘한 심리와 세대 간의 갈등이 서울 중류층의 생활과 대화로 형상화된 소설이라고 보면 무리가 없을 것 같아. 처음 혼자 읽었을 때는 가족 갈등만 다룬 소설인 줄 알았는데 다른 독자들과의 대화를 통해 해석을 좀 더 확장할 수 있었어.
'나'의 목소리와 대화 과정 성찰하기	• 대화 과정에서 드러난 자신의 가치나 사유를 메타적으로 확인하고 다시 읽기	• 왜 나는 은연중에 덕기라는 인물에게 동조하면서 이 작품을 읽었을까? 그의 우유부단함이나 모호한 태도에 문제가 있다는 걸 알면서도 자꾸 그의 관점에서 텍스트 세계를 바라보게 되던걸. 내 해석에 영향을 미친 나의 가치체계는 무엇일까?

3 현대소설 교수·학습의 방향과 실천

현대소설 교수·학습의 방향과 실천을 모색하기 위해 먼저 대표적인 선행연구와 문학 교수·학습의 방향성을 설정한 문서인 국어과 교육과정을 경유할 필요가 있다. 우한용 등이 집필한 이론서 『서사교육론』(2001)에서는 현대소설을 포함한 서사 교수·학습이 주체적이고 창의적인 서사 능력 신장을 위한 교수·학습, 서사의 역동성에 기반한 교수·학습, 학습자의 문화를 인정하는 교수·학습 등을 지향해야 한다고 보았다. 그러면서 이러한 지향에 부합하는 구체적인 교수·학습 실천으로 장르 중심의 매체 통합적 읽기, 문제 중심의 서사 지식 생산, 읽기/쓰기 통합 활동의 서사문화 생산 등을 제안하였다. 매체 통합적 읽기에서는 장르 개념을 중심으로 일상 언어와 문학 언어, 다양한 교과, 문자 매체와 영상 매체 등을 통합적으로 다루며, 서사의 보편적 유사점과 함께 장르의 개별적 차이를 탐구하는 수업이 제안된다. 구성주의 교육 이론에 입각한 문제 중심의 서사 지식 생산에서는 학습자가 처한 현실적 삶의 문맥을 바탕으로 한 문제가 수업의 중심이 되는데, 이러한 문제를 해결하고 나름의 답을 찾아가는 과정에서 학습자는 대화를 수행하고 서사 지식을 생성하게 된다. 읽기/쓰기 통합 활동에서는 대중매체의 장르 다시 쓰기, 뉴스 다시 쓰기 등이 제안되며, 이를 통해 학습자는 새로운 해석 능력과 판단력을 함양할 수 있다.

문영진 등이 집필한 이론서 『처음 시작하는 현대소설 교육론』(2019)에서는 보편적인 국어과 교수·학습 방법을 개별 영역에 적용하는 방식에서 벗어나, 현대소설이라는 구체적인 장르를 효율적으로 가르치기 위한 교수·학습 방법을 탐색하였다. 여기서는 그 결과로서 '해석, 공감, 질문, 맥락, 상호텍스트성, 비평적 읽기, 해석 텍스트 쓰기' 등 일곱 가지 교수·학습 방법을 도출하였다. 소설 텍스트에 정서적으로 공감하면서 다양한 맥락과 상호텍스트를 조회하고 질문을 던지고 비평하며 그 결과를 해석 텍스트로 구체화하는 독자의 능동적 행위가 이 책에서 탐구하는 현대소설 교수·학습 방법의 중핵을 이루고 있다.

한편 2022 개정 국어과 교육과정은 교수·학습의 방향으로 미래 역량을 함양하는 수업, 학습자 맞춤형 및 자기 선택적 수업, 디지털 기반 소양 수업, 주제 통합적 수업 등을 제시하고 있다. 즉, 교육과정은 미래 사회에서 요구하는 국어과 교과 역량(비판적·창의적 사고 역량, 디지털·미디어 역량, 의사소통 역량, 공동체·대인 관계 역량, 문화 향유 역량, 자기성찰·계발 역량)을 길러 주는 교수·학습, 학습자 개인의 발달과 성장, 진로를 지원하는 교수·학습, 변화하는 환경 속에서 자신과 사회의 문제를 적극적으로 해결하는 소양을 길러 주는 교수·학습, 다양한 주제에 대한 비판적·창의적 국어 활동을 가능하게 하는 교수·학습을 지향한다.

지금까지 현대소설 교수법에 대한 이론과 문학 교육과정을 일별해 보았다. 공통적으로 학습자의 실천적 역량을 함양하는 통합적, 학습자 중심적 교수·학습법을 강조하는 한편, 이를 현대소설의 장르 속성과 결부된 실천적 활동(질문, 비평적 읽기, 해석 등)과 연결 짓고 있음을 알 수 있다. 따라서 이 책에서도 국어과 교육과정에서 설정한 교수·학습의 방향성을 씨줄로 삼고, 그간 축적된 현대소설 교육 방법에 대한 이론적 탐구를 날줄로 삼아 그 교차점에서 제안할 수 있는 세 가지 소설 교수·학습 방법을 소개하고자 한다. 이는 첫째, 창의적 소설 해석 소통과 비평 활동, 둘째, 경험/허구 서사 창작, 셋째, 윤리적 가치탐구 중심의 소설 경험이다.

소설의 교수·학습 방법은 일반론적이고 공학적인 교수·학습 모형에 소설이라는 제재를 끼워 넣는 방식으로 마련될 수 없다. 그보다는 소설이 학습자의 삶에 미치는 작용력을 교육적으로 전용하는 방식이 되어야 한다.

창의적 소설 해석 소통과 비평 활동, 경험/허구 서사 창작, 윤리적 가치탐구 중심의 소설 경험이라는 세 가지 교수·학습 방법은 각각 문학이 독자에게 미치는 인식적, 미적, 윤리적 기능과 조응한다는 점에서 논리적 타당성을 확보할 수 있다. 또한 문학 작품의 수용과 생산 활동을 통해 창의적·심미적·성찰적 문학 능력을 기르고, 타인 및 세계와 소통하며 자아를 성찰한다는 현행 국어과 교육과정의 '문학' 과목 목표와도 부합한다.

1) 창의적 소설 해석 소통과 비평 활동

현대소설을 교수·학습하는 과정에서 학습자가 수행한 감상이나 창작의 과정을 스스로, 그리고 교수자가 점검하기 위해서는 작품 해석과 비평의 결과를 다른 사람들과 공유할 필요가 있다. 그래야 학습자가 자신과 작품의 만남을 성찰하고 문학의 소통과 향유에 직접 참여할 수 있기 때문이다. 또 이러한 참여가 반복될 때 비로소 문학의 생활화가 가능해지며 문학 문화가 발전해 나갈 수 있다. 특히 현대소설의 경우 다양한 인물의 가치가 갈등하기 쉬운 장르적 특징상 담론 구조가 다층적이고 다성적이다. 작중 인물 간의 선악구도나 주제 의식 역시 명료하게 결정되어 있다기보다 독자에 의해 해석되어야 하는 경우가 많으며 독자와의 시공간적 거리감이 적은 편이기 때문에 독자가 자신의 맥락이나 삶의 문제를 텍스트와 접합시키기 용이하다.

해석학자 폴 리쾨르(Paul Ricoeur)는 이야기 행위를 크게 세 가지 층위로 나누었는데, 형상화되기 이전의 이야기(미메시스1), 형상화된 이야기(미메시스2), 재형상화된 이야기(미메시스3)가 그것이다(Ricoeur, 1985/2004). 전형상화(préfiguration) 단계에서는 행동의 뜻을 체험된 시간의 층위에서 풀어 본다. 형상화(configuration) 단계에서는 미메시스1에서 이해된 행동의 뜻을 줄거리로 꾸며 실제로 이야기로 옮기는 과정, 즉 현실을 재현하는 창조 행위가 이루어진다. 소설을 배우고 가르치는 과정에서는 특히 미메시스 3이 중요하다. 재형상화(refiguration) 단계에서는 텍스트 세계와 독자 세계의 교차, 즉 독자가 이야기의 뜻을 풀어 삶의 뜻을 찾아가는 작업이 이루어지기 때문이다. 독자가 소설의 뜻을 풀면서(소설 해석) 자기 삶의 의미를 풀어 가는(자기 해석) 이 작업은 다양한 질문과 응답의 연속 구조를 띠며, 따라서 지속적인 형성(becoming)의 과정이자 생의 역량을 강화해 가는 과정이다.

그래서 양정실(2006)은 해석 텍스트 쓰기를 현대소설 교육의 핵심적인 교수·학습 방법으로 제시한다. 해석 텍스트란 "학습독자가 문학을 읽고 생각이나 느낌을 쓴 텍스트"로서, 이러한 해석 텍스트 쓰기를 통해 학습독자의 문학 능력이 신장된다. 해석 텍스트 쓰기는 현대소설 작품에 대한 다시 읽기 활동이기 때문에 텍스트 경험의 현재화와 재구성을 동시에 촉진하고, 학습자의 자기 인식을 보다 명료화하며, 문학 교실에서 의미의 경쟁과 교섭을 활성화한다. 이는 학습자가 상호 협력을 통해 과제를 해결하고 문학 소통 문화에 직접 참여하기를 강조하는 문학 교육과정의 교수·학습 방향에 부합하는 실천 양태이다.

이러한 의의에 따라 해석 텍스트 쓰기 방법이 설계된다. 해석 텍스트를 매개로 학습독자 간, 학습독자-교사 간 상호작용이 이루어지고, 이후 학습독자가 자신의 해석을 성찰하는 과정이 수행된다. 해석적 대화가 나선형으로 확대되면서 작품과 독자 자신의 이해를 함께 심화해 가는 역동적 교수·학습 방법은, 교사가 소설을 해석하고(혹은 비평가나 연구자의 해석 결과를 전달하고) 그 결과를 학습자가 일방향으로 전달받던 과거의 교수·학습 방법과 큰 차이가 있을 수밖에 없다.

특히 문학 교실의 특성상 학습독자와 교수자를 비롯한 다양한 주체 간에 해석 소통이 일어나면서 소설 해석의 적절성과 일반성, 창의성이 제고

될 수 있다. 이인화(2013)는 해석 소통을 "문학 텍스트를 읽은 독자들이 자신의 해석을 공동체 구성원과 공유하며 타자 해석과의 경쟁·협상·조정 등을 통해 자신의 해석을 심화시키는 동시에 해석 공동체의 지평을 확장하는 활동"으로 정의한 바 있다. 소설 해석에 대해 이러한 소통적 관점을 취하게 되면 소설 작품과 학습자의 존재 방식 역시 달라진다. 가령 이문열의 소설 〈우리들의 일그러진 영웅〉(1987)은 소설 교실에서 분석 자료가 아닌 소통의 촉매로 존재하게 된다. 또한 학습자는 소설 작품의 요소요소에 대해 분석하고 암기하기보다 소설과 그것이 제기하는 문제를 풍부하게 인출하고 소통할 것을 요구받는다. 해석 소통의 과정과 결과는 다시 교실에서 공유되고 성찰되면서 그 깊이와 넓이를 확보하게 된다.

이러한 소설 해석 텍스트 쓰기와 그것을 바탕으로 한 소통은 넓은 의미에서 해당 작품에 대한 비평 활동이라 볼 수 있다. 김성진(2004)에 따르면 문학 교육에서 '비평' 개념은 단순히 특정한 방식의 장르를 지칭하는 용어에 국한되지 않으며, 작품과 만나서 그것에 대한 반응을 생산하는 전 과정을 일컫는다. 따라서 비평이나 비평문이라는 표현보다는 '비평 활동'이라는 용어가 유의미하다. 비평 활동은 작품에 대한 충실한 읽기를 바탕으로 작품에 대한 반응을 남기는 비평문 쓰기의 단계를 밟는다는 점에서 읽기와 쓰기의 통합이자 작품에서 촉발된 정서와 사고를 논리화하는 과정이라 할 수 있다. 소설 교육에서 읽기와 쓰기의 결합은 새로운 문화 생산을 추구하는 화학적 결합이며, 이야기의 끝없는 다시 이야기하기 행위이다(최인자, 2001: 269). 이와 같은 소설 다시 읽기/쓰기로서의 비평 활동은 다시 작가 비평 쓰기(김근호, 2010), 메타 비평 활동(우신영, 2014) 등 더욱 구체적인 교수·학습 활동으로 실천될 수 있다.

창의적 소설 해석 소통과 비평 활동의 한 예로서 '소설 해석을 통한 자기 해석 활동'의 교수·학습을 구안해 보면 다음과 같다.

학습 목표	소설 텍스트를 해석하면서 그 과정과 결과에 반영된 자신을 해석하고 성찰할 수 있다.	
관련 소설	김유정의 〈봄·봄〉(1935)	
차시	학습의 흐름	교수·학습 활동
1차시	▪ 소설 해석	• 〈봄·봄〉을 읽으며 자신의 생각과 느낌을 자유롭게 기록한다. • 소설의 인물과 사건, 배경, 서술, 제목 등을 꼼꼼히 살펴본다. • 소설의 주제를 나름대로 도출해 보고, 일반적인 주제 해석(예: 농촌의 순박한 인물을 그려 낸 향토적 소설/성례를 둘러싼 갈등/30년대 농촌의 불합리한 현실 등)과 자신의 해석 사이에 어떤 공통점과 차이점이 있는지 확인한다.
2차시	▪ 해석 과정에서 드러난 자신의 탐색	• 읽기 과정 중에 기록했던 자신의 생각과 느낌을 다시 검토해 본다. • 자신의 생각과 느낌이 어떤 텍스트 내적, 외적 요소에 근거하고 있는지 거슬러 올라가 본다. • 〈봄·봄〉을 해석하는 과정에서 자신이 어떤 위치에 서서 어떤 관점을 가지고 어떤 방법을 사용하였는지 회상해 본다.
3차시	▪ 발견된 자신의 성찰과 조정	• 〈봄·봄〉의 주제에 대한 자신의 해석이 스스로를 어떻게 반영하고 있는지 발견해 본다. • 발견된 자신에 대해 다양한 방식으로 평가해 보고, 〈봄·봄〉에 대한 타인의 해석에는 그들이 어떻게 반영되어 있을지 생각해 본다. • 해석의 위치와 관점을 다양하게 조정해 보면서 작품과 자신에 대한 새로운 해석을 시도해 본다.

2) 경험/허구 서사 창작

　　교육과정에서는 문학 감상과 창작의 경험을 강조한다. 그렇다면 현대소설의 감상과 창작이 어떻게 교수·학습될 때 학습자를 성장시킬 수 있을까? 문학 감상과 창작은 흔히 자기도취적이고 내성적인 행위로 오인되곤 하지만, 주체를 현실적 자아로부터 탈구시킬 가능성도 가지고 있다. 그래서 수전 손태그(Susan Sontag)는 읽고 쓰는 행위를 '작은 자살'에 비유하면서, 이야기라는 우주선을 타고 자신을 떠날 수 있었고 그 결과 이야기를 쓰며 더나은 자신으로 성장할 수 있었다고 말했다(Sontag, 2013/2015). 타인의 이야기를 읽을 수 있다면, 그리고 내 경험을 이야기할 수 있다면, 현실의 제약을 뛰어넘어 삶의 의미를 창출하고 자신을 갱신할 수 있는 가능성이 열린다.

현대소설에는 다양한 삶의 사건이 담겨 있다. 이야기 속 인물들은 여러 사건을 겪으며 성격이 형성되거나 파멸하거나 성장한다. 이야기를 읽는 독자들은 그러한 허구의 경험들을 간접 경험하고, 이를 통해 자기 삶의 이야기를 이차적으로 경험한다. 소설 속 타자의 경험, 소설 읽기라는 경험을 통해 독자가 자신의 경험을 해석하고 성찰할 수 있는 것이다.

자신의 경험을 이야기하는 과정이 단지 과거의 재기술에 그치는 것이 아니라, 현재의 '나'와 과거의 '나'를 반성적이고 대화적으로 재창조하면서 자신의 정체성을 정립하는 작업임은 임경순(2003)이 강조한 바 있다. 정래필(2001) 역시 이야기 쓰기가 주체의 경험을 바탕으로 이루어지는 존재 확인의 과정이자 성찰의 과정으로 보고, 서사의 플롯구성을 활용한 이야기 쓰기 방법으로 서술 전략에 따른 정보의 제시, 사건 상황의 설정, 결말 구조의 형성 등을 제시하였다. 즉, 플롯구성이라는 틀 안에서 특정 인물을 설정하거나 그가 겪을 사건들을 배열하거나 서술자를 내세우는 등 서술 전략을 수립하게 하고, 이후 상상력을 발휘하여 사건을 구성하거나 배열하게 하며, 자신의 세계관과 주제적 의도를 드러내기에 적절한 결말을 마련하여 완결 짓도록 하는 것이다. 이 과정에서 학습자의 자기 경험 구성 능력, 갈등 상황에 대한 이해력, 통합적 사고 능력 등이 신장될 수 있다.

성찰을 통한 경험의 해석 및 통합된 자기 정체성 함양을 위해 실천할 수 있는 효과적인 소설 교수·학습 방법이 바로 경험 서사 쓰기이다. 임경순(2003)은 경험의 서사화 방법으로 사건과 줄거리 구성하기, 자아의 관계 설정하기, 시간 구성하기 등을 제안하였다. 이에 따르면 학습자는 특정한 문제의식에 입각하여 중심사건을 설정하고, 그러한 중심사건을 구체화할 수 있는 구성 요소를 정한 뒤 하위 사건들을 계열화하고 구조화함으로써 자신의 경험을 서사화할 수 있다. 또는 사건을 경험했던 자아(경험자아)와 현재 그 경험을 서술하는 자아(서술자아) 사이의 거리를 좁히거나 넓히는 방식으로 서사화하는 것도 가능하다. 나아가 자신의 경험에 담긴 역사성과 시간성을 탐색하면서 과거-현재-미래의 서사적 시간을 구성해 내는 것 또한 경험 서사화의 한 방법이다. 이러한 자기 경험 쓰기 활동은 소설 창작으로 나아가는 가교 역할을 수행할 수 있다(정래필, 2016: 788). 특히 등단이라는 공인된 절차를 거치지 않고도 누구나 자신의 경험을 언어화하고 불특정 다수와 공유할 수 있는 현재의 문학 창작 환경을 고려할 때, 자기 서사 창작 방법은 더 활발하게 교수·학습되어야 한다.

한편, 창작의 소재를 반드시 실제 경험에 국한할 필요는 없다. 김근호 (2009)는 허구 서사 창작을 통해 학습자가 언어로 자신을 실현하는 방법을 터득할 수 있다고 보고, 허구 서사 창작 교육의 실천 구도를 동기의 형성, 원리에 대한 교수·학습, 수행의 경험으로 나누어 구조화하였다. 이를 살펴보면 먼저 학습자에게 허구 서사 창작 경험의 필요성을 인식시키고 허구 서사 창작 동기의 유형을 안내함으로써 창작 동기를 불러일으킨다. 이후 모범 창작 사례 조사하고 공유하기, 허구 서사 창작 원리 탐구하기, 창작의 핵심 내용 정리하기 등의 활동을 통해 허구 서사 창작 원리를 교수·학습한다. 마지막으로 학습자의 창작 수행이 이루어진다. 이를 통해 학습자는 자신을 둘러싼 세계를 인식·해석하고, 삶에 대한 공감적 허구화를 시도해 보며, 그것을 타인과 소통하는 과정을 경험하게 된다.

아울러 뉴미디어 시대의 변화를 반영하여 경험/허구 서사 창작에 있어 웹소설, 웹툰, 웹드라마, 유튜브, 게임 등 다양한 디지털 서사 장르를 활용할 수도 있을 것이다. 이미 많은 청소년이 미디어 생태계를 통해 새로운 방식으로 문학을 향유하거나 생산하고 있으며, 2022 개정 교육과정에서는 학습자에게 친숙한 작품을 현재의 시각에서 비판적으로 재구성할 것과, 디지털 환경 속에서 타인과 상호작용하며 창작하고 그 결과를 공유할 것을 장려하고 있다. 따라서 문학 교수·학습이 기존의 언어 중심주의나 전통적인 장르 구획을 넘어서는 다매체적, 장르혼합적 예술 경험으로서 수행될 필요가 있다. 또한 웹 공간이나 SNS를 서사 창작 과정에 도입함으로써 학습자들의 창작이 공동의 미메시스적 실천이 되도록 도울 수도 있다. 이는 경험/허구 서사 창작에서 학습자가 타인과 소통하는 범위를 크게 확장해 줄 것이다.

디지털 서사 장르를 활용한 경험/허구 서사 창작의 한 예로서 '학습자의 경험에 기반한 웹소설 창작' 교수·학습을 구안해 보면 다음과 같다.

학습 목표	자신의 경험을 토대로 이야기를 만들고 그것을 웹소설의 형태로 창작, 공유할 수 있다.	
관련 소설	한산이가의 웹소설 〈중증외상센터: 골든 아워〉(2019~2022)	
차시	학습의 흐름	교수·학습 활동
1차시	▪ 웹소설 감상과 특성 이해	• 웹소설 〈중증외상센터: 골든 아워〉 일부를 태블릿으로 조원들과 함께 감상한다. • 의사인 작가의 경험이 웹소설에 어떤 방식으로 표현되었을지 토론해 본다. • 종이책 형태의 소설과 다른, 웹소설의 장르적 특성과 구현 방식을 도출해 본다.
2차시	▪ 경험의 선택과 웹소설화	• 웹소설로 형상화하기에 적절한 자신의 경험을 선택하고 배열해 본다. • 웹소설 플랫폼이나 독자의 요구를 고려하여 인물을 설정하고, 배경과 표현 방식을 결정한다. • 관련 소설을 통해 이해한 웹소설의 특징과 표현 방식을 내용과 형식 면에서 반영하여 짧은 웹소설 초고를 써 본다.
3차시	▪ 웹상에서의 소설 공유와 수정	• 자신의 초고를 웹상에 탑재하고, 조원의 작품에 대해 댓글로 피드백한다. • 피드백을 반영하여 인물과 사건, 배경, 표현 방식 등을 수정해 본다. • 수정된 웹소설을 다시 공유하고, 해당 소설을 다른 이야기 방식이나 매체로 변환하면 어떻게 될지 토론해 본다.

3) 윤리적 가치탐구 중심의 소설 경험

학습자가 바람직한 인성을 함양하도록 현대소설을 교수·학습해야 한다는 교육과정의 언술에는, 문학이 지닌 인간 변화의 동력이 더 나은 인간화를 꿈꾸는 교육의 의도에 부합한다는 전제가 깔려 있다. 물론 인성 교육과 현대소설을 비롯한 문학예술의 관계는 그렇게 단순하지만은 않다. 바람직한 인성이 무엇인지에 대해서는 사회문화적 맥락에 따라, 개인과 집단의 가치체계에 따라, 혹은 인간을 바라보는 관점에 따라 상이할 수 있다. 게다가 그러한 인성을 함양하는 데 소설이 왜 동원되어야 하는지, 소설의 인성 교육적 효과가 검증될 수 있는 것인지, 소설이 인성을 함양시키는 메커니즘은 무엇인지 등에 대한 견해 역시 다양하다.

소설과 윤리의 관계에 대해 많은 의문과 이견이 제기되어 온 것은 이 때문이다. "소설은 사람의 마음을 가장 잘 파괴할 수 있는 것인 만큼 자제들이 보게 해서는 안 된다."라고 말하는 이도 있었고, "동서양의 격렬한 풍조를 확대시키고 고금의 이해의 경계를 확실히 파악한 것은 오직 소설뿐이며, 세계의 일반적인 기호에 영향을 미치며 민족운동의 방침을 변화시키는 것 또한 오직 소설뿐이다."라고 말하는 이도 있었다. 중요한 것은 소설이 허공귀몽(虛空鬼夢), 즉 허황되고 근거가 없으며 괴기하고 몽상적인 세계라 주장하는 전자도, 소설만이 문학계의 최상층을 차지해야 한다는 후자도 공히 소설이 인간을 변화시킬 수 있다는 점에는 동의한다는 것이다.[4]

이렇듯 소설이 인간의 인식이나 정서, 행위에 모종의 변화를 일으킬 수 있다면, 그러한 변화가 최대한 자신과 타자, 세계에 바람직한 방향이

---

4   전자는 조선 후기 실학자 이덕무(1810/1980)의 말이며, 후자는 중국의 근대소설 비평가인 도우 증(陶祐曾, 1903: 226; 심형철, 1997에서 재인용)의 말이다.

되도록 개입하는 것이 인성 함양을 위한 소설 교수·학습의 관건일 것이다. 그렇다면 인성을 함양하기 위한 소설 교수·학습은 도덕 교과에서의 그것과는 어떻게 다르고 또 달라야 할까? 소설을 추상적인 도덕철학이나 덕목의 형상화로 파악하는 것은 소설 교육과 도덕 교육 모두에서 일정한 한계가 있다(우신영, 2010). 문학, 그중에서도 근대소설의 흐름은 일원화된 해석을 경계하면서 전개되어 왔다. 몰입이나 동일시의 태도로 도덕적 추론을 대신하는 방식의 위험성도 충분히 고려되어야 한다(Nussbaum, 1995/2013).

최근 도덕 교육 연구 담론에서는 각종 사회 문제의 원인을 공감의 상실에서 찾으며, 도덕적 상상력 교육을 위한 교육 내용으로서 서사에 주목하는 경향을 보인다. 도덕적 상상력의 윤리성을 역설하는 이 논의들은 서사가 지닌 윤리적 가능성에 주목한다는 점에서 바람직하다. 그러나 서사, 특히 허구 서사의 형식을 고려하지 않고 논의를 진행할 경우 지나친 환원주의나 서사의 수단화로 빠질 위험이 있다. 윤리학이 이론적 윤리를 제시한다면, 소설은 구체적인 사건 가운데 나타나는 상황 윤리를 다루는 동시에 장르 특유의 형식적 규약을 갖고 전개되기 때문이다.

문학 텍스트의 윤리적 작용력을 텍스트에 담긴 사상적 내용 차원에만 국한했던 데서 벗어나, 소설 텍스트의 내용을 소설의 언어적 형식과 관련지어 윤리적 이해의 방법을 구체화하려는 대표적 시도가 정진석(2013)의 논의이다. 그는 윤리적 가치 중심의 소설 읽기 교육 방법으로서 실제 학습자의 수행 자료를 바탕으로 문제점을 검토하고 이를 개선할 수 있는 활동을 제안하였는데, 윤리적 가치 갈등의 체험 활성화, 윤리적 가치 위계의 서사적 소통 정교화, 윤리적 가치 전유의 대화적 반성 등이 그것이다. 이렇듯 소설을 윤리적 가치 중심으로 읽어 내는 활동을 통해 학습자는 자신의 삶을 성찰하고 기획하는 주체적 즐거움을 만끽할 수 있다. 이는 그동안 소설 텍스트를 분석하는 데 골몰하느라 잊혔던 소설과 윤리의 연관성을 회복하고, 학습자의 삶을 고양시킨다는 소설 교육 본연의 목적을 실현할 수 있다는 점에서 유의미하다.

이처럼 윤리적 가치를 중심으로 소설을 배우고 가르치는 작업은 학습자를 '새 나라의 착한 어린이'가 되는 단순한 경로에 입문시키는 것이 아니라, 좋은 삶이 무엇인지 고민하는 과정에서 경유할 수밖에 없는 복잡한 길로 인도하는 것에 가깝다. 그리고 그 길에서 비로소 소설 속 인물들의 윤리와 작가의 윤리, 학습독자의 윤리가 복잡하게 갈등하고 변화할 수 있는 가능성이 생겨난다. 즉, 소설이라는 담론의 다층성이 독자의 윤리적 탐구를 더욱 복잡하고 깊이 있게 만들어 줄 수 있는 것이다.

그런 까닭에 우한용과 우신영(2012)은 현대소설의 다층적 담론 구조가 독자의 윤리적 가치탐구 활동을 촉발할 가능성을 분석하고, 이에 바탕하여 소설담론을 통한 가치탐구 활동 내용으로 소설 속 인물들의 가치탐구 과정 추체험, 가치쟁점의 전형성과 맥락의 상징성 파악, 소설의 가치탐구 형식 재인 및 대안적 가치의 탐색, 가치판단 준거의 메타인지와 판단 주체의 성찰 등을 제안하였다. 문학을 통해 탐구되는 윤리는 작가와 텍스트, 독자 사이의 소통에서 발생하는 것이며, 수동적으로 체화된다거나 내면화된다기보다 능동적으로 탐구되는 것으로 보는 것이 바람직하다. 현대소설의 경우 일반적인 도덕의 잣대로 판단하기 어려운 인물들의 삶이나 갈등이 그려지는 경우가 많다. 이 경우 독자는 어떤 삶이 더 좋은 삶인지 추론하기 어렵다. 특히 결말이 명쾌하게 처리되지 않거나 선악의 이분법이 사라진 인물 관계, 서술자의 불분명한 태도 등 가치체계의 애매성이 두드러지는 현대소설에서는 더욱 그러하다. 이러한 텍스트를 접할 때 독자는 부단히 어떤 것이 더 바람직한, 즉 가치 있는 삶의 모습인지 탐구하게 되며, 이 과정에서 탐구의 준거로 사용되는 독자 자신의 가치체계에 대해 성찰하게 된다.

인성을 문학과 함께 지도하는 교수·학습 방법은 박인기(2005)가 제안한 바 있다. 그는 소설을 비롯한 문학이 '있어야 할 세계'와 '있는 세계'의 대립을 통해 윤리의 구체성을 가르칠 수 있으며, 이러한 문학의 작용력을 교육의 방법론으로 전이해야 한다고 보았다. 문학 자체가 지니고 있는 인격적 작용의 힘을 교육에서도 고려해야 한다는 그의 지적은 소설 교수·학습의 방법론이 교육공학적 관점 또는 기술적 차원에 한정되지 않도록 하는 동시에, 학생들의 삶의 맥락과 관련된 문학의 자연스러운 작용을 교육의 원리로 받아들여야 한다는 점을 일깨워 준다.

결국 소설은 그 자체로 윤리적이거나 성찰적이라기보다 독자로 하여금 나와 남과 이 세계를 돌보며 잘 살아가는 삶이 무엇인지 묻고 성찰하게 하는 장르이다. 그리고 소설이 그러한 질문과 성찰, 이해와 교류의 촉매로서 문학 교실에 존재하는 것이라면, 소설의 윤리적 가능성은 명제적 지식이나 작품 자체의 속성이 아닌 학습독자의 탐구를 통해서만 실천될 수 있다.

따라서 학습자의 좋은 삶을 증진하기 위한 소설 교수·학습은 소설 텍스트가 던지는 윤리적 질문들이 학습독자의 책임성 있는 응답을 통해 활성화되는 과정을 중심으로 구성되어야 한다. 그리고 그러한 윤리적 질문들을 공동체 안팎에서 공유하고 바람직한 대답을 함께 상상하며 나아가 문학적·현실적 대안까지 모색한다면, 소설을 배우고 가르치는 일은 '느끼고 상상하고 연대하는 이야기 공동체'를 형성하는 일이 될 수 있다. 이는 소설의 윤리와는 다른, 소설 교육만의 윤리성을 확보하는 일에 다름 아니다.

윤리적 가치탐구 중심의 소설 경험의 한 예로서 '모의 심판을 통한 윤리적 소설 읽기 활동'의 교수·학습을 구안해 보면 다음과 같다.

학습 목표	작품 속 가치 갈등을 다양한 맥락에서 탐구하고 다면적 방식으로 판단해 보는 과정을 통해 윤리적 주체로 성장할 수 있다.	
관련 소설	채만식의 〈탁류〉(1937)	
차시	학습의 흐름	교수·학습 활동
1차시	▪ 작품 속 윤리적 가치 갈등의 도출	• 채만식의 〈탁류〉를 읽고 인물 간의 갈등이 어디에서 기인하는지 살펴본다. • 작중 인물의 행위나 인물들 간의 대화, 주 사건, 서술자의 태도 등을 분석하며, 각 인물을 추동하는 가치가 무엇인지 파악한다. • 그러한 가치가 추구되거나 훼손되면서 갈등을 낳는 과정을 파악하고, 이를 작가 맥락이나 사회문화적 맥락 등과 관련지어 이해한다.
2차시	▪ 다양한 허구적 인물(작중 인물/서술자/작가 등)에 대한 모의 심판	• 작중 인물 간의 가치 갈등에 대해 법적, 사회문화적, 도덕적 측면 등에서 판단해 보고, 그러한 판단의 근거를 말해 본다. • 작품 속 가치 갈등을 중개하는 서술자의 태도에 대해 판단해 보고, 그러한 판단의 근거를 공유한다. • 특정한 시공간에서 이러한 작품을 창작한 작가의 의도에 대해 판단해 보고, 작가에 대한 정보나 동일 작가의 텍스트를 통해 판단의 근거를 마련해 본다.
3차시	▪ 대안적 가치의 탐색과 합의	• 자신이 〈탁류〉 속 인물, 서술자, 혹은 작가라면 어떤 가치를 추구하거나 추구하지 않았을지 상상해 본다. • 작품 속 가치 갈등이 현재의 시공간에서는 어떻게 반복, 변주, 전개되고 있는지 생각해 본다. • 어떤 대안적 가치가 탐색될 수 있을지, 그리고 그러한 가치가 실현되기 위해 나와 공동체가 할 수 있는 윤리적 실천에는 어떤 것이 있는지 토론해 본다.

참고문헌

강민규(2020), 「문학교육 연구에서 독자 반응 이론의 행방(行方)과 향방(向方): 1985년 이후 국내 연구를 중심으로」, 『문학교육학』 66, 33-72.

경규진(1993), 「반응 중심 문학교육의 방법 연구」, 서울대학교 박사학위논문.

김근호(2009), 「허구 서사 창작 교육 연구」, 서울대학교 박사학위논문.

김근호(2010), 「현대소설 작가 비평의 문학교육적 실천 모형」, 『국어교육』 132, 163-201.

김성진(2004), 「비평 활동 교육의 내용 연구」, 서울대학교 박사학위논문.

문영진·김혜영·조현일·김성진 편(2019), 『처음 시작하는 현대소설 교육론』, 창비교육.

박인기(1986), 「문학제재의 수용특성과 교수·학습의 조건」, 『선청어문』 14·15, 52-75.

박인기(2005), 『문학을 통한 교육』, 삼지원.

서울대학교 국어교육연구소(1999), 『국어교육학사전』, 대교출판.

심형철(1997), 「중국 '근대' 소설론과 오사기 소설론의 관계 양상에 관한 시론」, 『동아문화』 35, 3-30.

양정실(2006), 「해석 텍스트 쓰기의 서사교육 방법 연구」, 서울대학교 박사학위논문.

오윤주(2018), 「심미적 문식성 신장을 위한 소설 교육 경험 연구」, 서울대학교 박사학위논문.

우신영(2010), 「가치탐구활동으로서의 소설 교육」, 『새국어교육』 86, 229-256.

우신영(2014), 「메타비평의 문학교육적 가능성에 대한 고찰」, 『한민족어문학』 66, 85-111.

우신영(2016), 「학습자의 문학교육 경험 연구」, 『교육연구』 65, 7-43.

우한용·문영진·김상욱·김혜영·임경순·최인자·김성진·류홍렬·양정실(2001), 『서사교육론』, 동아시아.

우한용·우신영(2012), 「소설의 담론구조와 윤리의 교육적 상관성에 대한 고찰: 염상섭의 〈삼대〉를 대상으로」, 『국어교육연구』 29, 359-388.

이덕무(1980), 『고전국역총서: 국역 청장관전서 5』, 민족문화추진회(원서출판 1810).

이인화(2013), 「소설 교육에서 해석소통의 구조와 실천에 대한 연구」, 서울대학교 박사학위논문.

임경순(1997), 「소설의 대화성 연구: 『삼대』의 담론과 이념을 중심으로」, 『국어교육연구』 4, 209-233.

임경순(2003), 「경험의 서사화 방법과 그 문학교육적 의의 연구: 유소년기소설을 중심으로」, 서울대학교 박사학위논문.

정래필(2001), 「플롯구성을 활용한 이야기 쓰기 교육 연구」, 서울대학교 석사학위논문.

정래필(2016), 「경험서사를 활용한 소설 창작교육의 내용 연구」, 『학습자중심교과교육연구』 16(9), 1-24.

정정순(2016), 「문학 교육에서의 '반응 중심 학습'에 대한 이론적 재고」, 『문학교육학』 53, 253-279.

정진석(2013), 「윤리적 가치 중심의 소설 읽기 연구」, 서울대학교 박사학위논문.

최미숙·원진숙·정혜승·김봉순·이경화·전은주·정현선·주세형(2016), 『국어 교육의 이해』(3판), 사회평론아카데미.

최병우(2003), 『다매체 시대의 한국문학 연구』, 푸른사상.

최인자(2001), 「서사교육의 교수-학습 방법」, 우한용 외, 『서사교육론』, 동아시아.

Nussbaum, M. C. (2013), 『시적 정의』, 박용준(역), 궁리(원서출판 1995).

Ricoeur, P.(2004), 『시간과 이야기 3』, 김한식(역), 문학과지성사(원서출판 1985).

Sontag, S. & Cott, J.(2015), 『수전 손택의 말: 파리와 뉴욕, 마흔 중반의 인터뷰』, 김선형(역), 마음산책(원서출판 2013).

14장

현대소설 교육 평가의 원리와 실제

현대소설 교육만을 위한 평가의 이론이나 방법은 따로 존재하지 않는다. 오히려 현대소설의 내용이 평가의 방법과 내용을 특화시키는 데 기여한다고 보는 것이 적절하다. 따라서 현대소설 교육에서 평가의 원리와 실제에 대해 이해하기 위해서는 일차적으로 평가의 의미와 목적, 그리고 일반적인 평가의 유형과 방법을 알아야 한다. 그래야만 이후 현대소설 교육에 적합한 방식으로 일반적인 평가의 원리를 적용할 수 있기 때문이다. 이를 전제로 하여 현대소설 교육에서의 평가에 대해 살펴보자.

1 현대소설 교육과 평가

현대소설 교육은 인간 이해를 통한 삶의 안목 고양, 세부 경험에 대한 관심과 경험 해석 능력 신장, 서사 비판 능력과 서사적 상상력 신장을 목표로 한다(문영진 외 편, 2019). 이 같은 목표는 선정된 교육 내용과 일련의 교수·학습을 거쳐 달성되어야 하며, 달성 여부는 평가를 통해 확인해야 한다.

국어 교육 이론에서 수업과 평가의 연관성에 대한 관심은 꾸준히 이어져 왔다. 평가의 기준을 어디에 두느냐에 따라 규준 지향 평가와 준거 지향 평가로 나누기도 하고(우한용 외, 2001), 교수·학습 과정에 따라 진단 평가, 형성 평가, 총괄 평가로 구분하기도 한다. 평가 방법에 따라 지필 평가, 수행 평가, 관찰 평가로 나누거나, 평가 요소에 따라 지식 평가, 기능 평가, 태도 평가, 메타인지 평가로 나누기도 하며, 평가 주체에 따라 교사 평가, 자기 평가, 상호 평가 등으로 구분하는 경우도 있다(구인환 외, 2001).

평가 유형의 분화는 평가관의 변화와 연동된다. 소위 '전통적' 평가라고 여겨져 온 것은 대규모의 표준화된 평가, 즉 학습자의 성취도를 선택형 위주의 문항으로 측정하는 것이었으나 최근에는 수행 평가, 과정 중심 평가, 역량 평가 등이 강조되고 있다. 이 같은 변화는 개별 학습자의 지식과 기능, 태도 등을 직접적으로 판단하는 일의 중요성을 반영한다는 점에서, 표준화된 검사 도구를 통해 인간의 특성을 간접적으로 측정하고자 했던 과거의 평가와는 차별화된다(김경희·성태제, 2002: 11-12).

2 현대소설 교육에서 평가의 방향

2015 개정 교육과정에서는 평가 관련 내용이 크게 확충되었다. 성취기준에 대한 설명으로 평가 방법 및 유의 사항을 두고, 평가 시 고려할 사항을 제시한 것이다. 문학 영역의 평가 방법 및 유의 사항을 정리하면 다음과 같다.

2015 개정 교육과정 문학 영역의 평가 방법 및 유의 사항

공통 과목 '국어' / (라) 평가 방법 및 유의 사항 발췌	
초등학교 1~2학년	② 시나 노래, 이야기를 교과 외 시간에도 흥미를 갖고 즐겨 접하도록 독려하고 이를 누적적으로 기록하여 평가한다.
초등학교 3~4학년	② 문학적 지식을 단편적으로 확인하기보다는 작품을 감상하는 가운데 문학 지식을 적절하게 활용할 수 있는지를 평가하는 데 중점을 둔다.
초등학교 5~6학년	① 평가를 위한 별도의 시간을 할애하거나 활동을 계획하기보다는 수업 및 학교생활에서 학습자의 수행과 태도의 변화 과정을 직접적·누적적으로 기록하여 평가한다.
중학교 1~3학년	① 평가 목표와 내용에 적합한 평가 방법으로 문학에 대한 지식, 작품의 수용과 생산 능력, 문학에 대한 태도, 문학 활동 경험 등을 종합적으로 평가하도록 한다. ② 학습자의 문학 수용과 생산 능력을 실질적으로 향상시키고 문학에 대한 긍정적 태도를 기를 수 있도록 국어 사용의 실제성을 고려하여 다양한 평가 상황을 설정하고, 영역을 통합하여 평가하도록 한다.
고등학교 1학년	③ 학습의 과정과 결과를 모두 중시하여 총체적으로 평가하고, 선택형, 서술형 평가뿐 아니라 발표, 관찰, 질문, 비평문 쓰기, 과제 수행(프로젝트) 등의 다양한 방법을 적극적으로 활용한다. ④ 문학의 수용과 생산 활동은 국어과의 다른 영역인 듣기·말하기, 읽기, 쓰기, 문법과 연계하여 평가하도록 한다. ⑤ 학습자의 수준과 경험의 폭을 고려하여 학습자 개인의 활동에 대한 독립적인 평가와 함께 모둠별 활동, 학교나 지역 사회의 문학 행사 등과 관련된 활동을 통합적으로 평가하도록 한다.
일반 선택 과목 '문학' / (라) 평가 방법 및 유의 사항 발췌	
(1) 문학의 본질	① 학습자의 심리적, 문화적 요구에 부합하는 작품을 효과적으로 활용하여, 문학의 본질을 심도 있게 이해하고 문학 활동의 폭을 넓히도록 하는 데 평가의 중점을 둔다.
(2) 문학의 수용과 생산	① 형성 평가에서는 학습 목표 성취 여부에 초점을 두더라도 총괄 평가에서는 작품에 대한 전체적인 감상 능력을 측정한다. ② 양적 평가보다는 질적 평가를 도모하여, 평가 결과를 합리적인 기준에 따라 누가적으로 기록, 종합한다.
(3) 한국 문학의 성격과 역사	② 한국 문학의 전통이나 특질과 관련된 내용을 평가할 때에는 단편적인 지식을 평가하기보다는 작품 전체에 대해 추론적, 비판적, 창의적 사고를 발휘하도록 하는 데 평가의 중점을 둔다. ④ 한국 문학의 개념과 범위, 한국 문학의 발전상 등 다양한 의견 개진이 가능한 내용은 토의·토론·읽기·쓰기 등 다양한 언어 활동과 통합하여 평가할 수 있다.
(4) 문학에 관한 태도	① 학습자 개인의 활동에 대한 독립적인 평가와 함께 조별 활동, 학교나 지역 사회의 문학 행사 등과 관련된 활동에 대해서도 평가한다.

이상의 내용으로부터 현대소설 교육 평가는 학습을 위한 평가, 교육과정－교수·학습－평가의 연계를 중시해야 한다는 점을 논의하고, 이어서 구체적인 평가의 방법으로 백워드 설계를 소개하고자 한다.

1) 학습을 위한 평가

교육의 책무성을 크게 강조하고 학생들의 학력을 제고하려는 의지가 강하게 반영된 평가 정책은 학생들의 성취 정도를 파악하고 서열화함으로써 효과와 역효과를 함께 지닌다는 지적이 있어 왔다. 특히 결과를 중시하는 평가가 교수·학습 과정을 등한시하고 투입과 산출 모형에만 집중한다는 비판이 있었다(Shepard, 2000: 5). 그에 따라 효율성을 추구하는 교육과정, 행동주의 학습이론, 과학적인 측정으로 집약되었던 전통적 평가관은 개혁적 교육과정, 구성주의 학습이론, 교실 평가를 중심으로 하는 새로운 패러다임으로 이동하였다(Shepard, 2000: 4-12). 이러한 패러다임에서는 모든 학습자의 완전학습을 목표로 하며, 학습자의 사고력과 문제해결력 신장이 강조된다. 그리고 이 사고력과 문제해결력, 다시 말해 학습자가 자신이 처한 맥락에서 지식을 구성하고 활용하는 능력은 표준화된 대규모 평가에서는 측정하기 어렵다. 그 결과 교실 평가에 주목하게 된다(McMillan, 2011: 13).

이러한 흐름에서 최근의 평가 패러다임은 총괄 평가 및 학습 결과에 대한 평가(assessment of learning)에서 형성 평가 및 학습을 위한, 학습으로서의 평가(assessment for and as learning)로 그 초점이 이동하고 있다(이정우 외, 2016: 20). 더구나 현대소설 교육은 개인에게 내재되어 있는 잠재력을 개발하는 일, 즉 문학적 감수성의 함양, 문학에 대한 태도와 문학적 인식 능력의 신장을 중시한다. 따라서 현대소설 교육의 평가는 평가의 방식과 과정이 개인에게 내재한 문학성을 발견하고 증대하는 데 기여하는 방식으로 이루어져야 한다.

2) 교육과정—교수·학습—평가의 연계 강화

학교 교육에서 학습으로서의 평가를 실천하는 가장 효과적인 방법은 교육과정, 교수·학습, 평가를 연계하는 것이다. 2015 개정 교육과정의 적용과 함께 주목받고 있는 '과정 중심 평가' 역시 학습자의 성장을 돕는 적절한 교육 내용과 교수·학습 방법을 지원해야 함을 강조한 개념이며, 관련 정책은 각 시도교육청의 「학업성적관리 시행지침」에 반영되어 실행 중이다. 교실 단위에서 교육과정—교수·학습—평가의 연계를 강화하기 위해서는 과정 중심 평가를 실시할 때 다음 내용들을 유념할 필요가 있다(이인화, 2017).

첫째, 성취기준에 기반을 둔 평가를 해야 한다. 이는 평가의 목적과 대상, 시기와 횟수 등을 결정하는 평가 설계 단계부터 염두에 두어야 하는 사항이다. 과정 중심 평가를 설계할 때는 평가 문항이나 채점 기준 개발의 용이성만을 따지는 것이 아니라, 학습 목표로서의 성취기준을 명확히 이해하고 그것을 달성할 수 있도록 계획을 세워야 하는 것이다. 성취기준과 목표의 일관성 강화는 평가가 학습 목표 성취에 기여할 수 있어야 함을 의미하는 것이기도 하다.

둘째, 수업 중에 평가가 이루어져야 한다. 과정 중심 평가는 수업 중에 이루어지는 평가, 즉 교수·학습과 연계된 평가를 지향한다. 교실 안 교수·학습 과정 중에 평가가 이루어질 경우 학습자 개인의 사회경제적 맥락이 과제 수행에 영향을 미칠 여지가 줄어든다. 따라서 보다 공정한 평가가 가능하다. 또한 성취기준에 근거한 수업 속에서 평가가 이루어진다면 교육과정－교수·학습－평가 간 연계성도 강화할 수 있다. 다만 교사가 수업 시간에 학생의 작품 읽기 및 그 이후 진행되는 토론과 글쓰기 등의 활동을 직접 관찰하면서 평가를 하기 위해서는 문학 교육 전문가로서 학생 개개인의 능력을 평가하고 전문가의 관점에서 피드백할 수 있는 능력을 갖추어야 한다.

셋째, 과제 수행 과정을 평가해야 한다. 과정 중심 평가에서 평가의 대상은 학습자의 과제 수행 과정이다. 이때 과정이 의미하는 바가 무엇인가에 집중하는 경우가 많은데, 역으로 과정이 왜 강조되는가에 주목할 필요가 있다. 과정을 평가하려는 것은 학습 목표로 삼은 지식이나 기능, 태도가 학습자에게서 어떻게 발달하고 있는지를 파악하기 위함이다. 따라서 평가 대상인 과제 수행 과정은 하나의 과제를 수행하는 일련의 절차를 지칭할 수도 있고, 어떤 능력을 신장시키는 데 기여하는 여러 과제를 지칭할 수도 있다. 예컨대 작품을 읽고 쓴 감상문을 평가하는 상황을 가정해 보자. 과제 수행 결과만을 중시한다면 최종 산출문인 감상문만이 평가 대상이 된다. 하지만 과제 수행 과정까지를 평가 대상으로 삼는다면, 작품 읽기부터 감상문을 쓰기 위한 준비 단계, 감상문 그 자체, 감상문에 대한 피드백 수용 양상까지 모두 평가 대상으로 포괄할 수 있다. 이렇듯 평가의 대상과 범위를 확장하는 목적은 학습자에게 부담을 가중하는 것이 아니라, 학습자의 수행 과정을 점검함으로써 학습의 기회를 확대하고 각 단계에 필요한 피드백을 적시에 제공하는 것이다.

넷째, 다양한 평가 방법을 활용해야 한다. 하나의 과제를 수행하는 데는 여러 지식, 기능, 태도가 동원된다. 따라서 학습자가 과제를 제대로 수행하는지, 과제 수행을 통해 학습 목표에 도달하는지를 파악하기 위해서는 다양한 평가 방법이 필요하다. 현대소설 교육에서는 작품 읽기, 감상문/비평문 쓰기, 작품 읽고 토론하기, 현대소설 창작하기 등 다양한 활동이 이루어진다. 활동별로 그 특성이 다르고 수행 절차상 지식, 기능, 태도 중 특정한 영역이 두드러지거나 여러 영역이 통합될 수 있다. 그러므로 필요에 따라 논술, 구술, 토론·토의, 프로젝트, 실험·실습, 선택형 문항 등 다양한 평가 방법을 활용하는 것이 바람직하다.

다섯째, 평가 결과를 학습자의 성장을 위해 활용해야 한다. 앞서 성취 기준에 기반을 둔 평가, 수업 중에 이루어지는 평가, 과제 수행 과정에 대한 평가, 다양한 방법을 활용한 평가를 강조한 것은 학습자의 발달 과정을 추적함으로써 학습자의 부족한 점을 채워 주고, 우수한 점을 심화·발전시킬 수 있도록 돕기 위함이다. 따라서 평가 결과가 학습자에게 일방적으로 통지되고 마는 것이 아니라 수업과 평가로까지 환류되어, 학습자는 자신의 학습을 점검·성찰하고 교사는 수업과 평가의 질을 개선할 수 있도록 해야 한다.

3) 백워드 설계와 평가

앞서 정리한 현대소설 평가의 방향은 평가 결과가 학습자에게 성장의 밑거름이 되어야 함과 동시에, 교사에게도 교수·학습의 내용과 방법을 개선하기 위한 반성의 매개체가 되어야 한다는 점을 잘 보여 준다. 그런 점에서 평가란 교수·학습 이후에 계획되는 것이 아니라, 교수·학습 행위 이전에 계획이 완료되고 학습자들에게 안내되어야 하는 대상이다. 이는 백워드 설계(backward design)의 취지와 상통한다. 백워드 설계란 일련의 교육과정을 거쳐 학습자가 할 수 있어야 하는 것을 평가 대상으로 먼저 설정한 뒤 이후 교수·학습 과정을 구안함으로써 학습자가 실제로 그 능력을 갖추도록 하는 교육과정 설계 모형이다. 즉, 교수 설계 및 평가의 전문성을 신장하여 학생들의 성취를 향상하기 위한 하나의 틀이라 할 수 있는 백워드 설계는 목표 성취를 위해 무엇보다 평가를 강조한다는 점이 특징이다. 백워드 설계에 따라 평가해야 할 요소를 우선 확정하여 그에 맞춰 학습 경험을 조직하면, 수업을 목표에 일치시키기 용이하고 수업의 계획과 실행에 일관성이 유지되어 학습의 질을 높일 수 있다(김경자·온정덕, 2014: 37). 이러한 교수·학습과 평가 간 연관성은 평가의 내실화와 더불어 교수·학습의 내실화를 기할 수 있다는 점에서 유의미하다.

백워드 설계는 기본적으로 '1단계: 바라는 결과 확인하기 → 2단계: 수용 가능한 증거 결정하기 → 3단계: 학습 경험과 수업 계획하기'로 절차화된다. 첫 절차인 1단계는 평가 계획을 수립하는 단계로서 목표, 전이, 의미, 습득으로 구성되는데, 각각은 층위를 달리하되 설정된 목표를 축으로 삼아 유기적으로 연결된다(Wiggins & McTighe, 2011: 16).

'설정된 목표(established goal)'로는 교과서의 특정 단원의 목표나 성취 기준이 적합하다. 너무 세분화된 목표 혹은 지나치게 거시적인 목표는 평가 요소나 과제 등을 구안하기에 적절하지 않기 때문이다. '전이(transfer)'는 학습한 것을 다른 상황에 적용하고 활용할 수 있어야 함을 뜻한다. 전이를 제시하는 이유는 학습자가 자신이 학습한 내용을 교실 밖에서도, 그리고 오랜 시간이 흘러서도 수행할 수 있게 하는 것을 교수·학습의 목표로 하기 때문이다.

'의미(meaning)'는 '이해(understanding)'와 '핵심 질문(essential question)'으로 나뉜다. 위긴스와 맥타이(Wiggins & McTighe, 2005/2008: 117-137)는 이해를 여섯 측면으로 나누어 살폈는데, 사실이나 사건, 행위에 대해 타당한 근거를 제공하는 능력인 '설명', 숨겨진 의미를 도출하는 능력인 '해석', 지식을 다양한 상황이나 실제적인 맥락에서 효과적으로 사용하는 능력인 '적용', 비판적인 시각으로 바라보는 능력인 '관점', 타인의 입장에서 감정과 세계관을 수용하는 능력인 '공감', 자신의 무지를 알고 자신의 사고와 행위를 반성할 수 있는 메타인지 능력인 '자기지식'이 그것이다.

핵심 질문은 학습자가 지속적으로 염두에 두어야 할 바로서, 사고를 촉진하고 탐구와 의미 형성, 전이를 발전시킬 수 있어야 한다. 따라서 단편적인 사실을 묻거나 즉각 대답이 가능한 질문은 핵심 질문의 조건을 충족하지 못하는 셈이다. 마지막으로 '습득(acquisition)'은 '지식(knowledge)'과 '기능(skill)'으로 나뉜다. 지식은 학생이 회상하거나 알고 있어야 할 기본적인 개념과 사실을, 기능은 학생이 수행할 수 있어야 하는 별개의 과정이나 기술을 의미한다.

2단계의 핵심은 1단계에서 설정한 목표의 성취 정도를 확인하는 방안을 구체화하는 데 있다(Wiggins & McTighe, 2011: 17). 교수·학습 상황에서 포착되는 다양한 학습의 증거 중 어떤 증거를 포착할 것인가를 판단하기 위해서는 1단계에서 설정한 목표를 기준으로 삼아야 한다. 2단계는 다시 세 가지 하위 단계로 구성되는데, 수행 과제에 대한 아이디어를 생성하고, 구체적인 수행 과제를 구안한 뒤, 수행 과제를 실행한 학생들의 산출물을 어떤 타당한 방법으로 평가할지를 결정하는 과정으로 이루어진다.

3단계는 학습 계획을 수립하는 단계로서(Wiggins & McTighe, 2011: 17), 앞서 설계한 1단계, 2단계와의 연계성을 고려하여 구체화된다. 설정한 목표와 수용 가능한 증거로서 수립한 평가 계획과의 일치도를 고려하여 수업 방법, 수업 자료 등을 적절하게 구안한다.

백워드 설계의 단계는 문학 교육과정의 실행에 있어 체계성과 계획성을 담보한다는 장점을 갖는다. 그러나 백워드 설계는 분명 기존의 교육과정 시행과 비교하여 교사의 부담이 상당히 늘어난 측면이 있다. 또 학생 입장에서는 설정된 학습 목표들을 모두 달성했는지를 자주 확인한다는 점에서 평가에 대한 부담감이 가중된다. 이를 감소시키는 방안 중 하나로 백워드 설계 적용 시 문학 교육 내 타 장르, 국어 교육 내 타 하위 영역 등과의 통합 설계를 모색해 볼 수 있다(이인화, 2016: 200).

3 현대소설 교육에서 평가의 유형과 방법

1) 평가의 유형

학습의 과정을 중시하는 평가는 평가 패러다임의 변화와 맞물려 힘을 얻고 있다. 이는 목표 달성을 중심으로 한 획일적인 학습이 아닌 학습자 개개인의 특성과 학습 경험 등을 고려한 맞춤형 개별화 학습의 필요성이 커지고 있다는 의미이기도 하다. 그런 점에서 수업 과정에서 이루어지는 세 가지 평가, 즉 진단 평가, 형성 평가, 총괄 평가의 기능과 역할을 충분히 인식하고 적절하게 평가 행위를 수행할 필요가 있다.

(1) 진단 평가

진단 평가란 본격적인 수업을 시작하기 전에 학습자들의 지식, 기능, 태도, 선수 학습 정도, 경험과 스키마, 개인적 기질과 성격 등을 조사함으로써 해당 수업의 목표 달성률을 높이기 위한 평가 활동을 가리킨다. 진단 평가의 목적은 크게 두 가지로 나누어 볼 수 있다. 어떤 교과나 단원의 학습에서 목표로 하는 지식, 기능, 태도를 학생들이 얼마나 갖추고 있는지를 파악하여 학습의 중복을 피하는 것, 어떤 교과나 단원의 학습과 관련된 학생들의 흥미, 적성, 성격, 신체적·정서적 특성, 경험 등을 파악하여 학습의 진행에 도움을 받는 것이다(서울대학교 국어교육연구소 편, 2006).

이 같은 특성을 두루 고려하되, 현대소설 교육의 진단 평가에서는 다음의 내용을 주의 깊게 살필 필요가 있다. 첫째, 학습자들이 이전에 체험한 문학 텍스트의 종류와 양을 파악한다. 가령 문학 수업에서 〈만세전〉(1924)을 가르쳐야 하는 상황이라면, 학습자들이 염상섭의 다른 작품을 읽어 보았는지, 1930년대에 발표된 작품들을 얼마나 읽어 보았는지 등을 확인하는 것이다. 이를 통해 교사는 수업 시간에 학생들에게 작품 및 작가에 관한 지식과 정보를 적절하게 제공할 수 있다.

둘째, 학습자들이 이미 알고 있는 문학 개념 및 이론의 종류와 양을 파악한다. 어떤 단원에서 인물의 성격을 주제와 연관 지어 가르쳐야 하는 상황이라면, 학습자들이 이전 학습을 통해 인물과 주제 각각에 대해 얼마나 알게 되었는지를 파악할 필요가 있다.

셋째, 학습자들이 문학에 대해 가지고 있는 흥미, 동기, 자아개념 등을 파악한다. 문학 작품은 인간 삶의 언어적 형상화인 만큼 형상화 과정에는 다양한 정의적 요소가 개입하며, 문학을 읽고 감상할 때도 그러한 정의적 요소들이 영향을 미친다. 따라서 문학 작품에 대하여 얼마만큼 관심과 흥미를 가지고 있는지, 문학 작품을 읽고자 하는 동기를 가지고 있는지, 스스로를 문학을 즐기는 혹은 문학 읽기에 능통한 독자라고 생각하는지 등을 파악하는 것은 학습자들이 문학 수업에 깊이 관여할 수 있도록 도움을 주기 위한 기초 조사 차원에서도 필요하다.

진단 평가를 통해 파악한 이상의 내용이 현대소설 수업에서 유의미하게 활용되기 위해서는 교사의 거시적 안목이 필요하다. 학교급별, 학년별 교육과정 성취기준과 교과서 수록 작품 경향을 전체적으로 이해하고 있어야만 학생들의 진단 평가 결과에 대응하여 수업의 수준과 내용을 조정할 수 있기 때문이다.

(2) 형성 평가

형성 평가란 수업 진행 과정에서 수업의 부분적 수정, 개선, 보완에 필요한 정보를 얻기 위해 실시하는 평가 활동을 가리킨다. 따라서 학습 과정에서 학생들의 성취 정도를 파악하고 그에 대한 정보를 학생 및 교사 스스로에게 전달함으로써 수업의 효과를 극대화하는 것을 목표로 삼는다(서울대학교 국어교육연구소 편, 2006). 요컨대 형성 평가는 교수·학습이 아직 유동적일 때 이를 개선하기 위해 진행되므로 그 일차적 목적은 학습자의 학습을 지원하는 데 있다.

이 같은 특성을 고려하되, 현대소설 교육의 형성 평가에서는 다음의 내용을 주의 깊게 살필 필요가 있다. 첫째, 학습자들이 수업에서 다루는 문학 경험을 학습하고 일정한 목표에 도달했는지를 확인한다. 학교 문학 수업은 주로 교과서 단원을 중심으로 이루어지기 때문에 성취기준이 담고 있는 문학의 이론, 원리, 개념, 용어들을 다룰 수밖에 없다. 현대소설 수업에서는 성취기준과 단원에서 다루는 내용들에 피상적으로 접근하거나 이를 대상화하기보다 작품 읽기 속에서 실제적으로 학습할 수 있도록 형성 평가를 통해 지속적으로 점검하는 일이 가능하다. 예컨대 "[9국05-05] 작품이 창작된 사회·문화적 배경을 바탕으로 작품을 이해한다."라는 성취기준과 관련하여 전광용의 〈꺼삐딴 리〉(1962)를 가르치는 상황이라면, 작품이 특정한 사회문화적 배경에서 창작된다는 명제적 지식과 '〈꺼삐딴 리〉 읽기'라는 기능적 행위가 개별적으로 이루어져서는 안 된다. 인물의 말과 행동, 인물들 간의 관계, 다양한 사건 등을 통해 작품의 사회문화적 상황을 파악하고 이를 바탕으로 하여 작품 전체의 의미를 이해하는 것이 중요하다. 수업 시간 중의 간단한 퀴즈나 질의응답 등이 모두 형성 평가의 역할을 할 수 있으며, 형성 평가 결과는 학습자에게 환류되어 학습 조언으로 제공되거나 교사에게 환류되어 교수·학습 방법이나 내용을 조정하게 할 수 있다.

둘째, 학습자들이 문학에 대한 흥미나 동기를 잃거나 부정적인 자아개념을 형성하지 않도록 유의한다. 학교 교육에서 이루어지는 문학 수업이 인지적 영역에 대한 학습과 평가에 다소 치중해 있긴 하지만, 그러한 학습 과정에서도 문학에 대한 긍정적 정서를 촉진하는 것이 매우 중요하다. 형성 평가는 학습자들이 문학 자체, 문학 읽기와 문학을 매개로 한 대화, 문학 지식의 습득 등에 능동적으로 참여하고 자신감을 가질 수 있도록 개별 학습자들의 특성을 반영한 유의미한 피드백을 제공하는 역할을 담당해야 한다.

(3) 총괄 평가

총괄 평가란 수업이 종결되었을 때, 수업의 효과성이나 수업의 결과로 산출된 성과에 대해 가치판단을 하는 활동을 가리킨다. 앞서 살펴본 형성 평가는 수업 중에 수시로 실시되는 데 반해 총괄 평가는 수업 종료 후 이루어지는 평가로서 애초에 설정한 목표가 얼마나 달성되었는지에 대한 정보를 제공한다. 보통은 중간고사나 기말고사 등의 종합적 성과 평가를 말하며, 정규적으로 시행되는 총괄 평가의 결과는 학생이 그동안 습득한 학업 성취를 확인하고 성적을 부여하거나, 학교 또는 교사의 교육 활동에 대한 책무성 진단과 같은 정책적 의사결정을 하기 위해 활용된다(서울대학교 국어교육연구소 편, 2006; 김희경 외, 2014).

총괄 평가는 비교적 긴 기간 동안 이루어진 수업에서 다룬 내용들을 포괄하기 때문에 그 목표가 일반성, 광범위성을 지닐 수밖에 없다. 따라서 총괄 평가를 위한 문항은 문항 모집단을 가장 잘 대표할 수 있는 문항을 선별하는 일이 중요하다. 즉, 문학 수업 후에 이루어지는 총괄 평가에서는 수업 시간에 다룬 모든 작품과 개념을 망라하되, 성취기준을 중심으로 대표성과 중요성을 갖는 작품 및 개념을 평가할 수 있는 문항을 제작하는 것이 바람직하다.

이상에서 논의한 평가 유형들은 시간적, 과정적 연속선상에 있는 것이므로 상충하지 않으며 수준의 차이를 갖는다고 보기도 어렵다. 오히려 각각의 평가가 균형을 이룰 때 수업의 목표를 효과적으로 달성할 수 있다.

2) 평가의 방법

평가의 방법은 크게 지필 평가와 수행 평가로 나누어 볼 수 있다. 지필 평가란 종이와 필기구를 활용하여 문항에 대한 응답을 작성하는 평가 방식으로, 선택형(선다형, 진위형, 연결형 등), 서답형(단답형, 완성형, 서술형, 논술형 등) 문항 등을 포함한다(박지현 외, 2018). 수행 평가는 1990년대 중반 이후부터 학교 교육의 문제를 해결하기 위해 도입된 평가 방법으로서 "평가자가 학습자들의 학습 과제 수행 과정 및 결과를 직접 관찰하고, 그 관찰 결과를 전문적으로 판단하는 평가 방식"을 가리킨다(백순근 외, 1999). 여기서는 지필 평가에 해당하는 선택형 평가 및 서논술형 평가 문항과 수행 평가 문항에 대해 알아보고자 한다.

(1) 선택형 평가

선택형 평가는 몇 개의 선택지 중에서 물음이나 지시나 요구에 적합한 답을 고르도록 하는 선택형 문항을 활용한 평가이다. 일반적으로 선택형 문항은 낮은 수준의 인지 기능에 초점을 두는 경향이 있고 학생들에게 제공하는 피드백이 제한적이라는 점이 부각되어 왔다. 하지만 선택형 평가는 다양한 학습 목표를 측정할 수 있고, 채점과 성적 산출이 객관적이며, 특히 개념이나 사실, 지식을 효과적으로 평가할 수 있다는 장점이 있다. 또한 보다 높은 수준의 이해나 사고력을 평가하는 문항도 선택형 문항으로 개발 가능하다.

선택형 평가의 예로서 채만식의 〈치숙〉(1938)을 지문으로 제시한 다음 문항을 살펴보자.

[3, 4] 다음 글을 읽고 물음에 답하시오.

　㉠ 우리 아저씨 말이지요? 아따 저 거시키, 한참 당년에 무엇이냐 그놈의 것, 사회주의라더냐 막덕*이라더냐, 그걸 하다 징역 살고 나와서 폐병으로 시방 앓고 누웠는 우리 오촌 고모부 그 양반…….

　뭐, 말도 마시오. 대체 사람이 어쩌면 글쎄……, 내 원!

　신세 간 데 없지요.

　자, 십 년 적공, 대학교까지 공부한 것 풀어먹지도 못했지요. 좋은 청춘 어영부영 다 보냈지요. 신분에는 전과자라는 붉은 도장 찍혔지요. 몸에는 몹쓸 병까지 들었지요.

　이 신세를 해 가지굴랑은 굴속 같은 오두막집 단칸 셋방 구석에서 사시 장철 밤이나 낮이나 눈 따악 감고 드러누웠군요.

　재산이 어디 집 터전인들 있을 턱이 있나요. 서발막대 내저어야 짚 검불 하나 걸리는 것 없는 철빈인데.

　우리 아주머니가, 그래도 그 아주머니가, 어질고 얌전해서 그 알량한 남편 양반 받드느라 삯바느질이야, 남의 집 품 빨래야, 화장품 장사야, 그 칙살스런* 벌이를 해다가 겨우 겨우 목구멍에 풀칠을 하지요.

　어디루 대나 그 양반은 죽는 게 두루 좋은 일인데 죽지도 아니해요.

　우리 아주머니가 불쌍해요. 아, 진작 한 나이라도 젊어서 팔자를 고치는 게 아니라, 무슨 놈의 우난 후분*을 바라고 있다가 끝끝내 고생을 하는지.

　근 이십 년 소박을 당했지요.

　이십 년을 설운 청춘 한숨으로 보내고서 다 늦게야 송장 여대치게* 생긴 그 양반을 그래도 남편이라고 모셔다가는 병 수발들랴, 먹고 살랴, 애자진하고 다니는 걸 보면 참말 가엾어요.

　[중략 부분 줄거리] 나는 일본인 주인 밑에서 착실히 돈을 모아 내지인과 결혼하여 일본식 생활을 하는 것이 이상이다. 나는 아저씨가 사회주의 운동을 하는 것에 불만을 느끼고, 사회주의가 불한당이라며 쏘아붙인다.

"걱정 안 되시우?"

"날 같은 사람이 걱정이 무슨 걱정이냐? 나는 네가 걱정이더라."

"나는 뭐 버젓하게 요량이 있는 걸요."

"어떻게?"

"이만저만한가요!"

ⓒ 또 한바탕 주욱 설명을 했지요. 이야기를 다 듣더니 그 양반 한다는 소리 좀 보아요.

"㉮ 너두 딱한 사람이다!"

"왜요?"

"……."

"아니, 어째서 딱하다구 그러시우?"

"……."

"네? 아저씨?"

"……."

"아저씨?"

"왜 그래?"

"내가 딱하다구 그러셨지요?"

"아니다, 나 혼자 한 말이다."

"그래두……."

"이 애?"

"네?"

ⓒ "사람이란 것은 누구를 물론허구 말이다, 아첨하는 것같이 더러운 게 없느니라."

"아첨이오?"

"저 위로는 제왕, 밑으로는 걸인, 그 모든 사람이 위선 시방 이 제도의 이 세상에서 말이다, 제가끔 제 분수대루 살아가는 데 있어서 말이다, 제 개성을 속여 가면서꺼정 생활에다가 아첨하는 것같이 더러운 것이 없고, 그런 사람 같이 가련한 사람은 없느니라. 사람이란 건 밥 두 그릇이 하필 밥 한 그릇보다 더 배가 부른 건 아니니까."

㉣"그건 무슨 뜻인데요?"

"네가 일본인 여자와 결혼을 해서 성명까지 갈고 모든 생활 법도를 일본화하겠다는 것이 말이다."

"네, 그게 좋잖어요?"

　㉤"그것이 말이다, 진실로 깊은 교양이나 어진 지혜의 판단에서 우러나온 것이라면 그도 모를 노릇이겠지. 그렇지만 나는 보매, 네가 그런다는 것은 다른 뜻으로 그러는 것 같다."

"다른 뜻이라니요?"

"네 주인의 비위를 맞추고, 이웃의 비위를 맞추고 하자고……."

"그야 물론이지요! 다이쇼*의 신용을 받어야 하고, 이웃 내지인들하구도 좋게 지내야지요. 그래야 할 게 아니겠어요?"

"……."

– 채만식, 〈치숙〉 –

* 막덕: 마르크스주의를 믿는 사람이나 행위를 낮추어 부르는 말.
* 칙살스럽다: 하는 짓이나 말 따위가 잘고 더러운 데가 있다.
* 후분: 사람의 평생을 셋으로 나눈 것의 마지막 부분. 늙은 뒤의 운수나 처지를 이름.
* 여대치다: 능가하다.
* 다이쇼: '주인'의 일본말.

3. 윗글의 ㉠~㉤ 중 〈자료〉의 내용이 가장 잘 나타나 있는 것은?

> ──────── 〈 자료 〉 ────────
>
> 　　작가 채만식은 판소리 사설의 문체를 많이 사용하여 그만의 개성을 창출하였다. 그의 작품에는 독자에게 말을 건네는 듯한 어투가 자주 등장하는데, 이때 비아냥거리는 표현이 나타나기도 한다.

①㉠　　　　②㉡　　　　③㉢　　　　④㉣　　　　⑤㉤

4. 윗글에 드러난 작가의 문제의식으로 적절하지 <u>않은</u> 것은?

① 생활 법도를 일본화하려는 사람들에 대한 비판

② 일본인에게 아첨하고 살아가는 사람들에 대한 비판

③ 지식인이 무능력한 삶을 살게 하는 시대에 대한 비판

④ 타인의 권리를 침해하면서 재력을 과시하는 사람들에 대한 비판

⑤ 정신적 가치를 등한시하고 물질적 가치를 우선시하는 사람들에 대한 비판

3번 문항은 〈치숙〉에 나타난 문체의 특성을 묻는 문항이다. 채만식의 문체적 특징이 '판소리 사설의 문체'라고 설명하는 〈자료〉를 제시하고, 지문에서 해당 문체가 드러난 부분을 찾게 하였다. 이러한 문항은 문학적 지식과 실제적인 작품 읽기를 연결할 수 있는지를 평가한다. 즉, 학습자가 작품을 기계적으로 읽거나 내용을 파악하는 데서 머무는 것이 아니라, 문학적 지식과 연결하여 작품 읽기에 적용할 수 있는지를 평가하는 것이다.

4번 문항은 〈치숙〉의 주제 의식을 묻는 문항이다. 적절하지 '않은' 것을 고르도록 하는 이 문항은 적절한 선택지 4개와 적절하지 않은 선택지 1개를 제시함으로써 독자가 작품을 읽고 발견할 수 있는 다양한 주제 의식을 선택지를 통해 보여 준다는 장점이 있다. 또한 이 문항 역시 구체적인 장면들과 작가가 드러내고자 했던 주제 의식을 연결하며 작품 읽기의 실제적 능력을 평가한다고 볼 수 있다.

(2) 서논술형 평가

서논술형 평가는 학생이 지식이나 의견을 직접 재구성하여 서술하도록 하는 문항을 활용한 평가이다. 서술형 평가와 논술형 평가는 엄밀히 구분되기보다 혼용되는 경우가 많으나, 응답 형식이나 답안의 길이, 글의 구성력과 완결성 평가 여부 등에서 차이점이 있다. 서술형 문항의 경우 단답

형이나 완성형 문항보다는 길지만 논술형보다는 짧은 분량의 답안을 요구한다. 반면 논술형의 경우 보통 한 편의 완성된 글 형태의 답안을 작성해야한다(박혜영 외, 2019). 이처럼 서술형과 논술형 문항은 답안 분량에 차이가 있으나, 복잡한 학습 내용의 인지 여부뿐 아니라 분석력, 비판력, 조직력, 종합력, 문제해결력, 창의력 등의 고등사고능력을 평가한다는 점에서는 동일하다(성태제, 2014).

　서논술형 평가의 예로서 박영한의 〈지상의 방 한 칸〉(1984)을 지문으로 제시한 아래 문항을 살펴보자.

[12, 서답형 7] 다음 글을 읽고 물음에 답하시오.

　[앞부분 줄거리] 가난한 소설가인 '나'는 창작에 몰두할 수 있는 값싼 셋방을 구하기 위해 몇 달을 고생하다가 겨우 강변 마을로 이사한다. 그 와중에 친구 '유지광(유 형)'의 그림 전시회가 있다는 사실을 잊어버렸던 '나'는 전시회의 마지막 날이 되어서야 그 사실을 기억하게 된다.

　미도파의 화랑은 파장 축하 파티가 벌어져 있었다. 노화가며 젊은 시인 소설가와 원주의 정다운 얼굴, 그리고 지광의 아내도 와서 산뜻한 옷차림으로 시중을 들고 있었다.

　"왜 이제 와 그래?"

　지광은 이 성의 없는 친구에게 그 독특한 이맛살을 찌푸려 보였다. 나는 집 때문에 늦어졌다고 사과했고 집을 방금 구해 놓고 오는 거라고 거짓말을 둘러댔다.

　"뭐, 대충대충 고르지. 그까짓 방 하나 구하는 걸 갖구선 뭘 그래? 방 구한다는 게 대체 언제부터야?"

　말은 거칠고 화를 참느라고 그의 얼굴은 붉게 상기되어 있었다. 사실 뜨

끔했던 나는 슬쩍 농으로 받아들일 속셈이었는데 그러나 그의 비난은 세찬 것이었다. 나는 이 야속한 친구에게 무언가 중요한 말 한마디를 해주고 싶었으나 무안을 참으며 자리를 피했다. 그날 밤 친구들이 모인 간단한 술자리에서도 친구에 관한 생각으로 가득 차 있었다. 그는 친구에게 잊을 수 없는 말을 남긴 것이었고, 그는 왜 친구 한 사람이 방 한 칸 때문에 그토록 많은 땀을 흘리며 전전긍긍하고 있었던가를 이해해 보기를 어언간 싫어하게 된 것인지도 몰랐다.

원주 가기 전의 문막은 유 형의 고향이었고 그쪽에는 그의 고향 동료들이 많았다. 그가 문막 읍내에서 썩 떨어진 시골 마을에다 아틀리에를 마련한 것은 그다운 일이었다. 그러나 그가 비단 친구뿐만이 아니라 인간의 고통에 동참하기를 싫어하게 된 것은 어쩌면 그 자가용을 굴리는 편한 상식인들과 상대하지 않을 수 없게 되면서부터일지도 몰랐다. 인간은, 특히 예술가는, 고통에 대한 사랑과 그 진정한 초월을 통해서만 존립이 가능하다는 소신을 그에게 들려줄 용기를 나는 못 갖고 있었다. 그건 나 자신부터가 충분히 생생한 신념을 껴안고 살아가고 있을 때만 가능한 얘기였다.

(중략)

집집마다 마루문과 창문을 활짝 열어 놓았고 앞뒷집의 애기 소리는 방해물도 없이 곧바로 뛰어들었다. 앞집 건넌방에 사내아이 둘을 둔 날품팔이 사내가 세를 들었다. 세 살과 다섯 살이었다. 그 내지르는 목청이 하도 빼어나 별명도 빽빽이었다. 이사 와서 며칠인가 지나 나는 말했다. 잘못 왔어, 쯧쯧. 또 얼마 못 살게 생겼구먼…… 아내는 벌써부터 두려워하는 얼굴이었다. 낮잠을 자다가도 벌떡벌떡 깨는 건 그 빽빽이 사내애들 때문이었다.

우리 집 건넌방에 아이 하나를 둔 젊은 부부가 들어온 건 10월 들어서였다. 아이는 그리 시끄럽지 않았으나 문제는 목소리가 큰 두 어른이었다. 이 집 안에서도 책상은 네 번 이사를 했다. 화장실 옆방은 세 들어 온 부부 목소리로 시끄러웠다. 안방의 큰 유리창이 앞집 미경네 부엌 창문과 마주 보고 있었다. 마루는 더 시끄러웠다. 부엌이 그중 좀 나았다. 우리 부엌 창문과 마주 보는 뒷집 주인 내외가 조용한 사람들이었기 때문이다. 그러나 거기선 강아지 소리와 가구 공장의 기계톱 돌아가는 소리가 드셌다.

다락에다 비닐 장판을 깔고 전기를 끌어들였다. 한 평 반 정도의 골방이었다. 피신처로서는 그래도 제일 나았다. 그날 나는 아내에게 말했던 것이다.

"자아 에미야, 올라간다? 음식 냄새 피워서 유혹하는 일이 없도록."

"밥 때만 내려와요."

– 박영한, 〈지상의 방 한 칸〉 –

【서답형 7】〈자료〉는 윗글을 읽고 쓴 학생의 감상문이다. ㉠에 들어갈 내용을 〈조건〉에 맞게 쓰시오.

───── 〈 자료 〉 ─────

이 소설에서 주인공은 조용한 '방 한 칸'이 없어 소설을 제대로 쓸 수 없었다. 그에게 '방 한 칸'을 구하는 것은 예술가로서의 간절한 몸부림이었다. 그러나 친구 '지광'이 '방 한 칸'을 '그까짓 방 하나'라고 무시했을 때, 그는 '지광'이 변했다고 생각하여 '중요한 말 한마디'를 해 주고 싶었지만 결국 용기를 내지 못했다. 자신을 흔들어 대는 현실 속에서 그는 힘겨워하고 있었기 때문이다.

그는 간신히 이사한 곳에서도 시끄러운 소리를 피할 수는 없었다. 그러나 그는 집 안 여기저기로 책상을 옮겨 다니면서까지 소설 쓰기를 포기하지 않았고, 마침내 '한 평 반 정도의 골방'인 다락까지 올라갔다. 그곳은 그가 진정 원했던 '방 한 칸'은 아니었다. 그래도 그에게는 이 방이 (㉠   ) 공간이었을 것이다.

───── 〈 조건 〉 ─────

• 그가 처한 현실과 지향하는 바를 포함하여 쓸 것.
• 윗글에 나타나 있는 소신의 내용을 활용할 것.
• 문맥을 고려하여 내용을 쓸 것.

㉠: _____

이 문항은 〈지상의 방 한 칸〉을 읽고 그 내용을 제대로 파악했는지를 묻고 있다. 그런데 단순히 소설에 포함된 내용을 쓰는 것이 아니라, 소설의 전체적인 주제 의식을 토대로 소설 속 공간의 의미하는 바를 서술하도록 하고 있다. 이 문항은 작품에 대한 이해와 함께 〈자료〉에 대한 독해, 작품과 〈자료〉에 대한 종합적인 이해를 바탕으로 제시된 〈조건〉들을 모두 고려해야 답할 수 있는 문항으로서, 학습자의 작품 해석 능력, 문학적 사고력 등을 평가하는 서논술형 문항이다.

(3) 수행 평가

수행 평가는 교사가 학생의 학습 과제 수행 과정이나 결과를 보고, 그 학생의 지식, 기능, 태도 등에 대해 전문적으로 판단하는 평가 방식이다. 수행 평가에서는 학생이 스스로 자신의 지식이나 기능을 보일 수 있도록 산출물을 만들거나 행동으로 나타낼 것을 요구한다(한국교육평가학회, 2004). 채점의 주관성으로 인한 측정 오류의 가능성이 있으며 평가의 준비와 실행에 상당한 시간이 든다는 지적을 받는다. 이러한 한계에도 불구하고 수행 평가는 평가 중에 학습이 일어나기 때문에 형성 평가의 기회를 제공한다는 점, 다른 종류의 평가보다 진정성과 실제성이 높다는 점, 학생들이 아는 것과 할 수 있는 것을 가시화할 기회를 제공한다는 점, 지식의 적용을 강조한다는 점에서 강점이 있다.

예컨대 "[12문학02-05] 작품을 읽고 다양한 시각에서 재구성하거나 주체적인 관점에서 창작한다."라는 성취기준과 관련된 수행 평가 과제로 '소설을 희곡으로 재구성하기'를 설정했다고 가정해 보자. 교사는 이 과제를 통해 학생이 소설을 감상하고 작품에서 드러나는 소설의 구성 원리나 표현 방법 등을 활용하여 소설을 희곡으로 재구성할 수 있는가를 평가해야 한다. 이 과제를 수행하는 과정에서 학습자는 소설을 감상하며 문학 작품의 구성 원리나 표현 방법 등을 이해할 수 있다. 또 소설을 희곡으로 재구성해 보면서 문학 작품에 대한 해석 능력과 창의적인 문학 생산 능력을 향상시키고, 다른 학습자들과 활발한 토의를 수행하며, 장르에 대한 이해도를 높이고 창작 능력을 함양할 수 있다.

수행 평가를 실행하기 위해서는 적절한 과제를 구안해야 할 뿐만 아니라 평가의 주체와 방법, 평가 결과의 피드백 방식도 면밀하게 준비해야 한다. 학생들이 과제를 수행하며 발휘하는 역량을 제대로 파악하고 평가하려면 긴 호흡으로 이어지는 수행 평가의 과정에서 적절한 평가 시기를 설정해야 한다. 또한 평가의 주체를 다양화하여 교사 평가에 더하여 자기 평가, 동료 평가 등을 병행함으로써 학생의 수행을 다각적으로 파악할 필요가 있다. 아울러 교수·학습 및 평가 과정에서는 학생의 수행을 꾸준히 관찰하고 그에 대한 시의적절한 피드백이 필요하다. 전통적인 의미에서의 피드백은 주로 형성 평가의 결과를 학생에게 전달함으로써 행동의 수정을 도모하는 수단으로 사용되었으나, 최근에는 학생 스스로 자신의 학습을 수정해 나가는 발전적인 기회로 간주하는 관점이 확산되고 있다.

참고문헌

구인환·우한용·박인기·최병우(2001),『문학교육론』(4판), 삼지원.

김경자·온정덕(2014),『이해중심 교육과정: 백워드 설계』, 교육아카데미.

김경희·성태제(2002),『수행평가의 이해와 실제』, 이화여자대학교 교육과학연구소.

김희경·박종임·정연준·박상욱·김창환·이채희·최재화(2014),『맞춤형 교육 지원을 위한 형성평가 체제 도입 (I): 온·오프라인 형성평가 시스템 설계』(RRE 2014-9), 한국교육과정평가원.

문영진·김혜영·조현일·김성진 편(2019),『처음 시작하는 현대소설 교육론』, 창비교육.

박지현·진경애·김수진·이상아(2018),『과정 중심 평가 내실화를 위한 교사의 평가 전문성 신장 방안 연구』(RRE 2018-5), 한국교육과정평가원.

박혜영·김성숙·김경희·이명진·김광규·김지영(2019),『수업-평가 연계 강화를 통한 서·논술형 평가 내실화 방안』(RRE 2019-6), 한국교육과정평가원.

백순근·이소영·진경애(1999),『고등학교 영어과 수행평가의 이론과 실제』(RRE 99-1-10), 한국 교육과정평가원.

서울대학교 국어교육연구소 편(2006),『국어교육학사전』, 대교출판.

성태제(2014),『현대교육평가』(4판), 학지사.

우한용·문영진·김상욱·김혜영·임경순·최인자·김성진·류홍렬·양정실(2001),『서사교육론』, 동 아시아.

이인화(2016),「핵심역량 기반 2015 개정 국어과 교육과정의 실행 방안 연구: 문학 영역을 중심 으로」,『새국어교육』107, 173-205.

이인화(2017),「과정 중심 평가의 실천을 위한 방안」,『행복한 교육』2월호, 교육부.

이정우·구남욱·이인화(2016),『핵심역량 신장을 위한 교실수업에서의 학생평가 방안: 의사소통 역량과 공동체 역량을 중심으로』(RRE 2016-10), 한국교육과정평가원.

한국교육평가학회 편저(2004),『교육평가 용어사전』, 학지사.

McMillan, J.(2011), *Classroom Assesment: Principles and Practice for Effective Standards-based Instruction*(5th ed.), Pearson.

Shepard, L. A.(2000), "The Role of Assessment in a Learning Culture", *Educational Researcher, 29*(7), 4-14.

Wiggins, G. P., & McTighe, J.(2008),『거꾸로 생각하는 교육과정 개발: 이론편』, 강현석·유제 순·이지은·김필성(역), 학지사(원서출판 2005).

Wiggins, G. P., & McTighe, J.(2011), *The Understanding by Design Guide to Creating High-Quality Units*, ASCD.

인용 작품 출처

1장

박태원, 〈소설가 구보씨의 일일〉,《소설가 구보씨의 일일》, 문학과지성사, 2005.

염상섭, 〈만세전〉,《만세전》, 창작과비평사, 1987.

최삼룡·이월령·이상구 역주, 〈유충렬전〉,《유충렬전/최고운전》, 고려대학교 민족문화연구소, 1996.

2장

박완서, 〈못 가본 길이 더 아름답다〉,《못 가본 길이 더 아름답다》, 현대문학, 2010.

이효석, 〈메밀꽃 필 무렵〉,《메밀꽃 필 무렵》, 문학과지성사, 2007.

4장

이청준,《당신들의 천국》, 문학과지성사, 1976.

윤흥길, 〈아홉 켤레의 구두로 남은 사내〉,《아홉 켤레의 구두로 남은 사내》, 문학과지성사, 1977.

채만식, 〈탁류〉,《한국소설문학대계 14》, 동아출판사, 1995.

5장

김승옥, 〈무진기행〉,《무진기행》, 민음사, 2007.

박경리,《토지》1부 1권, 나남, 2002.

손창섭, 〈비 오는 날〉,《비 오는 날》, 문학과지성사, 2005.

이상, 〈날개〉,《날개》, 문학과지성사, 2005.

이효석, 〈메밀꽃 필 무렵〉,《메밀꽃 필 무렵》, 문학과지성사, 2007.

현진건, 〈빈처/운수 좋은 날〉,《한국단편문학선 1》, 민음사, 1988.

황석영, 〈삼포 가는 길〉,《삼포 가는 길》, 창비, 2000, 224-225.

6장

박완서, 〈해산 바가지〉,《꽃을 찾아서》, 창비, 1986.

현진건, 〈고향〉,《한국소설문학대계 7》, 동아출판사, 1995.

7장

김동인, 〈감자〉, 《김동인 단편선》, 문학과지성사, 2004.

김유정, 〈동백꽃〉, 《김유정 단편선》, 문학과지성사, 2005.

염상섭, 《삼대》, 문학과지성사, 2004.

염상섭, 〈만세전〉, 《20세기 한국소설 2》, 창비, 2005.

이광수, 《무정》, 문학과지성사, 2005.

이문구, 〈우리 동네 황씨〉, 《우리 동네》, 민음사, 2005.

이태준, 〈달밤〉, 《이태준 전집 1: 달밤 외》, 소명출판, 2015.

이효석, 〈메밀꽃 필 무렵〉, 《이효석 단편선》, 문학과지성사, 2007.

채만식, 〈치숙〉, 《채만식 단편선》, 문학과지성사, 2004.

황순원, 〈너와 나만의 시간〉, 《카인의 후예》, 문학과지성사, 2006.

8장

박태원, 〈소설가 구보씨의 일일〉, 창비, 2005.

이인성, 〈한없이 낮은 숨결〉, 문학과지성사, 1989.

오노레 드 발자크, 〈고리오 영감〉, 박영근(역), 민음사, 1999.

찾아보기

지은이 소개

김성진 I부 1장, 2장 집필

대구대학교 국어교육과 교수. 전 한국교육과정평가원 부연구위원. 대표 논저로『문학교육론의 쟁점과 전망』,『문학비평과 소설교육』,「'근대 문학의 종언'과 문학교육」등이 있다.

정래필 I부 3장, II부 6장 집필

영남대학교 국어교육과 교수. 전 한국외국어대학교 및 홍익대학교 강의전담교수. 대표 논저로『기억 읽기와 소설교육』,『근대, 삶 그리고 서사교육』(공저),『독서교육의 이론과 실제 I, II』(공저) 등이 있다.

김근호 II부 4장, III부 10장 집필

전남대학교 국어교육과 교수. 주요 논문으로「문학교육에서의 국민 형성을 위한 정전과 감정의 역학」,「채만식『탁류』에서의 집이라는 장소와 공간주권의 정치학」,「황석영의『오래된 정원』에 나타난 음식 먹기와 환대의 윤리학」등이 있다.

정진석 II부 7장, III부 11장 집필

강원대학교 국어교육과 교수. 전 한국교육과정평가원 부연구위원. 대표 논저로『소설의 윤리와 소설 교육』,「교사교육에서 오개념을 활용한 장르 지식의 수업을 위한 설계 기반 연구」,「'말하는 이'에 대한 학습자의 오개념 연구」등이 있다.

이인화 III부 12장, 14장 집필

전북대학교 국어교육과 교수. 전 한국교육과정평가원 부연구위원. 대표 논저로『해석소통, 문학 토론의 내용과 방법』,「문학교육에서 수용 계열 개념어에 대한 연구」,「현대소설교육에서 텍스트 양적 요인 기반 제재 적절성 판단의 문제」등이 있다.

우신영 II부 5장, III부 13장 집필.

인천대학교 국어교육과 교수. 전 명지대학교 교육대학원 교수. 대표 논저로『소설 해석 교육론』,『진로와 문학』,『근대, 삶 그리고 서사교육』(공저) 등이 있다.

오윤주 II부 8장 집필

수일여자중학교 교사. 서울대학교, 인천대학교, 교원대학교 강사. 전 홍익대학교, 경희대학교, 덕성여자대학교 강사. 대표 논저로 『국어과 창의인성 교육: 이론과 실천 탐구―중등편』(공저), 「심미적 문식성 신장을 위한 소설 교육 경험 연구」, 「디지털 시대 청소년 학습자의 서사 경험 변모 양상 및 서사 교육 내용 연구」 등이 있다.

홍인영 III부 9장 집필

육군사관학교 국어·철학과 교수. 전 서울대학교 기초교육원 강의교수. 대표 논저로 「문학창작교육을 위한 소설 이어쓰기 사례 분석」, 「'갈등'의 교육적 구현 양상 검토」 등이 있다.